Robert Kardinal Sarah

Katechismus des geistlichen Lebens

VOM SELBEN AUTOR

Für die Ewigkeit. Meditationen über den Priester, Fe-Medienverlag 2022

Aus der Tiefe des Herzens. Priestertum, Zölibat und die Krise der katholischen Kirche. Mit einem Beitrag von Benedikt XVI., Fe-Medienverlag 2020

Kardinal Robert Sarah im Gespräch mit Nicolas Diat:

Herr, bleibe bei uns. Denn es will Abend werden, Fe-Medienverlag 2019

Kraft der Stille. Gegen eine Diktatur des Lärm, Fe-Medienverlag 2017

Gott oder nichts. Ein Gespräch über den Glauben, Fe-Medienverlag 2015

Robert Kardinal Sarah

Katechismus
des geistlichen Lebens

fe

Originaltitel:
CATECHISME DE LA VIE SPIRITUELLE
Du Cardinal Robert Sarah

Erschienen in der Reihe *Choses vues,*
die von Nicolas Diat herausgegeben wird

Aus dem Französischen von
Susanne Held

1. Auflage 2023
Fe-Medienverlags GmbH
Hauptstraße 22, D-88353 Kißlegg
www.fe-medien.de

ISBN 978-3-86357-376-8

Coverfoto: Lucyna Koch
Poträtfoto (Rückseite): Paul Badde
Umschlaggestaltung und Satz: Manuel Kimmerle
Druck: Pustet, Regensburg

Printed in EU

INHALTSVERZEICHNIS

EINFÜHRUNG

Nachfolge Christi in den Sakramenten

„Bekehrt euch und glaubt an das Evangelium“ (Mk 1,15) – diese Worte leiten die Fastenzeit ein, den Weg auf Ostern hin, in der frohen Hoffnung, an der Herrlichkeit der Auferstehung des Herrn Jesus teilhaben zu können. Sie sind auch gut geeignet, uns auf den Weg des christlichen Lebens zu führen – einen Weg, von dem die Fastenzeit gewissermaßen eine Intensivierung ist. Bekehrung ist in der Tat das Werk unserer gesamten Existenz. Sich bekehren, das bedeutet sich abwenden von all jenen flüchtigen und giftigen Dingen, die uns gefangen halten; sich abwenden und uns Gott zuwenden – aber wovon müssen wir uns abwenden, und wo erwartet uns Gott? Die Heilige Schrift gibt uns die Antwort, wenn sie uns davon berichtet, wie Gott sein auserwähltes Volk aus der Knechtschaft herausführte und in das Land brachte, das er ihnen verheißen hatte.

Ein Weg in die Wüste

Als Gott, von Mitleid ergriffen, sein Volk der Gewalt der Sklaverei und dem Elend entreißen und aus Ägypten hinausführen wollte, da geschah das nicht, um den Menschen ein bequemes und sorgenfreies Leben zu ermöglichen, sondern um sie in die Wüste zu führen, auf dass sie dort die Erfahrung von Armut, Entäußerung, Verzicht machen konnten – die Erfahrung von Einsamkeit und Schweigen, vom Kampf gegen sich selbst und gegen den Teufel, der uns zu Sklaven der Welt und des Geldes macht. Gerade in der Armut, der Entäußerung und der Stille lernen wir, auf Gott zu merken, und wir entdecken, dass wir ihn brauchen. Die Wüste hebt im Menschen eine Leere aus, Durst und Schweigen, und das bereitet ihn darauf vor, auf Gott und sein Gesetz zu hören. Die Wüste ist ein außergewöhnlicher Ort, weit entfernt von der Betäubung durch Kommunikations- und Informationsmittel, und hier kann eine tiefe mystische Erfahrung der Begegnung mit Gott gemacht werden, der verwandelt und verklärt.[1]

In jedem Menschen gibt es einen mehr oder weniger bewussten Wunsch, dem unaufhörlichen Strudel leerer und enttäuschender Erscheinungen zu entfliehen, in dem wir leben. Die Wüste ist die unberührte Natur, so wie Gott sie geschaffen hat, und sie kann den offenbaren, der sie geschaffen hat. Der selige Maria Eugen vom Kinde Jesu schrieb:

> Die Wüste entzieht den Sinnen und Leidenschaften die zahlreichen Befriedigungen, die sie beschmutzen, und all die Eindrücke, die sie blenden und an sich ketten. Ihre Nacktheit lässt arm werden und löst die Fesseln. Ihr Schweigen isoliert von der Außenwelt. Da sie dem Menschen nur noch den eintönigen Kreislauf der Natur und den selbstgeordneten Tagesablauf bietet, zwingt sie ihn, in seine innere Welt einzutreten, wozu er ja eigentlich in die Wüste gekommen ist.
>
> Blöße und Stille bedeuten keineswegs Leere, sondern Lauterkeit und Schlichtheit. Dem Menschen, der darin zur Ruhe gelangen konnte, entdeckt die Wüste jenen Abglanz der Transzendenz und jenen unstofflichen Strahl göttlicher Einfachheit, den sie in sich birgt; sie zeigt ihm die leuchtende Spur dessen, der sie eilig durchstreifte, der aber durch sein Wirken in ihr anwesend bleibt. Die Wüste ist von Gott erfüllt: In ihrer Grenzenlosigkeit und Einfachheit lässt er sich erkennen, in ihrem Schweigen schenkt er sich. Das Studium der Völkergeschichte hat mit Recht ergeben, dass die Wüste monotheistisch ist und vor der Vielfalt der Götterbilder bewahrt. Auch aus dieser Tatsache darf man schließen, dass die Wüste denen, die sich ihr öffnen, sich selber öffnet und ihnen das eine, transzendente Sein mitteilt, das sie beseelt.[2]

Die Rabbiner spielten gerne mit den Assonanzen der Wörter „dabar“ und „midbar“, zweier hebräischer Wörter, die „Wort“ beziehungsweise „Wüste“ bedeuten, um diese doppelte Überzeugung zu formulieren, dass nur das Wort die Wüste wieder zum Blühen bringen kann; und dass sich nur in der Wüste das Wort mit seiner ganzen kreativen und lebensspendenden Kraft ausbreitet. Nur ein Herz, riesig und leer wie eine Wüste, kann das Wort des Lebens empfangen und behalten. In der Wüste werden die Herzen gereinigt, sie gewinnen Festigkeit und Feinfühligkeit und werden so für die persönliche Begegnung, das aufmerksame Zuhören und den intimen Dialog mit Gott empfänglicher. Daher das wunderbare Gedicht der Liebe und des Brautbundes zwischen dem Herrn und seinem Volk Israel, das wir beim Propheten Hosea finden: „Ich selbst will sie verlocken. Ich werde sie in die Wüste führen und ihr zu Herzen reden“ (Hos 2,16).

Die Wüste ist ein Ort des Leidens, der Prüfung, des Kampfes und der Läuterung, wo Gott uns wohnen lässt, um uns zu demütigen, uns zu prüfen und den Grund unseres Herzens zu erforschen (vgl. Dtn 8,2), so wie man Gold prüft (vgl. Za 13,9). Jedes ernsthafte christliche Leben schließt diesen entscheidenden Schritt auf dem spirituellen Weg mit ein. Wenn wir in der Nachfolge Abrahams, Moses, der Propheten und des auserwählten Volkes bereit sind, in diese Phase einzutreten, werden wir uns selbst sterben, um als Träger geistiger Früchte lebendiger wieder aufzuerstehen.

In der Bibel ist dieser karge Ort auch heiliger Raum, wo wir die Treue Gottes erfahren dürfen, die Zärtlichkeit seiner gütigen Vorsehung, die über uns wacht und uns beschützt. Wie ein Adler, der über seinem Nest wacht und über seinen Jungen schwebt, so breitet Gott seine Flügel aus und nimmt uns mit sich (vgl. Dtn 32,10-11).

Wenn wir inmitten von Versuchungen stehen, wenn wir wie Elija spüren, dass wir nicht besser sind als unsere Väter (vgl. 1 Kön 19,4) und uns von der Last unserer Sünden und unserer vielfältigen Untreue erdrückt fühlen, wenn wir entmutigt sind, am Ende unserer Kräfte auf unserem mühsamen und schwierigen Weg zur Heiligkeit, wenn unsere Bemühungen um Bekehrung und unser Kampf, Christus gleichförmig zu werden, fruchtlos erscheinen und nichts an unserer menschlichen und geistlichen Mittelmäßigkeit ändern, was sollen wir dann tun? Wo kann man Hilfe suchen? In der Nachfolge von Elias müssen wir uns auf den Weg durch die Wüste machen, hin zum Berg des Bundes, von dem wir uns so weit abgekehrt haben. Um diesen Bund zu bewahren und die Reinheit des Glaubens wieder herzustellen, „wanderte Elias vierzig Tage und vierzig Nächte bis zum Berg Gottes, dem Horeb" (1 Kön 19,8). Mose und das Volk Israel hatten vierzig Tage in der Wüste verbracht (vgl. Num 14,33; Ex 16,31-36); Christus zog sich vierzig Tage und Nächte lang in die Wüste zurück, in die Einsamkeit, um zu fasten und in der Stille zu beten.

Die Propheten, insbesondere Elias und Johannes der Täufer, erfüllt von brennendem Eifer für Gott, führen uns mit der Kraft ihres Glaubens und dem Feuer ihrer Liebe auf diesen langen Weg zur Quelle unseres Lebens, unsrer Treue und unserer wahren Identität. Man muss voranschreiten, denn das Leben, das sich nicht entwickelt, stirbt. Voranschreiten, das heißt Fortschritt in der Heiligkeit; Stillstand oder Rückschritt ersticken die normale Entwicklung des christlichen Lebens. Das Feuer der Liebe Gottes muss genährt werden, und indem es neue Elemente verbrennt, bleibt es lebendig. Wenn es sich nicht ausbreitet, dann wird es bald verlöschen. Der heilige Augustinus warnte: „Wenn du sagst: ‚Es ist genug', dann bist du verloren. Strebe immer nach mehr, geh immer weiter, mache ständig Fortschritte. Bleib nicht am selben Ort, geh nicht zurück, und weiche nicht ab."[3]

Der befreiende Weg, von dem uns das Buch Exodus erzählt, war ein Vorgeschmack auf die innere Reise, die jeder Christ im Laufe seines Lebens zurücklegen muss. Denn Gott nimmt sich Zeit, um unser Herz zu erobern und es auf den neuen Bund mit ihm vorzubereiten. Dieser Weg wird uns von den sieben Sakramenten vorgezeichnet: Taufe, Firmung, Ehe, Priestertum, Buße beziehungsweise Beichte, Eucharistie und Krankensalbung. Die Sakramente in ihrer tiefen Bedeutung und im Glauben an die erneuernde Kraft Gottes zu leben bedeutet einzuwilligen, dass Gott selbst uns in die Wüste zurückführt, um uns erneut durch das Rote Meer zu geleiten und den Bund mit ihn zu erneuern.

Wir wandern im Licht des Glaubens

Ich schlage vor, dass wir diesen Weg gemeinsam mit der Bibel in den Händen gehen und den Herrn bitten, uns ein hörendes Herz zu geben, das zwischen Gut und Böse zu unterscheiden vermag (vgl. 1 Kön 3,9), erleuchtet und geleitet vom Licht des Glaubens. Der Glaube ist der Fels, auf den der Mensch das Innerste seines Lebens baut: seine Beziehung zu Gott. Der Glaube ist für das Sehen ebenso notwendig wie das Licht. Unsere Sinne sind nachts und während des Tages dieselben, doch in der Nacht können wir nicht sehen, weil uns das Licht der Sonne fehlt. Einzig die Gabe des Glaubens, dieses einzigartige, wunderbare Privileg, verschafft uns wirklich Zugang zu Gott – zwar durchaus in einer gewissen Dunkelheit, aber mit der vollen Gewissheit der Wahrheit. Johannes vom Kreuz sagt: „Der Glaube schenkt Gott selbst."[4]

Wenn man die Welt in diesem Licht des Glaubens sieht, dann erscheint sie so, wie Gott sie sieht – ganz anders als in den Augen desjenigen, der sie nach seinen eigenen Maßstäben beurteilt. Diese unterschiedlichen Sichtweisen bringen Widersprüchlichkeiten mit sich, deshalb rufen die Ungläubigen aus: „Der Gerechte [also der gläubige Mensch] ist uns unnütz und steht unseren Werken entgegen, und die Sünden wider das Gesetz wirft er uns vor und beschuldigt uns, unsere Traditionen zu verlassen. [...] Er ist zum offenen Ankläger unserer Gedanken geworden. Schon sein Anblick ist uns lästig, denn unähnlich ist seine Lebensweise der der anderen, und seine Wege sind abgesondert" (vgl. Weish 2,12-15).

Heute ist es nicht anders: Scheidung, Abtreibung, Euthanasie, praktizierte Homosexualität und die Weigerung, sich in seiner Identität als Mann oder Frau zu akzeptieren, sind für die einen Unordnungen, die der wahren Natur des Menschen, wie Gott sie in Liebe gestaltet hat, eklatant entgegenstehen; während die anderen dazu übergegangen sind, sie als grundlegende Menschenrechte zu betrachten, die die absolute Freiheit des Individuums zum Ausdruck bringen. Ebenso werden Gläubige und Weltmenschen den Sinn des menschlichen Lebens, die schöne und unverzichtbare Ergänzung von Mann und Frau, die Bedeutung von Ehe, Familie und Erziehung nicht in gleicher Weise beurteilen. Sie werden Krankheit und Tod nicht die gleiche Bedeutung beimessen und die Nutzung des wissenschaftlichen und technischen Fortschritts nicht in ähnlicher Weise einschätzen.

Denn für den gläubigen Menschen ist die wahre Menschenwürde diejenige, die Christus zu offenbaren gekommen ist, nämlich unsere Berufung, Kinder Gottes zu werden, die dazu bestimmt sind, diese Welt von innen her zu verklären, auf dass sie zur Vorhalle der seligen Ewigkeit werde. In den Augen des Gläubigen ist Krankheit – wie bei Hiob, Naaman dem Syrer (vgl. 2 Kön 5) oder dem armen Lazarus (vgl. Lk 16,19-31) – etwas, das von Gott kommt; sei es, dass er seine Herrlichkeit zeigen möchte, indem er uns heilt; sei es, dass er uns auf diese Weise von der Welt loslösen und uns die Möglichkeit geben möchte, diese Prüfung in Einheit mit den Leiden Jesu zu erleben, um in unserem Fleisch das zu ergänzen, was an den Leiden Christi noch fehlt für seinen Leib, der die Kirche ist (vgl. Kol 1,24). Im Licht des Glaubens gesehen ist die unausweichliche Realität des Todes der wunderbare Moment unserer Begegnung mit dem Herrn, wenn wir vor einem ganz gerechten und ganz barmherzigen Richter Rechenschaft darüber ablegen müssen, wie wir gelebt haben. Der Tod ist, so singt es die Liturgie, ein Versprechen der Unsterblichkeit, „denn für alle, die an Dich glauben, Herr, wird das Leben nicht vernichtet, sondern verwandelt“.[5] Und der technische Fortschritt verliert in den Augen des Gläubigen jene faszinierende Kraft, die den Menschen erst einmal berauscht, dann versklavt und schließlich schnell zum Opfer seiner eigenen Beherrschung der Natur macht. Die Wissenschaft ist allzu oft aufgrund einer tiefen Verdorbenheit zum Instrument menschlicher Bosheit und Perversion geworden.

Der Glaube führt uns zum Gebet, zu diesem Zwiegespräch mit Gott, dem ich in diesem Buch einen zentralen Platz einräumen möchte. Jesus selbst empfiehlt uns, „allezeit zu beten und [uns] nicht entmutigen zu lassen“ (Lk 18,1). Der heilige Paulus, dieser unermüdliche Missionar, ermutigte die ersten Christen: „Seid beharrlich im Gebet und wachsam in der Danksagung“ (Kol 4,2).

Schließlich ist der Glaube auch unerlässlich, um aus den Sakramenten zu leben. Diese haben ja nichts Automatisches oder Magisches an sich. Vor allem die Eucharistie verlangt, dass wir uns dem Altar des Herrn mit Glauben und Reinheit des Herzens nähern, gemäß den Worten des Psalmisten: „Ich wasche in Unschuld meine Hände und trete so zu deinem Altar, o Herr! Auf dass ich die Stimme deines Lobes ertönen lasse und alle deine Wundertaten verkünde. Herr! ich liebe die Zier deines Hauses und den Ort, wo deine Herrlichkeit wohnt“ (Ps 25,6-8). Wenn christliche Gemeinden verkümmern und langsam eingehen, dann liegt das daran, dass sie den Glauben an die Realpräsenz Jesu im Sakrament der Eucharistie verloren haben. Wenn Priester das heilige Messopfer unwürdig darbringen, wenn sie Sündern, die nicht die Absicht haben, Ihn um Vergebung ihrer Sünden zu bitten und ihr Leben nach dem Evangelium auszurichten – wenn sie solchen Personen Jesus in der Eucharistie reichen, dann verraten sie Jesus erneut.[6] Wenn für den Priester die Messe zu einem Theater, einem gesellschaftlichen Event, zu Entertainment geworden ist, bei dem er sich wie ein Showmaster verhält, der auf seine persönliche Kreativität angewiesen ist, um die Atmosphäre interessant und attraktiv zu gestalten; wenn er sich kulturelle Anpassungen, persönliche Erklärungen und Kommentare erlaubt, anstatt dem unaussprechlichen Seufzen des Heiligen Geistes, der in jeder Eucharistiefeier gegenwärtig ist, Raum zu geben – wie soll sich dann der Glaube der Anwesenden entwickeln können? Im Herzen der Eucharistie muss der Priester die einzigartige Kraft der stillen Anbetung erfahren und ein Gebet im Herzen tragen, das in all seinen Aspekten dem Gebet Jesu an seinen Vater entspricht. Wir haben genügend hervorragende Spezialisten und Professoren der Ekklesiologie. Was der Kirche heute tragischerweise fehlt, sind Männer Gottes, Männer des Glaubens, und Priester, die Anbeter im Geist und in der Wahrheit sind.

Ein Buch, um Jesus in den sieben Sakramenten zu folgen

Dieses Werk möchte in aller Schlichtheit all jene begleiten, denen es am Herzen liegt, die Liebe Gottes mit einem erfüllten, glücklichen und fruchtbaren Leben zu erwidern, das sich in der ewigen Freude der Betrachtung Gottes entfaltet. Es entstand aus dem Wunsch, Menschen zu helfen, einen inneren Weg des spirituellen Aufstiegs zu beschreiten, um sich der Freude einer lebensverändernden Begegnung zu öffnen. Diese Zeilen entspringen einem Herzen, das sich dem Herzen des Evangeliums und dem Herzen Jesu Christi nahe fühlt; sie entspringen dem Wunsch, beim Leser dieselbe Nähe zu erwecken, indem sie ihm helfen, nach innen zu gehen, an den Ort der intimen Gegenwart Gottes. Sie wollen seinem Bemühen um Bekehrung einen greifbaren Charakter verleihen, indem sie den Weg aufzeigen, dem wir folgen müssen, sowie die konkreten Mittel, die wir anwenden können, um Gott wieder in den Mittelpunkt unserer existenziellen Fragen und Belange zu stellen.

Ich hatte den Eindruck, dass die Verdrängung Gottes in unseren postmodernen Gesellschaften, die Krise der grundlegenden menschlichen und moralischen Werte und ihre Auswirkungen bis in die Kirche hinein, wo es Verwirrung über die göttlich geoffenbarte Wahrheit, einen Verlust des authentischen Sinns der Liturgie und eine Verdunkelung der priesterlichen Identität gibt – dass all dies es dringend erforderlich macht, dass allen Gläubigen ein echter Katechismus des geistlichen Lebens angeboten wird. Der Titel darf jedoch nicht missverstanden werden. Es kam mir nicht darauf an, eine Zusammenfassung des gesamten christlichen Glaubens zu schreiben. Wir haben den *Katechismus der Katholischen Kirche* und sein *Kompendi-*

um; beide bleiben unersetzliche Instrumente für den Unterricht und das Studium der gesamten, von Christus geoffenbarten und von der Kirche verkündeten Lehre. Dieses Buch ist ein Katechismus des inneren Lebens. Es will die wichtigsten Wege zum Eintritt in das geistliche Leben aufzeigen, und zwar zu einem praktischen und nicht zu einem akademischen Zweck. Zur Zeit der Kirchenväter wurden die Katechumenen während der gesamten Fastenzeit mit grandiosen Katechesen begleitet, damit sie verstehen lernten, wie sehr die Taufe, die sie empfangen sollten, ihr Leben verändern würde. Dieser Katechismus, in dem es zentral um die Sakramente, das Gebet, die Askese und die Liturgie geht, verfolgt dasselbe Ziel: Jedem soll bewusst werden, dass seine Taufe der Beginn einer großen Bekehrung, einer großen Rückkehr zum Vater ist.

Die Menschen fragten Johannes den Täufer: „Was sollen wir also tun?" Dieselbe Frage stellen die Zuhörer des Apostels Petrus am Pfingsttag: „Was sollen wir tun?" (Apg 2,37); und es sollte dann auch die Frage des Paulus sein – nach seiner ersten Frage: „Wer bist du, Herr?" (Apg 9,5) –: „Herr! Was willst du, dass ich tun soll?", und Jesus wies ihn an: „Steh auf, und geh in die Stadt; dort wird dir gesagt werden, was du tun sollst!" (Apg 9,6) Diese beiden Fragen: „Wer bist du, Herr?" und „Was willst du, dass ich tun soll?" erheben sich jedes Mal, wenn wir das Wort Gottes hören oder lesen, oder wenn Jesus uns in den Sakramenten begegnet.

Die folgenden Seiten wollen dazu aufrufen, uns mit Gott und seinem Wort in einer offenen, ehrlichen, lichtvollen und wahrheitsgemäßen Begegnung auseinanderzusetzen. Sie laden uns ein, regelmäßig die Heilige Schrift zu lesen, um uns von ihr zu nähren und unser Leben erhellen zu lassen. Das Wort Gottes ist die Norm unserer Existenz, es zeigt uns den Weg, und es ist gleichzeitig unsere Hilfe: Jedes Mal, wenn wir durch das Tal des Todes und der Finsternis gehen (vgl. Ps 23,4), wenn Schwierigkeiten den Weg unseres Lebens verdunkeln, erleuchtet uns das Wort Gottes und zeigt uns, wie wir den heiligen und untadeligen Willen Gottes erfüllen können. Sein Wort ist ein Wort, das im Inneren der Gläubigen wirkt (vgl. 1 Thess

2,13), bis in die innersten Tiefen unseres Wesens vordringt und uns lehrt, in Gerechtigkeit und Heiligkeit zu leben.

Ich wünschte, diese Seiten könnten ein Echo jenes Rufes sein, den das Volk Gottes an Mose richtete, hungrig, durstig und erschöpft von seiner Wanderung durch „trockenes, unfruchtbares Land ohne Wasser", wo es weder Obdach noch Nahrung gibt (vgl. Ps 63,2). Mein Wunsch ist, dass sie in jedem von uns einen unersättlichen Durst und Hunger nach dem Wort Gottes auslösen oder wieder beleben, und dass wir wie die Israeliten von unseren Bischöfen und Priestern nachdrücklich Zugang zu dieser lebensnotwendigen Nahrung verlangen, um innerlich wachsen und auf Gott zugehen zu können – keine soziopolitischen Reden, Hirtenbriefe über Menschenrechte und moderne Demokratien oder die neuesten Entwicklungen (vgl. Apg 17,21), sondern das dauerhafte, feste und endgültige Wort Jesu und die daraus abgeleiteten Grundsätze des kirchlichen Lehramts.

Denn nun ist tatsächlich die Zeit gekommen, die Paulus angekündigt hatte, „in der sie die gesunde Lehre nicht ertragen, sondern nach eigenen Gelüsten sich Lehrer über Lehrer nehmen werden, lüstern nach dem, was den Ohren schmeichelt, und das Gehör von der Wahrheit abwenden, den Fabeln dagegen sich zuwenden werden" (2 Tim 4,3-4). Das zeigt sich leider auch darin, dass prominente Prälaten der katholischen Kirche heute öffentlich sagen, dass „die derzeitige Lehre der Kirche über Homosexualität falsch ist", weil „die soziologische und wissenschaftliche Grundlage dieser Lehre nicht mehr stimmt"; und dass es daher „Zeit für eine grundlegende Revision der Lehre" ist, denn „die Kirche muss ihre Lehre über die Sexualmoral ändern". Wie konnte es dazu kommen, dass Soziologie und Wissenschaft bei diesen Bischöfen den Platz des Wortes Gottes als Grundlage der kirchlichen Lehre eingenommen haben? Offenbar ist für sie die Sexualität voll und ganz auf das Individuum als solches ausgerichtet, reduziert auf die Suche nach persönlichem Lustgewinn; unter diesen Bedingungen spielt es keine Rolle, ob sie mit einer Person des gleichen Geschlechts befriedigt wird ... Was die Morallehre der Kirche ablehnt, ist aber genau diese hedonistische Reduktion der

Sexualität, ein Erbe des philosophischen Individualismus. Ich halte es für dringend geboten, alle Hirten der Kirche daran zu erinnern, dass sie im Namen Gottes sprechen müssen und dass es ihre Aufgabe ist, die Gläubigen zu lehren, zu heiligen und zu führen, und zwar nicht auf der Grundlage ihrer persönlichen Meinung oder aufgrund dessen, was gesellschaftlich akzeptiert ist, sondern im Licht der göttlichen Offenbarung, indem sie ohne Furcht, Zweideutigkeiten oder Verfälschungen ein klares, starkes und wahres Wort verkünden. Es geht um die Einheit der Kirche, und es gibt keine Einheit außerhalb der Wahrheit. Jesus hat uns unmissverständlich gesagt: „Himmel und Erde werden vergehen, meine Worte aber werden nicht vergehen" (Mt 24,35). Wir wollen seinem Wort mehr vertrauen als jedem anderen, denn „nur einer ist euer Meister, Christus" (Mt 23,10). In der Geschichte der Kirche gibt es das Zeugnis zahlreicher Christen, die es vorzogen, Nein zu einer Welt der Dunkelheit, der Perversion und des moralischen Verfalls zu sagen, und sei es um den Preis ihres Lebens, anstatt den Schatz zu verlieren, den sie in Jesus gefunden hatten (vgl. Mt 13,44; Phil 1,21). Der Glaube gibt uns die Gewissheit, dass die Gnade unauffällig und dennoch erfolgreich wirkt, obwohl es den Anschein hat, dass unsere Welt zugrunde geht, dass die katholische Kirche verschwinden wird und dass man angeblich, wenn man ihr Verschwinden verhindern will – glaubt man dem sehr sonderbaren „synodalen Weg", der in Deutschland stattfindet –, eine radikale Veränderung ihrer göttlichen Verfassung in Betracht ziehen muss, um sie an die heutige Welt anzupassen und das Priestertum neu zu erfinden. Doch auch in unserem Jahrhundert dürfen die Menschen von den Christen erwarten, dass sie ihr Zeugnis mit Mut, Klarheit, Hartnäckigkeit und Standhaftigkeit im Glauben ablegen.

In den Fußspuren Christi

Mit diesem Buch möchte ich im Unterschied zu meinem Buch *En route vers Ninive*[7] eine vertiefte Reflexion und einen neuen spirituellen Weg anbieten. Ich bemühe mich, jenem Schriftgelehrten zu gleichen, der „über das Himmelreich wohl unterrichtet ist" (Mt 13,52) und aus seinem Schatz Altes und Neues hervorbringt, und so habe ich in meine heutigen Überlegungen eine Reihe von Meditationen aus Hirtenbriefen einfließen lassen, die ich zwischen 1997 und 2001 als Erzbischof von Conakry in der Republik Guinea niedergeschrieben habe. Ich wollte sie neu fassen und als einen Weg in den Fußspuren Christi im Licht der Sakramente darstellen. Das christliche Leben ist nämlich, wie die gesamte Tradition bezeugt, in erster Linie eine Nachahmung Christi. Um uns in die Gemeinschaft mit den Geheimnissen seines Lebens einzuführen, hat Jesus uns die Sakramente hinterlassen, die wie Meilensteine auf unserem Weg in seiner Nachfolge sein werden. Sie sind für uns – so der heilige Josemaría Escrivá – „die Quelle der göttlichen Gnade und die wunderbare Offenbarung der Barmherzigkeit Gottes an uns".[8]

So wie Jesus sein öffentliches Leben mit der Taufe im Jordan begann, so beginnt unser christliches Leben mit dem Empfang des Sakraments der Taufe (Kap. 1), dem ersten Teil der Triade der christlichen Initiation. Danach folgen die Firmung, das persönliche Pfingsten eines jeden Christen, in dem ihm alle Gaben des Heiligen Geistes geschenkt werden (Kap. 2); und die Eucharistie, das höchste Sakrament der Liebe Gottes für die gesamte Menschheit, in dem er sich jedem von uns bis zum Ende schenkt (Kap. 3).

Dann gibt uns Jesus das Beispiel seiner großen, gebetsgesättigten Einkehr in der Wüste, an deren Ende er sich den Versuchungen Satans stellen muss, gestützt von der Kraft des Wortes Gottes, das er lange in der Einsamkeit meditiert (Kap. 4).

In seinem anschließenden Wirken ist der Aufruf zu Umkehr und Buße von größter Bedeutung. Er selbst betont immer wieder, dass die Heilung des Leibes sowohl ein Abbild als auch eine Folge der Heilung eines Herzens ist, das der Sünde abschwört. Das Bußsakrament, das heute dringend wiederentdeckt werden muss, ermöglicht es uns, im täglichen Kampf um die Treue zu unserer Taufe den wunderbaren Kontakt mit Jesus, dem Erlöser, zu erleben, der uns aufrichtet, wenn wir gefallen sind, und unsere Wunden heilt (Kap. 5).

Christus ist gekommen, um alle Menschen zu diesem Glück der größten Liebe zu berufen, das darin besteht, sein Leben hinzugeben. Die Märtyrer tun dies in einem Augenblick, vermittels einer einzigartigen Gnade, die ihnen gewährt wird; die anderen tun es im Laufe ihres Lebens, sei es in der Ehe (Kap. 6), dieser wunderbaren Verpflichtung, einander zu lieben, wie Christus die Kirche geliebt und sich für sie hingegeben hat (vgl. Eph 5,25); oder in der priesterlichen Berufung, die darin besteht, dem Herrn die eigene Existenz ganz zu übergeben, um inmitten seiner Brüder ein zweiter Christus, Christus selbst, zu sein (Kap. 7).

Die Predigt Jesu vollendet sich schließlich im Opfer seines Lebens am Kreuz, das er aus Gehorsam gegenüber dem Vater in ihrer gemeinsamen Liebe zu unserer verwundeten Menschheit am Kreuz darbringt, um uns von der Sünde zu erlösen. Dieses Geheimnis des Kreuzes, das von Liebe brennt und von Fruchtbarkeit überfließt, ist dazu bestimmt, sich im Leben aller Christen zu wiederholen (Kap. 8).

Am Fuß des Kreuzes auf Golgotha wird die heilige Kirche Gottes geboren, rein und unbefleckt bis zum letzten Tag, während ihr Geheimnis sich in der Existenz der armen Sünder entfaltet, die sie bilden und manchmal ihr Gesicht entstellen. Der auferstandene Christus sendet sie auf eine Mission über die ganze Erde, um die Ernte des himmlischen Vaters einzubringen – mit Blick auf die Ewigkeit der Glückseligkeit, die Gott für uns gewollt hat (Kap. 9).

Das christliche Leben, das in den Fußspuren Christi geführt und von den Sakramenten genährt wird, ist wahrhaftig dieser neue innere Exodus, den Gott mit uns gehen will, um uns als wahre Söhne und Töchter Gottes im Sohn, Jesus Christus, unserem Herrn, zum Berg unserer Verklärung zu führen.

Die folgenden Seiten haben den bescheidenen Ehrgeiz zu zeigen, wie der christliche Weg, der mit der Taufe begonnen hat, ein Weg der Bekehrung und der radikalen Veränderung unseres gesamten Lebens ist. Mögen sie Ihnen eine echte Hilfe auf Ihrem Weg der Vertiefung und des inneren Wachstums sein, auf dem wir „alle hingelangen zur Einheit des Glaubens und der Erkenntnis des Sohnes Gottes, zur vollen Mannesreife, zum Altersmaß der Fülle Christi" (Eph 4,13).

Wenden wir uns an unsere unbefleckte Mutter, die Mittlerin aller Gnaden. Maria ist das leuchtende Vorbild für jeden Mann, für jede Frau. Um in der Heiligkeit zu wachsen, müssen wir in das Herz der Jungfrau Maria eintreten und uns in ihr, der Mutter der immerwährenden Hilfe, verbergen.

I

Die Taufe: der Eintritt ins Leben

Der Tod und die Auferstehung Jesu haben die menschliche Existenz und die Geschichte des Menschen von Grund auf verwandelt: „Das alte Wesen ist verschwunden, ein neues Wesen ist da. Alles aber kommt von Gott“ (2 Kor 5,17-18). Wer Christus entdeckt und die Bedeutung dieses Geheimnisses erahnt hat, ist dazu berufen, sein gesamtes Leben danach auszurichten, indem er seine vorige Lebensweise aufgibt und den alten Menschen ablegt, „welcher verderbt ist infolge der Lüste des Truges, ..., um [sich] im Geiste [seines] Sinnes zu verwandeln und den neuen Menschen anzuziehen, der nach Gott geschaffen ist, in Gerechtigkeit und Heiligkeit der Wahrheit“ (Eph 4,22-24). Damit ändert der Mensch mehr als nur die Ausrichtung seines Lebens: Er wird „Gott leben in Christus Jesus“ (Röm 6,11), er wird wahrhaftig in die Intimität der drei göttlichen Personen eingeführt. Unweigerlich versetzt uns diese Vergöttlichung in Staunen und Anbetung. Denn Gott hat uns wirklich zu *consortes divinae naturae*, „teilhaftig der göttlichen Natur“ (vgl. 2 Petr 1,4) gemacht, er hat uns „in die ganze Fülle Gottes“ (Eph 3,19) eintreten lassen. Damit vollendet er unser Wesen, das nach seinem Bild und Gleichnis geschaffen wurde und zur Heiligkeit und zur Gemeinschaft mit ihm berufen ist: Und das ist es, was im Sakrament der Taufe geschieht, welches die Erfüllung der Verheißungen ist, die Gott während des gesamten Alten Testaments gegeben hat.

Mit Christus sterben und auferstehen

Die Taufe ist das Sakrament, das uns in das christliche Leben einführt. Sie macht uns zu Kindern Gottes. Sie fügt uns sichtbar in die Kirche ein, in die große und heilige Familie Gottes, damit wir die anderen Sakramente gültig und fruchtbar empfangen und wirksam am christlichen Gottesdienst teilnehmen können – es sei denn, wir haben durch schwere Sünde die in der Taufe empfangene Gnade verloren; dann aber bleibt uns das unauslöschliche Zeichen der Kinder Gottes, aufgrund dessen wir zur Beichte gehen können, um Seine Vergebung zu empfangen, und den Herrn Jesus im Sakrament der Eucharistie wieder empfangen dürfen.

All diese Gaben empfangen wir durch die Taufe, denn dieses Sakrament eröffnet uns die Möglichkeit, direkt vom Werk der Erlösung betroffen und berührt zu sein. Der Ritus des Wassers, der entweder durch Untertauchen oder durch einfaches Übergießen des Kopfes des Katechumenen mit etwas Wasser vollzogen wird, begräbt den Täufling symbolisch im Tod Christi, um ihn Anteil haben zu lassen an seiner Auferstehung. Die Taufe ist also ein Eintauchen in das Ostergeheimnis, ein Durchgang vergleichbar jenem Durchgang der Hebräer durch das Rote Meer bei ihrem Auszug aus Ägypten in das Land des Bundes, wie Origenes es darlegte:

> Am Jordan führte die Bundeslade das Volk Gottes. Da standen die Priester und Leviten still, und die Wasser wurden gleichsam von Ehrfurcht vor den Dienern Gottes ergriffen, sie hielten ihren Lauf zurück und sammelten sich zu einem Wall, um dem Volk Gottes einen sicheren Weg zu bieten. [...] Glaube nun nicht, du, der du jetzt hörst, was bei den Alten geschehen ist, dass das alles nichts mit dir zu tun hat: Alle diese Dinge vollziehen sich in dir auf geistige Weise. Denn wenn du die Finsternis des Götzendienstes verlässt und begehrst, zur Erkenntnis des göttlichen Gesetzes zu gelangen, dann beginnt dein Auszug aus Ägypten. Als du in die Gruppe der Katechumenen aufgenommen wurdest und begonnen hast, den Geboten der Kirche zu gehorchen, da hast du

> das Rote Meer durchquert; auf den Wegstrecken durch die Wüste bemühst du dich jeden Tag, das Gesetz Gottes zu hören und das Angesicht von Mose zu betrachten, das dir die Herrlichkeit des Herrn enthüllt. Wenn du aber zur geistigen Quelle der Taufe gelangst; wenn du in Gegenwart der Priester und Diakone in diese heiligen und erhabenen Geheimnisse eingeweiht wirst, die nur diejenigen kennen, die das Recht haben, sie zu kennen: Dann wirst du, nachdem du dank des Dienstes der Priester den Jordan überquert hast, in das gelobte Land eintreten.[1]

Denn in seinem Pessach, in seinem Vorübergang und letztlich in seinem Ostern hat Christus allen Menschen die Quellen der Taufe geöffnet, so der heilige Ambrosius:

> Sieh, wo du getauft wurdest, woher die Taufe kommt, wenn nicht vom Kreuz Christi, vom Tode Christi. Darin liegt das ganze Mysterium: Er hat für dich gelitten. In ihm bist du erlöst, in ihm bist du gerettet.[2 3]

Indem wir am Tod und an der Auferstehung Jesu teilhaben, werden wir zu Söhnen und Töchtern im Sohn. So hat die Tradition der Kirche sowohl im Osten wie im Westen die Lehre des heiligen Paulus interpretiert: Der neue oder innere Mensch, der durch den Heiligen Geist im Getauften gezeugt wird, ist kein anderer als der Sohn Gottes, dessen Bild in jedem Menschen zu seiner ersten Herrlichkeit zurückgeführt wird. Um es mit den Worten des heiligen Ephräm des Syrers und der heiligen Katharina von Siena auszudrücken: Es vollzieht sich gewissermaßen eine „Wesensverpflanzung" des Sohnes Gottes in die Seele des Getauften, so dass wir tatsächlich aus dem wirklichen Leben Jesu leben. Denn, so der heilige Paulus:

> ... wenn wir mit ihm in der Ähnlichkeit seines Todes innigst verbunden sind, so werden wir es auch zugleich zur Ähnlichkeit der Auferstehung sein; da wir wissen, dass unser alter Mensch mit ihm gekreuzigt wurde,

> auf dass der Leib der Sünde vernichtet werde, und wir nicht mehr der Sünde dienen (Röm 6,5-6).

Im selben Sinn:

> Ich bin mit Christus an das Kreuz geheftet, und nicht mehr ich lebe, sondern Christus lebt in mir. Sofern ich aber jetzt im Fleisch lebe, lebe ich im Glauben an den Sohn Gottes, der mich geliebt und sich selbst für mich dahingegeben hat (Gal 2,19-20).

Wie tief muss doch die Dankbarkeit eines jeden Christen für die Wahrheit dieses Geheimnisses sein, das in ihm wirksam ist! Es ist der Sohn Gottes, der gestorben und auferstanden ist; und wir sind es, die die Früchte seines Opfers unverdient empfangen. Eine alte Katechese der Kirche von Jerusalem für die Neugetauften legt diese Wahrheit mit folgenden Worten dar:

> Ihr seid an der Hand zum Taufbecken geführt worden, so wie Christus vom Kreuz zum Grab gelangt ist, das hier vor euch liegt.
> Jeder von euch wurde gefragt, ob er an den Namen des Vaters und des Sohnes und des Heiligen Geistes glaubt. Ihr habt das heilbringende Glaubensbekenntnis gesprochen, und ihr wurdet dreimal ins Wasser getaucht, und dann seid ihr wieder daraus emporgekommen. So habt ihr euch symbolisch daran erinnert, dass Christus drei Tage lang im Grabe blieb ...
> Eine seltsame und unglaubliche Sache! Wir sind nicht wirklich gestorben und auch nicht wirklich begraben worden; und wir sind auferstanden, ohne wirklich gekreuzigt worden zu sein. Aber wenn auch die Darstellung nur in Form eines Bildes geschieht, so ist die Errettung doch ganz und gar real und wahr.
> Christus wurde tatsächlich gekreuzigt, tatsächlich begraben, und er ist wahrhaft auferstanden. Und all dies wird uns aus Gnade geschenkt. Vereint durch die Darstellung seiner Leiden gewinnen wir wahrhaft das Heil.

> Welch eine unerhörte Wohltat für die Menschen! Christus wurden die Nägel in seine ganz reinen Hände geschlagen; und mich, der ich weder Leid noch Schmerz gekannt habe, lässt er aus reiner Gnade an der Erlösung teilhaben![4]

Die Taufe ist ein trinitarisches Geschehen

Dieses Eingetauchtwerden in den Tod und die Auferstehung Jesu, die unser Leben in das seine einpflanzt, bringt uns in Kontakt mit den drei göttlichen Personen. Als Jesus die Taufe einsetzte, geschah das mit den folgenden Worten:

> Gehet also hin, und lehret alle Völker, und taufet sie in den Namen des Vaters, und des Sohnes, und des Heiligen Geistes; und lehret sie alles halten, was Ich euch geboten habe. Und siehe, Ich bin bei euch alle Tage bis an das Ende der Welt (Mt 28,19-20).

Benedikt XVI. wollte die Aufmerksamkeit auf die Formulierung lenken: „Taufen *in den* Namen des Vaters, des Sohnes und des Heiligen Geistes“:

> Die Wahl des Wortes „*in den* Namen des Vaters“ im griechischen Text ist von großer Bedeutung: Der Herr sagt „*eis*“ und nicht „*en*“, das heißt nicht „*im* Namen“ der Trinität – wie wir sagen, dass ein Vizepräfekt „im Namen“ des Präfekten, ein Gesandter „im Namen“ der Regierung spricht: Nein. er sagt: „*eis to onoma*“, das heißt, ein Eintauchen in den Namen der Dreifaltigkeit, eine gegenseitige Durchdringung des Seins Gottes und unseres Seins, ein tiefes Eingetauchtsein in den dreieinigen Gott, Vater, Sohn und Heiliger Geist, so wie zum Beispiel in der Ehe zwei Personen ein Fleisch werden, eine neue einzige Wirklichkeit mit einem einzigen neuen Namen werden.

Im Zusammenhang damit verweist Benedikt XVI. auf die Art und Weise, wie Gott sich selbst als „der Gott Abrahams, der Gott Isaaks und der Gott Jakobs“ bezeichnet (Mt 22,31-32; vgl. Ex 3,12-15), er erklärt, dass Gott diese drei Personen *in* seinen Namen aufnimmt, so dass ihre Namen zum Namen Gottes werden. Und er schließt:

> So sehen wir, dass derjenige, der *im* Namen Gottes steht – der eingetaucht ist in Gott –, lebt, weil Gott – wie der Herr sagt – „nicht ein Gott der Toten, sondern der Lebenden ist“. [...] Die Lebenden sind lebendig, weil sie im Gedächtnis, im Leben Gottes stehen. Und genau das geschieht, wenn wir getauft werden: Wir werden eingefügt in den Namen Gottes, so dass wir zu diesem Namen gehören, und sein Name wird zu unserem Namen; und auch wir werden durch unser Zeugnis – wie die Drei im Alten Testament [Abraham, Isaak und Jakob] – Zeugen Gottes, Zeichen dafür, wer dieser Gott ist.[5]

Im Namen des Vaters, des Sohnes und des Heiligen Geistes getauft zu werden bedeutet also, mit Gott vereint zu sein, an seiner Existenz teilzuhaben, in sein Leben eingetaucht zu werden. Dieser trinitarische Aspekt tritt in der Szene der Taufe Jesu im Jordan besonders deutlich in dem Augenblick zutage, als sich der Himmel öffnet und der Geist Gottes wie eine Taube herabkam, um auf ihm zu ruhen. „Und siehe, eine Stimme vom Himmel sprach: Dieser ist mein Sohn, der geliebte, an welchem ich Wohlgefallen habe!“ (Mt 3,17). Die gesamte Heilige Dreifaltigkeit offenbart hier ihre Gegenwart und ihr Wirken. Die Taufe Jesu lehrt uns, dass Gott durch das Sakrament der Taufe, das seine Jünger empfangen, die Menschwerdung seines geliebten Sohnes in jedem von ihnen verlängern will. Denn durch die Taufe hat Gott, unser Vater, von unserem Leben Besitz ergriffen, uns in das Leben Christi eingegliedert und uns den Heiligen Geist gesandt. „Gott hat uns gerettet durch das Bad der Wiedergeburt und der Erneuerung des Heiligen Geistes, welchen er überreichlich auf uns ausgegossen hat durch Jesus Christus, unseren Heiland, damit wir, gerechtfertigt durch die Gnade Christi, der Hoffnung gemäß Erben würden des ewigen Lebens“ (Tit 3,5-7). Der Getaufte lebt nun gänzlich und innig vereint mit Christus durch das Blut eines ewigen Bundes (vgl. Hebr 13,20), geführt und beseelt vom Heiligen Geist (Röm 8,14).

Damit ist uns die endgültige Antwort auf die unausweichliche Frage nach dem Sinn des menschlichen Daseins gegeben. Sie ist zur Gänze in einem bei den Kirchenvätern immer wieder vorkommenden Ausspruch enthalten, der sich zweifellos zum ersten Mal beim heiligen Irenäus findet (er war um das Jahr 200 Bischof von Lyon): *„Deus homo factus est, ut homo fieret Deus“*, „Gott ist Mensch geworden, auf dass der Mensch Gott werde“. Die Taufe, die uns in die Heilige Dreifaltigkeit eintaucht, ist eine Vergöttlichung im eingeborenen Sohn: Durch die Menschheit Christi hat Gott einen Weg gefunden, uns zu *consortes divinae naturae*, zu „Teilhabern der göttlichen Natur“ (2 Petr 1,4) zu machen. In Jesus, wahrem Mensch und wahrem Gott, findet sich die Fülle der Gnade, und „von seiner Fülle haben wir alle empfangen, Gnade um Gnade“ (Joh 1,16); nach einem den Vätern vertrauten Bild verhält es sich mit uns wie mit einem Eisenklumpen, den man ins Feuer legt und der ganz und gar zu Feuer wird. Die Taufe zeigt also, dass die Vergöttlichung der letzte Sinn der menschlichen Existenz ist. Auf den ersten Blick erscheint das möglicherweise übertrieben oder gar anmaßend. Ist der Wunsch, Gott gleich zu sein, nicht die Quelle der Erbsünde? Sicherlich: Aber die Ursünde bestand in dem Anspruch, *aus eigener Kraft* so zu werden, wie Gott ist. Die Taufe hingegen, die in uns die Folgen dieser ersten Schuld vernichtet, ist die demütige und dankbare Annahme dieses unerhörten *Geschenks* der Vergöttlichung, das Werk der Heiligen Dreifaltigkeit in uns. Der Sinn des Verbots, nach der Frucht des Baumes im irdischen Paradies zu greifen, war nicht die Weigerung Gottes, den Menschen in seine göttliche Nähe einzuführen; dieses Verbot bedeutete lediglich, dass der Mensch das, was Gott ihm geben wollte, nicht an sich reißen, sondern empfangen sollte. Unsere Vergöttlichung ist eine Teilhabe, das heißt, wir werden nicht ewig Gott sein, so wie Gott Gott ist, unendlich und absolut, was unmöglich ist; aber wir werden von demselben Leben leben wie er. Jesus sagte es den Pharisäern: „Steht nicht in eurem Gesetz geschrieben: Ich habe gesagt: Ihr seid Götter? [...] und die Schrift kann nicht aufgehoben werden" (Joh 10,34-35).

Diese Fähigkeit, das Leben selbst von Gott zu empfangen, ist in unserer Natur angelegt, ohne dass uns jedoch ihre Verwirklichung mit unseren eigenen Kräften möglich wäre. Und wenn der Mensch sich bewusst wird, dass er dazu geschaffen ist, Gott zu sehen, und gleichzeitig versteht, dass ihm dies aufgrund der unendlichen Entfernung zwischen dem Geschöpf und dem Schöpfer unmöglich ist, dann ergreift ihn ein Gefühl der Absurdität des Lebens und nimmt ihm den Mut, Gott zu suchen. Nun aber geschieht die Inkarnation, welche die Hoffnung wieder aufleben lässt: Die Tatsache, dass das Wort Gottes die menschliche Natur in der Einheit seiner Natur annehmen wollte, zeigt sehr deutlich, dass der Mensch sich mit Gott vereinen kann.[6] Welche Freude! Was für ein Privileg! Welch unerhörte Gnade, im Namen des Vaters und des Sohnes und des Heiligen Geistes getauft zu werden! Aber auch eine furchtbare und erschreckende Verantwortung! Der Empfang der Taufe ist nicht nur ein freudiges und befreiendes Ereignis, sondern auch eine ernste Entscheidung und eine große Verantwortung, sich mit Hilfe der göttlichen Gnade der Herausforderung zu stellen, inmitten einer Welt, die Gott und dem Evangelium feindlich gegenübersteht, ein Leben nach dem Glauben zu führen. Es bedeutet letztlich, Kreuz, Leiden und Tod für den Namen Jesu auf sich zu nehmen, um mit ihm die Auferstehung zu erfahren. Der heilige Petrus sagt uns deshalb, dass die Taufe „nicht eine Ablegung körperlicher Unreinigkeit [ist], sondern an Gott gerichtete Begehrung eines guten Gewissens durch die Auferstehung Jesu Christi, welcher, nachdem er in den Himmel gegangen ist, zur Rechten Gottes ist [...]" (1 Petr 3,21-23).

Was muss sich in meinem Leben aufgrund der Taufe ändern?

Die Taufe erneuert und verwandelt uns im Innersten unseres Wesens. Josémaria Escrivá hat gesagt: „Christ sein ist nicht etwas Zufälliges, es ist eine göttliche Wirklichkeit, die sich in das Innerste unseres Lebens eingräbt und uns eine klare Vision und den entschlossenen Willen verleiht, so zu handeln, wie Gott es will."[7] Taufe, Firmung und Eucharistie bleiben sinnlos, wenn sie nicht zur innigen Vereinigung mit der Person unseres Herrn Jesus Christus führen. Im gemeindeeigenen Taufregister eingetragen zu sein, sich Christ zu nennen, ohne seine Taufe zu leben; an kirchlichen Zeremonien teilzunehmen, ohne sie in sein Leben zu übertragen; dem persönlichen Kontakt mit Jesus fremd zu bleiben, sich nicht auf eine echte Freundschaft mit Gott einzulassen – all das macht unser Christentum eitel und unfruchtbar.

Die Taufe ist ein reinigendes Eintauchen in das Blut Christi: Aber diese Reinigung mit dem großen Geschenk der Gotteskindschaft anzunehmen bedeutet gleichzeitig die Tatsache anzunehmen, dass der Wille des Vaters von nun an die Kompassnadel meiner Existenz ist. Sogar darin hat die Taufe Jesu im Hinblick auf uns Vorbildcharakter: Jesus musste ja in Wahrheit gar nicht gereinigt werden. Johannes der Täufer verlangte von denen, die kamen, um sich taufen zu lassen, sich von der Sünde abzuwenden, auf dass sie ein wahrhaft neues Leben beginnen konnten; aber Jesus, der ohne Sünde ist – wozu kam er an den Jordan? Er sagte zum Täufer: „Lasse es jetzt geschehen; denn also geziemt es sich uns, jegliche Gerechtigkeit zu erfüllen" (Mt 3,15). Diese Gerechtigkeit, die er zu erfüllen kommt, ist die vollkommene Treue zum Heilswillen des Vaters, der von ihm, von Jesus, verlangt, sich mit unserer sündigen Menschheit zu solidarisieren:

> Durch diese Geste nimmt Jesus das Kreuz vorweg. Er beginnt sein Wirken damit, dass er den Platz der Sünder einnimmt, die Last der Schuld der gesamten Menschheit auf sich nimmt und so den Willen des Vaters

erfüllt. Indem er sich im Gebet sammelt, zeigt Jesus die innige Verbindung mit dem Vater im Himmel, erfährt seine Vaterschaft, erfasst die anspruchsvolle Schönheit seiner Liebe; und im Gespräch mit dem Vater empfängt er die Bestätigung seiner Sendung. In den Worten, die aus dem Himmel ertönen (vgl. Lk 3,22), liegt vorausnehmend der Hinweis auf das Ostergeheimnis, auf das Kreuz und auf die Auferstehung. Die göttliche Stimme bezeichnet ihn als „mein geliebter Sohn" und erinnert damit an Isaak, den geliebten Sohn, den Vater Abraham zu opfern bereit war, auf Gottes Geheiß (vgl. Gen 111,1–14). Jesus ist nicht nur der „Sohn Davids", der Messias königlicher Abstammung, oder der gottgefällige „Knecht", sondern er ist auch – wie Isaak – „der einzige Sohn, der geliebte", den Gott, der Vater, für das Heil der Welt hingibt.[8]

Die Taufe ist empfangenes Leben

Die erste Auswirkung der Taufe auf unser Leben, die ich hier hervorheben möchte, ist, dass dieses neue und göttliche Leben, das uns in der Taufe geschenkt wird, ein *empfangenes* Leben ist. Keiner kann Christ werden, nur weil er sich dazu entschlossen hat. Zwar ist das persönliche Engagement für die Nachfolge Christi unerlässlich, doch es ist Gott, der diese tiefgreifende Veränderung bewirkt, wie es ja auch der heilige Paulus sagt: „Denn Gott ist es, der in euch sowohl das Wollen wie das Vollbringen wirkt nach seinem Wohlgefallen" (Phil 2,13). Und im gesamten weiteren Verlauf der Gestaltung unseres christlichen Lebens, während unseres Kampfes gegen die Sünde, ist nicht unser moralischer Kampfgeist entscheidend, sondern vielmehr, um die Formulierung eines Pauluskommentars zu verwenden, „das Werk Gottes, an dem die Aktivität unseres Glaubens teilhat".[9]

Der Mensch ist geschaffen „nach dem Bild und Gleichnis Gottes" (vgl. Gen 1,26), er ist von Anfang an dazu berufen, in vollem Umfang am göttlichen Leben teilzuhaben. Dies ist sein profundestes Merkmal, das über alles hinausgeht, was die Humanwissenschaften über ihn sagen können. Aber er ist nicht dazu in der Lage, sich aus eigener Kraft zu vergöttlichen und den unendlichen Abgrund, der das Geschöpf vom Schöpfer trennt, zu überbrücken. Gott hat diese Kluft überbrückt, indem er unsere menschliche Natur annahm, indem er bereit war zu sterben, um in dieser Natur das wieder gut zu machen, was der Mensch hoffnungslos beschädigt hatte; und indem er uns die Taufe schenkte, damit wir an diesem Geheimnis teilhaben und dessen Wohltaten empfangen können. Der Anteil, der dem Menschen bei all dem zukommt, besteht darin, dass er das freie Geschenk Gottes annimmt.

Nicht ich bin es also, der mich zum Christen macht; ich werde vielmehr von Gott gerufen, an die Hand genommen und von ihm erleuchtet, und durch die Zustimmung zu diesem göttlichen Handeln werde ich zum Christen. Es handelt sich nicht um eine Art Selbstverwirklichung oder Selbstüberhöhung meiner Möglichkeiten. Es ist die demütige Zustimmung und das dankbare Hinnehmen, wodurch sich alles vollzieht. Der Unterschied zwischen dieser Haltung und dem Machtstreben der modernen Wissenschaft, die den Menschen dazu bringen will, sich nach Belieben selbst zu erschaffen, damit er seinen Grenzen und seiner Sterblichkeit entrinnen kann, ist immens. Die von Paulus empfohlene Haltung ist eine völlig andere: „Werdet dieser Welt nicht gleichförmig, sondern wandelt euch um durch die Erneuerung eures Geistes, damit ihr prüfet, was der Wille Gottes, was gut, wohlgefällig und vollkommen sei" (Röm 12,2).

Dieser Triumph des Wirkens Gottes in uns wird besonders gut durch die Bekehrungen des heiligen Paulus und des heiligen Augustinus veranschaulicht. Paulus wird auf dem Weg nach Damaskus zu Boden geworfen von einem Licht vom Himmel, das ihn in seine Klarheit einhüllt:

> Und er fiel auf die Erde, und hörte eine Stimme, die zu ihm sprach: Saulus, Saulus! warum verfolgst du mich? Er sprach: Wer bist du, Herr? Und dieser antwortete: Ich bin Jesus, den du verfolgst. [...] Steh auf und geh in die Stadt; dort wird dir gesagt werden, was du tun sollst. [...] Da

> stand Saulus von der Erde auf; und als er die Augen auftat, sah er nichts. Sie nahmen ihn also bei der Hand und führten ihn nach Damaskus (Apg 9,4-6.8).

Im Handumdrehen wird Saulus von Gott von einem Christenverfolger in einen eifrigen und unerschrockenen Apostel Christi verwandelt. Er, der in Israel bekannt und geachtet war, geschult zu Füßen Gamaliels in der exakten Einhaltung des Gesetzes (Apg 22,3); er, der die meisten seiner Zeitgenossen in der Kenntnis des Judentums übertraf und sich als hartnäckiger Verfechter der Traditionen seines Volkes auszeichnete (Gal 1,11-14), er wird von Gott aus der Bahn geworfen, brutal zu Boden geschleudert, seines Augenlichtes beraubt; und Gott befiehlt ihm, Licht bei einem Mann zu suchen, der sicherlich weder seine Kultur noch seine biblischen Kenntnisse besaß. Paulus hat diese Episode seiner Bekehrung mehrmals erwähnt, und er zieht daraus folgenden Schluss: „Durch Gottes Gnade aber bin ich, was ich bin, und seine Gnade gegen mich ist nicht unwirksam gewesen, sondern ich habe reichlicher als sie alle gearbeitet, doch nicht ich, sondern die Gnade Gottes, die mit mir ist" (1 Kor 15,10).

Die „Sonne der Gerechtigkeit" hatte ihn geblendet, gebändigt und an der Hand genommen, um ihm den Weg zu weisen.

Die Bekehrung von Augustinus war zwar nicht so spektakulär, aber sie entsprang ebenfalls einer unwiderstehlichen Blendung, von der er später mit Verwunderung sprach, als er die Unentgeltlichkeit dieses Geschenks betrachtete, das er sich durch nichts verdient hatte:

> O Wahrheit, du ewige, o Liebe, du allein wahre, o Ewigkeit, allein liebenswert! Du bist es, du mein Gott, nach dir ist mein Sehnen Tag und Nacht. Und sobald ich deiner inne ward, da nahmst du mich hin, damit ich sähe, dass etwas sei, was ich sehen sollte, aber ich noch nicht der wäre, der es zu sehen vermöchte. Und Du schlugest, blendhell in mich strahlend, zurück meines Auges Unkraft, und ich erschauerte in Liebe und Erschrecken. Und ich fand mich weit von dir in der Fremde des

entstellten Ebenbildes, und mir war, als hörte ich aus ferner Höhe deine Stimme: „Ich bin das Brot der Starken: wachse, und du wirst mich essen. Und nicht du wirst mich in dich verwandeln, wie die Speise für deinen Leib, sondern du wirst in mich gewandelt werden."[10]

Um das Leben von Gott zu empfangen, müssen wir uns vom Tod abwenden

Doch die Annahme des unerhörten Privilegs, das mir gewährt wird, ist nur scheinbar etwas Passives: Sie beinhaltet eine gewisse Entsagung, ein Sich-Zurücknehmen, in dem sich bereits das Geheimnis des Kreuzes abzeichnet. Denn nur wenn ich mich vom Feuer des Geistes verbrennen lasse, indem ich meiner Sünde, meinem Anspruch auf Autonomie und Unabhängigkeit absterbe, werde ich wirklich Christ. Diese grundlegende Entsagung zieht weitere nach sich, was die Taufliturgien bereits sehr früh als „Entsagung des Satans, all seiner Verführungen und all seines Gepränges" bezeichnet haben. In den ersten Jahrhunderten des Christentums waren „Satans Gepränge" vor allem die großen blutigen Spektakel, bei denen Tod, Grausamkeit und Gewalt zur Unterhaltung wurden. Denken wir nur an das, was im Kolosseum veranstaltet wurde, wo Menschen gegen wilde Tiere antreten mussten und von den hungrigen Bestien zerfleischt und gefressen wurden; denken wir an die Gladiatoren, die sich bis auf den Tod bekämpften. Zur Zeit Neros wurden Menschen als lebende Fackeln verbrannt, um die Stadt Rom zu beleuchten. Grausamkeit und Gewalt waren für das römische Volk zu einer Unterhaltung geworden, zu einem amüsanten Spiel, in einer Pervertierung wahrer Fröhlichkeit, wahrer Freude, einer Pervertierung des wahren Sinns des Lebens. Die ersten Christen mussten dieses scheinbare Versprechen eines Lebens in Fülle mit seiner Zügellosigkeit und seinem Genusskult aufgeben, sie mussten „Nein" sagen zu dieser Kultur eines scheinbaren Glücks, die in Wirklichkeit eine Anti-Kultur des Todes war.

Aber über diese historische Bedeutung des Begriffs „Satans Gepränge“ hinaus wollte man eine Lebensweise ausdrücken und umreißen, in der nicht mehr die Wahrheit zählt, sondern nur noch der Schein, der Effekt, die Empfindung: eine Lebensweise, in welcher Gott ignoriert wird, in der die wahre Natur des Menschen und ihre grundlegenden moralischen Werte zersetzt werden. Auch in unserer Zeit ist es notwendig, „Nein“ zum atheistischen Szientismus zu sagen, der im Namen des Fortschritts im Begriff ist, die Menschheit zu zerstören; „Nein“ zur weithin vorherrschenden Kultur des Todes, zur Perversion der Sitten; „Nein“ zur Anti-Kultur, die sich an Ungerechtigkeit, Verachtung des Nächsten, Verleumdung und Lüge weidet und sich in einer Sexualität ausdrückt, die zur reinen Befriedigung der Instinkte, zu verantwortungsloser Freizeitgestaltung geworden ist, mit der Folge der „Verdinglichung“ und Kommerzialisierung des Körpers der Frau, des Mannes oder des Kindes. Wir müssen diese falschen Glücksversprechen entschieden zurückweisen und uns stattdessen an Jesus Christus wenden, die Quelle allen wahren Glücks, den Weg, die Wahrheit und das Leben, und zu ihm sagen: „Ja, ich gehöre von nun an zu dir!“, zu ihm ein „Ja“ sagen, das den Tod besiegt, ein „Ja“ zum Leben in der Zeit und in der Ewigkeit.[11] Getauft zu sein bedeutet in einer Welt, in der die Kultur des Todes vorherrscht, der erstickenden Atmosphäre zu entfliehen, die von den Feinden Gottes geschaffen wurde und die eine Folge der systematischen Zerstörung unseres Menschseins, jeglicher Moral und jeder Religion, der Familie, der Ehe und der heiligen Beziehungen von Vaterschaft, Mutterschaft und Kindschaft ist. Dieser Kultur geht es nicht um das Wohl des Menschen, sie bringt nichts als Verwirrung, Unsicherheit und Ratlosigkeit hervor.

Diese todbringende Entwicklung wird heute durch die Mittel der sozialen Kommunikation stark gefördert. Wie so viele andere Erfindungen können auch diese Mittel, je nachdem, wie sie genutzt werden, das Beste oder das Schlimmste sein. Die Zukunft der Zivilisation liegt in den Händen derer, die sie besitzen und inspirieren, und die dadurch eine entscheidende Macht über die Urteilsbildung ausüben, mit der ständigen Versuchung, die öffentliche Meinung zu manipulieren.

Moderne Kommunikationsmittel vermögen durchaus auch Inhalte anzubieten, die kulturell und sogar spirituell sehr informativ und aufbauend sind. Aber daneben: welche Mittelmäßigkeit, welche Verzerrung der Wahrheit, welche Kultur der Lüge! Welcher Hass, welche Verbissenheit, um diese oder jene unbequeme Persönlichkeit niederzumachen und Verwirrung und Glaubensabkehr in den Köpfen zu stiften! Die gleichen Techniken zur Manipulation der öffentlichen Meinung wurden und werden immer noch eingesetzt, um die Gender-Ideologie, die Zerstörung von Ehe und Familie, Euthanasie, gleichgeschlechtliche Partnerschaften, die „Ehe für alle" zu fördern. Die Mittel, die für die Förderung dieser gegen Gott gerichteten Kultur zur Verfügung gestellt werden, sind gigantisch, und sie werden von einer erschreckend breiten und gut organisierten politischen Unterstützung getragen.

Um gegen so gut ausgerüstete Gegner zu kämpfen, müssen auch wir uns wappnen und die Rüstung Gottes anlegen, von der Paulus spricht, und die von dem weißen Gewand und der Kerze symbolisiert wird, die wir am Tag der Taufe tragen:

> Erstarket im Herrn und in der Kraft seiner Macht. Ziehet an die Waffenrüstung Gottes, damit ihr standzuhalten vermögt gegen die Nachstellungen des Teufels. Denn wir haben nicht den Kampf wider Fleisch und Blut zu führen, sondern wider die Mächte und Gewalten, wider die Weltbeherrscher dieser Finsternis, wider die Geister der Bosheit unter dem Himmel. Darum ergreifet die Waffenrüstung Gottes, damit ihr am bösen Tage widerstehen und in allem vollkommen standhalten könnet (Eph 6,10-13).

Dieser Kampf, uns nicht von der Welt um uns herum korrumpieren zu lassen, ist auch ein Kampf in unserem Inneren gegen die Sünde, die uns auflauert. In Jesus hat Gott die Sünde und den Tod endgültig vernichtet und das Leben auferstehen lassen. Durch die Taufe, die uns an diesem Geheimnis teilhaben lässt, sind wir für die Sünde gestorben, mit ihm begraben und auferstanden, um mit ihm in einem neuen Leben zu leben (vgl. Röm 6,1-11). Das muss sich aber in unserem ganzen Wesen niederschlagen, was es mit sich bringt, dass wir täglich üben, mit Jesus zu sterben, um mit ihm zu leben (vgl. 1 Kor 15,31). Wir führen einen erbitterten Kampf gegen den Satan und die Sünde: „Euer Widersacher, der Teufel", so der heilige Petrus in seinem ersten Brief, „geht wie ein brüllender Löwe umher und sucht, wen er verschlingen könne. Ihm widerstehet fest im Glauben" (1 Petr 5,8-9). Wir bemühen uns unablässig, durch Gottes Gnade all das endgültig zu vernichten, was das Fleisch in den Tiefen unseres Wesens hervorbringt: „Unzucht, Unlauterkeit, Schamlosigkeit, Götzendienst, Feindschaft, Streitigkeiten, Eifersucht, Zorn, Hader, Zerwürfnisse, Spaltungen, Missgunst, Mordtaten, Trunkenheit, Schwelgerei, und diesen ähnliches" (Gal 5,19-21).

Der heilige Leo der Große formulierte es so:

> In erster Linie ist es das Bad der Wiedergeburt, das bewirkt, dass neue Menschen entstehen; dennoch ist es die Aufgabe aller, sich täglich zu erneuern, um gegen die Routine unseres sterblichen Daseins anzukämpfen, und auf den Stufen unseres Fortschreitens muss jeder immer besser werden; alle müssen sich bemühen, auf dass am Tag der Erlösung niemand in den Lastern seines alten Lebens verblieben ist.[12]

Der Sieg, den wir durch die Auferstehung Jesu erlangt haben, ist keine Einladung, sich auszuruhen und friedlich die Gegenwart zu genießen, das sagt uns Paulus ganz klar: „Wenn ihr nun mit Christus auferstanden seid, so suchet, was droben ist, wo Christus zur Rechten Gottes sitzt. Auf das, was oben ist, lasset euren Sinn gerichtet sein, nicht auf das, was auf Erden ist. Denn ihr seid gestorben, und euer Leben ist fortan verborgen mit Christus in Gott: Wenn Christus, euer Leben, erscheinen wird, alsdann werdet auch ihr mit ihm erscheinen in Herrlichkeit" (Kol 3,1-4).

Der Glaube wird immer in einem täglichen Kampf gelebt, der uns dazu bringt, mit Jesus zu leiden und zu sterben: „Für euch ist es eine Ursache des Heiles", schreibt Paulus, „das euch von Gott zuteil wurde, an Christus nicht nur zu glauben, sondern auch für ihn zu leiden" (Phil 1,28-29).

Die Aufnahme in die Familie Gottes

Wenn wir ab jetzt wirklich von einem empfangenen Leben leben, und wenn es sich wirklich um das göttliche Leben handelt, dann kann Gott für uns nicht länger eine Hypothese sein, über die man diskutiert („Gibt es eine Gottheit?"), ein Thema von Spekulationen oder gelehrten Publikationen. Da wir nunmehr in Gott sind und Gott in uns ist, ist das Einzige, was wir – in großer Demut, Schlichtheit und Transparenz – tun können, dafür zu sorgen, dass diese Präsenz in unserem Leben zum Tragen kommt. Jesus sagte zu seinen Jüngern: „An jenem Tage werdet ihr erkennen, dass ich in meinem Vater bin, und ihr in mir, und ich in euch. [...] Wenn jemand mich liebt, so wird er meine Lehre halten, und mein Vater wird ihn lieben; und wir werden zu ihm kommen, und Wohnung bei ihm nehmen" (Joh 14,20.23).

Die zentrale Stellung Gottes in unserem Leben, als Quelle all unseres Handelns; der Vorrang, der ihm in unserem Herzen zukommt, ist also eine unmittelbare Folge der Taufe. Und diese Vertrautheit mit Gott führt uns in die Familie der Kirche ein: Denn durch die Taufe werde ich aus meiner Vereinzelung herausgeholt und in die Gemeinschaft mit den anderen in Gott eingetaucht. Indem uns die Taufe zu Kindern Gottes macht, schenkt sie uns Brüder und Schwestern in Jesus Christus, mit denen wir im Leben Gottes wachsen werden, im Schoß einer Familie, die von Hirten geleitet wird, deren Beispiel und Lehre uns vermitteln, dieses göttliche Leben zu vertiefen und voll und ganz auszuleben. Der Empfang der Taufe ist also nicht ein Akt des Einzelnen, sondern vielmehr die Eingliederung in die Gemeinschaft des mystischen Leibes Christi, zusammen mit all jenen, die dazu berufen sind, ewig in der Gesellschaft der heiligen Dreifaltigkeit zu leben, oder die bereits im Besitz dieses ewigen Lebens sind. Das in der Taufe sich vollziehende Untertauchen in den Namen Gottes taucht uns bereits in die Unsterblichkeit ein, macht uns lebendig für immer. Es ist ein erster Schritt auf dem Weg zur Auferstehung, die uns verheißen ist.

Erhabenheit und Notwendigkeit der Taufe

Wir haben die Realität der Taufe als ein von Gott empfangenes neues Leben betrachtet, das uns der Sklaverei der Sünde entreißt, uns in die Kirche einführt und uns die Kraft gibt, als Christen inmitten einer korrumpierten, gefallenen Welt zu leben. Wie traurig ist es da doch, dass einige christliche Familien beschließen, die Taufe ihres Kindes aufzuschieben! Der heilige Josemaría Escrivá bemerkte dazu: „Dies ist ein schwerer Verstoß gegen die Gerechtigkeit und die Liebe, denn so beraubt man sie der Gnade des Glaubens, des unermesslich kostbaren Schatzes der Einwohnung der Heiligen Dreifaltigkeit in der Seele, die mit der Erbsünde behaftet auf die Welt kommt."[13]

Manchmal liegt dieser Verzögerung der Wunsch zugrunde, eine „gemeinschaftliche" Zeremonie zu feiern, bei der mehrere Kinder zusammenkommen – als ob Gott das nötig hätte, um in der Seele eines jeden Kindes Wohnung zu nehmen. Diejenigen, die diese pastorale Praxis umsetzen, verbreiten unter dem Gottesvolk Lauheit im Glauben und doktrinären Relativismus, unabhängig davon, ob sie wirklich eine Autorität sind oder sich nur für eine solche halten. Man fragt sich, ob für sie die Zugehörigkeit zur Kirche und zu Christus durch die Taufe wirklich heilsnotwendig ist, insofern als sie das einzige Mittel ist, das der Kirche zur Verfügung steht, um die Erbsünde auszulöschen, das Hindernis für die heiligmachende Gnade und die Freundschaft mit Gott ...

In jüngster Zeit konnte man im Zusammenhang mit der weltweiten Gesundheitskrise sogar aus bischöflicher Feder lesen, dass es während der gesamten Zeit der Quarantäne angebracht sei, Taufen aufzuschieben – also das Gebot der Kirche zu missachten, *sine mora*, unverzüglich, zu taufen.[14] Worauf nimmt man mit solchen Entscheidungen oder Vorschlägen Rücksicht? Auf das übernatürliche Leben der Kinder – oder vor allem auf den hohen hygienischen Standard des Familientreffens, das auf die Zeremonie folgt und das für viele den eigentlichen Kern der Taufe auszumachen scheint?

Ich fordere daher alle christlichen Eltern im Namen des Herrn Jesus Christus auf, ihre Kinder schon in den ersten Tagen nach der Geburt taufen zu lassen. Möge Gott so schnell wie möglich Besitz von ihrer Seele ergreifen, noch ehe Satan dort einzieht, sie von Gott abwendet und ihre Unschuld zerstört!

Und ich bitte die Priester, Familien nicht davon abzuhalten, ihre Neugeborenen taufen zu lassen, indem sie zu hohe Anforderungen an die Garantien stellen, die sie bezüglich des Glaubens der Eltern und ihrer Verpflichtung erhalten wollen, ihren Kindern eine christliche Erziehung angedeihen zu lassen. Zwar verlangt der Codex des Kanonischen Rechts, dass „eine begründete Hoffnung besteht, dass das Kind in der katholischen Religion erzogen wird", aber bei der Beurteilung der Berechtigung dieser Hoffnung dürfen wir nicht vergessen, dass es in erster Linie Gott ist, der durch die Kirche den Glauben schenkt und wachsen lässt. Deshalb gaben Eltern früher, wenn das Taufritual ihnen die Frage stellte: „Was erbitten Sie von der Kirche Gottes für Ihr Kind?" die Antwort: „Den Glauben!" Es ist bedauerlich, dass diese tiefgründige Antwort, die auch die Kirche insgesamt in die Pflicht nahm, abgeändert wurde. Wir wollen also den kleinen Kindern die Taufe nicht verweigern: Das wäre gleichbedeutend damit, sie in der Finsternis des Heidentums zu belassen, als „Kinder des Zorns, von Natur, wie auch die übrigen" (Eph 2,3), und Sklaven des Satans.

II

Das innere Pfingsten

Der Ort des Heiligen Geistes im Leben der Kirche

Der Heilige Geist ist die Mitte des Lebens der Kirche. Bereits im Alten Testament sprach der Geist durch die Propheten, um die politische, soziale und religiöse Geschichte des Volkes Israel zu erleuchten – das Volk zu belehren, zu leiten, und seiner Geschichte einen Sinn zu geben. Er ruhte auf Mose: „Und der Herr kam in der Wolke herab, und sprach zu ihm, und nahm etwas von dem Geiste, der Mose erfüllte, und gab ihn den siebzig Männern. Als nun der Geist sich auf sie niedergelassen hatte, weissagten sie" (Num 11,25).

Man hört häufig, dass der Heilige Geist im Westen der große Unbekannte geblieben ist, der zwar mit dem Vater und dem Sohn „zugleich angebetet und verherrlicht" wird, wie es im Glaubensbekenntnis heißt, aber es wird wenig über ihn gesprochen. Zweifellos liegt das daran, dass er derjenige ist, der in der Dreifaltigkeit nach der Art der Liebe und nicht nach der Art des Verstandes vorgeht, und dass das, was der Liebe entspringt, sich weniger leicht durch Worte und Begriffe vermitteln lässt als das, was dem Verstand entspringt. Der Sohn wurde Fleisch, er kam, um unter uns zu wohnen, er sprach zu uns, wir sahen und berührten ihn; der Heilige Geist aber wurde der Kirche verheißen als ein Feuer, als ein Hauch, als ihre unsichtbare und ungreifbare Seele. Der Geist selbst ist ein großer Schweiger: Er spricht nicht in seinem eigenen Namen. Die Heilige Schrift bezeugt, dass der Vater und der Sohn zu den Menschen sprechen. Der Vater und der Sohn sprechen miteinander. Jesus ist das Wort selbst, das Wort Gottes. Er ist der Offenbarer des Vaters. Seine Aufgabe ist es, zu reden, zu lehren und zu offenbaren. Der Geist hingegen wahrt das Schweigen: „Denn Er wird nicht von sich selbst reden, sondern alles, was Er hört, wird Er reden, und was zukünftig ist, wird Er euch verkünden. Dieser wird mich verherrlichen; denn Er wird von dem Meinigen nehmen, und euch verkünden" (Joh 16,13-14).

Der klassische, an die Westkirche gerichtete Vorwurf der Ostkirche, dem Heiligen Geist nicht die Aufmerksamkeit zukommen zu lassen, die ihm gebührt, hatte auf jeden Fall das Verdienst, einen theologischen Sprung zur Zeit des Zweiten Vatikanischen Konzils hervorgerufen zu haben. Es ist auffällig, dass dieser größere Stellenwert, welcher der dritten Person der Heiligen Dreifaltigkeit eingeräumt wurde, mit der Vertiefung der Reflexion über das Geheimnis der Kirche einherging, die eines der großen Themen des Zweiten Vatikanischen Konzils war. Tatsächlich ist es vor allem dieses Geheimnis, in welchem der Heilige Geist für uns ein wenig sichtbar und fassbar wird: Durch das, was er in und durch die Kirche tut und bewirkt, können wir erahnen, wer er ist. Und unter den Gläubigen wurde die Gabe des Heiligen Geistes in den Jahren nach dem Konzil durch die Blüte zahlreicher geistlicher Bewegungen, die unter dem Begriff „charismatische Erneuerung" zusammengefasst werden, wieder zum Gegenstand einer lebendigen christlichen Erfahrung.

Die Seele der Kirche

Und es ist auch der Heilige Geist, der alle Gaben in der Kirche verteilt. Er heiligt sie. Er ist ihre Seele und ihr Herz, und er ist auch die Seele unserer Seele. Ohne ihn sind wir ohne Kraft, ohne Leben, ohne jegliche Verbindung zum dreifaltigen Gott. Aus diesem Grund sagt Jesus zu uns: „Doch ich sage euch die Wahrheit: Es ist gut für euch, dass ich hingehe; denn wenn ich nicht hingehe, so wird der Tröster nicht zu euch kommen; wenn ich aber weggehe, so werde ich ihn zu euch senden" (Joh 16,7).

Der Heilige Geist wird im Herzen der eucharistischen Zelebration immer wieder erwähnt, auf dass er das Volk Gottes und alle Dinge heilige und die Transsubstantiation vollziehe, also den Übergang von der Substanz des Brotes und des Weines zur Substanz des Leibes und des Blutes Christi: Das geschieht in der Epiklese, die sich auf die eine oder andere Weise in allen eucharistischen Liturgien vollzieht.

Auch bei der Feier aller anderen Sakramente ist sein Wirken ausschlaggebend. Er ist es, der das Wasser der Taufe fruchtbar macht, auf dass die Neugetauften von allen Sünden gereinigt und in das göttliche Leben eingetaucht werden. Durch den Heiligen Geist wird der Gläubige zum Kind Gottes und zum Bruder Jesu Christi. Der heilige Geist ist es, der durch die Handauflegung und die Salbung mit dem heiligen Chrisam bei der Firmung den Christen mit göttlicher Kraft bekleidet und ihn allenthalben zum Wohlgeruch Christi werden lässt (Phil 4,18). Er ist es, den man anruft, um die Kranken zu heilen. Er ist es auch, der die Verbindung der Eheleute in ihrer Ehe heiligt und sie in gegenseitiger Liebe und Treue erhält. Er ist es, der die Bischöfe und Priester weiht, um sie am Priestertum Christi teilhaben zu lassen. Durch die Salbung mit dem heiligen Chrisam überformt er sie in Christus. So werden sie zu Christussen – zu „Gesalbten".

Ich möchte einen Moment bei dem wunderbaren Wirken des Heiligen Geistes im Sakrament der Versöhnung verweilen. Wenn jemand den Priester um Vergebung seiner Sünden bittet, schenkt Gott der Vater selbst aufgrund des Todes und der Auferstehung seines Sohnes dem reuigen Sünder frei und großzügig seine Vergebung. Und wie sollte das geschehen, wenn nicht, indem er seinen Heiligen Geist auf diese Person herabsteigen lässt? So wie die Sonne die Finsternis der Nacht vertreibt, so lässt der Heilige Geist durch seine Gegenwart die Undurchdringlichkeit der Sünde in uns verschwinden und vermittelt uns die Freude und die Kraft, so zu lieben, wie Gott liebt.

Die Liturgie bietet außerordentliche, glänzende, überraschende Formulierungen. Das Gabengebet am Samstag der siebten Woche der Osterzeit ist wunderschön: „Der Heilige Geist, der von Dir, Herr, kommt, und der selbst die Vergebung der Sünden ist, bereite unsere Herzen vor auf Deine Sakramente. Durch Jesus Christus ...“ Diese Bezeichnung des Heiligen Geistes als „Vergebung der Sünden“ ist inspiriert von Psalm 51,11-13, sowie von dem, was der Prophet Ezechiel beschreibt: Er belebt, was tot war, er erweckt die Gebeine, die völlig verdorrt waren, zum Leben (Ez. 37,1-14). Er ist das Prinzip einer radikalen inneren Erneuerung, indem er seinen Atem dort wehen lässt, wo keine Hoffnung auf eine Rückkehr ins Leben mehr war.

Es ist also der Heilige Geist, welcher der Kirche Leben gibt. Aber so wie die Eucharistie die Kirche macht und wie die Kirche die Eucharistie macht, so können auch wir ohne den Glauben, den uns die Kirche vermittelt, ohne die Sakramente, die sie uns gibt, weder den Heiligen Geist noch seine Gaben empfangen. Die Kirche ermöglicht es uns, im Heiligen Geist zu leben. Es berührt mich immer wieder zutiefst, wenn ich daran denke, wie intensiv und überreich das Wirken des Heiligen Geistes sein muss, wenn der Priester während der Feier der Heiligen Messe das Opfer von Golgotha auf unseren Altären erneuert. Wie viele Schätze an Gnaden werden in den Ländern und Diözesen ausgegossen, in denen die Eucharistie von vielen Priestern würdig gefeiert wird!

Ja, es ist wahrhaftig der Heilige Geist, der die Seele der Kirche ist, und daran muss man sich erinnern, wenn die Versuchung aufkommt, die Kirche nur nach der Schwäche und den Grenzen der Menschen zu beurteilen, die sie bilden und leiten. Es ist mit dem christlichen Glauben unvereinbar und zeugt von Zweifel am Heiligen Geist, wenn man die Kirche nicht liebt, ihr nicht vertraut, sich vielmehr darin gefällt, nur die Unvollkommenheiten, die enormen Sünden und die menschliche Armut derer, die sie repräsentieren, hervorzuheben, sie also praktisch nur von außen zu beurteilen. Das ist gleichbedeutend damit, sie zu bekämpfen und zu ihrer Vernichtung beizutragen. Denn dann weigert man sich, sich selbst als eines ihrer Kinder zu verstehen und zu fühlen.

Offenbarer des Geheimnisses Christi

Der Heilige Geist, die Seele der Kirche, ist auch ihr Lehrer, der das Geheimnis Christi enthüllt. Ohne diese liebevolle Erkenntnis läuft der Christ Gefahr, von Gleichgültigkeit, Lauheit, moralischem und religiösen Relativismus überwältigt zu werden und seinen Horizont auf die Dinge dieses Lebens zu beschränken: Woher sollte er die Energie nehmen, für seinen Glauben zu kämpfen, Christus vor allen Menschen zu bezeugen, „bereit zur Verantwortung gegen jeden, der von euch Rechenschaft über die Hoffnung fordert, die ihr in euch habt" (vgl. 1 Pet 3,15)?

Gott selbst, „der in unnahbarem Lichte wohnt, den kein Mensch gesehen hat noch auch zu sehen vermag" (vgl. 1 Tim 6,16), hat sich offenbart und uns sein Geheimnis bekannt gemacht. Diese Offenbarung ist nicht Gegenstand intellektueller Neugier in der Art einer abstrakten Antwort auf eine philosophische Frage: „Wer ist Gott?" Sie betrifft den Sinn unseres Lebens und nimmt ihn in Pflicht: unsere Berufung als Mensch. Was unserem Dasein Sinn verleiht, ist die persönliche und intime Beziehung, die wir zu Gott haben müssen, eine Beziehung, die bis zur Überantwortung des Lebens geht. Damit sich diese Beziehung in uns entfalten kann, müssen wir uns mit unserem Verstand und unserem Herzen wirklich dafür einsetzen, das Geheimnis Christi immer besser kennen zu lernen, zu verstehen und zu vertiefen:

> Dieses Geheimnis ist in andern Zeiten den Menschenkindern nicht kund geworden, wie es jetzt seinen heiligen Aposteln und Propheten durch den Geist geoffenbart worden ist [...] mir, dem Geringsten unter allen Heiligen, ward diese Gnade verliehen, unter den Heiden den unergründlichen Reichtum Christi zu verkünden, und alle zu erleuchten, welches die Veranstaltung des Geheimnisses sei, [...] Deshalb beuge ich meine Kniee vor dem Vater unsers Herrn Jesu Christi, von dem alle Vaterschaft im Himmel und auf Erden ihren Namen hat, dass er euch nach dem Reichtum seiner Herrlichkeit verleihen wolle, mit Kraft gestärkt

> zu werden durch seinen Geist am inneren Menschen, auf dass Christus durch den Glauben in euren Herzen wohne, und ihr in der Liebe festgewurzelt und gegründet seid, damit ihr vermöget mit allen Heiligen inne zu werden, welches die Breite und Länge und Höhe und Tiefe sei, und auch die Liebe Christi zu erkennen, welche alles Erkennen übersteigt, damit ihr bis zur ganzen Fülle Gottes erfüllt werdet (Eph 3,5.8-9.14-19).

Diese Ermahnung des heiligen Paulus stellt uns ein ganzes Programm des inneren und kontemplativen Lebens, der Arbeit für und der Bemühung um eine bessere Kenntnis des Geheimnisses der Liebe zur Verfügung. Die Erkenntnis des Geheimnisses Gottes und Christi lässt sich nur, im Licht des Heiligen Geistes, aus der Heiligen Schrift schöpfen.

In den Evangelien wird der Heilige Geist als die Kraft Gottes bezeichnet, die auf Jesus herabkommt und in ihm bleibt, die Kraft (*dynamis*), „mit der Gott der Vater den Sohn für sein irdisches Wirken ausstattet".[1] In Gestalt einer Taube ist er auf Jesus herabgestiegen, und später wurde er von ihm in der mit den Sinnen wahrnehmbaren Gestalt des Sturmes und der Feuerzungen zu den Jüngern gesandt, um sie über die Lehren des Meisters aufzuklären (Joh 14,26; 16,13-15) und ihnen den Mut und die Kraft zu geben, bis an die Enden der Erde zu gehen und das Evangelium zu verkünden (Apg 1,8). Er bezeugt in uns die Wahrheiten des Glaubens, er betet in unseren Herzen und ruft in unserem Innersten: Abba! Vater! (Gal 4,6; Röm 8,15). Er ist der Paraklet, das heißt der Anwalt und Fürsprecher, der dem Dienst der Apostel mächtig beisteht, sie von innen her mitreißt und sie über den Willen Gottes erleuchtet. „Denn der Heilige Geist und wir haben beschlossen ...", so beginnen die Aufzeichnungen des ersten Konzils in der Geschichte der Kirche (Apg 15,28).

Indem der Geist uns alles, was der Sohn gelehrt hat, in Erinnerung ruft und uns damit vertraut macht, führt er uns zum Vater. Denn das Geheimnis Gottes ist immer noch ein Geheimnis der Vaterschaft: Gott ist ein Vater voller Liebe, er ist Zärtlichkeit und Güte. Er ist der Weg, die Wahrheit und das Leben für den Menschen. Um den Vater zu erkennen, müssen wir nur unsere Augen erheben und das durchbohrte Herz seines am Kreuz hängenden Sohnes betrachten. Dieser Sohn, der sein Leben aushaucht, gießt die ganze Liebe des Vaters über uns aus, durch den Heiligen Geist, der uns gegeben wird, um die Kirche aufzubauen und uns das Leben Gottes leben zu lassen:

> Auch ich, als ich zu euch kam, Brüder! trat nicht in erhabener Rede oder Weisheit auf, euch das Zeugnis von Christus verkündend; denn ich nahm mir vor, nichts unter euch zu wissen, als Jesus Christus, und diesen als Gekreuzigten. Und ich war in Schwachheit und Furchtsamkeit und vielem Zagen bei euch, und meine Rede und meine Predigt bestand nicht in überredenden Worten menschlicher Weisheit, sondern in Erweisung von Geist und Kraft, damit euer Glaube nicht auf Menschenweisheit, sondern auf Gottes Kraft beruhe.
> Freilich reden wir Weisheit unter den Vollkommenen; nicht jedoch Weisheit dieser Welt, noch der Fürsten dieser Welt, welche abgetan werden, sondern wir reden Gottes Weisheit im Geheimnis, die verborgen ist, welche Gott vor Beginn der Welt zu unserer Herrlichkeit bestimmt hat, die keiner von den Fürsten dieser Welt erkannt hat; denn hätten sie diese erkannt, nie würden sie den Herrn der Herrlichkeit gekreuzigt haben. Sondern wie geschrieben steht: „Was kein Auge gesehen und kein Ohr gehört hat, und in keines Menschen Herz gekommen ist, was Gott denen bereitet hat, die ihn lieben."
> Uns aber hat es Gott geoffenbart durch seinen Geist; denn der Geist erforscht alles, auch die Tiefen der Gottheit. Denn welcher Mensch weiß, was des Menschen ist, als der Geist des Menschen, der in ihm selbst ist? So erkennt auch das, was Gottes ist, niemand, als der Geist Gottes. Wir aber haben nicht den Geist dieser Welt empfangen, sondern den Geist, welcher aus Gott ist, damit wir wissen, was uns von Gott verliehen worden ist (1 Kor 2,1-12).

Bitte spendet die Firmung nicht zu spät!

Das Sakrament der Firmung ist das Sakrament des Heiligen Geistes. Es ist ein entscheidender Schritt, um sich dem Wirken des Geistes zu öffnen, das gleichzeitig die Mitteilung des Lichts, die Einflößung missionarischen Elans und das Geschenk der inneren Kraft der Liebe ist, dieser unerschöpflichen Energie, die uns zum Guten drängt, das Gott den Menschen durch seine Gnade hier auf Erden zu tun gibt. Die Firmung schenkt uns die vollständige Ausgießung des Heiligen Geistes, die einst den Aposteln am Pfingsttag gewährt wurde, um uns im Glauben und in der Liebe Gottes wachsen zu lassen und uns zur ganzen Wahrheit zu führen.

> Die Firmung führt zum Wachstum und zur Vertiefung der Taufgnade. Sie verwurzelt uns tiefer in der Gotteskindschaft, die uns sagen lässt: „Abba, Vater!“ (Röm 8,15); sie vereint uns fester mit Christus; sie vermehrt in uns die Gaben des Heiligen Geistes; sie verbindet uns vollkommener mit der Kirche [vgl. *Lumen Gentium* § 11]. Sie schenkt uns eine besondere Kraft des Heiligen Geistes, um in Wort und Tat als wahre Zeugen Christi den Glauben auszubreiten und zu verteidigen, den Namen Christi tapfer zu bekennen und uns nie des Kreuzes zu schämen.[2]

Bereits im Neuen Testament wird das Kommen des Heiligen Geistes mit der Geste des Handauflegens durch die Apostel verbunden. Es ist sehr vorteilhaft, das Sakrament der Firmung so früh wie möglich zu empfangen, schon im Kindesalter, wie es in den orthodoxen Kirchen üblich ist. Die Gegenwart des Heiligen Geistes im Herzen des Kindes verhindert, dass Satan dort Fuß fasst und sich einnistet. Sie fördert den Aufbau einer wirklich persönlichen und intimen Beziehung zu Jesus. Wenn das Kind in der Gesellschaft des Heiligen Geistes aufwächst, erlangt es eine festere und sicherere christliche Reife. Warten wir also mit dem Angebot des Sakraments der Firmung, mit dem sie das unerhörte Geschenk des Heiligen Geistes empfangen, nicht so lange zu, bis der Geist der Jugendlichen durch unsere materialistischen und gottlosen Gesellschaftsverhältnisse zutiefst geschädigt und verdorben ist. Jesus hat uns gewarnt: Nach der Taufe, wenn die Seele vollständig von jeglicher Befleckung gereinigt ist, wenn also

> der unreine Geist von dem Menschen ausgefahren ist, dann wandert er durch dürre Orte, und sucht Ruhe; und weil er sie nicht findet, spricht er: Ich will in mein Haus zurückkehren, von dem ich ausgegangen bin. Und wenn er kommt, findet er es mit Besen gereinigt und geschmückt. Alsdann geht er hin, nimmt noch sieben andere Geister mit sich, die schlimmer sind als er, und sie ziehen ein, und wohnen daselbst. Und die letzten Dinge dieses Menschen werden ärger als die ersten (Lk 11,24-26).

Der Empfang dieses Sakraments muss sorgfältig vorbereitet werden. Die Tatsache, dass viele Jugendliche unmittelbar nach der Firmung aufhören, ihren Glauben wirklich zu leben, sollte uns auf die Notwendigkeit einer solideren und gründlicheren Katechese aufmerksam machen, ebenso wie bei der Erstkommunion der kleineren Kinder, im Sinne des Dekrets *Quam singulari* von Papst Pius X.

Der Heilige Geist ist heiligmachend. Er ist der Geist der Wahrheit, der Schöpfergeist. Er erfüllt die Herzen der Gläubigen mit dem Feuer seiner Liebe. Er ist die Freude und der Trost der Gläubigen. Das *Veni Creator* fügt hinzu, dass er der Spender der Gaben ist, das Licht der Herzen, der Gast unserer Seele, die Ruhe in der Arbeit und der Trost in der Trübsal. Er wäscht den Schmutz ab, heilt Wunden, wärmt das Erkaltete, korrigiert Irrtümer und führt die Menschen in den sicheren Hafen. Das ist unser Glaube an den Geist. Daher ist es wichtig, das Sakrament der Firmung so früh wie möglich zu empfangen: damit der Geist schon in jungen Jahren in unserer Seele zu Gast ist und uns mit seiner Gegenwart erfüllt.

Die innere Dynamik der Mission

„Denn der Geist gibt selbst unserem Geiste Zeugnis, dass wir Kinder Gottes sind. Wenn aber Kinder, so sind wir auch Erben: Erben Gottes und Miterben Christi" (Röm 8,16-17). Diese Gewissheit ist ansteckend und treibt uns zur Evangelisierung an. Der Heilige Geist wird in der Apostelgeschichte oft als eine Kraft beschrieben, die sowohl die Apostel und Jünger Christi als auch die Heiden, die für das Evangelium offen sind, durchdringt (Apg 10,44-47). Es ist eine Kraft des Geistes, die all jene, die ihn durch die Sakramente in der Taufe und in der Firmung empfangen haben, dazu bewegt, durch die Welt zu ziehen, um die Welt zu evangelisieren.

Der Geist lässt reden und handeln. Er ist es, der den missionarischen Impuls und Schwung verleiht. Er ist es, der Saulus und Barnabas in die Ferne sendet, um den heidnischen Völkern das Evangelium zu bringen und ihnen das Geheimnis von Jesus Christus, dem Sohn Gottes, zu enthüllen. Er ist es, der die Herzen der Menschen öffnet und sie darauf vorbereitet, Jesus aufzunehmen. Er ist im Herzen der Verkündigung des Evangeliums gegenwärtig und aktiv. Er ist der Hauptakteur der Evangelisation. Er verleiht „Kühnheit, Mut und missionarische Zuversicht" (Apg 4,31).

Dieser missionarische Eifer und diese evangelisierende Kraft zielen auf sämtliche Gefirmten. Sie äußern sich nicht unbedingt in großen Reden oder spektakulären Initiativen: Der Geist schenkt seine Charismen, wie es ihn gefällt. Für viele Christen wird sich der bei der Firmung empfangene missionarische Elan ganz diskret, aber sehr wirksam in die stille Kraft des täglichen Zeugnisses umsetzen, im Beispiel eines Lebens gewissenhafter Arbeit, des Dienstgeistes, ihrer unermüdlichen Nächstenliebe und ihrer Suche nach der Wahrheit. Der Geist wird ihnen Antworten auf die Fragen eingeben, die ihnen ihre Mitmenschen nach der Quelle ihres Gleichgewichts und ihrer inneren Freude stellen werden, und sie werden den Mut haben, zu erklären, dass sie glücklich sind, weil sie Christen sind. Dieses Apostolat des Alltags bezeichnete der heilige Josémaria Escrivá als „Apostolat der Freundschaft und des Vertrauens", und häufig ist es eines der wirksamsten Apostolate.

Ein Sakrament für den Eintritt ins innere Leben

Indem die Firmung den Empfang des Heiligen Geistes in unseren Seelen stärkt und sakramental manifestiert, lädt sie uns dazu ein, Gott in der Tiefe unseres Herzens zu finden, ihn kennenzulernen und uns von diesem geheimnisvollen Geist durchdringen zu lassen.

In der Tat: Der Heilige Geist (*spiritus*) ist schwer fassbar – und aktiv, wie der Wind, von dem er seinen Namen hat. So bläst Jesus die Apostel an, um ihnen den Heiligen Geist zu geben (Joh 20,22), der wie eine innere Kraft bei ihnen bleibt. Manchmal wird er auch als Quelle bezeichnet: „Wenn jemand dürstet, so komme er zu Mir, und trinke. Wer an Mich glaubt, aus dessen Innerem werden, wie die Schrift sagt, Ströme lebendigen Wassers fließen! Dies sagte er aber von dem Geiste, welchen diejenigen empfangen sollten, die an ihn glauben würden" (Joh 7,38-39). Der Geist, der Atem des Lebens, die Quelle des Lebens, wohnt in uns, aber begreifen können wir ihn nicht.

Aus diesem Grund bleibt der Heilige Geist für viele Christen der „unbekannte Gott", so der Titel eines kleinen Buchs von Pater Victor Dillard, der 1944 im Konzentrationslager Dachau starb. Er leitet sein Buch wunderbar mit diesem großartigen Gebet ein, das wie ein Bittgebet und ein Schrei zum Heiligen Geist ist, ihn anfleht, sich von uns erkennen, ergreifen, berühren zu lassen – ja sogar sein Gesicht zu enthüllen, so brennend ist unser Wunsch, ihn zu sehen.

> Herr, mach, dass ich sehe ...
> Ich weiß nicht einmal, wie ich dich anreden soll, wie ich es sagen soll: Heiliger Geist, o Geist, du Heiliger.
> Ich versuche, dich zu ergreifen, dich in dem Göttlichen abzugrenzen, in das ich eintauche. Aber die ausgestreckte Hand ertastet nichts, und ich gleite unmerklich auf die Knie vor dem Vater, oder beuge mich über

> meinen vertrauteren inneren Christus. Mein Leib hält inne. Die Sinne wollen ihre Ration an Bildern, damit sie es der Seele ermöglichen können, zu dir zu fliegen. Du aber gibst ihnen nur sonderbare materielle Nahrung: Taube, Feuerzunge, Atem. Nichts, was die warme Vertraulichkeit eines menschlichen, familiären Gebets zu zweit erlauben würde. Der Grund: Du bist mir zu nahe. Ich bräuchte etwas Abstand, um dich zu betrachten, dich abzugrenzen und auch mich abzugrenzen, um mein Bedürfnis nach klaren Konturen zu befriedigen, um unsere Vereinigung zu verstehen.[3]

Dieses Gebet, so ein Theologe, bringt gut das Problem des Christen zum Ausdruck, sich die Eigentümlichkeit der göttlichen Person des Heiligen Geistes vorzustellen:

> Der Heilige Geist ist für uns kein Gegenüber wie der Vater und der Sohn; er ist jemand, der *in* uns wohnt, der die Gabe Gottes selbst in uns wohnen lässt, uns inspiriert, uns gottgemäß sprechen und handeln lässt. Er besorgt unsere Reifung und unser Wachsen im Glauben und in der Liebe zu Gott und zum Nächsten. Er lässt uns im inneren Leben fortschreiten, indem er uns aus dem Trubel der äußeren Geschehnisse herausreißt, um uns in die innige Gemeinschaft mit Gott einzuführen, der in unserem Innersten gegenwärtig ist. Er ist eben derjenige, auf den die berühmte Formulierung des heiligen Augustinus abzielt, wenn er sagt, dass Gott mir innerlicher ist als meine eigene Innerlichkeit, höher als mein Höchstes. Er handelt tief in unserem Inneren als derjenige, der unsere Freiheit inspiriert und sie von der Last der Sünde heilt, ohne ihr jemals Gewalt anzutun. Kurz, er ist es, der – wie der heilige Paulus sagt – in unserem Gebet wohnt.[4]

Diese Schwierigkeit zeigt sich beispielsweise darin, dass das christliche Gebet der ersten Jahrhunderte sich gewöhnlich an den Vater durch Jesus Christus wendet, nach dem vom heiligen Paulus vorgegebenen Modell. Die direkte Anrufung des Heiligen Geistes ist im frühen Christentum noch nicht verbreitet: Man bittet um sein

Kommen als eine Gabe, ohne ihn jedoch in der zweiten Person, als „Du", anzusprechen. In der Regel wird der Heilige Geist nur in Verbindung mit den anderen beiden Personen angebetet und verherrlicht. Die Gebete der Kirche, die sich unmittelbar an den Geist richten, sind erst relativ spät entstanden: das *Veni Creator* im 9. Jahrhundert; *Veni Sancte Spiritus* im 12. Jahrhundert.

Aber der Heilige Geist ist nie abwesend, weder im Gebet der Kirche noch in der Vertrautheit, die wir mit Gott im persönlichen Gebet suchen. Er wird immer zusammen mit dem Vater und dem Sohn geliebt und angebetet. Und wir müssen seine Hilfe suchen und sie erbitten, um in unserem inneren Leben voranzukommen, in diesem Leben, das uns auf das ewige Leben vorbereitet. „Der Geist steht unserer Schwachheit bei [...]. Der Geist selbst tritt für uns ein mit unaussprechlichen Seufzern" (Röm 8,26). Der heilige Paulus bekräftigt nachdrücklich, dass der Heilige Geist in uns betet, mit uns und für uns. Der Vater hat ihn in unsere Herzen gesandt, wo er ruft: „Abba! Vater!" (vgl. Gal 4,6; Röm 8,15). Der Geist wohnt in uns und macht uns zum Tempel Gottes: „Wisset ihr nicht, dass ihr Gottes Tempel seid, und der Geist Gottes in euch wohnt? Wenn aber jemand den Tempel Gottes zerstört, so wird ihn Gott zerstören; denn der Tempel Gottes ist heilig, das seid ihr" (1 Ko 3, 16-17). Der Heilige Geist wohnt in den Herzen der Gläubigen so, wie er auch in der Kirche wohnt. Denn „unsere Gemeinschaft mit Christus, das heißt der Heilige Geist, ist in der Kirche niedergelegt. [...] Denn wo die Kirche ist, da ist auch der Geist Gottes; und wo der Geist Gottes ist, da ist die Kirche und jegliche Gnade. Und der Geist ist Wahrheit", sagt der heilige Irenäus.[5]

Diese eigenartige und schöne Definition des Geistes – „unsere Gemeinschaft mit Christus" – offenbart seine persönliche Besonderheit. „Er ist derjenige, der es uns ermöglicht, in Gemeinschaft mit dem Sohn zu sein, das heißt, er ist unsere Beziehung zu Christus. Er wohnt in uns aus Gnade, so wie er im Sohn von Natur aus wohnt, und er bringt uns in eine innige, persönliche Verbindung und in eine tiefe Liebesgemeinschaft mit Christus."[6]

Der Empfang des Sakraments der Firmung ist eine nachdrückliche Einladung, das innere Leben zu entdecken, und eine mächtige Hilfe, um in das Geheimnis des Gebetes einzutauchen, das darin besteht, für den unsichtbaren Freund sichtbar zu bleiben, indem wir ihm unser Herz, unser Leben, alle, die wir lieben, und die ganze Welt mit all ihren Nöten übergeben.

Die Firmung ist ein Sakrament, das in unseren Seelen das Feuer dieses inneren Lebens entfachen soll. Wie könnten wir Gott fremd sein, der kommt, um in uns Wohnung zu nehmen, der uns vertrauter wird als wir uns selbst sind? Die Firmung verleiht uns diese innere Gegenwart auf eine verlässliche, vollständige Weise.

Deshalb sollte der Empfang dieses Sakraments immer durch das Erlernen des stillen und persönlichen Gebets, des intimen Dialogs mit dem inneren Gastgeber vorbereitet werden. Die Zeit vor der Firmung ist die geeignete Phase, um sich die Gewohnheit der Sammlung und des Betens anzueignen. Diese Einführung macht idealerweise einen erheblichen Teil der Vorbereitung auf die Firmung aus.

Ein gefirmter Christ sollte in jedem Augenblick dazu in der Lage sein, alle Handlungen seines Lebens vor Gott zu bringen (vgl. Röm 12,1), sein Leben in eine innere, stille Liturgie der Anbetung zu verwandeln, indem er seine Prüfungen und Leiden mit dem Opfer Christi vereint. Dieses geistliche Priestertum wird von den Vätern des Zweiten Vatikanischen Konzils genau umrissen:

> Durch die Wiedergeburt und die Salbung mit dem Heiligen Geist werden die Getauften zu einem geistigen Bau und einem heiligen Priestertum geweiht, damit sie in allen Werken eines christlichen Menschen geistige Opfer darbringen und die Machttaten dessen verkünden, der sie aus der Finsternis in sein wunderbares Licht berufen hat.[7]

Ein solches Leben nach dem Heiligen Geist setzt das Hören auf den inneren Meister und die Fügsamkeit ihm gegenüber voraus. Das geistliche Priestertum aller Getauften verlangt nach einem Klima der Stille und der Liebe.

Abschließendes Gebet

O Heiliger Geist, Geist meiner Seele, ich bete Dich an.
Erleuchte mich, führe mich, stärke mich, tröste mich.
Verankere meine Seele in der Wahrheit.
[...]
O Du, der Du vom Vater und dem Sohn ausgehst,
Ich weihe Dir diesen Tag, göttlicher Tröster
[...]
Heute möchte ich in Deiner Gegenwart leben,
Auf Deine Eingebungen aufmerken, Deiner Stimme gehorchen.
O Heiliger Geist, komm in mein Leben durch Maria,
Erneuere mich, belebe mich, heilige mich![8]

III

Die Eucharistie und die Liturgie

Während des Exodus wandelte Gott inmitten seines Volkes in der Wüste und wies damit auf die sakramentale Gegenwart voraus, durch die er in den kommenden Zeitaltern inmitten seiner Kirche anwesend bleiben sollte. Welch eine erstaunliche Gewissheit ist doch diese ständige Gegenwart Gottes in unserer Mitte! Wir müssen ihm nur vertrauen und inständig zu ihm rufen, damit er uns zu Hilfe kommt, wenn wir von Angst und Versuchungen überwältigt werden. Er geht voraus, um uns den Weg zu bahnen; er ist durch sein Wort in unserer Mitte, und er kommt durch das Sakrament der Eucharistie in unser Inneres in einer Vereinigung, die der heilige Hilarius von Poitiers mit den folgenden Worten feierte:

> Wenn das Wort wahrhaft Fleisch geworden ist, dann werden wir auch wahrhaftig das fleischgewordene Wort essen, wenn wir am Festmahl des Herrn teilnehmen. Wie sollte man nicht meinen, dass es von Natur aus in uns wohnt? Denn durch seine Geburt als Mensch hat er unsere fleischliche Natur auf nunmehr endgültige Weise angenommen und im Sakrament seines Fleisches, das in der Kommunion gespendet wird, unsere fleischliche Natur mit seiner ewigen Natur vereint. So bilden wir alle ein einziges Wesen, weil der Vater in Christus ist und Christus in uns.[1]

Anwesend, um empfangen zu werden

Das Wichtigste an der Eucharistie ist jedoch nicht die bloße Anwesenheit Christi unter den Gestalten von Brot und Wein. Christus ist nicht nur da, um anwesend zu sein. Er ist da, um sich uns als

Nahrung zu geben, auf dass die Vereinigung zwischen ihn und uns so vollkommen wie möglich ist. Die Gegenwart des Herrn in diesem Sakrament hat ihren Grund darin, dass sie der Empfang sein soll, die Aufnahme, die er in unserer Gegenwart, der Gegenwart der Gläubigen, zu finden wünscht. Das Sakrament der Eucharistie ist eine dargebotene Gegenwart, die darauf wartet, in einer persönlichen Begegnung mit dem Herrn empfangen zu werden, um unser Leben zu bewohnen und alle unsere Entscheidungen zu lenken. Dann wird die sakramentale Gegenwart unter den Gestalten von Brot und Wein wahrhaftig zu einer Gegenwart des Lebens, zu einem Bund: Denn jeder Bund setzt Gegenseitigkeit voraus.

Das bedeutet keinesfalls, dass die Gegenwart Christi subjektiv ist, dass sie abhängig wäre von meinem persönlichen Glauben oder meiner inneren Einstellung. Zusammen mit der Kirche glauben wir fest und vorbehaltlos, dass durch die Transsubstantiation, das heißt durch die Umwandlung der gesamten Substanz von Brot und Wein in die Substanz des Leibes und Blutes Christi, Jesus in der Eucharistie auf wahre, wirkliche, substanzielle Weise, mit seinem Leib und Blut, mit seiner Seele und seiner Gottheit gegenwärtig ist. Er ist da, lebendig und herrlich, ganz und gar, Gott und Mensch.[2] In den Worten von Thomas von Aquin:

> Die Gegenwart des wahren Leibes Christi und des wahren Blutes Christi in diesem Sakrament erfährt man nicht durch die Sinne, sondern allein durch den Glauben, der sich auf die Autorität Gottes stützt. Deshalb erklärt der heilige Cyrill in seiner Interpretation des heiligen Lukas (22,19): „Geh nicht hin und frage dich, ob das wahr ist, sondern nimm vielmehr gläubig die Worte des Herrn an, denn er, der die Wahrheit ist, lügt nicht."[3]

Dieser ebenso demütige wie feste Glaube inspirierte ihn zu den liturgischen Hymnen zu Ehren des heiligen Sakraments, die die Kirche noch heute singt, etwa das *Pange Lingua* oder *Adoro te*:

Adoro te devote, latens Deitas,
Quæ sub his figuris vere latitas :
Tibi se cor meum totum subjicit,
Quia te contemplans, totum deficit.

Visus, tactus, gustus in te fallitur,
Sed auditu solo tuto creditur :
Credo quidquid dixit Dei Filius,
Nil hoc verbo veritatis verius.

Gottheit, tief verborgen, betend nah ich dir.
Unter diesen Zeichen bist du wahrhaft hier;
Sieh mit ganzem Herzen schenk ich dir mich hin,
Weil vor solchem Wunder ich nur Armut bin.

Augen, Mund und Hände täuschen sich in dir:
Doch des Wortes Botschaft offenbart Dich mir.
Was Gott Sohn gesprochen, nehm ich gläubig an;
Er ist selbst die Wahrheit, die nicht trügen kann.

Diese Realpräsenz, diese wirkliche Gegenwart Christi in der Eucharistie, ist die Gegenwart dessen, der sein Leben hingegeben hat, um selbst in das Leben der Seinen überzugehen. Sie soll im Glauben und in der Liebe empfangen werden, in anbetender Betrachtung, die über die Majestät dieses Mensch gewordenen Gottes, der sich demütig in der unbefleckten Hostie verbirgt, nur staunen kann.

Eine geheimnisvolle Vereinigung

Mein Fleisch ist wahrhaft eine Speise, und mein Blut ist wahrhaft ein Trank. Wer mein Fleisch isst, und mein Blut trinkt, bleibt in mir, und ich in ihm. Gleichwie mich der lebendige Vater gesandt hat, und ich lebe um des Vaters willen, so wird auch, wer mich isst, leben um meinetwillen (Joh 6,56-58).

Gottes tiefster Wunsch ist es, alle Menschen in Liebe zu vereinen und sie an seinem eigenen Leben teilhaben zu lassen: „Gott ist Mensch geworden, damit der Mensch Gott werde“, so die bereits zitierte Formulierung des heiligen Irenäus. Diese Vergöttlichung unseres Menschseins ist Teil eines Liebesbündnisses. Das Thema des Bundes zieht sich wie ein roter Faden durch die gesamte Bibel, vom Bund mit Noah (Gen 9, 17), Abraham (Gen 17) und Mose (Ex 19-24), über den von den Propheten verkündeten Neuen Bund (Jer 31, 31-34 ; Ez 16, 60-63), bis hin zu Jesus Christus, der „den Kelch des neuen und ewigen Bundes“ (1 Kor 11,23-27) weiht und sich zur Nahrung gibt, wodurch er am deutlichsten zum Ausdruck bringt, dass es wahrhaftig um Vereinigung geht.

> Der Bund ist keine rechtliche Verbindung, sondern eine Verbindung der Liebe ... Gott erschafft die Menschheit, um sich ihr zu vermählen, und er vermählt sich ihr, indem er Fleisch wird. Vermählung im wahrsten Sinn des Wortes: ein Fleisch mit ihr werden. Gott will mit der ganzen Menschheit ein Fleisch sein. Das ist der Plan Gottes. Wir wissen, dass der wahrste und tiefste Wunsch der ehelichen Liebe nicht damit endet, dass sich zwei Körper umarmen, die einander äußerlich bleiben. [...] Jeder kann nur noch weiterbestehen, um sich vom anderen verzehren zu lassen, indem er in gewisser Weise zu seiner Nahrung, zum Fleisch seines Fleisches wird. Die Symbolik des Kusses ist sehr aussagekräftig. Es ist der Beginn der Geste des Essens ... Man möchte den anderen essen und sich von ihm essen lassen, um Fleisch von seinem Fleisch zu sein.[4]

In der Eucharistie vermählt sich Gott also wirklich mit unserer Menschheit, er wünscht, uns so innig wie möglich mit sich zu vereinen, so wie sich der Bräutigam mit seiner Braut vereint. Aus diesem Grund haben die Väter das Bild des Psalmisten vom Bräutigam, der aus dem Brautgemach tritt (Ps 19,6), auf das Fleisch gewordene Wort angewandt:

> Wie ein Bräutigam, der das Brautgemach verlässt, so steigt das Wort zur Erde hinab, zur Kirche, die die Völker versammeln soll; indem das Wort Fleisch wird, wird es sich mit derjenigen vereinen, die es mit einem Ehevertrag und einer Mitgift beschenkt hat. Ein Vertrag, als Gott sich mit dem Menschen vereinigte; eine Mitgift, als er für die Erlösung des Menschen geopfert wurde. Der Vertrag ist die gegenwärtige Erlösung; unter der Mitgift verstehen wir das ewige Leben.[5]

Durch die Kommunion empfangen wir diese Gegenwart

Jesus gibt sich selbst als Nahrung, damit das göttliche Leben, das wir durch die Taufe geerbt haben, sich entwickeln und aufblühen kann. Ohne Jesus in der Eucharistie können wir nicht leben. Jesus selbst hat es uns immer wieder gesagt: „Wahrlich, wahrlich, ich sage euch: Wenn ihr das Fleisch des Menschensohnes nicht essen und sein Blut nicht trinken werdet, so werdet ihr das Leben nicht in euch haben!" (Joh 6,54).

Der Gang zur Kommunion ist ein tiefer Akt der Liebe und der vertrauensvollen Hingabe an Gott, der kommt, um uns zu heilen und uns mit seiner Gegenwart zu nähren. Gott schreckt weder vor unserem Elend zurück, noch ist er davon angewidert; allerdings kann nur derjenige hinzutreten, um ihn in diesem Sakrament der Liebe zu empfangen, der auch den aufrichtigen Wunsch hat, seine Barmherzigkeit zu empfangen, und diesen Wunsch konkret in den eigenen Lebensentscheidungen bezeugt. Die Gläubigen müssen sich der Realität dessen bewusst sein, was sie empfangen:

> Jede Kommunion ist eine Umarmung, eine blutige Umarmung, es ist das Kreuz, das sich öffnet, und [jeder der Kommunizierenden] sagt:

„Nein! Unmöglich! ... o Jesus, nicht mit mir!" Nur die Heiligen könnten sich diesem Geheimnis nähern, ohne zu zittern, und mehr als jeder andere fühlen sie sich von der Nähe einer solchen Liebe überwältigt. Die anderen Menschen gehen hin mit ihrem Unverständnis, ihrer Zerstreutheit, ihrer Enge, ihrer Kälte, ihrer Lauheit. „Sie kommen zurück von der Schädelstätte und unterhalten sich über Trivialitäten."[6]

Von der Antike bis heute gab es keinen Märtyrer, keinen Bischof, keinen Priester und keinen gläubigen Christen, der nicht seine Kraft aus der Eucharistie geschöpft hätte. Denn wie die Präfation am Gründonnerstag singt, werden wir gestärkt, wenn wir sein für uns geopfertes Fleisch essen, und wir werden gereinigt, wenn wir das Blut trinken, das er für uns vergossen hat. Clemens von Rom sagt: „Wegen seiner Liebe zu uns hat Jesus Christus, unser Herr, nach dem Willen Gottes sein Blut für uns gegeben: sein Fleisch für unser Fleisch, sein Leben für unser Leben."[7] Für den täglichen Kampf, der sich in unseren Herzen abspielt, für die lange und mühsame Wanderung durch die Wüste der menschlichen Existenz wie auch für den großen Kampf zwischen der Stadt Gottes und der Stadt Satans, brauchen wir das Manna, das Brot der Engel.

Die völlige Unverzichtbarkeit der Eucharistie

Die Eucharistie ist ein Urbedürfnis, eine Lebensnotwendigkeit. Ein intensives sakramentales, ein eucharistisches Leben ist die logische Konsequenz aus der Taufe. Ein Christ ohne Sakramente und ohne Eucharistie ist ein wandelnder Leichnam. Eben das brachten die Märtyrer von Abitène (im heutigen Tunesien) zum Ausdruck: „*Sine Dominico non possumus*" – wir als Christen können nicht ohne die Eucharistie leben. Sie wurden von der Polizei des Kaisers Diokletian festgenommen und vom Prokonsul Anulinus verhört. Einer von ihnen, Saturninus, antwortete: „Wir haben das Herrenmahl ohne jede Furcht gefeiert, denn man darf nicht darauf verzichten; das ist unser

Gesetz." Und als der kaiserliche Beamte den Hausbesitzer Emeritus fragte, warum er den anderen nicht den Zutritt zu seinem Haus verwehrt habe, bekam er zur Antwort: „Das konnte ich nicht tun, denn ohne das Mahl des Herrn können wir nicht leben!"[8] Nach diesen Worten wurden sie auf der Stelle hingerichtet. Ja, ohne den Leib und das Blut des Herrn können wir Christen nicht leben. Unsere Brüder in den ersten Jahrhunderten, deren Versammlungen mit äußerster Härte verboten wurden, waren mutig, sie blieben standhaft und nahmen eher den Tod in Kauf, als auf die sonntägliche Eucharistie zu verzichten. Ohne die Gegenwart des eucharistischen Christus ist die Welt zu Barbarei, Dekadenz und zum Tode verurteilt.

Keine Regierung oder kirchliche Autorität kann die Feier der Eucharistie rechtmäßig verbieten. Die jüngsten Kirchenschließungen in vielen Ländern unter gesundheitlichen Vorwänden sind historisch gesehen nicht der erste Versuch der Regierung, die Kirche Gottes endgültig zu ersticken und zu zerstören, oder das grundlegende Recht der Menschen zu bestreiten, Gott zu ehren und ihm die ihm gebührende Verehrung entgegenzubringen. Kardinal Ratzinger betonte in *Der Geist der Liturgie*, dass einer der Gründe für den Auszug des Volkes Israel aus Ägypten eben die Ausübung des Gottesdienstes war: „Lass mein Volk ziehen, damit sie mich in der Wüste anbeten" (Ex 7,16). Das langwierige „Tauziehen" zwischen Pharao und Mose, von dem das Buch Exodus berichtet, dreht sich eben um diese Freiheit der Anbetung, deren Reglementierung allein in Gottes Hand liegt und die keine Kompromisse duldet.[9]

Zu viele Christen glauben, dass sie, um mit der Zeit zu gehen und sie aktiv mitzugestalten, ihren Glauben und ihre Beziehung zu Gott – die ihnen allzu oft als Flucht vor der eigenen Verantwortung dargestellt wurden und als eine Art, die Welt feige ihrer Tragödie zu überlassen – beiseite schieben müssen, als ob sie nur für den privaten Bereich interessant wären. Daher rührt die Passivität, mit der die Bagatellisierung des Glaubens und der religiösen Praxis von ehemals christlichen Völkern hingenommen wurde; und das hat die Art und Weise, wie zahlreiche Regierungen den Gläubigen aus gesundheitlichen Gründen die Möglichkeit nehmen konnten, die großen Geheimnisse ihres Glaubens würdig, feierlich und gemeinschaftlich zu feiern, traurig illustriert. Die Menschen unterwarfen sich widerstandslos diesen Anordnungen, in denen Gott überhaupt nicht vorkam.

Die heutigen Gesellschaften haben eine panische Angst vor dem Tod entwickelt. Das Leben, so wird uns gesagt, ist das wertvollste Gut, das um jeden Preis geschützt werden muss. Aber bedeutet Leben wirklich nichts weiter, als am Leben zu bleiben? Was ist dieses Überleben, für das man bereit ist, jedes Opfer zu bringen? Haben wir nicht den Punkt erreicht, an dem die Menschen, um ihr Leben nicht zu verlieren, paradoxerweise aufgehört haben zu leben – sich zu bewegen, miteinander zu reden, einander zu helfen, einander ihr Gesicht und ihr Lächeln zu zeigen, sich die Hände zu schütteln oder sich zu küssen, zusammen zu beten? Was für eine Art von Überleben ist das, um dessentwillen wir darauf verzichten sollen, in das Haus Gottes zu gehen, um ihn würdig anzubeten und die Eucharistie zu empfangen, die Quelle des Lebens, die „Medizin der Unsterblichkeit", wie die Väter es nannten? Was ist das Leben wert, das uns bleibt, wenn wir nicht einmal mehr in der Lage sind, unsere alten Menschen in den Tod zu begleiten und sie zu trösten?

Keine menschliche – staatliche oder kirchliche –Autorität kann sich das Recht anmaßen, Gott daran zu hindern, seine Kinder zu versammeln, und die Bekundung des Glaubens durch die Anbetung Gottes zu verbieten. Gewiss, wir müssen alle in Zeiten einer Epidemie die notwendigen hygienischen Vorsichtsmaßnahmen sorgfältig treffen, aber doch nicht in dem Ausmaß, dass wir jeden äußeren Ausdruck der Nächstenliebe in uns abtöten oder auf die Eucharistie verzichten, die Quelle des Lebens, die Gegenwart Gottes in unserer Mitte, das Real-Werden der Erlösung sowohl für die anwesenden Gläubigen als auch für alle Lebenden und Toten. Während sie die notwendigen Vorkehrungen gegen eine Ansteckung treffen, sollten Bischöfe, Priester und Gläubige sich mit aller Macht gegen Gesetze zur Gesundheitssicherung wehren, die weder Gott noch die

Religionsfreiheit respektieren, denn solche Gesetze sind tödlicher als das Coronavirus.

Das Verbot des sonntäglichen Messbesuchs ist für Katholiken eine äußerst schmerzhafte Erfahrung, da die Eucharistie tatsächlich das Leben ihres Lebens ist. Genauso wenig wie es eine Eucharistie ohne die Kirche gibt, gibt es eine Kirche ohne die Eucharistie. Die feierliche Zelebration der Liturgie zu verbieten oder zu verhindern, die Zahl der Teilnehmer sinnlos zu reduzieren, bedeutet, die Christen zu euthanasieren, indem man sie von ihrer Lebensquelle, vom eucharistischen Jesus abschneidet. In seinem apostolischen Schreiben *Dies Domini* über die Heiligung des Sonntags erinnerte der heilige Johannes Paul II. an den authentischen Heroismus, mit dem Priester und Gläubige das Sonntagsgebot in vielen Situationen der Gefahr und Verfolgung von den ersten Jahrhunderten der Kirche bis heute stets erfüllt haben.

Die Konstitution des Zweiten Vatikanischen Konzils über die heilige Liturgie betonte die Bedeutung des Sonntags:

> Aus apostolischer Überlieferung, die ihren Ursprung auf den Auferstehungstag Christi zurückführt, feiert die Kirche Christi das Pascha-Mysterium jeweils am achten Tage, der deshalb mit Recht Tag des Herrn oder Herrentag genannt wird. An diesem Tag ***müssen*** die Christgläubigen zusammenkommen, um das Wort Gottes zu hören, an der Eucharistiefeier teilzunehmen und so des Leidens, der Auferstehung und der Herrlichkeit des Herrn Jesus zu gedenken und Gott dankzusagen, der sie „wiedergeboren hat zu lebendiger Hoffnung durch die Auferstehung Jesu Christi von den Toten" (1 Petr 1,3). Deshalb ist der Herrentag der Ur-Feiertag, den man der Frömmigkeit der Gläubigen eindringlich vor Augen stellen soll, auf dass er auch ein Tag der Freude und der Muße werde.[10]

Es trifft natürlich zu, dass der heilige Paulus uns empfiehlt, „den Amtsträgern und der Obrigkeit untertan zu sein und Gehorsam zu üben" (vgl. Tit 3,1), und der heilige Petrus sagt: „Seid um des Herrn willen jeder menschlichen Einrichtung untertan, sei es dem König als Herrscher oder den Statthaltern, die von ihm gesandt sind, um die zu bestrafen, die Böses tun, und die zu loben, die Gutes tun" (1 Petr 2,13-14). Wenn allerdings menschliche Institutionen verbieten, den Namen Jesu zu predigen, weil diese Predigt ihren Vorstellungen widerspricht; oder wenn die Behörden die praktische Ausübung unseres Glaubens einschränken und Gott an den Rand oder auf den letzten Platz drängen, dann entgegnen Petrus und Johannes: „Wenn es in den Augen Gottes gerecht ist, euch mehr zu gehorchen als Gott, dann ist es eure Sache, darüber zu urteilen. Wir können nicht unterlassen, öffentlich von dem sprechen, was wir gesehen und gehört haben" (Apg 4,19-20). Aus Respekt vor unseren Verpflichtungen gegenüber Gott und für das Überleben des christlichen Zeugnisses sollten wir uns – selbst wenn wir dabei unser Leben riskieren – friedlich, aber energisch gegen diese Verbote von eucharistischen Versammlungen wehren. Ignatius von Antiochien sagte zu den Ephesern: „Achtet darauf, dass ihr euch häufiger versammelt, um Gott zu danken und sein Lob zu feiern. Denn wenn ihr euch oft versammelt, werden die Kräfte Satans niedergeschlagen und sein Todeswerk durch die Eintracht eures Glaubens vernichtet."[11]

Die Messe ist die Quelle und der Höhepunkt des gesamten christlichen Lebens, denn sie ist die erneuerte Gegenwart des Opfers, durch das wir verdient haben, das Leben Gottes zu teilen. Jede Eucharistiefeier, selbst wenn sie in der Einsamkeit stattfindet, wird für die ganze Welt dargebracht und bringt sie auf geheimnisvolle Weise näher zu Gott. Der Pfarrer von Ars sagte:

> Alle guten Werke zusammengenommen kommen nicht dem Messopfer gleich, denn sie sind Werke von Menschen; die Heilige Messe aber ist Gottes Werk. Das Martyrium ist im Vergleich dazu nichts: Es ist das Opfer, das der Mensch Gott von seinem Leben bringt; die Heilige Messe ist das Opfer, das Gott für den Menschen von seinem Leib und seinem Blut bringt.[12]

In welcher Verfassung sollen wir Christen die Eucharistie empfangen?

Ohne die Eucharistie können wir Christen nicht leben. Die Eucharistie wird jedoch nur für diejenigen zur Quelle des Lebens, die sich ihr in angemessener Verfassung nähern. Der heilige Paulus formuliert ganz unmissverständlich: „Wer daher unwürdig dieses Brot isst, oder den Kelch des Herrn trinkt, wird des Leibes und Blutes des Herrn schuldig sein. Es prüfe aber der Mensch sich selbst; und so esse er von diesem Brote und trinke von dem Kelche. Denn wer unwürdig isst und trinkt, isst und trinkt sich das Gericht, indem er den Leib des Herrn nicht unterscheidet" (1 Kor 11,27). Augustinus erklärt, indem er die Anspielung Jesu auf den Durchzug der Hebräer durch die Wüste (Joh 6,49) aufgreift: „Eure Väter haben das Manna gegessen und sind gestorben, nicht weil das Manna schlecht war, sondern weil sie es in böser Gesinnung gegessen haben."[13]

Die erste Bedingung, um den Leib Christi zu empfangen, ist der Glaube an seine reale Gegenwart in der Eucharistie. Die Sakramente haben nämlich nichts Automatisches und nichts Magisches an sich, und die Eucharistie entfaltet ihre Wirkung nur bei denen, die sich ihr mit einem großen und reinen Glauben nähern. Dieser Glaube hat nichts mit akademischem oder theoretischem Wissen oder mit einer Idee über Gott zu tun, sondern er entspricht vor allem der Verbundenheit mit Christus durch die Liebe. Er ist ein Akt des Herzens, durch den wir mit dem Leib und dem Blut Christi kommunizieren, um diese Speise in unserer Seele zu kosten und von ihr belebt zu werden, wie Augustinus es ausdrückt:

> Was begehrt die Seele mehr als die Wahrheit? Warum muss sie hungrige Lippen haben, warum muss sie sich wünschen, innerlich einen gesunden Gaumen zu haben und fähig zu sein, das Wahre zu erkennen, wenn nicht, um die Weisheit, die Gerechtigkeit, die Wahrheit, die Ewigkeit zu essen und zu trinken?[14]

Durch den Glauben essen wir den, der uns ernährt, Christus, das wahre Brot des Lebens, so wiederum der heilige Augustinus: „An ihn glauben heißt, das lebendige Brot essen;[15] wer glaubt, der isst; er wird unsichtbar reichlich gespeist, weil er unsichtbar wiedergeboren wird; innerlich ist er ein Kind; innerlich ist er neu: Da, wo er erneuert wird, wird er gesättigt."[16] Diese Verbindung zwischen dem Akt des Glaubens und dem Akt des Essens drückt die sehr starke Beziehung aus, die durch den Glauben zwischen Christus und dem Gläubigen entsteht. Aber im Falle des Glaubens wie auch der Eucharistie ist es nicht das Brot des Lebens, Christus, das von uns aufgenommen wird, sondern vielmehr ist Er es, der *uns* aufnimmt und uns Ihm ähnlich macht. Wir leben, aber es sind nicht mehr wir, die leben, sondern Er lebt in uns (vgl. Gal 2,20).

Der Glaube an die Realpräsenz Jesu in der Eucharistie muss mit dem aufrichtigen und tatkräftigen Willen einhergehen, unser Leben dem anzugleichen, was wir glauben. Der Empfang entsteht nicht plötzlich und gewissermaßen von selbst aus der Eucharistie: Er ist untrennbar von der Qualität des Lebens, das der Feier vorausgegangen ist. Wie könnten wir würdig in die Feier des eucharistischen Geheimnisses eintreten, wenn wir ständig in den Lärm, die Ruhelosigkeit und den hektischen, unkontrollierten Aktivismus der weltlichen Angelegenheiten eingetaucht sind? Es ist sehr schwierig, an der Eucharistie wirklich teilzunehmen, wenn unser Leben in Mittelmäßigkeit, Routine und Lauheit verstrickt ist, oder dominiert von Aggression, Hass, Groll oder einem stolzen Anspruch auf Überlegenheit gegenüber anderen: „Diejenigen, die dieses Brot essen" – so der heilige Augustinus – „streiten nicht miteinander, und zwar, weil wir alle ein Brot und ein Leib sind."[17] Und Bossuet sagt: „Derjenige also, der [die Eucharistie] empfängt und in seinem Herzen Hass gegen seinen Bruder hegt, tut dem Leib des Erlösers Gewalt an."[18] Bereits Jesus hatte uns ermahnt: „Wenn du daher deine Gabe zu dem Altare bringst, und du erinnerst dich daselbst, dass dein Bruder etwas wider dich hat, so lass deine Gabe allda vor dem Altare, und gehe hin, und versöhne dich zuvor mit deinem Bruder; und dann komm, und opfere deine Gabe“ (Mt 5,23-24). Tun wir das nicht, dann ist unsere Opfergabe völlig bedeutungslos und ohne Wert. Stattdessen schlagen wir Nägel in die Hände und Füße Jesu und stoßen erneut eine von Hass getriebene Lanze in sein Herz. Denn

> ... da unsere Sünden Christus den Herrn in den Kreuzestod trieben, so „kreuzigen“ tatsächlich jene, die sich in Sünden und Lastern wälzen, „soweit es auf sie ankommt, den Sohn Gottes aufs Neue und treiben ihren Spott mit ihm“ (Hebr 6,6) – ein Verbrechen, das bei uns noch schwerer ist, als es damals von Seiten der Juden geschah. Denn diese hätten, wie der Apostel sagt, „den Herrn der Herrlichkeit niemals gekreuzigt, wenn sie ihn erkannt hätten“ (1 Kor 2,8). Wir aber behaupten, ihn zu kennen, und dennoch legen wir gleichsam Hand an ihn, indem wir ihn durch die Tat verleugnen.[19]

Sich verwandeln lassen: der Glaubensgehorsam

Die Eucharistie ist das Gedächtnis des Herrn. In der Bibel nimmt das „Gedenken“, die Erinnerung, einen wichtigen Platz ein: Während der gesamten heiligen Geschichte „gedenkt“ Gott seines Bundes und seiner Verheißungen (vgl. Ps 105,8 ; 73,1-2 ; 106,43-46 ; Ex 2,24 ; Lv 26,42), und der Mensch ist aufgefordert, sich an die guten Taten und Wunder Gottes zu erinnern. Über die bloß geistige Erinnerung hinaus geht es aber auch um eine echte Aktualisierung dessen, was sich in der Vergangenheit ereignet hat: Das Rote Meer muss nicht mehr durchquert werden, aber Gott wird gebeten, heute die gleiche Treue zu bezeugen, wie sie der Generation entgegengebracht wurde, die das Rote Meer trockenen Fußes durchquerte; und die Gläubigen werden ermahnt, sich in die Haltung und die innere Einstellung zu versetzen, die damals die des Volkes Israel war. Wenn Gott sich erinnert, dann handelt er, er entfaltet die Macht seiner Liebe, er zeigt seine Barmherzigkeit und gewährt Vergebung.

Die Eucharistie offenbart also die Allmacht der Liebe Gottes: nicht eine Macht der Niederwerfung, der Herrschaft, eine willkürliche Macht, die vom Himmel aus entscheidet, was sie will, selbst das Irrationale oder Unmögliche; sondern die Macht der Liebe, die sich von keiner Aufgipfelung höllischer Macht besiegen lässt, die Macht, die „bis ans Ende" (Joh 13,1) geht, bis zum Tod für diejenigen, die man liebt. Auf diese Weise erinnert sich Gott an seinen Bund. Und damit der Mensch sich seinerseits erinnert, tut Jesus dieses:

> Während sie aber aßen, nahm Jesus Brot, segnete und brach es, gab es seinen Jüngern, und sprach: Nehmet hin, und esset, dies ist mein Leib! Und er nahm den Kelch, dankte, und gab ihnen denselben, indem er sprach: Trinket alle daraus; denn dieses ist mein Blut des neuen Testamentes, welches für viele vergossen werden wird zur Vergebung der Sünden (Mt 26, 26-28).

Und er schließt: „Tut dies zu meinem Gedächtnis" (1 Kor 11,24). Des Geheimnisses der Erlösung in der Eucharistie zu gedenken, das bedeutet, mit Glauben, Liebe und Dankbarkeit darauf zu antworten; es bedeutet, dem Bund zuzustimmen und ihn für sich zu übernehmen. Diese Antwort geht weit über die Unterwerfung unter die Gebote eines abstrakten Moralgesetzes hinaus. Es ist der „Gehorsam des Glaubens" (vgl. Röm 1,5; 16,26): ein konkretes Verhalten, das vom Wort Gottes durchdrungen ist und diese Gegenwart im ganzen konkreten Leben ausstrahlt. Gehorchen bedeutet, dass ich mich in meinen einzelnen Handlungen jeweils daran erinnere, dass Gott mir seine Liebe auf unerhörte Weise gezeigt hat; und dass ich, indem ich mich dieser Tat Gottes anschließe, für andere das tue, was er für mich getan hat. Es bedeutet, in den Gehorsam Gottes einzutreten, der uns ein Vorbild hinterlassen hat, auf dass wir seinen Spuren folgen (vgl. 1 Petr 2,2). Jesus gehorchte dem Vater, indem er ihn als den offenbarte, der er ist: ein Gott der Liebe, der Barmherzigkeit und der Vergebung. Dies offenbarte er durch seine Worte und mit seinen Taten, indem er die Gestalt eines Knechtes annahm und gehorsam war bis zum Tod am Kreuz (vgl. Phil 2,6-8): sein Gehorsam musste so weit gehen, um Gott wirklich als den zu offenbaren, der er in Wahrheit ist.[20]

Der Glaubensgehorsam ist der Weg der Nachfolge Christi. Weil Christus die Ikone der Barmherzigkeit ist, üben wir unsererseits Barmherzigkeit. Weil er der Anbeter des Vaters ist, wollen wir unsererseits „wahre Anbeter [werden], die den Vater in Geist und Wahrheit anbeten, denn der Vater verlangt solche Anbeter" (Joh 4,23). Weil Jesus niederkniete, um den Aposteln die Füße zu waschen, als Zeichen der Demut und der Liebe, sollen wir uns freudig, mit Demut und Liebe, in den Dienst der anderen stellen:

> Nachdem er nun ihre Füße gewaschen und seine Oberkleider angelegt hatte, setzte er sich wieder zu Tisch und sprach zu ihnen: Wisset ihr, was ich euch getan habe? Ihr nennet mich Meister und Herr, und mit Recht sagt ihr es; denn ich bin es. Wenn nun ich euch die Füße gewaschen habe, euer Herr und Meister, so müsst auch ihr, einer dem andern, die Füße waschen. Denn ich habe euch ein Beispiel gegeben, damit auch ihr so tut, wie ich euch getan habe. Wahrlich, wahrlich, ich sage euch: Ein Diener ist nicht größer als sein Herr, und ein Gesandter nicht größer als der, welcher ihn gesandt hat! Wenn ihr dieses wisst, selig seid ihr, wenn ihr es tut! (Joh 13,12-17)

Dieser Glaubensgehorsam bewirkt die volle Verwirklichung der eucharistischen Hingabe Jesu: Er selbst wird für alle, die in der heiligen Kommunion das Geheimnis seines Leibes und Blutes empfangen, die für das Leben der Welt hingegeben werden, zur Quelle der Selbsthingabe an den Vater und an die anderen, zur Quelle des Gehorsams und der Liebe bis zum Ende, bis zur totalen und endgültigen Hingabe unserer selbst. Dann verwirklicht und bedeutet die sakramentale Gegenwart des Herrn unter den eucharistischen Gestalten voll und ganz die lebendige Gegenwart des Herrn in seiner Kirche, und die Kirche wird zur Gegenwart des Herrn in der Welt. Die Auferbauung der Kirche, also der fortdauernden Gegenwart des

Herrn in Zeit und Raum, ist in der Tat die wesentliche und lebenswichtige Wirkung der Eucharistie. Jesus Christus setzt seine heilbringende Gegenwart in der Welt durch das eucharistische Opfer fort.

Die Gegenwart des Herrn zu empfangen bedeutet also nicht nur, für ihn lobend und dankend zu singen und zu tanzen, vor dem Hintergrund eines oft routinierten und mittelmäßigen Lebens. Auch wenn Lobpreis, die Manifestation von Freude und Dankbarkeit eine wesentliche Dimension der Eucharistie sind, ist die Eucharistie nicht nur ein Gesang der Dankbarkeit und des Segens. Der Herr erwartet, dass er in unser Leben durch ein „Ja" des Gehorsams aufgenommen wird, durch eine demütige und vollständige Zustimmung zu dem, was er uns vorlebt, eine Zustimmung zum fleischgewordenen Wort des Lebens, das kommt, um unser Dasein radikal zu verwandeln.

Eucharistische Anbetung außerhalb der Messe

Von daher wird verständlich, dass die Kirche das Bedürfnis hat, den Empfang dieser sakramentalen Gegenwart Christi im Glauben und in der Liebe durch die Verehrung der Eucharistie außerhalb der heiligen Messe zu verlängern. Die Teilnahme an der gemeinschaftlichen Feier der Eucharistie im Glauben ist unerlässlich, aber es ist auch unerlässlich, dem Wunsch Gottes zu entsprechen, der bei uns in unserer Seele wohnen möchte, indem wir vor dem eucharistischen Jesus Stille, Sammlung, Anbetung, Lob und Danksagung pflegen.

Denn wenn wir die Messe als das Herzstück unseres Tages, als das Herzstück jedes christlichen Lebens empfinden, wie könnten wir dann nicht danach streben, während der übrigen Zeit unsere Vereinigung mit Gott zu verlängern? Die Kommunion führt uns dazu, den ganzen Tag über an den Herrn zu denken, der in uns wohnt, und darauf zu achten, dass wir uns nicht von seiner Gegenwart entfernen; damit wir so arbeiten und wirken, wie er arbeitete und wirkte, so lieben, wie er liebte, so vergeben, wie er vergab, und so sanftmütig und von Herzen demütig werden wie er. Man kann nicht als Christ leben, ohne das vitale Bedürfnis nach einer persönlichen und echten Freundschaft mit Jesus zu verspüren. Diese Freundschaft setzt Zusammensein voraus; wenn aber Jesus in mir ist, dann ist er auch im Tabernakel anwesend, mit einer schweigenden, aber realen, sichtbaren, berührbaren, wahrhaft liebevollen und herzlichen Gegenwart.

Der Tabernakel ist wie Bethanien, dieser stille, friedvolle und freundliche Ort, an dem sich Jesus Christus befindet, wo wir ihn antreffen können, uns von ihm aufnehmen lassen und ihn unsererseits aufnehmen, ihm unsere Sorgen, Leiden, Hoffnungen und Freuden erzählen können, mit der Einfachheit und Natürlichkeit, mit der Maria, Martha und Lazarus mit ihm sprachen.[21] Lassen wir Jesus nicht den ganzen Tag über allein im Tabernakel. Wir wollen häufig zu ihm kommen, um ein stilles Zwiegespräch der Liebe zu führen. In diesen Momenten der Intimität wird unser Herz weit, unser Wille gefestigt, und unser Verstand lernt mit Hilfe der Gnade, die menschlichen Gegebenheiten mit dem Übernatürlichen zu durchdringen. Selbst wenn wir sehr aktiv sind und uns in beängstigenden Drangsalen befinden, sollten wir vor der Gegenwart des Herrn im Tabernakel verweilen und unserem kontemplativen Leben den Raum geben, den es braucht, um sich zu entfalten. Ohne kontemplatives Leben, ohne stille Anbetung in dieser göttlichen Gegenwart, hat es wenig Sinn, für Christus zu arbeiten, denn die Anstrengungen derer, die bauen, sind vergeblich, wenn nicht Gott das Haus baut; und wenn der Herr nicht die Stadt behütet, dann wacht der Wächter umsonst (vgl. Ps 127,1).

Der heilige Papst Johannes Paul II. hat uns auf wunderbare Weise zu dieser persönlichen Begegnung mit Gott in der eucharistischen Andacht ermutigt:

> Es obliegt den Hirten, zur Pflege des eucharistischen Kultes zu ermutigen, auch durch ihr persönliches Zeugnis, insbesondere zur Aussetzung des Allerheiligsten sowie zum anbetenden Verweilen vor Christus, der unter den eucharistischen Gestalten gegenwärtig ist. Es ist

schön, bei ihm zu verweilen und wie der Lieblingsjünger, der sich an seine Brust lehnte (vgl. Joh 13,25), von der unendlichen Liebe seines Herzens berührt zu werden. Wenn sich das Christentum in unserer Zeit vor allem durch die „Kunst des Gebetes" auszeichnen soll, wie könnte man dann nicht ein erneuertes Verlangen spüren, lange im geistlichen Zwiegespräch, in stiller Anbetung, in einer Haltung der Liebe bei Christus zu verweilen, der im Allerheiligsten gegenwärtig ist? Wie oft, meine lieben Brüder und Schwestern, habe ich diese Erfahrung gemacht, und daraus Kraft, Trost und Stärkung geschöpft! Von dieser Praxis, die das Lehramt wiederholt gelobt und empfohlen hat, geben uns zahlreiche Heilige ein Beispiel. In besonderer Weise zeichnete sich darin der heilige Alfons von Liguori aus, der schrieb: „Unter allen Frömmigkeitsformen ist die Anbetung des eucharistischen Christus die erste nach den Sakramenten; sie ist Gott am liebsten und uns am nützlichsten." Die Eucharistie ist ein unermesslicher Schatz: Nicht nur ihre Feier, sondern auch das Verweilen vor ihr außerhalb der Messe gestattet uns, aus der Quelle der Gnade zu schöpfen. Wenn eine christliche Gemeinschaft noch fähiger werden möchte, das Antlitz Christi in jenem Geist zu betrachten, den ich in den Apostolischen Schreiben *Novo millennio ineunte* und *Rosarium Virginis Mariae* empfohlen habe, kann sie nicht darauf verzichten, den eucharistischen Kult zu pflegen, in dem die Früchte der Gemeinschaft am Leib und am Blut des Herrn fortdauern und sich vervielfachen.[22]

In einer Privatoffenbarung beklagte sich der Herr Jesus schmerzlich über seine Priester und seine Kirche, die niemals vor dem Tabernakel stehen bleiben, um in stiller Anbetung in seiner Gegenwart zu verharren. Mögen diese Klagen unser Herz erschüttern und Bekehrung hervorrufen, denn sie kommen aus einem Herzen, das uns liebt, und das von unserer Gleichgültigkeit betrübt ist:

Viel zu viele Priester werden melancholisch und verbittert, weil sie mich zu ihrem Herzen auf Abstand halten, selbst dann, wenn ich in einem Tabernakel, der womöglich nur wenige Schritte entfernt ist, sakramen-

> tal gegenwärtig und für sie zugänglich bin. Priester meinen, ihre Berufung erschöpfe sich im Dienst, und sie vergessen, dass ich sie vor allem dazu berufe, *bei mir zu sein*, in meiner Gegenwart zu verweilen und meine vertrauten Freunde zu werden, die engsten Freunde meines heiligen Herzens.
> Für viele, die ihre priesterliche Tätigkeit nur noch als Job ansehen, hat diese Haltung die Freude vertrieben, die ein unverkennbares Zeichen meiner Gegenwart im Leben eines Menschen ist. Ich bin bei so vielen meiner Erwählten nicht mehr der Mittelpunkt des priesterlichen Dienstes: Sie erschöpfen sich in einem beständigen Fluss an Aktivitäten und Unterredungen, nie nehmen sie sich Zeit, in meiner Gegenwart still zu werden und darauf zu lauschen, was mein Herz ihrem Herzen so gerne mitteilen möchte. Das gilt nicht nur für Diözesanpriester; es trifft leider auch für viel zu viele jener Männer zu, die ich dazu berufen habe, für mich allein in klösterlichem Schweigen zu leben. Selbst dort ist der Geist des Aktivismus eingedrungen, der Menschen von einer Unternehmung zur nächsten treibt, sie Häuser auf Sand bauen lässt, eitle Nichtigkeiten, die wieder und wieder von der Heftigkeit meiner Liebe hinweggeschwemmt werden, bis sie begreifen, dass sie ihr Glück nur in mir finden.
> Wenn meine Priester zu meinen Tabernakeln zurückkehren, mein Angesicht suchen und sich danach sehnen, an meinem Herzen Ruhe zu finden, dann wirst du erleben, dass sich in meiner Kirche wunderbare Dinge entfalten werden – in meiner Kirche, die sich damit abgefunden hat, in Mittelmäßigkeit und Gleichgültigkeit vor sich hin zu existieren. Das habe nicht ich bewirkt, denn ich bin in meinem Wesen verzehrendes Feuer. Vielmehr ist es das schleichende, erbarmungslose Werk des bösen Feindes, der es darauf abgesehen hat, dass alles, was ich geschaffen habe, in Finsternis getaucht und in Bosheit erfroren sein soll.[23]

Wir wollen also demütig, frei und voller Liebe vor die Realpräsenz Christi in der Eucharistie treten. Bringen wir ihm unsere Liebe, unser Herz und unsere Freiheit dar. Wir wollen staunend und in stiller Anbetung vor ihm niederknien. Unser Herz möge sich in Vertrauen und Liebe unterwerfen. Unsere Freiheit soll sich für die Gegenwart des Herrn öffnen, denn nur aufgrund der Freiheit sind wir wirklich Männer und Frauen, die für ihre Handlungen verantwortlich sind und Entscheidungen treffen können, die uns in die Pflicht nehmen und verwandeln. Dann wird das Ostergeheimnis zu einer lebendigen Wirklichkeit in uns: „Ich bin mit Christus an das Kreuz geheftet. Ich lebe aber, doch nicht mehr ich, sondern Christus lebt in mir. Sofern ich aber jetzt im Fleische lebe, lebe ich im Glauben an den Sohn Gottes, der mich geliebt und sich selbst für mich dahingegeben hat" (Gal 2,19-20).

Quelle und Höhepunkt des Lebens der Kirche

Der außergewöhnliche eucharistische Eifer des heiligen Johannes Paul II. kann uns helfen, unsere intime Beziehung zu diesem Sakrament zu vertiefen. Ein einfaches Bild kommt mir in den Sinn: Während seiner Pilgerreise ins Heilige Land im Jubiläumsjahr 2000, bevor ihm die Freude und die Gnade zuteil wurden, die Eucharistie im Abendmahlssaal in Jerusalem zu feiern, wo sie der Tradition zufolge zum ersten Mal von Jesus Christus selbst vollzogen wurde, stand der alte Mann in der weißen Soutane allein, gebeugt vor der Klagemauer des Jerusalemer Tempelbergs und schob seine Bitte um Vergebung in einen Spalt zwischen zwei Mauersteinen. Was vor der Klagemauer des Tempels geschah, möchte Johannes Paul II. in jedem von uns wiederholen. Mit seiner Enzyklika *Ecclesia de Eucharistia* und seinem Apostolischen Schreiben *Mane Nobiscum Domine* scheint der heilige, gealterte, aber geistig noch ganz klare polnische Papst einen Spalt in unserem Herzen und in unseren Gewohnheiten zu suchen, um eine wesentliche Botschaft hineinzubringen, die letzte seines Pontifikats, die eine Art Abschluss seines Petrusdienstes sein sollte:

Erlaubt mir, meine lieben Brüder und Schwestern, dass ich mein Zeugnis des Glaubens an die heiligste Eucharistie mit inniger Begeisterung ablege, um euch im Glauben zu begleiten und zu stärken. „*Ave, verum corpus natum de Maria Virgine, vere passum, immolatum, in cruce pro homine!*“ Hier ist der Schatz der Kirche, das Herz der Welt, das Unterpfand des Ziels, nach dem sich jeder Mensch, und sei es auch unbewusst, sehnt; ein großes Geheimnis, das uns überragt und die Fähigkeit unseres Geistes gewiss auf die harte Probe stellt, über den Augenschein hinauszugehen. Hier täuschen sich unsere Sinne – „*visus, tactus, gustus in te fallitur*“, heißt es im Hymnus „*Adoro te devote*“, doch der Glaube allein genügt uns, der im Wort Christi verwurzelt ist, das uns von den Aposteln überliefert wurde. Erlaubt mir, dass ich – wie Petrus am Ende der eucharistischen Rede im Johannesevangelium – im Namen der ganzen Kirche und im Namen eines jeden von euch zu Christus sage: „Herr, zu wem sollen wir gehen? Du hast Worte des ewigen Lebens“ (Joh 6,68). [...]
Jedes Bemühen um Heiligkeit, jede Tat, die auf die Verwirklichung der Sendung der Kirche ausgerichtet ist, jede Umsetzung pastoraler Pläne muss die Kraft, die sie braucht, aus dem eucharistischen Mysterium beziehen und auf dieses Mysterium als ihren Höhepunkt hingeordnet sein. In der Eucharistie haben wir Jesus, haben wir sein Erlösungsopfer, haben wir seine Auferstehung, haben wir die Gabe des Heiligen Geistes, haben wir die Anbetung, den Gehorsam und die Liebe zum Vater. Würden wir die Eucharistie vernachlässigen, wie könnten wir unserer Armut abhelfen? [...]
Indem wir der Eucharistie die volle Bedeutung beimessen, die ihr zukommt, und mit aller Sorgfalt darauf bedacht sind, dass keine ihrer Dimensionen, keiner ihrer Ansprüche abgeschwächt werden, sind wir uns wirklich bewusst, wie groß diese Gabe ist. Dazu lädt uns eine ununterbrochene Überlieferung ein, die zeigt, dass die christliche Gemeinschaft seit den ersten Jahrhunderten diesen „Schatz“ wachsam gehütet hat. Von der Liebe gedrängt, sorgt sich die Kirche darum, den Glauben und die Lehre über das eucharistische Mysterium den nachfolgenden christlichen Generationen weiterzugeben, ohne irgendeinen As-

pekt aufzugeben. In der Sorge um dieses Geheimnis kann man nicht übertreiben, weil „in diesem Sakrament das ganze Mysterium unseres Heiles zusammengefasst ist".[24]

Die Würde der Liturgie

Wenn wir nun also auch eine eifrige und sehr innige persönliche Beziehung zum Geheimnis der Eucharistie pflegen müssen, so ist die Gemeinschaft mit dem Opfer Christi dennoch nirgendwo intensiver als während der Liturgie, vor allem während der Heiligen Messe. Daher ist es von größter Bedeutung, dass wir, Priester und Gläubige, die Eucharistie, das große Gebet der Kirche, mit einer Ehrfurcht feiern, die sich in unserem Verhalten während der Liturgie widerspiegeln muss: Wie wir gehen, uns setzen, uns erheben, die Hände purifizieren, den Kopf neigen, das Knie beugen oder uns hinknien. Natürlich ist in dieser Hinsicht das Beispiel des Priesters entscheidend und generell das Beispiel aller, die sich in einer liturgischen Funktion im Altarraum befinden. Nur wenn wir uns bewusst sind, dass wir am Altar wirklich am Fuß des Kreuzes stehen, in der Gegenwart Christi, der für uns gestorben und auferstanden ist, können wir die wahre *ars celebrandi* umsetzen. Die Kunst des Zelebrierens besteht nämlich nicht nur in der strikten Einhaltung der liturgischen Rubriken und Normen, was natürlich ihre notwendige Bedingung ist – die Einhaltung der liturgischen Gesetze ist Ausdruck unseres Glaubens und unseres Gehorsams gegenüber der Kirche, aber sie reicht nicht aus. Es bedarf eines Anstoßes des Glaubens, einer kindlichen Liebe und einer echten Zustimmung zum Willen Gottes, damit durch die formale Perfektion der Feier hindurch eine persönliche und intime Begegnung mit Jesus stattfinden kann. Echte *ars celebrandi* setzt voraus, dass vor der Einhaltung der Normen die anbetende Kontemplation der Gegenwart des dreifaltigen Gottes im Vordergrund steht, der uns durch die Menschheit Christi berührt.

Dies bildet den theozentrischen und christozentrischen Charakter des Gottesdienstes.

So kann eine gut zelebrierte Liturgie für den Priester eine echte Quelle der Heiligung sein. Die Vernachlässigung des Gottesdienstes hingegen, die Improvisation oder die Suche nach Kreativität in den Riten, all dies führt zu einer Banalisierung und Entheiligung der Liturgie und ist sicherlich nicht geeignet, die Liturgie zu einem Ort der Heiligung des Priesters oder der Gläubigen zu machen. In der Regel wird das Wort „Ritus" in der katholischen Tradition sowohl im Singular als auch im Plural verwendet. Es bezeichnet entweder die gesamte Liturgie der Kirche (den „lateinischen Ritus", den „ostkirchlichen Ritus" usw.), eine bestimmte liturgische Handlung („der Ritus der Taufe", „der Firmung"); oder einen Teil dieser Handlung (der „Aufnahmeritus"). Der Begriff bezieht sich auf die Beschreibung des Ablaufs von Zeremonien, die der Zelebrant getreulich einzuhalten hat. Er hat seinen Ursprung wohl in einer Wurzel des Sanskrit, die „dasjenige, was der Ordnung entspricht" bezeichnet. Dafür spricht auch die Tatsache, dass in der lateinischsprachigen Liturgie die Wörter *ritus* und *ordo* häufig synonym verwendet werden. Die Festlegung und Einhaltung von Riten ist eine Konstante in der Religionsgeschichte der Menschheit. Der Ritus stellt für den Menschen eine Möglichkeit dar, sich in die Ordnung des Kosmos einzufügen, um dort seine ihm gemäße Rolle zu spielen. Im christlichen Kontext drückt die Festlegung von Riten den Willen aus, sich an die von Gott festgelegte Ordnung zu halten, die Gaben Gottes so zu empfangen, wie Gott sie geben will, anstatt zu versuchen, sie sich persönlich anzueignen; und gleichzeitig drücken diese Riten den Inhalt dessen aus, was gegeben wird.

Um uns beim heiligen Respekt vor der Liturgie zu helfen, in der Gott verherrlicht und der Mensch geheiligt wird, müssen wir im Besonderen drei Personen anrufen: die Jungfrau Maria; den heiligen Josef, ihren Bräutigam; und jene Frau, von der das Evangelium berichtet, dass sie ein Pfund reines, kostbares Nardenöl nahm, damit die Füße Jesu salbte und sie mit ihrem Haar trocknete (Joh 12,3). Maria und Josef kümmerten sich während der Zeit in Nazareth mit großer Hingabe um den irdischen Leib ihres Sohnes Jesus. Maria hielt ihn als kleines Kind zärtlich, in stiller Anbetung und mit großer Ehrfurcht in ihren Armen, und als er erwachsen war, machte sie für ihn „ein nahtloses Gewand, von oben bis unten in einem Stück gewebt" (Joh 19,23). Nach seinem Tod und der Abnahme vom Kreuz empfing sie den leblosen Leib ihres Sohnes in einer Haltung schmerzlicher Anbetung an ihrem zerschlagenen Herzen und in ihren unbefleckten, zärtlichen Armen. Wie kann es da dem Priester nicht ein Herzensanliegen sein, den eucharistischen Leib Christi mit heiliger Würde und Respekt in Händen zu halten und darzureichen? Es muss leider klar gesagt werden, dass viele Initiativen, die durch die Angst vor der Verbreitung des Coronavirus ausgelöst wurden, zu sakrilegischen Gesten führten, wie es sie in der Geschichte der Kirche noch nie gegeben hat. Den Leib Christi mit Handschuhen oder einer Pinzette zu halten und zu verteilen, ist sowohl unpassend als auch im höchsten Maße respektlos.

Die Frau im Evangelium gießt ihr gesamtes Duftöl auf die Füße Jesu. Johannes Paul II. kommentierte diese Episode mit der Bemerkung, dass die Kirche ebenso wie diese Frau nie Angst davor hatte, in der Anbetung ihres Herrn zu viel Pracht zu entfalten; nie empfand sie die Vornehmheit und Schönheit liturgischer Gegenstände oder Gewänder als Verschwendung. Das erinnert wiederum an den heiligen Pfarrer von Ars, der eine geflickte Soutane und mehrfach neu besohlte Schuhe trug, aber für die Zelebration der heiligen Messe sehr kostbare liturgische Gewänder erstand. Erinnern wir uns auch an den heiligen Franz von Assisi, der barfuß und in schäbiges Sackleinen gekleidet umherging, der andererseits jedoch darauf bestand, dass die Pyxiden und Kelche in den Kirchen des von ihm gegründeten Ordens äußerst wertvoll waren, da sie dafür bestimmt waren, den Leib und das Blut des Herrn zu enthalten.

Natürlich ist die Gefahr, dass die Kultgegenstände aus rein ästhetischen Gründen üppig gestaltet werden, nicht von der Hand zu weisen: Das jedoch würde, ebenso wie bei der Einhaltung der Rubriken um ihrer selbst willen, zu einem reinen Ritualismus führen, der mit der Realität, die eigentlich gemeint ist, nichts mehr zu tun hat. Wenn uns das unglücklicherweise trotzdem unterlaufen sollte, dann müssen wir uns von den strengen Worten des Herrn treffen lassen:

> Wehe euch, ihr Schriftgelehrten und Pharisäer, ihr Heuchler! Die ihr das Äußere des Bechers und der Schüssel reiniget, innen aber voll des Raubes und der Unlauterkeit seid. Du blinder Pharisäer! Reinige zuerst das Innere des Bechers und der Schüssel, damit die Außenseite ebenfalls rein werde! (Mt 23,25-26)

Wenn wir uns nur um das Äußere des Gottesdienstes kümmern würden, während unsere Seele ein Hort der Dämonen und der Ungerechtigkeit bleibt, dann wäre das nicht nur nutzlos, sondern geradezu schädlich. Beschaffen wir uns also die vorzüglichsten Ornate und heiligen Gefäße für die Anbetung und die Ehre Gottes, aber achten wir mit Gottes Hilfe auch darauf, dass die äußere Schönheit seines Hauses und der heiligen Gefäße der inneren Klarheit und Reinheit unserer Seele entspricht. Es ist angemessen, dass die Ornate und die heiligen Gefäße prachtvoll sind, aber noch unerlässlicher ist es, dass die Seele des Priesters und die Seelen der Gläubigen in Reinheit und Heiligkeit erstrahlen und die Strahlen von Christus, der wahren Sonne, widerspiegeln, denn auch diese Seelen sind das Haus Gottes.

Zurück zu einer der Feier angemessenen Sammlung!

Es ist lobenswert und notwendig, darauf zu achten, dass für die Eucharistie die schönsten Dinge verwendet werden; wir zeigen damit unseren Respekt und unsere Liebe. Aber noch wichtiger ist es, dass wir diesen Respekt und diese Liebe in unserem Verhalten umsetzen. Wir in Afrika neigen dazu, uns in den Versammlungen in einer Art unkontrollierter Begeisterung zu ergehen. Unsere Kirchen sind zu Orten der Überschwänglichkeit, der ungezügelten Freude, des „heiligen Durcheinanders" und letztlich der Respektlosigkeit gegenüber der glorreichen Majestät des dreimal heiligen Gottes geworden. Unsere Gebetsversammlungen sind zu laut. Gottes Ohren werden durch unseren Gesang, unser Geschrei, die endlosen Prozessionen und Tänze betäubt – dabei sollten wir doch eigentlich des schrecklichen und entehrenden Todes gedenken, den Jesus am Kreuz erleiden wollte, um uns zu retten. Warum sind wir vor Gott so laut geworden? Warum sind wir nicht mehr dazu in der Lage, das Gebet, die Stille und die unauffällige Demut von Jesus, Maria und Josef während der dreißig Jahre ihres verborgenen Lebens in Nazareth nachzuahmen? Wir müssen Jesus ständig bitten: „Herr! Lehre uns beten, wie auch Johannes seine Jünger es gelehrt hat" (Lk 11,1). Unsere Gottesdienste sollten uns die Möglichkeit eröffnen, in der Stille, mit zerknirschtem, reumütigem und vor allem von Liebe überfließendem Herzen über die göttliche Barmherzigkeit zu staunen und uns gegenseitig wie im Flüsterton zu ermahnen: „Wir wollen uns niederlegen in unserer Schmach, und unsere Schande soll uns einhüllen; denn wir haben gegen den Herrn, unsern Gott, gesündigt, wie unsere Väter, von unserer Jugend an bis auf den heutigen Tag, und haben nicht auf die Stimme des Herrn, unseres Gottes, gehört!" (Jer 3,25).

Diese Entgleisung versteckt sich manchmal noch unter dem Vorwand einer notwendigen Inkulturation der Liturgie. Die Apostel der frühen Kirche, die die Bestattungsriten und die tiefe religiöse Reflexion über den Tod und das Jenseits in den Traditionen des Nahen Ostens durchaus kannten, machten davon, um das Ostermysterium Jesu zu beschwören, keinen Gebrauch. Und so müssen auch wir darauf achten, dass wir nicht ohne ein sehr behutsames Unterscheidungsvermögen dem Evangelium nicht gemäße Elemente der heidnischen Kultur in die Liturgie der Kirche einführen. Dadurch vermeiden wir unnötige Überfrachtung und folkloristisches Spektakel im Herzen der Feier der christlichen Mysterien. Die christliche Liturgie ist weder eine Zurschaustellung unserer angestammten kulturellen Reichtümer noch eine Aufwertung der lobenswerten religiösen Vorstellungen und Äußerungen unserer Vorfahren, sondern die Feier des Leidens, des Todes und der Auferstehung unseres Herrn Jesus Christus. Wir müssen uns also besinnen, müssen den Respekt, die Größe und den Vorrang wiederentdecken, den der heilige Benedikt der Liturgie gibt, indem er sagt: „*Nihil operi Dei praeponatur*" – nichts darf dem Werk Gottes vorgezogen werden. Die Grundlage der Liturgie muss die Suche nach Gott und seine Verherrlichung in einer Form bleiben, die seiner Majestät würdig ist. Die Liturgie regelt unsere Beziehung zu Gott. Wenn wir die Liturgie zu einem Menschenwerk machen, laufen wir Gefahr, aus Gott ein menschliches Idol zu machen. In der Liturgie müssen wir zuallererst das Werk Gottes empfangen, Gott in seinem Handeln begegnen. In diesem Sinn „kann keine Autorität eine Liturgie ‚machen'. Auch der Papst kann nur demütiger Diener ihrer rechten Entwicklung und ihrer bleibenden Integrität und Identität sein."[25]

In einer Zeit, in der alle unsere Gesellschaften, auch und vielleicht vor allem im Westen, von Aufregung, unaufhörlichem Krach, Leichtsinn und Gleichgültigkeit gegenüber Gott geprägt sind, zeigt uns die betende Stille, die uns Papst Benedikt XVI. heute darstellt, nicht nur die Schönheit, die Tiefe und den Reichtum seiner Lehre, sondern auch den Weg zu Gott. In einer Weihnachtspredigt lüftete er ein wenig den Schleier über seiner Kontemplation:

> Bisher – so sagen die Väter – hatten die Engel Gott gekannt in der Größe des Alls, in der Logik und Schönheit des Kosmos, die von ihm kommt und ihn spiegelt. Sie hatten gleichsam den stummen Lobgesang der Schöpfung aufgenommen und ihn zur Musik des Himmels gemacht. Aber nun war da etwas Neues, für sie förmlich Erschütterndes geschehen. Der Gott, von dem das All kündet, der alles trägt und in Händen hält – er war selber in die Geschichte der Menschen eingetreten, ein Handelnder und Leidender in der Geschichte geworden. Aus der freudigen Erschütterung über dieses Unfassliche, diese zweite und neue Weise, in der Gott sich zeigt, sei – so sagten die Väter – ein neu-

> er Gesang geboren worden, von dem uns das Weihnachtsevangelium ein Stück aufbewahrt hat: „Herrlichkeit Gott in der Höhe und Friede den Menschen auf Erden". Wir dürfen wohl sagen, dass dieser Doppelvers gemäß der Weise der hebräischen Poesie in seinen zwei Abschnitten im letzten dasselbe sagt, nur von einem je anderen Blickfeld her. Die Herrlichkeit Gottes ist in der Höhe, aber seine Höhe ist nun im Stall, das Niedrige ist das Hohe geworden. Seine Herrlichkeit ist mitten auf Erden, die Herrlichkeit der Demut und der Liebe. Und wiederum: Die Herrlichkeit Gottes ist Friede. Wo er ist, da ist Friede. Er ist da, wo die Menschen nicht die Erde selber zum Paradies machen wollen und dann zur Gewalt greifen. Er ist bei denen, die wachen Herzens sind; bei den Demütigen und bei denen, die seiner Höhe, der Höhe der Demut und der Liebe entsprechen. Ihnen schenkt er seinen Frieden, damit durch sie Friede hineintrete in diese Welt.[26]

Wenn wir in Wahrheit beten und Gott begegnen wollen, der in der Stille wohnt, dann müssen wir uns in Demut, Bescheidenheit und Stille hüllen. Oft vergessen wir, dass Jesus, um seinem Vater im Gebet zu begegnen, sich oft allein in die Stille und Einsamkeit der Wüste oder auf einen Berg zurückzog, um zu beten (vgl. Mt 14,23 ; Mk 6,46 ; 14,32 ; Mt 26,39 ; Mk 14,35 ; Lk 22,41 ; Mk 1,35). Und er ist unser Meister, unser Lehrer. Seine Art zu beten und Gott, seinem Vater, zu begegnen, sollte uns Wegweiser und Vorbild sein. Ein solches Schweigen schließt die Freude nicht aus, welche die Gegenwart Gottes unseren Liturgien verleiht; diese Freude wird sich vielmehr vertiefen, und sie bleibt an ihrem Platz. Denn es trifft ja zu: „In der Tragödie der Passion vollendet sich unser eigenes Leben und die Geschichte der Menschheit."[27] Das Bewusstsein, dass wir das entsetzliche Drama von Golgotha feiern, ein Drama, das unsere Sünden provoziert haben, sollte uns helfen, mit Inbrunst, Zurückhaltung und respektvoller Würde zu beten.

Das Gebet hebt an in der Anbetung und Ehrfurcht vor Gott und entfaltet sich in der staunenden Betrachtung der Werke Gottes, dieser Quelle der Bewunderung. Die Nachlässigkeit in unserer Gebetshaltung zeigt, dass wir vergessen, wie groß Gott ist und welche respektvolle und liebevolle Aufmerksamkeit ihm gebührt. „Das entscheidende Element des Gottesdienstes muss das Innere sein“, sagte Pius XII. in seiner Enzyklika über die Liturgie *Mediator Dei*. „Der Herr selbst sagt uns, dass wir ‚im Geist und in der Wahrheit‘ anbeten sollen (Joh 4,23). Das christliche Leben ist eine Gemeinschaft der Herzen von Gott und Mensch. Man muss wie Christus beten, ‚im Verborgenen‘ (Mt 6,6).“[28] Jesus betete gerne in der Nacht, in der Stille, an einsamen Orten. Und selbst dann, wenn er sich öffentlich an seinen Vater wendet, ist sein Gebet immer zurückhaltend und voller Respekt vor dem heiligen Geheimnis Gottes.

Der Philosoph Emmanuel Mounier unterstreicht, wie wichtig es ist, authentische Handlungen zu vollziehen – Handlungen, die nicht unmittelbar einleuchten, von denen man aber weiß, dass sie mit Sicherheit reifen werden. Das Gebet gehört zweifellos zu dieser Kategorie; da es sich in der inneren Stille der Seele entfaltet, verlangt es so weit wie möglich nach äußerer Stille. Wir hingegen ersticken die Kirche in Lärm, Unruhe und Mittelmäßigkeit. Das prangerte bereits Pater Régamey an:

> Es ist töricht zu behaupten, man führe ein Leben des Gebets, ohne dass man eine strenge Disziplin in Bezug auf Radio, Fernsehen, Zeitungen, Zeitschriften, Kino ... einhält. Wenn Christen und erst recht Priester und Ordensleute so weit von sich entfremdet sind, dass sie es als Notwendigkeit empfinden, Lärm um sich zu haben und selbst zu verursachen, und dass Schweigen bei ihnen eine nervöse Spannung hervorruft, dann ist das ein Zeichen dafür, dass sie ihren Lebensstil gründlich überdenken müssen ... Es gilt, wirklich überzeugt davon zu sein, dass Gebet und Schweigen identisch sind, solange wir das Schweigen in seiner tiefsten Eigenschaft als die Bewegung der Seele verstehen, die sich von allem befreit, was sie entfremdet, um sich ganz Gott zu schenken. Der Lärm von außen, der auf sie eindringt, hemmt sie, und sie muss ihre Seelenkräfte erneut sammeln; der Lärm, den sie selbst macht, ist Flucht aus sich selbst, wobei sie sich auflöst. In Sammlung und Stille muss sie wie-

der zu sich kommen. Wenn in der Kirche oder bei Gebetstreffen unsere Bewegungen ungeordnet sind, wenn Unruhe und Lärm herrschen, wenn laute und hysterische Ungezwungenheit, Spektakel und Theater überwiegen und die Gegenwart Gottes ersticken, dann ist das für das Gebet keine gute Umgebung. Das Gebet ist kontemplativ ausgerichtet, es ist ein Staunen, ein auf Gott gerichteter Blick; daher braucht es Stille und aufeinander abgestimmte Gesten und Bewegungen.[29]

Wenn wir uns versammeln, um das eucharistische Opfer zu feiern, sollen wir auf Zurückhaltung und eine gute Ordnung achten. Wir dürfen unsere Gebete nicht zu improvisierten Formulierungen ausufern lassen oder laut zu Gott schreien; unsere Bitten sollten sich vielmehr durch Diskretion und Zurückhaltung auszeichnen. Gott hört nicht auf die Stimme, sondern auf das Herz; er, der die geheimsten Gedanken sieht, hat es nicht nötig, dass wir durch lautes Rufen seine Aufmerksamkeit erregen.

Es ist dringend notwendig, den Sinn für das Heilige und das Geheimnis neu zu beleben, in welchem der Mensch erkennt, dass alles von Gott kommt und dass er nur dann ganz Mensch ist, wenn er vor ihm kniet, um ihn anzubeten, seine blendende Heiligkeit zu betrachten und sich nach seinem Bild und zu seiner Ähnlichkeit umgestalten zu lassen.

Da wir in das Leben Gottes hinein getauft wurden, müssen wir vor allem die Heilige Messe lieben und sie mit Glauben, heiliger Freude, würdig und zitternd feiern. In der Liturgie der Messe sollen wir nichts „auf die Schnelle“ tun, weil wir es eilig haben. Im Gegenteil, wir müssen mit unendlichem Respekt und Dankbarkeit daran teilnehmen, denn es vollzieht sich das Werk unserer Erlösung am Kreuz:

> Das Opfer Christi und das Opfer der Eucharistie sind ein einziges Opfer: Denn die Opfergabe ist ein und dieselbe; derselbe, der sich selbst damals am Kreuz opferte, opfert jetzt durch den Dienst der Priester; allein die Weise des Opferns ist verschieden: In diesem göttlichen Opfer, das in der Messe vollzogen wird, ist jener selbe Christus enthalten und

wird unblutig geopfert, ... der auf dem Altar des Kreuzes ein für allemal sich selbst blutig opferte [...].[30]

Die Liturgie ist kein Spektakel

Wir dürfen also das heilige Messopfer, welches das Geheimnis der Hochzeit des Herrn mit der Menschheit feiert und ihrer gedenkt, nicht in eine Unterhaltungs-, Kultur- oder Folkloreveranstaltung verwandeln, bei der es häufig um nichts anderes als um Theatralik und Effekthascherei geht.

Es besteht die Gefahr, dass in der Eucharistiefeier vor allem die Gelegenheit zu einer geschwisterlichen und geselligen Begegnung gesucht wird, wobei die soziokulturelle Selbstdarstellung der Gruppe und die Erfahrung überschwenglicher Freude allzu oft die stille Anbetung, das Staunen und die Verwunderung über das unaussprechliche Geheimnis der Eucharistie ersticken. Während der Heiligen Messe lassen wir uns von der Art und Weise, wie die Menschen gekleidet sind, von den vergänglichen Moden dieser Welt zerstreuen, während gleichzeitig das Gedächtnis des unsagbaren Leidens Christi für unsere Erlösung gefeiert wird. Womöglich lenken wir andere von ihrem Gebet ab und unterbrechen ihr Gespräch mit dem Allmächtigen durch Lärm oder belangloses Geschwätz. Ständig wird gefilmt und fotografiert, ohne dass wir bemerken, dass wir damit diese heiligen Orte banalisieren, verweltlichen und entweihen, die ausschließlich der intimen Begegnung zwischen Gott und seinem Volk vorbehalten sind. Der Zelebrant sieht sich versucht, seinerseits als Animateur aufzutreten und die Aufmerksamkeit auf seine eigene armselige Persönlichkeit zu lenken. Dabei ist doch die Eucharistie in Wahrheit vor allem ein Moment, in welchem wir in das Gebet und in die Hingabe Jesu eintreten und uns schweigend seinen Worten anschließen: „Vater, in Deine Hände lege ich meinen Geist“ (Lk 23,46).

In seiner Enzyklika *Ecclesia de Eucharistia* beklagt Papst Johannes Paul II. die allzu effektheischende und weltliche Art und Weise, wie die Eucharistie gefeiert wird. Er räumt ein, dass es gewiss schöne Feiern gebe, die gemäß dem richtigen Verständnis der vom Zweiten Vatikanischen Konzil gewollten und geförderten Liturgiereform durchgeführt werden. Doch, so fügt er hinzu:

> Leider *fehlt es* neben diesen Lichtstrahlen *nicht an Schatten*. Es gibt Orte, an denen der Kult der eucharistischen Anbetung fast völlig aufgegeben wurde. In dem einen oder anderen Bereich der Kirche kommen Missbräuche hinzu, die zur Schmälerung des rechten Glaubens und der katholischen Lehre über dieses wunderbare Sakrament beitragen. Bisweilen wird ein stark verkürzendes Verständnis des eucharistischen Mysteriums sichtbar. Es wird seines Opfercharakters beraubt und in einer Weise vollzogen, als ob es den Sinn und den Wert einer brüderlichen Mahlgemeinschaft nicht übersteigen würde. Darüber hinaus wird manchmal die Notwendigkeit des Amtspriestertums, das in der apostolischen Sukzession gründet, verdunkelt, und die Sakramentalität der Eucharistie allein auf die Wirksamkeit in der Verkündigung reduziert. Von da aus gibt es hier und da ökumenische Initiativen, die zwar gut gemeint sind, aber zu eucharistischen Praktiken verleiten, die der Disziplin widersprechen, mit der die Kirche ihren Glauben zum Ausdruck bringt. Wie sollte man nicht über all dies tiefen Schmerz empfinden? Die Eucharistie ist ein zu großes Gut, um Zweideutigkeiten und Verkürzungen zu dulden.[31]

Im weiteren Verlauf verteidigt der heilige Papst dann die Prachtentfaltung für die Feier der Eucharistie:

> Wie die Frau, die Jesus in Betanien salbte, hat die Kirche keine Angst, „verschwenderisch" zu sein, wenn sie die besten Mittel einsetzt, um ihr anbetendes Staunen über das unermessliche Geschenk der Eucharistie zum Ausdruck zu bringen. Ebenso wie die ersten Jünger, die beauftragt waren, den „großen Raum" herzurichten, fühlt sich die Kirche durch die Jahrhunderte und in der Aufeinanderfolge der Kulturen dazu gedrängt, die Eucharistie in einem Rahmen zu feiern, der eines so großen Mysteri-

ums würdig ist. Im Einklang mit den Worten und Handlungen Jesu ist die christliche Liturgie entstanden, die das rituelle Erbe des Judentums weiterentwickelt hat. Und in der Tat: Was könnte genügen, um in angemessener Weise den Empfang der Gabe auszudrücken, die der göttliche Bräutigam unaufhörlich der Kirche, seiner Braut, schenkt, indem er das Opfer, das er ein für allemal am Kreuz dargebracht hat, jeder einzelnen Generation von Gläubigen nahebringt und sich zur Speise für alle Gläubigen macht? Wenn auch der Kontext des „Gastmahls" eine familiäre Atmosphäre nahelegt, so ist die Kirche doch nie der Versuchung erlegen, diese „Vertrautheit" mit ihrem Bräutigam zu banalisieren; niemals hat sie vergessen, dass er auch ihr Herr ist und das „Gastmahl" für immer ein Opfermahl bleibt, das von dem auf Golgotha vergossenen Blut gezeichnet ist. Das eucharistische Mahl ist wirklich ein „heiliges" Mahl, in dem in schlichten Zeichen der Abgrund der Heiligkeit Gottes verborgen liegt: „*O Sacrum convivium, in quo Christus sumitur!*" Das Brot, das auf unseren Altären gebrochen und uns für unser Pilgerdasein auf den Straßen dieser Welt dargeboten wird, ist „*panis angelorum*", Brot der Engel, dem wir uns nur mit der Demut des Hauptmanns im Evangelium nähern können: „Herr, ich bin nicht würdig, dass du eingehst unter mein Dach" (Mt 8,8; Lk 7,6).

In Übereinstimmung mit diesem erhabenen Sinn des Mysteriums versteht man, wie der Glaube der Kirche an das eucharistische Mysterium in der Geschichte nicht nur durch das Verlangen nach einer inneren Haltung der Ehrfurcht zum Ausdruck gekommen ist, sondern auch durch eine Reihe äußerer Ausdrucksformen, welche die Größe des gefeierten Ereignisses herausstellen und unterstreichen wollen.[32]

Die Eucharistie lässt sich nicht auf ein Essen in geselliger Runde reduzieren, geprägt von herzlicher und lautstark gefeierter Freundschaft zwischen Menschen. Dieser Aspekt ist wichtig, aber er ist nicht das Wesentliche. Die Vereinigung, auf die das eucharistische Mahl verweist, ist, bevor sie Vereinigung von Menschen untereinander ist, in erster Linie die Vereinigung jedes einzelnen Gläubigen mit Christus, der sich als Nahrung hingibt. Als Folge dieser persönlichen Vereinigung vereint Christus diejenigen untereinander, die seinen Leib und sein Blut empfangen, so dass die Auswirkung des Sakraments der Eucharistie im Letzten der Aufbau des Leibes Christi in der Kirche ist, die volle Entfaltung des Geheimnisses der Inkarnation, in der sich Gott mit der gesamten Menschheit durch Christus vermählt, um sie von seinem eigenen Leben leben zu lassen.

Eucharistie, als persönliche Begegnung gelebt

Damit die Vereinigung der Gläubigen mit dem Herrn in diesem Sakrament wirklich stattfindet, müssen der Glaube und die Aufmerksamkeit eines jeden Teilnehmenden lebendig genug sein, auf dass die Eucharistie nicht quasi ein äußeres Objekt bleibt. Sie ist eine persönliche Gegenwart, die die Aufmerksamkeit des Verstandes und des Herzens erfordert. Der Herr drängt sich nie auf: „Siehe, ich stehe vor der Tür, und klopfe an. Wenn jemand meine Stimme hört und mir die Tür aufmacht, so werde ich zu ihm eingehen und mit ihm Mahl halten, und er mit mir" (Apg 3,20). Er bietet sich an, er gibt sich demütig als Nahrung und wartet darauf, dass wir uns in ihn verwandeln lassen. Der heilige Leo der Große erklärt:

> So wird das Passah des Herrn würdig gefeiert: mit dem ungesäuerten Brot der Rechtschaffenheit und der Wahrheit: wenn die neue Kreatur den Sauerteig der alten Bosheit verworfen hat und sich am Herrn selbst berauscht, sich von ihm selbst nährt. Denn die ganze Wirkung der Teilnahme am Leib und Blut Christi besteht darin, dass sie uns in das verwandelt, was wir verzehren; mit ihm gestorben, mit ihm begraben, mit ihm auferstanden, wollen wir ihn immer in unserem Geist und in unserem Fleisch tragen.[33]

Es ist notwendig, dass diese uns hingegebene Gegenwart des eucharistischen Jesus für uns zum Mittelpunkt einer zwischenmenschlichen Begegnung und eines Liebesbündnisses wird. Es ist ein bisschen so, wie wenn wir in einem Zug reisen. Wenn die Person, die neben oder vor mir sitzt, mich nicht ein einziges Mal ansieht, wenn sie gleichgültig bleibt, dann geschieht nichts zwischen uns, auch wenn ich ihr ein freundliches Gesicht zeige, das sich menschlichen Kontakt wünscht: Ich könnte genauso gut einen Koffer neben oder vor mir haben. Ich existiere für diese Person nicht. Damit eine echte Präsenz entsteht, ist ein Blick nötig, ein Lächeln, ein Wort der Freundschaft: Dann kann eine echte Beziehung von Person zu Person entstehen. Der Übergang zur zweiten Art von Präsenz wird in der Eucharistie durch den Glaubensakt vollzogen. Dieser Glaubensakt beschränkt sich nicht darauf, intellektuell anzuerkennen, dass Christus da ist, sondern er versammelt in sich das gesamte christliche Leben, jenes Leben, das „nunmehr mit Christus in Gott verborgen ist" (Kol 3,3). Dann wird die eucharistische Gegenwart in vollem Umfang heilsam. Leider sind wir oft zwar körperlich vor diesem Geheimnis anwesend, manchmal sogar als Zelebranten, aber in Wirklichkeit bleiben wir auf Distanz, quasi außen vor, weil unser Geist und unser Herz durch unsere irdischen Sorgen, unsere Lauheit, unseren Kleinglauben und unsere geringe Liebe zu ihm meilenweit von der realen Gegenwart des Herrn hinweggetragen werden.

Die Gefahren der Konzelebration

Die übliche Praxis der Konzelebration bedeutet unbestreitbar eine Gefährdung für diese aufmerksame und liebevolle Präsenz. Es ist die Pflicht der Bischöfe, die minimalistische Kleidung und das informelle Verhalten von Konzelebranten als unwürdig des gefeierten Mysteriums zu rügen: Jeder einzelne Konzelebrant ist wahrer Zelebrant der Eucharistie, und als solcher muss er, müssen sie alle während allen Phasen des Ritus ihre Aufmerksamkeit ausschließlich auf Christus richten, in einer konkreten Haltung des Gebets und der Anbetung, mit all der Sammlung und Haltung, die von einem Priester, der die heilige Messe darbringt, gefordert wird. Es ist ihnen nicht erlaubt, in der Konzelebration andere Aufgaben (beispielsweise als Organist) als die im engen Sinn priesterlichen Dienste zu übernehmen oder sich *a fortiori* anderen Tätigkeiten zu widmen (beispielsweise Fotos zu knipsen oder zu tanzen). Sind sie sich darüber im Klaren, dass sie Christus repräsentieren, ja mehr noch, dass sie *ipse Christus*, Christus selbst sind? Die liturgische Handlung ist eine heilige Handlung, die des Opfers Christi auf Golgotha gedenkt und seine geheimnisvoll verborgene Gegenwart unter den Gestalten des eucharistischen Brotes und Weines glaubend aufnimmt. Diese Gegenwart Christi muss von Glauben und Liebe umgeben sein, also mit größtem Respekt behandelt werden.

Das Wort Gottes in der Liturgie

Die Eucharistie verdichtet sich vollständig in der heiligen Hostie, in der Jesus in seinem Leib, seinem Blut, seiner Seele und seiner Gottheit gegenwärtig ist. Der Ablauf der Eucharistiefeier war jedoch immer von der Lesung des Wortes Gottes als einem unverzichtbaren Bestandteil der Liturgie begleitet.

Im Einklang mit der gesamten Tradition betont die Konstitution *Sacrosanctum concilium* die außerordentliche Bedeutung (*maximum momentum*) des Wortes Gottes in der Liturgie der Kirche (§ 24). Diese Bedeutung erhellt zunächst daraus, dass alle Gesten, Symbole und Texte, die in der Liturgie verwendet werden, direkt aus der Heiligen Schrift stammen oder unmittelbar von ihr inspiriert sind, so dass jemand, der den würzigen und lebendigen Geschmack der Heiligen Schrift nicht kennt, sich in den christlichen Zeremonien und Feiern wie in einem fremden Land vorkommen würde, dessen Sprache ihm ganz unbekannt ist.

Die Riten, welche die Verkündigung des Evangeliums in der Messe begleiten (sie ist dem Priester oder Diakon vorbehalten), für die sich alle erheben und der eine Prozession mit Kerzen und Weihrauch vorausgeht, bringen ebenfalls sehr eindrücklich die herausragende Würde des Wortes Gottes zum Ausdruck. Bekanntlich darf das Evangeliar auf dem Altar aufgestellt werden: Nur die Evangelien und der Leib des Herrn genießen dieses Privileg, ein Brauch, den die griechisch-orthodoxe Kirche bis heute beibehalten hat. Es ist daher nicht angebracht, eine Brille, den Pileolus oder einen anderen Gegenstand auf den Opferaltar zu legen. Auf Konzilien wie etwa in Ephesus im Jahr 431 wurde das Evangeliar auf einen Thron platziert, um die Gegenwart Christi anzuzeigen, der der Versammlung seiner Kirche vorsteht. Das Zweite Vatikanische Konzil hat diese Praxis der Inthronisierung des Evangeliums in wunderbarer Weise wieder zur Geltung gebracht. All diese Riten sollen die innere Verehrung ausdrücken, mit der die Kirche das Wort Gottes umgibt. Es ist jedoch vollkommen absurd, lächerlich, vulgär und respektlos, das Evangelium auf dem Kopf und in einem Korb zu tragen, wie man es manchmal in Afrika sieht. Niemand hat jemals seinen König oder seinen Chef in einem Korb getragen. Diese Art der Inkulturation ist töricht und beweist wenig Respekt vor Gott.

Bei der Feier der Messe lässt die Kirche in den Lesungen, die der eigentlichen Feier der Eucharistie vorausgehen, keine anderen Texte als solche aus der Heiligen Schrift zu. Es wäre eine Absurdität und Dummheit und eine Beleidigung des Wortes Gottes, es durch weltliche Texte zu ersetzen, die als aktueller oder interessanter angesehen werden, ganz gleich, wer sie verfasst hat. Dieser Gebrauch rührt von der engen Beziehung her, welche die Kirche immer zwischen dem Wort Gottes und dem Sakrament des Leibes des Herrn gesehen hat:

> Die Kirche hat die Heiligen Schriften immer verehrt wie den Herrenleib selbst, weil sie, vor allem in der heiligen Liturgie, vom Tisch des Wortes Gottes wie des Leibes Christi ohne Unterlass das Brot des Lebens nimmt und den Gläubigen reicht.[34]

Das Wort Gottes ist in den Augen der Kirche ebenso verehrungswürdig wie der Leib des Herrn. Wer mit dem Wort kommuniziert, hat wie derjenige, der mit dem Brot des Lebens kommuniziert, Anteil an Christus Jesus. Trotz der Vorwürfe, dass der Konzilstext das Wort und die Eucharistie zu sehr gleichsetze, haben die Väter diese Lehre in der dogmatischen Konstitution *Dei Verbum* beibehalten und die Einwände gegen die Gleichsetzung des Wortes mit der Eucharistie im Namen der Tradition selbst zurückgewiesen.[35]

Tatsächlich begegnet der Vergleich zwischen dem Wort und dem Leib des Herrn bereits zu patristischer Zeit. Origenes ermahnte die Gläubigen in einer seiner Predigten über den Auszug aus Ägypten wie folgt:

> Ihr, die ihr gewöhnlich an den göttlichen Geheimnissen teilnehmt, ihr wisst, mit welch ehrfürchtiger Vorsicht ihr den Leib des Herrn bewahrt, wenn er euch gereicht wird, damit nicht ein Krümel davon abfällt und ein Teil des geweihten Schatzes verlorengeht. Denn ihr würdet euch schuldig fühlen, und darin habt ihr recht, wenn durch eure Nachlässigkeit etwas davon verloren ginge. Wenn ihr aber, wenn es um seinen Leib geht, zu Recht so viel Vorsicht walten lasst, warum wollt ihr dann, dass die Vernachlässigung des Wortes Gottes eine geringere Strafe verdient als die Vernachlässigung seines Leibes?[36]

Dasselbe lesen wir bei Caesarius von Arles:

> Ich frage euch, meine Brüder und Schwestern, bitte sagt es mir: Was haltet ihr für wichtiger: das Wort Gottes oder den Leib Christi? Wenn ihr wahrheitsgemäß antworten wollt, dann werdet ihr mir sicher sagen, dass das Wort Gottes nicht weniger wichtig ist als der Leib Christi. Und so wie wir sorgfältig darauf achten, wenn uns der Leib Christi ausgeteilt wird, nichts davon aus unseren Händen auf den Boden fallen zu lassen, so sorgfältig sollen wir darauf achten, dass wir das Wort Gottes, das an uns gerichtet ist, nicht aus unserem Herzen entweichen lassen, indem wir an etwas anderes denken oder davon sprechen. Denn wer das Wort Gottes nachlässig vernimmt, wird nicht weniger schuldig sein als derjenige, der den Leib des Herrn nachlässig zu Boden fallen lässt.[37]

Das Wort Gottes und die Eucharistie haben die gleiche Bedeutung und sind gleichermaßen verehrungswürdig; die ihnen gebührende Verehrung richtet sich an den Herrn, der im Wort gegenwärtig ist, und der in der Eucharistie gegenwärtig ist.

Die Instruktion *Eucharisticum mysterium* vom 25. Mai 1967, die von der Gegenwart Christi in der Versammlung, im Wort und in der Eucharistie spricht, präzisiert, dass „diese Gegenwart Christi unter den Gestalten ‚real' genannt wird, was nicht ausschließend gemeint ist, als ob die anderen Gegenwarten nicht real wären, sondern schlechthin",[38] womit sie sich auf die Enzyklika *Mysterium fidei* von Papst Paul VI. bezieht. Er ist nicht nur unter dem Schleier des Brotes und des Weines anwesend, sondern auch unter dem Schleier der Menschenwörter, die in der Bibel verwendet werden. Man spricht daher von einer „Realpräsenz Christi in der Schrift, die ebenso real ist wie seine Präsenz in der Eucharistie, auch wenn letztere sakramental ist".[39] Alle Christen sind eingeladen, sich vom Wort Gottes zu nähren, besonders aber diejenigen, die nicht in der Lage sind, sich sakramental vom Leib und Blut Christi zu nähren.

Auch hier klingt wieder die Episode der Emmausjünger an. Als der Moment der Trennung kommt, drängen die Jünger ihren geheimnisvollen Begleiter, sie nicht zu verlassen: „Bleibe bei uns, denn es wird Abend, und der Tag hat sich schon geneigt" (Lk 24,29). Er geht mit ihnen hinein, um Mahl mit ihnen zu halten, und plötzlich verwendet Lukas das Vokabular der Eucharistie: „Und es geschah, als er mit ihnen zu Tische saß, nahm er das Brot, segnete es, brach es, und reichte es ihnen. Da wurden ihre Augen aufgetan, und sie erkannten ihn" (Lk 24,30-31). Und sie sind außer sich vor Staunen: Es ist tatsächlich Jesus, er ist also wahrhaft auferstanden! Die mündliche Katechese Jesu endet mit dem Akt der eucharistischen Konsekration, der die Schrift erfüllt und gleichzeitig ihre Bedeutungsfülle offenbart.

> So nahm der Herr Jesus die Brote der Schriften in seine Hände, als er Mensch wurde gemäß den Schriften, gelitten hat und auferstand; er nahm also, sage ich, die Brote und sprach das Dankgebet, als er, auf die-

> se Weise die Schriften erfüllend, sich selbst dem Vater darbrachte als Opfer der Gnade und der Wahrheit.[40]

Somit stellt die gesamte Episode ein Abbild der Heiligen Messe dar: Die Liturgie des Wortes lässt unsere intime Kenntnis des Herrn wachsen, und im eucharistischen Opfer treten wir in die Gemeinschaft mit ihm ein. Beide Teile der Messe sind absolut notwendig: Das Wort führt uns in die Gegenwart Christi und in die geheimnisvolle Kommunion der innigen Lebensgemeinschaft mit Jesus. „Wer mein Fleisch isst, und mein Blut trinkt, bleibt in mir, und ich in ihm. Gleichwie mich der lebendige Vater gesandt hat, und ich lebe um des Vaters willen, so wird auch, wer mich isst, leben um meinetwillen“ (Joh 6,56-57).

Doch kaum hatten die Jünger den Herrn beim Brechen des Brotes erkannt, verschwand er vor ihren Augen: Von nun an ist Christus nur noch durch den Glauben an sein Wort und an die Eucharistie zu erreichen, die unter uns das Zeichen seiner Gegenwart bleibt: Gegenstand unserer Kontemplation und unserer vertrauensvollen Liebe. So ergeht es auch Maria von Magdala, die sich in aller Frühe zum Grab begibt und dem Meister begegnet. Sie eilt zu ihm, Jesus aber sagt zu ihr: „Rühre mich nicht an, denn ich bin noch nicht aufgefahren zu meinem Vater; geh aber hin zu meinen Brüdern und sage ihnen: Ich fahre auf zu meinem Vater und eurem Vater, zu meinem Gott und eurem Gott“ (Joh 20,17-18). Und sehr wahrscheinlich entschwand Jesus dann ihren Augen. Wie gerne hätte auch sie einige Zeit mit Jesus verbracht, ihn berührt, ihn angeschaut, mit ihm gesprochen! Sicherlich waren seine Freunde während seines sterblichen Lebens immer wieder lang mit ihm zusammengewesen. Ihn jedoch jetzt, als Sieger über den Tod, zu sehen und zu berühren und zu hören, wie er die Heilige Schrift auslegt – das war eine einzigartige Erfahrung, die aber auch wir in jeder würdig gefeierten Eucharistie machen können.

Der Evangelist Lukas sagt uns, dass die beiden Jünger dann nach Jerusalem zurückkehrten. In jener Nacht schliefen sie nicht, denn sie hatten Dringenderes zu tun. Sie schlossen sich wieder der Gruppe der Apostel an, und so bauten sie den Leib Christi wieder auf, die Kirche, die sich aufgrund ihrer Flucht, ihres Mangels an Glauben und ihrer Verzweiflung einen Moment lang aufgelöst hatte.

So wird also die Einheit der beiden Testamente in der Liturgie vollständig umgesetzt und gelebt. Papst Benedikt XVI. bietet uns in seinem postsynodalen apostolischen Schreiben *Verbum Domini* eine glänzende Zusammenfassung dieser Bedeutung des Wortes Gottes und seiner Zusammengehörigkeit mit der Liturgie:

> Wenn man die Kirche als „*Haus des Wortes*" betrachtet, muss man sich vor allem der heiligen Liturgie zuwenden. Sie ist in der Tat das bevorzugte Umfeld, in dem Gott in der Gegenwart unseres Lebens zu uns spricht – *heute* zu seinem Volk spricht, das zuhört und antwortet. Jeder Gottesdienst ist von seinem Wesen her von der Heiligen Schrift durchdrungen. In der Konstitution *Sacrosanctum Concilium* heißt es: „Von größtem Gewicht für die Liturgiefeier ist die Heilige Schrift. Aus ihr werden nämlich Lesungen vorgetragen und in der Homilie ausgedeutet, aus ihr werden Psalmen gesungen, unter ihrem Anhauch und Antrieb sind liturgische Gebete, Orationen und Gesänge geschaffen worden, und aus ihr empfangen Handlungen und Zeichen ihren Sinn" (§ 24). Mehr noch: Christus selbst ist gegenwärtig „in seinem Wort, da er selbst spricht, wenn die heiligen Schriften in der Kirche gelesen werden" (§ 7). Tatsächlich „wird der Gottesdienst zur dauernden, vollen und wirksamen Verkündigung des Wortes Gottes. Das im Gottesdienst fortwährend verkündete Wort Gottes ist durch die Kraft des Heiligen Geistes immer lebendig und wirksam und bezeugt so die immer tätige Liebe des Vaters zu den Menschen" (*Messlektionar*, Pastorale Einführung, § 4).[41]

Das Kreuzesopfer, das im zweiten Teil der heiligen Liturgie vergegenwärtigt wird, ist schließlich das abschließende, zusammenfassende und vollendende Siegel einer einzigen Offenbarung der Liebe Gottes, die die beiden Testamente durchzieht. Das sagt Benedikt XVI. noch einmal an anderer Stelle:

> Das eigentlich Neue des Neuen Testaments sind nicht neue Ideen, sondern die Gestalt Christi selber, der den Gedanken Fleisch und Blut, einen unerhörten Realismus gibt. Schon im Alten Testament besteht das biblisch Neue nicht einfach in Gedanken, sondern in dem unerwarteten und in gewisser Hinsicht unerhörten Handeln Gottes. Dieses Handeln Gottes nimmt seine dramatische Form nun darin an, dass Gott in Jesus Christus selbst dem „verlorenen Schaf", der leidenden und verlorenen Menschheit, nachgeht. Wenn Jesus in seinen Gleichnissen von dem Hirten spricht, der dem verlorenen Schaf nachgeht; von der Frau, die die Drachme sucht; von dem Vater, der auf den verlorenen Sohn zugeht und ihn umarmt – dann sind dies alles nicht nur Worte, sondern Auslegungen seines eigenen Seins und Tuns. In seinem Tod am Kreuz vollzieht sich jene Wende Gottes gegen sich selbst, in der er sich verschenkt, um den Menschen wieder aufzuheben und zu retten — Liebe in ihrer radikalsten Form.[42]

Die Schrift, die Eucharistie, die Kirche: Das ist es, was wir brauchen und was uns, ebenso wie den Jüngern von Emmaus, genügt, um Jesus zu begegnen. Lasst uns also nicht mit unserer Zeit geizen, wenn es darum, geht das Wort zu hören und das Sakrament zu feiern. Insbesondere die Osternacht, die Augustinus „die Mutter aller heiligen Gebetswachen, in welcher die ganze Welt wacht" nennt und die gleichsam das Herz des gesamten liturgischen Jahres ist, war seit den ersten Christen – getreu der Empfehlung des Herrn, wie die auf die Rückkehr des Bräutigams wartenden Jungfrauen im Gleichnis zu wachen und zu beten (Mt 25,1-13) — ganz der Erwartung der Auferstehung gewidmet. Die Kirche sah darin eine wunderbare Gelegenheit zu katechetischer Unterweisung und bietet uns in der Osternacht sieben Lesungen aus dem Alten Testament und zwei aus dem Neuen Testament an. Es ist das einzige Mal im Jahr, dass Jesus uns durch unsere heilige Mutter Kirche auffordert, mindestens eine Stunde mit ihm zu wachen (Mt 26,36-46). Wir sollten also um Gottes Willen diese alttestamentlichen Lesungen nicht auf skandalöse Weise beschneiden, als ob wir zu Jesus sagen wollten: „Du lädst uns ein, mit Dir zu wachen, aber eigentlich wollen wir unsere Zeit nicht in der Kirche vergeuden; eigentlich sollte diese Zeremonie so kurz wie möglich sein, damit wir schlafen gehen oder zu Hause oder sonstwo feiern können." Wir wollen dieser einzigartigen, heiligsten aller Nächte Zeit und Bedeutung geben: Weihen wir sie wirklich ganz und gar dem Wort Gottes und der Liturgie.

Die Wiederholung der liturgischen Texte

Die periodische Wiederkehr derselben Texte im liturgischen Zyklus hindert uns nicht daran, dieselben Worte Gottes mit immer neuer Frische und Bedeutung wieder zu hören und dabei das Gefühl zu haben, unerwartete Schätze zu entdecken. Pater Hala sagte dazu:

> In seinem Vorwort zu *L'Année liturgique* betonte der erste Abt von Solesmes die „erneuernde Kraft" des christlichen Jahres. Gewiss, alles kehrt zurück, aber der Lauf der Zeit ist kein geschlossener Kreis. Seit Christus in die Zeit der Menschen eingetreten ist, ist die Zeit quasi erlöst und fließt nicht mehr unerbittlich. Der Kreis schließt sich nie am selben Anfangspunkt, sondern es ist ein neuer Ring einer Spirale, die sich entwickelt, ohne am selben Punkt zu enden wie im Vorjahr. Der Advent wird immer der Advent sein, doch ist es jedes Jahr ein anderer Advent: Der Blick ändert sich und taucht tiefer ein ... Das liegt daran, dass die Liturgie unseren jährlichen Lauf um die Sonne, von der Sonnenwende zur Tagundnachtgleiche, in den schrittweisen Eintritt in das Geheimnis Christi verwandelt.[43]

Die Lesungen aus der Heiligen Schrift, die während der Eucharistiefeier verkündet werden, kehren regelmäßig wieder, entsprechend dem liturgischen Zyklus und den Festen. Diese Wiederholung der gleichen Texte mag manchen Gläubigen langweilig erscheinen; ich bin jedoch überzeugt, dass diese Wiederholung, wie auch die Wiederholung von Riten, Gesten, Gebeten und Momenten der Stille, für den Glauben notwendig ist. Die Wiederholung hilft uns, tief in das Geheimnis einzutauchen, das wir feiern, und sie formt uns innerlich, „bis Christus in uns Gestalt annimmt" (vgl. Gal 4,19). Das Gedenken an Gottes Heilshandeln an uns ist mehr als nur die Übermittlung von Informationen. Es ist eine Kontemplation, die wieder und wieder zu ihrem Gegenstand zurückkehrt, „denn dem Liebenden", so Gregor der Große, „genügt es nicht, nur ein einziges Mal zu schauen".[44]

Wenn der Hörer glaubend frei das Wort Gottes aufnimmt, das lebendig, wirksam und schärfer als ein zweischneidiges Schwert ist (vgl. Hebr 4,12), dann ist er durch den Heiligen Geist mit den Gemeinden vereint, die uns vorausgegangen sind und uns dieses Gedenken überliefert haben; mit allen, die an diesem Tag diese Texte hören; und mit allen künftigen Generationen, die derselben göttlichen Wirklichkeiten gedenken, dieselben Riten feiern und dieselben Gesten und Gebete ausführen werden.

Diese Wiederholung kann auch als Reaktion auf den schmerzhaften Schrei Gottes verstanden werden, der sich darüber beklagt, dass er seine Diener, die Propheten, vergeblich geschickt hat, um das Volk an dieselben Worte und Aufrufe zu Umkehr und Bundestreue zu erinnern:

> Von dem Tage an, da ihre Väter aus dem Lande Ägypten ausgezogen, bis auf diesen Tag habe ich zu euch ohne Unterlass alle meine Diener, die Propheten, vom frühen Morgen beginnend, immerfort gesendet; doch sie hörten nicht auf mich und neigten mir ihr Ohr nicht zu, sondern waren halsstarrig und trieben es ärger als ihre Väter. Wenn du nun zu ihnen alle diese Worte redest, so werden sie doch nicht auf dich hören; und rufest du ihnen zu, so werden sie dir keine Antwort geben. So sprich denn zu ihnen: Dies ist das Volk, welches auf die Stimme des Herrn, seines

> Gottes, nicht gehört und keine Zucht angenommen hat; die Treue ist geschwunden und von ihrem Munde weggetilgt. (Jer 7,25-28)

Hermeneutik der liturgischen Kontinuität

Abschließend möchte ich noch kurz auf das Thema der Entwicklung der Liturgie in der Kirchengeschichte eingehen und dazu aufrufen, den Blickwinkel zu erweitern.

Ich komme noch einmal auf die Episode mit den Emmaus-Jüngern zurück. „Und er fing an von Mose und allen Propheten und legte ihnen aus, was in der ganzen Schrift von ihm geschrieben steht" (Lk 24,27). Der Evangelist Lukas zeigt hier, dass niemand Christus Glauben schenken kann, wenn er nicht damit beginnt, den Lehren des Mose, der Propheten und der Schriften des Alten Testaments treu zu sein, was er übrigens bereits im Gleichnis vom armen Lazarus und dem reichen Mann angedeutet hatte: Letzterer bittet Abraham, Lazarus in das Haus seines Vaters zu schicken, damit er seine fünf Brüder warne und bekehre, auf dass nicht auch sie an diesen Ort der Qual kommen, wo er selbst sich nach seinem Tod befindet. Wir kennen die Antwort, die er erhält: „Wenn sie Mose und die Propheten nicht hören, so werden sie auch nicht glauben, wenn jemand von den Toten aufersteht" (Lk 16,31).

Das vermag uns Aufschluss darüber zu geben, wie wir die Lehre des Zweiten Vatikanischen Konzils aufnehmen können. Es ist unmöglich, dieses Konzil richtig zu verstehen, wenn man sich weigert, es im Geist der Tradition zu lesen, die ihm vorausging. Eine Ekklesiologie des Zweiten Vatikanischen Konzils der tridentinischen Ekklesiologie gegenüberzustellen ist sinnlos und dient der Kirche nicht: Das dient vielmehr dem Bestreben, sie zu ruinieren, denn die Kirche Jesu Christi ist von ihrer Gründung bis zum heutigen Tag ein und dieselbe. Ebenso muss man sich vor den oft ideologischen Vorurteilen hüten, welche die echte, von der Liturgiekonstitution *Sacrosanctum concilium* gewollte Erneuerung behindern – diese zugleich immense, heikle und furchterregende Aufgabe, der sich die Kirche seit Jahren mit Geduld, Beharrlichkeit und Entschlossenheit widmet. Das Konzil lehrte in vollkommener Kontinuität mit dem ständigen Lehramt der Kirche, dass die heilige Liturgie der Ort ist, an dem Christus heute in seiner Kirche wirkt. Die eigene Liturgie außerhalb der Tradition zu erfinden, sie zu einem Ort persönlicher oder kollektiver Kreativität zu machen, die letztlich auf nichts anderes als auf den Priester selbst oder auf eine sich selbst feiernde Gemeinde verweist, bedeutet, das Zweite Vatikanische Konzil zu verraten und die Gläubigen von Christus zu entfernen. Benedikt XVI. hatte dies in seinem Brief vom 7. Juli 2007 an die Bischöfe anlässlich der Veröffentlichung des Motu Proprio *Summorum Pontificum* klar formuliert:

> Was früheren Generationen heilig war, bleibt auch uns heilig und groß; es kann nicht plötzlich rundum verboten oder gar schädlich sein. Es tut uns allen gut, die Reichtümer zu wahren, die im Glauben und Beten der Kirche gewachsen sind, und ihnen ihren rechten Ort zu geben.

IV

Jesus in die Wüste folgen

Von der Taufe am Jordan zur Einsamkeit der Wüste

Nach der stillen, tiefen und mächtigen Geste der vollständigen Zustimmung zum Willen des Vaters, die in der Taufe am Jordan zum Ausdruck kommt, geht Jesus nicht sofort zu der Tätigkeit über, für die er gesendet ist: Vielmehr zieht er sich zuerst in die Wüste zurück. Er sucht die äußere Stille und Einsamkeit, unabdingbare Voraussetzungen für die innere Sammlung. Jesus verband die persönliche Meditation und das vertrauliche Gespräch mit dem Vater mit der Abtötung der Sinne, indem er ein strenges Fasten einhielt, das seine körperliche Widerstandskraft auf eine harte Probe stellte.

Wir wollen dieses konkrete Vorbild übernehmen. Die Verwandlung unseres Wesens und unseres gesamten Lebens, bewirkt durch die Sakramente der christlichen Initiation, erfordert, dass wir in uns gehen und uns Zeit nehmen, um über diese Dinge nachzudenken. Diese innere Arbeit kann nur vollbracht werden, wenn wir die Unruhe, die in uns herrscht, abklingen lassen. Um Gott wirklich begegnen zu können, gilt es wachsam zu sein gegenüber unbedachten Impulsen; es gilt, sich selbst zu beherrschen, seine Gefühle und seine Vorstellungskraft zu kontrollieren. Als Jesus in die Wüste geht, beschließt er, jegliche Quelle von Ablenkung, Hektik und Lärm radikal auszuschließen, da sie Feinde des Gebetslebens und der Vertrautheit mit Gott sind. Er lehrt uns, unsere inneren Monologe und unaufhörlichen Begriffshampeleien aufzugeben und in die Stille Gottes einzutreten. Nur in dieser göttlichen Stille können wir das Eine in Liebe gesprochene Wort hören, das Wort, das uns in das unzugängliche Licht des Vaters einführt.[1]

Diese vierzig Tage Jesu in der Wüste, in denen er fastete und betete, damit die Menschen umkehren und die Gnade des Neuen Bundes empfangen (vgl. Lk 4,2; Mk 1,12), sind eine Entsprechung der großen vierzigjährigen Wanderung des Volkes Israel durch die Wüste. Gott führt uns aus dem Ägypten unserer Sklaverei, er holt uns aus unseren schlechten Gewohnheiten und unseren Sünden heraus, um uns auf eine lange und beschwerliche Wanderung durch die trockene Wüste unseres Herzens in das gelobte Land seiner Liebe, Zärtlichkeit und Barmherzigkeit gelangen zu lassen. Er lässt uns diese Reise auf den Spuren des auserwählten Volkes machen, das vierzig Jahre lang durch die Wüste Sinai wanderte (vgl. Ex 16,35; Num 14,33), dem Wort Gottes lauschte und sich erziehen und von seinen Sünden reinigen ließ, um sich auf den neuen und ewigen Bund mit ihm vorzubereiten. Er lässt uns Mose nachahmen, der vierzig Tage und Nächte lang (vgl. Ex 24,18: 34,28; Dtn 9,9) vor Gott stand und betete, um sich besser für den Empfang des Gesetzes zu bereiten, das vom göttlichen Finger in die Steintafeln gemeißelt wurde, und es in seinem Herzen zu empfangen.

Gott führt sein Volk aus Ägypten, dem Ort der Sklaverei und des Überflusses an materiellen Gütern (vgl. Ex 16,1-3; Num 11,5-6), heraus und in die Wüste, den Ort der Entsagung und Einsamkeit, um es Demut zu lehren, zu prüfen und die Tiefe Seines Herzens zu erkennen (Dtn 8,1-6). In der Entäußerung und Stille findet der Mensch seine wahre Statur, wird Gott gegenüber aufmerksam und begreift, dass er Ihn braucht. Kardinal Ratzinger schrieb:

> Die Wüste ist ein Ort der Stille und Einsamkeit, an dem man Abstand von den alltäglichen Ereignissen gewinnt. Hierher flieht man vor Lärm und Oberflächlichkeit. Die Wüste ist der Ort des Absoluten, der Ort der Freiheit, wo der Mensch mit seinen letzten Forderungen konfrontiert wird. Es ist kein Zufall, dass die Wüste der Geburtsort des Monotheismus ist. In diesem Sinn ist sie der Bereich der Gnade. Die Wüste

> ist der Ort, an dem der Mensch seinem Schöpfer begegnet. Die großen Dinge beginnen in der Wüste, in der Stille, in der Armut.[2]

Diese Reise in die innere Wüste ist eine Rückkehr nach Hause. Durch die Sünde hat der Mensch sich selbst aus seinem eigenen Herzen ausgeschlossen, um sich nach außen zu wenden, sich außen auszubreiten und sich dort zu verlieren. Gott wartet auf uns in dieser vernachlässigten Innerlichkeit. In diesem Sinn sagte Jesus, nachdem er viele Dämonen – namens „Legion“ – aus einem Besessenen ausgetrieben hatte, zu dem Geheilten: „Geh nach Hause“, das heißt: „Komm wieder zu Gott, der auf dich in dieser göttlichen Wohnung wartet, die dein Herz ist.“ Leider ist das Haus unseres Herzens arg verwahrlost. Wie David sollen auch wir den Wunsch haben, es Gottes würdig zu machen: „Der Tempel Gottes ist heilig, und dieser Tempel seid ihr“ (1 Kor 3,17). Wir müssen also auf die Würde dieser Wohnstätte achten, wozu auch der heilige Ambrosius uns auffordert: „Jede Seele empfängt das Wort Gottes, sofern sie untadelig ist und von Lastern bewahrt wird, indem sie die Keuschheit in vollkommener Reinheit bewahrt.“[3] Die Seele soll sein wie der Schoß der Jungfrau Maria: eine unbefleckte Wohnstätte.

Der Tempel unseres Herzens wird nur durch inneres Schweigen, Gebet und Buße errichtet, diese drei für die Wüste charakteristischen Tätigkeiten, die für unsere menschliche und geistige Reife grundlegend sind. Da also die Abtötung unserer Bequemlichkeit nichts anderes ist als das Gebet der Sinne und die Darbringung unserer Körper als lebendiges, heiliges und Gott wohlgefälliges Opfer (vgl. Röm 12,1), lässt sich alles grundsätzlich auf das Gebet zurückführen. Die vierzig Tage und Nächte, die Jesus in der Wüste verbrachte, waren im Wesentlichen eine Zeit des Gebets, des intimen und kindlichen Gesprächs mit dem Vater. Der leiblich verspürte Hunger ist sozusagen das Echo und die materielle Übersetzung unseres Verlangens nach Gott; das Stöhnen der Seele und das Stöhnen des Leibes verschmelzen zu einem einzigen Flehen des ganzen Menschen, bei dem

Worte überflüssig werden. Der heilige Augustinus hatte dieses Flehen erkannt:

> Das Gebet soll nicht viele Worte enthalten, sondern viele Bitten, wenn es in eifriger Aufmerksamkeit verharrt. Denn viel reden, wenn man betet, das heißt eine unentbehrliche Angelegenheit mit überflüssigen Worten bearbeiten. Viel beten heißt, durch die eindringliche und religiöse Tätigkeit des Herzens an die Tür dessen zu klopfen, zu dem wir beten. Meistens wird dies durch Stöhnen mehr als durch Reden, durch Tränen mehr als durch Sätze befördert. Gott stellt unsere Tränen vor sich, und unser Seufzen entgeht ihm nicht, der alles durch sein Wort geschaffen hat und keine menschlichen Worte braucht.[4]

Das Wort Gottes, die Grundlage unserer Existenz

Die einzigen Worte, die uns das Evangelium von Jesus in der Wüste überliefert, sind die Schriftzitate, die er den Versuchungen des Teufels entgegenstellt. In der Wüste, weit weg vom Lärm unseres hektischen Lebens, hallt das Wort Gottes mit besonderer Kraft wider.

Das Zweite Vatikanische Konzil fordert alle Christen auf, immer wieder zu diesem Wort zurückzukehren, das uns mit Gewissheit und Wahrheit die Werte des Himmelreichs lehrt, um auf diese Weise „die hervorragende Wissenschaft Jesu Christi" (Phil 3,8) zu erlernen. Denn, so der heilige Hieronymus, „wer die Schrift nicht kennt, kennt Christus nicht". Das Zweite Vatikanische Konzil empfiehlt daher nachdrücklich, „dass der Zugang zur Heiligen Schrift den Christen weit offenstehen muss" (*Dei Verbum*, § 22). Das wird folgendermaßen begründet:

> Wie die christliche Religion selbst, so muss auch jede kirchliche Verkündigung sich von der Heiligen Schrift nähren und sich an ihr orientieren. In den heiligen Büchern kommt ja der Vater, der im Himmel ist, seinen Kindern in Liebe entgegen und nimmt mit ihnen das Gespräch

> auf. Und im Worte Gottes west solche Gewalt und Kraft, dass es für die Kirche Halt und Leben, für die Kinder der Kirche Glaubensstärke, Seelenspeise und reiner, unversieglicher Quell des geistlichen Lebens ist.[5]

Warum dieser Nachdruck? Weil die Kirche davon überzeugt ist, dass sie nur dann wachsen, sich stärken und erneuern kann, wenn sie im wahrsten Sinne des Wortes auf das Wort Gottes gebaut ist: „Denn einen anderen Grund kann niemand legen, als den, welcher gelegt ist, welcher ist Christus Jesus" (1 Kor 3,11), der das lebendige und ewige Wort ist. In ihm, dem Fleisch gewordenen Wort, (Joh 1,14), ist „der ganze Bau zusammengefügt und wächst heran zu einem heiligen Tempel im Herrn [...], einer Wohnung Gottes im Geiste" (Eph 2,21-22).

Es geht darum, in der Bibel nach einem lebendigen Wort zu suchen, das sich an den Menschen von heute richtet, denn, wie Louis Bouyer es ausdrückte, „für ihn wurde und bleibt es ausgesprochen". Die Bibel muss ein Wort sein, das an uns alle, die wir im 21. Jahrhundert leben, und an mich persönlich gerichtet ist. Sie ist so aktuell wie das, was die Eucharistie auf dem Altar gegenwärtig macht, so Hans Urs von Balthasar:

> So wenig die Eucharistie Erinnerung an ein Vergangenes ist, sondern Verewigung und Gegenwärtigsetzung des einmaligen, je aktuellen Leibes und Opfers des Herrn, so wenig ist die Schrift Historie, sondern Form und Vehikel des je-jetzt anfahrenden Wortes Gottes. Wenn menschliche Existenz zutiefst Dialog mit Gott ist, wenn aber in diesem Dialog das Wort Gottes an den Menschen unendlich wichtiger ist als das Wort des Menschen an Gott, wenn die menschliche Antwort nur richtig sein kann aus einem ständigen Hören des Wortes heraus (Kontemplation würde hier besser als Audition bezeichnet werden); wenn ferner Gott alles, was er einem Menschen zu sagen hat, ein für allemal und endgültig in Christus gesagt hat (Hebr 1,1), und es somit nur darauf ankommt, alle Schätze der Weisheit und Wissenschaft, die in Christus verborgen sind (Kol 2,3), zu erkennen und sich anzueignen;

> wenn endlich die göttliche Bezeugung Christi die Heilige Schrift ist, dann muss die Lesung und Betrachtung der Schrift das sicherste Mittel sein, den konkreten Willen Gottes über meinem konkreten Leben und Schicksal in der gottgewollten Weise zu erkennen. So ist es auch ganz verkehrt (wie Lallemant sagt), so viel in Erbauungsschriften zu lesen und so wenig in der Heiligen Schrift.[6]

Die Einheit der beiden Testamente der Bibel

Da das Wort Gottes die lebendige Gegenwart Gottes selbst ist, muss es ebenso wie im Alten so auch im Neuen Testament Eines, ganz und gar göttlich, sein.

Das Zweite Vatikanische Konzil bestätigt: „... unserer heiligen Mutter, der Kirche, gelten aufgrund apostolischen Glaubens die Bücher des Alten wie des Neuen Testamentes in ihrer Ganzheit mit allen ihren Teilen als heilig und kanonisch, weil sie, unter der Einwirkung des Heiligen Geistes geschrieben, Gott zum Urheber haben und als solche der Kirche übergeben sind".[7]

Und einige Absätze später fährt der Text fort:

> Gott, der die Bücher beider Bünde inspiriert hat und ihr Urheber ist, wollte in Weisheit, dass der Neue im Alten verborgen und der Alte im Neuen erschlossen sei. Denn wenn auch Christus in seinem Blut einen Neuen Bund gestiftet hat (vgl. Lk 22,20; 1 Kor 11,26), erhalten und offenbaren die Bücher des Alten Bundes, die als Ganzes in die Verkündigung des Evangeliums aufgenommen wurden, erst im Neuen Bund ihren vollen Sinn (vgl Mt 5,17; Lk 24,27; Röm 15,25-26; 2 Kor 3,14-16), wie sie diesen wiederum beleuchten und deuten.[8]

Jesus ist nicht gekommen um aufzuheben, sondern um zu erfüllen (vgl. Mt 5,17); und bereits in seinem Bewusstsein ist, wenn man so sagen darf, das Alte Testament wie die Matrix des Neuen, in dem Sinne, dass die Kategorien und Bilder, die Jesus benutzt, um sein eigenes Geheimnis zu enthüllen, die des Alten Testaments sind, die so ihrerseits eine neue Fülle von Bedeutung erhalten und plötzlich ihre verborgene Konvergenz zu seiner Person und seinem Werk erkennen lassen; eine Konvergenz, die auch später durch die Predigt der Apostel aufscheint, beispielsweise in der ersten Rede des Petrus am Pfingsttag (Apg 2,14-40), seiner Rede im Tempel (Apg 3,11-26), oder in der Rede des Stephanus (Apg 7,1-60), und derjenigen des Paulus (Apg 22,1-21) vor dem Sanhedrin. Als Jesus die Emmausjünger belehrt, ist es das Geheimnis dieser Konvergenz, das Jesus betont, indem er für seine Weggefährten die schönste *lectio divina* aller Zeiten abhält: Christus, der von Christus durch die ganze Heilsgeschichte hindurch kommentiert und erläutert wird:

> „O ihr Unverständigen, wie schwer kommt es euch an, alles zu glauben, was die Propheten geredet haben! Musste nicht Christus dies leiden, und so in seine Herrlichkeit eingehen?" Und er fing an von Moses und allen Propheten, und legte ihnen aus, was in der ganzen Schrift von ihm geschrieben steht (Lk 24,25-27).

Durch seinen Tod am Kreuz verwirklicht Jesus Christus also die Einheit der Schrift, weil er ihr Ziel und ihre Erfüllung ist. Die gesamte Schrift bezieht sich auf ihn. Pater de Lubac kommentierte dies folgendermaßen:

> Mit seinem Ruf „es ist vollbracht", herab von diesem Galgen, symbolisiert vom letzten Buchstaben des hebräischen Alphabets, gibt Jesus der ganzen Schrift ihre Erfüllung, insofern er dadurch das ganze Geheimnis der Erlösung des Menschen offenbart, die sich verborgen findet in den zweiundzwanzig Büchern des Alten Testaments. Sein Kreuz ist der Schlüssel, einzig und allumfassend. Durch dieses Sakrament des Kreuzes vereint er die beiden Testamente zu einem einzigen Lehrgebäude, indem er die alten Vorschriften mit der Gnade des Evangeliums vereinigt. Als der Löwe von Juda trägt er sterbend den Sieg davon, der das Buch mit den sieben Siegeln öffnet (Offb 6-8). Er tritt ein in den Tem-

> pel, der die Bundeslade barg. Er zerreißt den Schleier, der die Geheimnisse der Gnade bedeckte. Er zeigt mit einem Schlag den tiefen Sinn dessen, was geschrieben steht, und zugleich öffnet er bei denen, die sich nicht widersetzen, die Augen, die nötig sind, um ihn zu sehen. [...] Und so strahlt das Licht der Wahrheit in doppelter Weise vom Kreuz her. [...] Durch den Lanzenstich des Zenturio ist in Wahrheit erfüllt, was der Stab des Mose, den er an den Felsen schlug, noch vorbildhaft vorwegnahm: Aus der von der Lanze geöffneten Seitenwunde strömen die Quellen des Neuen Bundes; „wenn Jesus nicht geschlagen und getroffen worden wäre, wenn aus seiner Seite nicht Blut und Wasser geflossen wären, dann müssten wir alle nach wie vor den Durst nach dem Wort Gottes ertragen" (Origenes). Aber siehe doch, auf Kalvaria, weit geöffnet und lesbar fortan für alle: das Buch des göttlichen Heilsplanes.[9]

Pater de Lubac zeigt dann, wie die Kirchenväter an dieser Lehre von der „präzisen und unauflöslichen wechselseitigen Abhängigkeit des Alten und des Neuen Testaments" festhielten und verkündeten, dass „jeder, der das eine unter Ausschluss des anderen aufnimmt, allein schon dadurch *a Testamento Dei alienus*, dem Testament Gottes fremd würde".[10]

Diese Einheit von Altem und Neuem Testament in Christus hat noch einen weiteren Aspekt, der sie noch nachdrücklicher offenbart: Es ist Jesus, und nur er, der uns den heiligen Text auslegt und der uns zeigen kann, wie die Bücher der Heiligen Schrift vom einen Ende bis zum anderen nichts anderes bedeuten als das Evangelium, das heißt, sie offenbaren das Wort Gottes, das unter uns Fleisch geworden ist. Seinen Zeitgenossen sagte er:

> Ihr forscht in der Schrift, weil ihr glaubt, in ihr das ewige Leben zu haben, und sie ist es, welche von Mir Zeugnis gibt: und ihr wollt nicht zu Mir kommen, damit ihr das Leben habt. ... Glaubt nicht, dass Ich euer Ankläger werde bei dem Vater; es ist einer, der euch anklagt, Mose, auf den ihr eure Hoffnung setzt. Denn wenn ihr Mose glaubtet, so würdet ihr wohl auch Mir glauben; denn von Mir hat er geschrieben. Wenn ihr

> aber seinen Schriften nicht glaubt, wie werdet ihr Meinen Worten glauben? (Joh 5, 39-40.45-47)

Mose führt uns also durch eine tiefe und fortschreitende Strukturierung unserer inneren Suche zu einer außergewöhnlichen mystischen Gotteserfahrung, und den Anfang dieses Weges bilden die Zehn Gebote.

Das Alte Testament ist eine Rede, die sich an ein Volk richtet, das von der heidnischen und polytheistischen Mentalität der Antike befreit werden muss. Es ist für unsere wieder heidnisch gewordene Zeit durchaus zeitgemäß, die ihren eigenen Idolen verfallen ist und den Unterschied zwischen Gut und Böse leugnet. Es lehrt uns, Gott seinen Platz als Ursprung und Ziel aller Dinge, als Quelle des Lebens und letztes Ziel des Menschen, der zum Absoluten pilgert, zurückzugeben; das ist die große moralische und religiöse Revolution des mosaischen Gesetzes. Das Volk Gottes muss aus seiner Sklaverei herausgeführt werden, um auf der Höhe der göttlichen Erwählung leben zu können, die auf eben dieses Volk zielt: ohne Kompromisse mit den alten Götzen; ohne Abstriche an den Idealen der Gerechtigkeit und Treue, die Gott am Sinai in Erinnerung gerufen hat, um den Menschen wachsen zu lassen und ihm zu helfen, seine wahre Würde anzunehmen; ohne in der Verehrung Gottes nachzulassen: in dem immer ungestillten Durst, eines Tages sein Angesicht zu sehen, ein Durst, der dem Menschen seine wahre Größe verleiht.

Das Neue Testament wendet sich an die Seele und den Geist jener Menschen, die durch die Lehren der Patriarchen, Propheten und Weisen Israels geformt und genährt wurden. Es ist gekennzeichnet durch die Erfüllung von Verheißungen und Präfigurationen. Das fleischgewordene Wort Gottes verleugnet nicht, was es durch den Mund des Mose und der Propheten gesagt hat; es kommt vielmehr, um die wahre Bedeutung, den vollen und endgültigen Inhalt dieser Verheißungen und Präfigurationen zu geben. Der heilige Bonaventura verwendet dafür das Bild eines Flusses:

> Die Heilige Schrift gleicht einem breiten Fluss, der in seinem Verlauf durch den Zustrom vieler und reicher Wasser immer mehr anschwillt. Zuerst gab es in der Heiligen Schrift die Bücher des Gesetzes, dann kam das Wasser der Weisheit der historischen Bücher, dann die Lehre des sehr weisen Salomon, dann die Lehre der heiligen Propheten. Schließlich wurde die Lehre des Evangeliums offenbar, ausgesprochen durch den leiblichen Mund Christi, aufgezeichnet von den Evangelisten, enthüllt von den Aposteln. Hinzuzufügen sind die Lehren, die der Heilige Geist, als er auf sie herabkam, uns durch sie gelehrt hat, so dass sie, vom Heiligen Geist gemäß der göttlichen Verheißung zur ganzen Wahrheit geführt, der Kirche Christi die Lehre von jeder heilsamen Wahrheit geben und durch die Vollendung der Heiligen Schrift die Erkenntnis der Wahrheit verbreiten.[11]

So kommt also das Gesetz Jesu Christi, um das Gesetz des Mose zu vervollkommnen, zu vollenden, zu erfüllen und zu übertreffen. Das Eine muss im Licht des Anderen gelesen werden: der Dekalog im Licht der Bergpredigt, der Charta des Gottesreiches, die von uns in die Praxis umzusetzen ist, da wir unser Lebensgebäude sonst auf Sand bauen (Mt 7,21-27).

Aber im Neuen Testament besteht das neue Gesetz nicht nur aus fortschrittlicheren oder differenzierteren Geboten. Es nimmt in der Person Christi selbst Gestalt an. Er sagt ja von sich: „Ich bin das Licht der Welt; wer Mir nachfolgt, wandelt nicht in der Finsternis, sondern wird das Licht des Lebens haben" (Joh 8,12); „Ich bin der Weg, die Wahrheit und das Leben. Niemand kommt zum Vater außer durch Mich" (Joh 14,6); und dann fügt er noch hinzu: „Wer Mich sieht, sieht den Vater" (Joh 14,9). Von nun an ist das Gesetz nicht mehr ein abstraktes, moralisches Prinzip, eine rechtliche Konvention: Das Gesetz halten heißt Jesus folgen, sein Jünger werden, sich seinen Entscheidungen, Werten, Maßstäben und seinem Evangelium anzuschließen. Es bedeutet, dass wir uns verpflichten, die Art und Weise, wie Jesus denkt, handelt und lebt, in unserem täglichen Leben zum Ausdruck zu bringen. Benedikt XVI. sagte: „Am Anfang des Christseins steht nicht ein ethischer Entschluss oder eine große Idee, sondern die Begegnung mit einem Ereignis, mit einer Person, die unserem Leben einen neuen Horizont und damit seine entscheidende Richtung gibt."[12]

Wir sollen sehr große Achtung vor dem Wort Gottes haben, eine Achtung, die sich darin auszudrücken hat, dass wir es nicht verändern, verfälschen oder verwässern, wenn wir es übersetzen, und es nicht mit den Ideologien der Welt verschmutzen, wenn wir es auslegen. Wir können nur dann die Freude erleben, in der Heiligen Schrift immer wieder neue Reichtümer zu entdecken, wenn wir sie nicht als Gegenstand intellektueller Neugier lesen, sondern als ein Wort, das wirklich an uns gerichtet ist, gemäß der Formulierung von Johannes Albrecht Bengel: „*Te totum applica ad textum, rem totam applica ad te*" – „Wende dich ganz und gar dem Text zu, und alles, was er dir sagt, das wende auf dich selbst an." Jesaja sagt: „Er weckt mich jeden Morgen, er weckt mein Ohr, auf dass ich auf ihn höre wie ein Jünger" (Jes 50,4).

Wenn wir täglich auf das Wort Gottes hören, werden wir zu wahren Gläubigen und echten Jüngern Jesu Christi, zu *theodidactoi*: Schülern Gottes (Joh 6,45; Jes 54,13). In Jesus, dem Mensch gewordenen Sohn Gottes, hat Gott den Menschen alles gesagt, was er ihnen sagen konnte, ein vollständiges, erschöpfendes und endgültiges Wort, das in diesen „letzten Tagen" Fleisch geworden ist, in denen sich Gottes Plan in seiner ganzen Fülle offenbart hat. Wenn Gott, unser Vater, in Jesus Christus so zu uns gesprochen hat („Auf ihn sollt ihr hören!" [Mt 17,5]), dann ist es unsere Pflicht, mit äußerster Aufmerksamkeit zuzuhören. So wird uns Vergebung (Num 14,20; Mt 9,2; Lk 7,48), Heilung (vgl. Ps 107,20; Mt 9,6), Leben (vgl. Joh 4,49-53; 1 Petr 1,21) und die Gemeinschaft mit Gott (vgl. 1 Joh 1,3) zuteil.

Bollwerk gegen das Böse und Schwert im Kampf

Den Sinn, den das Wort Gottes in unserem Leben als Christen haben soll, zeigt uns der Gebrauch, den Jesus selbst während Seines Rückzugs in die Wüste davon macht: Das Wort Gottes ist eine lebendige und wirksame Realität, zugleich Schutzwall und siegreiche Waffe, mit der er die Versuchungen des Teufels eine nach der anderen abwehren kann.

In einer Welt, die von der Vergötterung von Geld, Macht und Sex erobert wurde; angesichts der Überflutung durch allgemein verbreitete Verlogenheit und moralische Verschmutzung; angesichts der verschiedenen Formen der Zerrüttung des Menschen und der Ströme unschuldigen Blutes, die durch barbarische Gewalt und Kriege verursacht werden, brauchen wir einen Damm, der der Flut des Bösen widerstehen kann, und hinter dem wir Zuflucht finden. Dieser Damm lässt sich nicht aus dem Nichts errichten: Es ist das Wort Gottes. „Jegliches Wort Gottes ist durch Feuer bewährt, ein Schild ist es denen, die auf ihn vertrauen“ (Koh 30,5). Wenn Gott zu uns spricht, dann können wir uns auf das verlassen, was er uns sagt: „Lautere Worte, Silber, das im Feuer geläutert ist, siebenfach gereinigt“ (Ps 12 [11],7).

Das Gesetz Gottes heute als Damm gegen das Eindringen des Bösen vorzuschlagen, stößt nicht überall auf Zustimmung. Viele unserer Zeitgenossen verstehen sich selbst ja als Ungläubige oder Atheisten. Andere, die sich als Christen bezeichnen, halten die Lehre der Heiligen Schrift für überholt und suchen nach neuen, unverbrauchten Lösungen. Zu einer Zeit, als es bereits möglich war, eine erste vorläufige Bilanz des kircheninternen Dranges nach neuen Lehren zu ziehen, beschrieb der heilige Josemaría Escrivá den „erbärmlichen Aufmarsch von Leuten, die unter der Maske von Propheten der neuen Zeit das Gesicht des Häretikers, des Fanatikers, des fleischlich gesinnten Menschen oder des verletzten Stolzes zu verbergen suchten, ohne dass ihnen dies vollständig gelang“.[13] Aber was wir brauchen, ist nicht etwas Neues oder Originelles, sondern etwas Solides, einen unerschütterlichen Damm. Denn es gibt eine unerbittliche Hetze gegen alles, was von Gott kommt. Das Bollwerk gegen das Überhandnehmen der Lüge, welche die grundlegenden moralischen Werte ruiniert und den Menschen zerstört, ist das Wort Gottes: Es ist eine Gewissheit inmitten des moralischen und religiösen Relativismus, der ideologischen Verwirrung und aller menschlichen Versuche, sich in wesentlichen Fragen zurechtzufinden, denn „sicher ist dieses Wort und allen Vertrauens würdig" (1 Tim 1,15; 3,1; 4,9; 2 Tim 2,11; Tit 3,8; Ps 19,8; 2 Petr 1,19).

Dieses Wort der rettenden Liebe, das den Menschen gegeben wurde, ist den Fragen, die sich tief in unsere Herzen bohren, nicht fremd, ganz im Gegenteil. Es gibt in der menschlichen Existenz tote und lebendige Gedanken. Ein toter Gedanke ist wie ein Kieselstein; selbst wenn er in die Erde gepflanzt und täglich üppig bewässert wird, kann daraus nichts entstehen. Der lebendige Gedanke hingegen ist wie ein Same. Aber dieser Same muss auf fruchtbaren Boden fallen: Wenn das Wort Gottes heute für viele seinen Geschmack verloren hat und keine Frucht bringt, dann liegt das daran, dass ihr Herz eine trockene Wüste ist – ein Herz aus Stein. Nichts dringt hier ein und nichts wächst darin. Aber für offene und großzügige Herzen, die vom Heiligen Geist bewässert werden, ist das Gesetz Gottes ein Same des Lebens und der Liebe, eine Quelle echter und tiefgreifender Veränderungen. In unserer Welt, die alle ihre Bezugspunkte verloren hat, ist das Wort Gottes ein Kompass, um unserem Leben die richtige Richtung zu geben, und es ist ein wirksamer Schutzwall, um den moralischen und sozialen Verfall einzudämmen.

Das Wort ist nicht nur Bollwerk gegen das Eindringen des Bösen, sondern auch unsere Angriffswaffe. Aus der Offenbarung des Johannes wissen wir, dass Christus zwar als Sieger bereits feststeht, dass die Christen jedoch seinen Kampf gegen das Tier und die Könige, die einen Feldzug gegen das Lamm führen, fortsetzen müssen; und dieses Lamm, der Herr aller Herren und der König aller Könige, wird durch diejenigen siegen, die es erwählt hat und die ihm treu sind (vgl. Offb 17,14), indem es ihnen die Waffe des Wortes Gottes gibt, das einem scharfen, zweischneidigen Schwert gleicht (vgl.

Hebr 4,12). Deshalb ist es so wichtig, das Wort Gottes zu lesen, es zu verinnerlichen; zuzulassen, dass es sich tief ins eigene Herz eingräbt, und es in den Umständen des Alltags zu leben. Christen, die wirklich die Heilige Schrift aufsuchen, um sich von ihr zu ernähren und die Probleme ihres Lebens im Licht der Heiligen Schrift anzugehen, besitzen die Waffe des Sieges, und die ganze Welt schaut auf sie. Das Wort Gottes zerstört die Finsternisse, vernichtet die Werke des Satans; es vereint uns innerlich und gibt uns Kraft, wenn wir uns ihm in einer Haltung des Zuhörens und des Gebets nähern – nicht lediglich Ideen wälzen wollen, sondern Gottes Plänen zustimmen, um uns in ihren Dienst zu stellen, auf dass sein Name geheiligt werde, sein Reich komme und sein Wille geschehe, wie im Himmel, so auf Erden (vgl. Mt 6,9-10).

Aber täuschen wir uns nicht: Die siegreiche Wirksamkeit des Wortes beginnt in unserem eigenen Herzen: Der Hebräerbrief klärt uns auf, dass es eine durchdringende, aktive, wiederherstellende, lebensspendende Kraft hat; es dringt vor bis in die Tiefe der Seele, bis in die geheimsten Bereiche des menschlichen Herzens, und eines Tages werden wir vor ihm Rechenschaft ablegen müssen (vgl. Hebr 4,12-13). Das Wort Gottes ist unsere Ruhe; es gibt uns Kraft und die Fähigkeit, viele Früchte hervorzubringen: Im Psalm heißt es: „Glücklich der Mann, ... der am Gesetz des Herrn seine Lust hat und sein Gesetz betrachtet Tag und Nacht! Er ist wie ein Baum, der gepflanzt ist an Wasserbächen, der seine Frucht bringt zu seiner Zeit und dessen Laub nicht abfällt“ (Ps 1,1-3). Aber zugleich richtet es uns auch: „Wer Mich verachtet“, sagt Jesus, „und Meine Worte nicht annimmt, der hat einen, welcher ihn richtet. Das Wort, das Ich geredet habe, das wird ihn richten am jüngsten Tage. Denn Ich habe nicht von Mir selbst geredet, sondern der Mich gesandt hat, der Vater, er hat Mir das Gebot gegeben, was Ich sagen soll“ (Joh 12,48-49).

Nahrung für unsere Seele

Indem Jesus das Wort Gottes als Waffe gegen den Teufel einsetzt, lehrt er uns weiterhin, welchen Platz es in unserem Leben einnehmen soll. Als der böse Geist ihm vorschlägt, Steine in Brot zu verwandeln, um seinen Hunger zu stillen, erwidert der Herr: „Es steht geschrieben: Nicht vom Brot allein lebt der Mensch, sondern von jedem Wort, das aus dem Mund Gottes hervorgeht" (Mt 4,4). Das Wort Gottes ist also Nahrung: Dieses Bild führt uns Ezechiel, dem Gott die Buchrolle Seines Wortes zu essen gibt (Ez 2,8-10; 3,1-3), sowie auch der heilige Johannes in seiner Offenbarung (Offb 10,9) eindringlich vor Augen. Wir brauchen die Heilige Schrift als gleichzeitig wertvolle und bittere Nahrung für unser menschliches und geistiges Wachstum, für unsere Mission als Zeugen der wunderbaren Liebe, die Gott uns in Jesus Christus geschenkt hat, und um „weiszusagen über viele Völker und Nationen und Sprachen und Könige" (Offb 10,11).

Es ist Gott selbst, der in uns diesen Hunger und Durst weckt, sein Wort zu hören und zu verzehren: „Seht, es kommen die Tage, spricht der Herr, da Ich Hunger über das Land senden werde; nicht Hunger nach Brot noch Durst nach Wasser, sondern Hunger, das Wort des Herrn zu hören" (Am 8,11). Jeremia war wie alle Propheten und Weisen durstig danach, dieses Wort zu hören, und erfreute sein Herz damit: „Fanden sich Worte von Dir, so verschlang ich sie, und Dein Wort gereichte mir zur Freude und zur Wonne meines Herzens; denn Dein Name ist über mir ausgerufen, Herr, Gott der Heerscharen" (Jer 15,16). Dieselbe Erfahrung macht der Psalmist: „Deine Satzungen will ich betrachten, Deine Worte nimmermehr vergessen. ... Wie süß sind Deine Worte meinem Gaumen, süßer meinem Munde als Honig! ... Ich öffne meinen Mund und atme lechzend, denn nach Deinen Geboten verlangt mich" (Ps 119,16.103.131).

Wenn die Heilige Schrift für die Gläubigen, in den Worten des Zweiten Vatikanischen Konzils, „die Kraft ihres Glaubens, das Licht ihrer Seele, die lautere und immer sprudelnde Quelle ihres geistigen Lebens“ ist, dann deswegen, weil sie vom Herrn selbst inspiriert ist, und weil sie uns seinen Willen für unser Dasein offenbart. Wenn wir also immer wieder auf sie zurückkommen, dann können wir in der Vielfalt der Ereignisse und Prüfungen im Glauben untadelig bleiben. Jedes Mal, wenn das Leben uns eine Entscheidung abverlangt, bei der unsere Treue zum Herrn auf dem Spiel steht, haben wir die Gewissheit, dass das Wort Gottes uns erleuchten wird. Wer versucht, sein Leben nach diesem Wort auszurichten, entdeckt täglich, wie sehr es „lebendig“ ist, „wirksam und schärfer als jedes zweischneidige Schwert: Es dringt durch bis zum Punkt der Trennung von Seele und Geist“ (Hebr 4,12). Es lehrt, wie wir nach dem Willen Gottes leben können, um Gerechte und Heilige zu werden. Es bringt uns dazu, an denjenigen zu glauben und ihm anzuhängen, der die Quelle alles Guten ist. Es korrigiert unsere Fehler und führt uns zurück auf den rechten Weg. Es formt uns und befähigt uns, „den neuen Menschen anzuziehen, der nach Gott geschaffen ist, in Gerechtigkeit und Heiligkeit der Wahrheit“ (Eph 4,24).

Das Wort Gottes ist das Lebenselixier unseres Lebens als Getaufte; es ist auch der Ort unserer Begegnung mit Gott, der Lehrer unserer Beziehungen zu ihm. Es wird so sein, wenn wir zulassen, dass Gott unser Leben ergreift, seine Richtung bestimmt und uns in das Innere seines Geheimnisses einführt, wo er uns mit seinem Wort des Lebens tränkt. Deshalb werden die Glaubensgemeinschaften, die an einigen Orten entstehen, nur dann lebensfähig sein, wenn ihre Mitglieder gerne zusammenkommen, nicht nur, um sich auf freundliche und brüderliche Weise auszutauschen, sondern auch und vor allem, um gemeinsam zu schweigen, um sich vom Wort Gottes durchdringen zu lassen. „Siehe, ich stehe vor der Tür, und klopfe an. Wenn jemand meine Stimme hört und mir die Tür aufmacht, so werde ich zu ihm eingehen und mit ihm Mahl halten, und er mit mir“ (Offb 3,20; vgl. Joh 14,23).

Quelle unseres Innenlebens

Die Heilige Schrift ist in der Tat die Quelle jedes christlichen Gebets. Wenn wir das Wort Gottes lesen, dann treten wir in eine persönliche Kommunikation mit ihm ein, in einer Begegnung von Angesicht zu Angesicht, von Herz zu Herz. Wenn wir uns dem Wort Gottes öffnen, bringt das mit sich, dass wir uns von der Nächstenliebe durchdringen lassen, dass wir uns vom Feuer der Liebe Gottes besitzen und verbrennen lassen, um es dann an andere weiterzugeben. Der heilige Johannes Paul II. bezeichnete den regelmäßigen Umgang mit der Heiligen Schrift als unabdingbare Voraussetzung für das Wachstum des christlichen Lebens:

> Es besteht kein Zweifel, dass man diesen Primat des Gebets und der Heiligkeit nur von einem erneuerten Hören des Wortes Gottes her annehmen kann. [...] Besonders notwendig ist es, dass das Hören des Wortes zu einer lebendigen Begegnung in der alten und noch immer gültigen Tradition der *lectio divina* wird. Sie lässt uns im biblischen Text das lebendige Wort erfassen, das Fragen an uns stellt, Orientierung gibt und unser Dasein gestaltet.[14]

Der heilige Johannes Chrysostomus, dieser wunderbare Prediger mit seinem lebendigen und bildhaften Stil, sprach in diesem Bild über das Gebet: „Die betende Zunge ist die Hand, mit der wir die Knie Gottes umklammern." Gott gibt uns in der Heiligen Schrift die Worte unseres Gebets und die Hinweise, wie wir unser Leben auf ihn ausrichten können.

Der heilige Gregor der Große sagt, das Wort Gottes sei geradezu wie ein Spiegel unserer Seele:

> Die Heilige Schrift bietet sich den Augen unserer Seele wie eine Art Spiegel an: Wir können darin unser inneres Antlitz betrachten. Denn darin sehen wir unsere Hässlichkeit und unsere Schönheit. Von hier erhalten wir das Maß für unsere Fortschritte, hier sehen wir, wie weit wir

> vom Ziel noch entfernt sind. Die Schrift erzählt von den Taten der Heiligen und bringt das Herz der Schwachen dazu, sie nachzuahmen [...]. Manchmal erzählt sie uns sogar nicht nur von ihren Tugenden, sondern enthüllt auch ihre Abstürze: So können wir im Sieg ihrer Tapferkeit das sehen, was wir uns selbst aneignen sollten, und in ihren Abstürzen das, wovor wir uns hüten müssen.[15]

Jeder Christ kann in der eifrigen Lektüre der Heiligen Schrift eine wertvolle Hilfe und ein unentbehrliches Licht finden, die sein geistliches Leben leiten und unterstützen und ihm Fortschritte im inneren Leben ermöglichen. Daher gibt es keine vornehmere, dringlichere und nützlichere Aufgabe als die kontemplative Beschäftigung mit der Heiligen Schrift. Der heilige Gregor der Große schrieb in diesem Sinn an seinen Freund in Konstantinopel, den Arzt Theodoros:

> Was ist die Heilige Schrift anderes als ein Brief des allmächtigen Gottes – und ich erlaube mir hinzuzufügen: ein Liebesbrief – an sein Geschöpf? Gewiss, wenn Eure Herrlichkeit sich an einem anderen Ort befände und eine Botschaft vom Herrscher über die Erde erhielte, so würde sie nicht zögern, sie würde sich keine Ruhe gönnen, keinen Schlaf ihren Augen, bis sie nicht zur Kenntnis genommen hätte, was der Herrscher über die Erde ihr geschrieben hat. Der Herrscher des Himmels, der Herr der Menschen und der Engel, hat Euch Briefe von sich zukommen lassen, die Euer Leben betreffen, und dennoch, glorreicher Sohn, seid Ihr nachlässig darin, diese Briefe mit leidenschaftlichem Interesse zu lesen! Ich bitte Euch, macht Euch an die Arbeit und meditiert täglich die Worte Eures Schöpfers![16]

Diejenigen, denen Gott Vernunft, die Mittel und die Gelegenheit gegeben hat, ihre Kenntnis der von Gott inspirierten Bücher und des darin seit Jahrhunderten und Generationen verborgenen Geheimnisses zu vertiefen, das nun seinen Heiligen offenbart wurde (vgl. Kol 1,25-26) – sie haben eine gewaltige Verantwortung: Sie dürfen die „hervorragende Wissenschaft von Jesus Christus“ nicht für sich behalten, sondern müssen alle ihre Brüder und Schwestern daran teilhaben lassen. In diesem Sinn sagt der Diener des Wortes, der Vertraute der Weisheit:

> Ich bin wie der Kanal eines Flusses, wie ein Wasserlauf, der ins Paradies führt. Ich sprach: Ich will meinen Garten bewässern und die Früchte meiner Auen tränken. Und siehe, der Kanal ward mir zum Strome und der Strom mir zum Meer; denn ich will meine Lehre ausstrahlen wie Morgenglanz für alle und sie kund machen bis in die Ferne. Forthin will ich Belehrung wie Weissagung ausgießen und sie denen zurücklassen, welche die Weisheit suchen, und bei ihren Nachkommen bleiben bis in die heilige Ewigkeit. Sehet, dass ich mich nicht für mich allein abmühe, sondern für alle, welche nach Weisheit trachten (Sir 24,41-47).

Das Gebet

Die Wüste ist für Jesus auch der Ort eines langen und ausdauernden Gebets. Sein Gebet in der Wüste zeigt uns, dass in der Dynamik des geistlichen Lebens alles teuer bezahlt und mit Anstrengung errungen werden muss; doch alles wird gelebt in einer Atmosphäre der Liebe, der Schönheit und des Friedens. Beten ist schwierig und kräftezehrend, denn das Gebet ist tatsächlich ein Ringen, ein echter Kampf, ein Nahkampf mit Gott (vgl. Gen 32,23-33; Röm 15,30-33; Kol 4,2). Andererseits ist es auch ein Moment tiefen Friedens, der Ruhe und kindlichen, vertrauensvollen Hingabe in dic Arme des Herrn (Ps 130). Man könnte das Gebet mit dem mühsamen Aufstieg auf einen Berg vergleichen, oder mit der harten und anspruchsvollen Vorbereitung von Sportlern. Die großen Gebetserfahrungen, die uns von den Heiligen überliefert sind, erwecken die Glut unseres geistlichen Lebens und geben uns die Kraft und den Mut, uns auf diesen Weg zu begeben.

Oft sind wir doch mit Arbeit, Aktivitäten, dringenden Verpflichtungen und Sorgen aller Art so überlastet, dass wir keine Zeit zu beten finden und uns nicht einmal darum bemühen. Hinzu kommt unsere Schwäche, unser Problem mit dem Beten, denn „um was wir bitten sollen, wie es sich gebührt, wissen wir nicht" (Röm 8,26), sagt der heilige Paulus. Aber wenn wir keine Zeit und keine Bereitschaft für Gott haben – liegt das womöglich daran, dass wir ihn nicht wirklich, in Wahrheit und von ganzem Herzen lieben? Und wie können wir auch den lieben, den zu kennen wir uns so wenig Mühe geben? Wir haben ihn aus unserem Leben und unserem Alltag ausgeschlossen. Er findet keinen Ort mehr in unserem okkupierten Inneren – unser Inneres ist so überfüllt, dass wir nicht einmal mehr selbst darin leben, sondern lieber an der Oberfläche bleiben. In unserem Inneren gibt es keine Ruhe und keinen wahren Frieden mehr. Und wenn wir den Versuch machen, still zu werden, dann benutzen Bilder, Erinnerungen, Gesichter, schmerzliche oder enttäuschende Erfahrungen die Gelegenheit, in das Feld unseres Bewusstseins einzudringen, und hindern uns daran, in Gott auszuruhen.

Diese Gedanken, Erinnerungen und Gefühle belästigen uns, weil sie noch nicht wirklich durch Glauben, Liebe und Hoffnung erleuchtet und angenommen wurden. Sie sind sozusagen heidnische Wirklichkeiten in uns, die getauft und christlich werden müssen.

Das Gebet muss ein eben solcher Akt der Liebe sein, durch den wir all das in die Hände Gottes legen, damit dasjenige, bei dem das möglich ist, vereinfacht, gereinigt und verwandelt werden kann; und damit der Rest verschwinde, der mit der Gegenwart des Herrn in uns nicht vereinbar ist. So können die tausend Flicken unserer Geschichte zum Gewebe unserer Heilsgeschichte werden, zutiefst menschlich und radikal göttlich zugleich. Unsere Beziehungen zu anderen Menschen werden so zu einem Weg zur Heiligkeit: Der Nächste ist nie ein Störenfried, ein Eindringling, der unsere Ruhe stört, wenn wir ihn in jenen Teil von uns hinaufheben, wo Gott wohnt. Beten bedeutet dann, dass wir unserem Leben sein theologales und dem Evangelium entsprechendes Maß in vollem Umfang zurückgeben.

Wer sich inmitten von Zeitdruck und materiellen Sorgen, die uns in die Sklaverei zurückbringen wollen, die Zeit für das Gebet nimmt, der gibt Gott den Vorzug, schafft dieser grundlegenden Dringlichkeit seiner Gegenwart im Innersten seines Lebens Raum, koste es, was es wolle. Das führt nicht zu zusätzlichem Stress, sondern es wird uns im Gegenteil ermöglichen, unsere täglichen Aufgaben friedlich und gelassen zu bewältigen.

Die große Bedeutung des Gebets für die Kirche

Das Gebet ist nicht nur für unser Leben als Christen unerlässlich; auch für das Leben der Kirche und ihre Mission ist es lebenswichtig. Mit einem Zitat von Fernand Ménégoz betont Abt Henri Caffarel nachdrücklich die Bedeutung des Gebets für die Zukunft des Christentums:

> Wenn die Theologie auch weiterhin die überragende Bedeutung des Gebets außer Acht lässt, wenn Christen in einem egozentrischen Gebet steckenbleiben, das allein von ihren eigenen materiellen oder geistigen Interessen gesteuert wird; wenn sie gar – beeinflusst von Philosophien, die dem Gebet feindlich gesinnt sind – das Gebet ganz aufgeben, dann wird unser Jahrhundert in geistige Nacht und wissenschaftliche Barbarei versinken. Entweder wird das Christentum die Welt durch das Gebet erobern, oder es wird untergehen. Es ist also für das Christentum eine Frage von Leben und Tod. Wenn das wahre christliche Gebet, das auf nichts anderes als auf die Interessen und die Ehre Gottes ausgerichtet ist, von den Christen wiedergefunden wird, dann wird das Christentum eine neue Reinheit und Ausbreitung erfahren. Durch das Gebet wird die Menschheit zu einer höheren Stufe der Zivilisation gelangen. […] Das Gebet ist das missionarische Werkzeug par excellence. Die *Ecclesia orans* ist die einzige Quelle für einen echten, tiefen und dauerhaften Fortschritt, für einen Fortschritt, der sowohl das Individuum als mit ihm auch die Gesellschaft erneuert. Und warum hat das Ge-

> bet eine so große Macht? Weil es wie schon gesagt nicht eine Tätigkeit des Menschen, sondern die Tätigkeit Gottes im Menschen ist, an welcher der Mensch beteiligt ist (vgl. Röm 8,26-27). Christus sagte: „Mein Vater wirkt bis zur Stunde, und auch Ich wirke" (Joh 5,17); der Mensch, der betet, verbindet sich mit der allmächtigen göttlichen Aktivität in sich selbst, gibt sich ihr hin, arbeitet mit ihr zusammen und bietet ihr die Möglichkeit, in eine Welt einzudringen, die sich ihr andernfalls verschließen würde.[17]

Das Gebet stellt unsere Beziehungen zu Gott wieder her, und Gott antwortet darauf, indem er durch das Gebet die Harmonie und den Frieden unter den Menschen erneuert. Rein menschliche, politische oder diplomatische Mittel sind machtlos, um die Einheit unter den Menschen zu bewirken, die seit der Erbsünde von einem Virus der Uneinigkeit befallen sind, und vor allem, um jene Einheit in der Liebe zu verwirklichen, die Jesus so nachdrücklich in seinem Hohenpriesterlichen Gebet erbeten hat (vgl. Joh 17,11.21-24; Joh 13,34-35). Die Einheit der Kinder Gottes ist ein Werk, das nur Christus vollbringen kann, und das er durch seinen Gehorsam am Kreuz und die Aussendung des Heiligen Geistes bewirkt: Erst nach Pfingsten heißt es von den Jüngern Jesu, sie seien ein Herz und eine Seele gewesen (Apg 4,32). Keiner kann Frieden, Eintracht und Einheit stiften, wenn er sich nicht durch Gebet und stille Anbetung der eucharistischen Gegenwart weit für den Geist Gottes öffnet. Dann entsteht nach und nach Einheit und Frieden in uns, aber auch um uns herum.[18]

Wenn wir den Vorrang Gottes wirklich anerkennen wollen, dann müssen wir dem Handeln das Gebet vorziehen. Johannes vom Kreuz formuliert in seinem *Geistlichen Gesang* eine strenge Warnung vor einem Aktivismus, der den Anteil des Gebets zugunsten von Werken reduziert:

> Diejenigen, die sich maßloser Geschäftigkeit hingeben und sich einbilden, sie müssten die Welt in ihre Predigten und äußeren Werke einbe-

> ziehen, sollen sich besinnen. Sie wären der Kirche viel nützlicher und würden Gott viel mehr gefallen – ganz zu schweigen von dem guten Beispiel, das sie geben würden –, wenn sie die Hälfte der Zeit, die sie für ihre Tätigkeit aufwenden, damit verbringen würden, im Gebet vor Gott zu stehen. Sie würden viel mehr vermögen und mit viel weniger Aufwand durch ein einziges Werk, als durch tausend Einzelaktivitäten. Ihr Beten würde ihnen die Gnade dafür erlangen und sie mit der nötigen geistlichen Kraft versorgen. Ohne regelmäßiges Beten reduziert sich alles auf fast oder ganz und gar wirkungsloses Schlagen mit dem Hammer, womit manchmal mehr Schaden als Nutzen angerichtet wird. Gott bewahre uns davor, dass das Salz anfängt schal zu werden (Mt 5,13). Es mag ja sein, dass äußerlich etwas Gutes bewirkt wird. Im Grunde und in Bezug auf das Eigentliche jedoch wird nichts Gutes entstehen, denn das Gute wird zweifellos nur durch die Tugend Gottes bewirkt.[19]

Jesus, Vorbild des Betens

Eines der vorherrschenden Elemente im Leben Jesu war das Gebet. Verweise darauf kommen im Evangelium immer wieder vor: „Und nachdem er das Volk entlassen hatte, stieg er auf den Berg, um in der Einsamkeit zu beten" (Mt 14,23); „Bei früher Morgendämmerung aber stand er auf, ging hinaus, und begab sich an einen einsamen Ort, und betete allda" (Mk 1,35). „Er aber entwich in die Wüste und betete" (Lk 5,16). „Es geschah aber in jenen Tagen, dass er hinausging auf den Berg, um zu beten; und er brachte die Nacht im Gebet mit Gott zu" (Lk 6,12). „Setzt euch hier, während Ich dorthin gehe und bete" (Mt 26,36). Die Apostel folgten diesem Beispiel, und sie „verharrten einmütig im Gebet mit Maria, der Mutter Jesu" (Apg 1,14).

Jesus hat uns sowohl das persönliche Vorbild für unser Gebet als auch seinen Inhalt gegeben: das Vater Unser, dieses schöne, göttliche Gebet, das wir manchmal nach unseren theologischen oder ideologischen Ansichten verunstalten, das aber unsere Zusätze oder Einschränkungen nicht nötig hat, weil es in sich vollständig ist.

Das Gebet Jesu, so Benedikt XVI., „durchzieht sein ganzes Leben wie ein verborgener Kanal, der das Leben, die Beziehungen, das Handeln bewässert und ihn mit immer größerer Entschlossenheit zur völligen Selbsthingabe führt, gemäß dem Liebesplan Gottes, Seines Vaters“:[20]

> In dem Augenblick, in dem Jesus durch das Gebet die eigene Sohnschaft und die Erfahrung der Vaterschaft Gottes zutiefst erlebt (vgl. Lk 3,22b), kommt der Heilige Geist herab (vgl. Lk 3,22a), der ihn in seiner Sendung leitet und den er ausgießen wird, nachdem er am Kreuz erhöht worden ist (vgl. Joh 1,32–34; 7,37–39), auf dass er das Wirken der Kirche erleuchtet. Im Gebet lebt Jesus ununterbrochen in Berührung mit dem Vater, um den Liebesplan für die Menschen bis ins Letzte zu verwirklichen.[21]

Der Anblick Seines intensiven, sehr persönlichen und ausgedehnten Gebetes nach seiner Taufe im Jordan lehrt uns ohne große Worte, wie wir uns den Wünschen des Vaters öffnen müssen, uns seinem Willen anpassen und uns seinem Plan, seiner Liebe zu uns hingeben sollen.

Der Ort der unmittelbaren Begegnung mit Gott ist das Gebet, das es uns erlaubt, mit ihm zu sprechen, wie man mit seinem Freund spricht (vgl. Ex. 33,11). Wir haben es dringend nötig, beten zu lernen.

Beten ist nicht das Aufsagen von schönen Formulierungen, die wir in Büchern finden, und die wir nur mit Mühe verstehen oder kaum mit völliger Aufrichtigkeit wiederholen können. Beten bedeutet, Gott mit der ganzen Wahrheit unseres Seins zu berühren. Es bedeutet, uns seinem Licht auszusetzen, das die Finsternis in unseren Herzen vertreibt. Beten bedeutet, demütig und anbetend vor Gott zu sein, unter seinem Blick, der uns erforscht und unser Herz kennt (Ps 139,23); ihn über die Schönheit seines Geschöpfs staunen zu lassen und selbst über den unerhörten Glanz seiner Heiligkeit zu staunen (Ps 18,4-7): Gott auf uns schauen lassen und unsere Freude darin finden, ihn zu schauen. „Ich schaue Ihn an, und Er schaut mich an!", sagte der fromme Bauer aus Ars zu seinem Pfarrer.

Wichtig, wenn wir beten, ist nicht so sehr das, was wir zu Gott sagen, sondern viel mehr das Werk, das er in uns vollbringt, wenn wir schweigend vor ihm stehen oder knien, wenn wir es zulassen, dass wir uns von unserem Mangel an Liebe heilen lassen. Beim Gebet geht es nicht darum, an Gott Hand anzulegen, sondern zuzulassen, dass Gott Hand an uns legt. Andernfalls wird unser Gebet steril bleiben. Ein solches Gebet erfordert Stille, Sammlung, innere Bereitschaft, und Demut vor der Heiligkeit Gottes. Bei betenden Menschen, so der heilige Cyprian in seinem Kommentar zum Vaterunser, sollen das Sprechen und die Bitte wohlgeordnet, friedvoll und bescheiden sein. Denken wir daran, dass wir uns in der Gegenwart Gottes befinden, der alle Menschen hört und sieht und zu allem durchdringt, was geheim und verborgen ist.

Beten bedeutet, in die Einsamkeit, auf einen hohen Berg zu gehen, und sich auf diesem Berg Tabor in Ehrfurcht in das Bild Gottes verklären zu lassen, sich vom Evangelium von der Herrlichkeit Christi erleuchten zu lassen, von ihm, der das Bild Gottes ist. Im Gebet wird sich die Herrlichkeit und das Licht der Heiligkeit Gottes auf unser Gesicht prägen, und „wir werden umgewandelt, in dasselbe Bild, und schreiten von Herrlichkeit zu Herrlichkeit, wie von dem Geist des Herrn" (2 Kor 3,18). Der Geist Gottes klärt uns über uns selbst auf, er entblößt uns, baut uns auf und heiligt uns.

Das Gebet ist so viel wert, wie das Leben des Herzens wert ist, denn das Gebet ist *clamor cordis*, der Schrei, der aus dem Herzen kommt. Der heilige Ambrosius sagte:

> Man muss nicht nur von Herzen rufen, sondern man muss aus seinem ganzen Herzen schreien. In körperlicher Hinsicht bedeutet das, lauthals zu schreien; ebenso auf geistiger Ebene bedeutet gutes Schreien: aus ganzem Herzen zu schreien, wenn wir große Ergebnisse erzielen und vom Herrn das bekommen wollen, worum wir bitten.[22]

Im Gebet strebt die Seele zur Quelle ihrer Seligkeit wie ein Eisenspan zum Magnet. Die Gnade und die Gegenwart des Heiligen Geistes in uns sind der Grund dafür, dass diese Bewegung der Seele zu Gott hin etwas völlig Natürliches ist. Das Gebet ist eine Sache der Liebe und nicht der Wörter oder der Rede. Wenn Gott der Gott der Liebe ist, wenn er dieses verzehrende Feuer ist, dann ist es unmöglich, ihn zu kennen, ihn wahrhaft zu lieben, ohne von diesem Feuer ergriffen, von diesem Strom der Liebe mitgerissen, in diesem brennenden Dornbusch verschlungen zu werden. Beten heißt, sich mit Leib und Seele in die Liebe, in Gott zu stürzen. Gott möchte in uns die Bereitwilligkeit des Herzens Jesu in seiner Agonie am Kreuz finden, er möchte das ganze Herz, das gesamte Wesen.

Der Ort des Gebets

Wann immer es möglich ist, soll man an einem angemessenen Ort beten, an einem heiligen, Gott wohlgefälligen Ort: in einer Kirche, einer Kapelle, an einem einsamen, stillen Ort. Vor allem aber ist der Tempel, in dem Gott wohnt, der gläubige Christ selbst. Wir müssen in unser Inneres gehen, um zu beten, und wir müssen den Tempel unseres Leibes behüten, damit er Gott geweiht bleibt – dieser Leib, den der moderne Mensch verstümmeln will, um sein Geschlecht zu ändern; den er durch Prostitution und Organhandel zu einer Ware macht. „Wisst ihr nicht, dass eure Leiber Glieder Christi sind?" (1 Kor 6,15). Der Apostel sieht im Geheimnis der Erlösung des Leibes durch Christus den Ursprung einer besonderen moralischen Verpflichtung des Christen zur Reinheit, „dass ein jeder von euch wisse seinen Leib in Heiligkeit und Ehre zu besitzen, nicht in sinnlicher Leidenschaft, wie die Heiden, welche Gott nicht kennen" (1 Thess 4,4-5).

Innere Voraussetzungen

Gott verschmäht unsere Gebete nicht, es ermüdet ihn nicht, zuzuhören, wenn wir zu ihm schreien, allerdings sind es nur allzu häufig wir selbst, die sich weigern, die wichtigste Bedingung des Gebets zu erfüllen, nämlich unser Leben wirklich mit dem Willen Gottes in Einklang bringen zu wollen. Wir bitten Gott, uns von der Sünde zu befreien und von allen Versuchungen des Fleisches, und dabei haben wir überhaupt nicht die Absicht, unsere ungeordneten Gewohnheiten zu korrigieren oder gegen unsere Sinnlichkeit zu kämpfen. Das Gebet ist nichts Passives; es ist vielmehr eine sehr aktive Zusammenarbeit zwischen der Seele und Gott. Wenn unser Wille untätig bleibt, dann ist unser Gebet nur eine Liste von Sachen, die wir von Gott bekommen wollen, ohne dass es uns etwas kostet, ohne Anstrengung oder Opfer unsererseits, die nötig wären, um unsere Art zu leben, zu denken und zu handeln radikal zu ändern. Wer um Befreiung von der Sklaverei fleischlicher Freuden betet, der muss bereit sein, die Kraft, die Gott ihm geben wird, unter allen Umständen zu nutzen, um sich mutig auf den Weg zu machen, sich vom Bösen zu befreien.

Wenn wir die Sünde, die in uns wohnt, nicht energisch und entschlossen ablehnen, wenn wir uns damit begnügen, die Gebete zu vermehren, „wie die Heiden, die meinen, wenn sie viele Worte machen, dann werden sie besser erhört“ (vgl. Mt 6,7), dann wird unser Gebet nicht bis zu den Ohren Gottes aufsteigen.

Eine Stunde der Wahrheit vor Gott

Beten – das heißt mit zu Boden gewandtem Gesicht vor Gott niederzufallen, entblößt von allen schmeichelhaften Verkleidungen des Stolzes, und demütig unsere Sünde vor ihm offen zu legen. Weil die Sünde uns alt macht und unsere ursprüngliche Schönheit verkümmern lässt, können wir den Blick Gottes nicht mehr ertragen, wir fühlen uns nackt und hässlich wie Adam und Eva nach dem Sündenfall. Das Gebet bringt uns so vor Gott wie wir sind, in dieser absoluten Nacktheit, und die Hässlichkeit dessen, was in uns von der Sünde herrührt, erscheint in erbarmungslosem Licht. Deshalb verhalten wir uns häufig wie Adam und Eva: Wir fliehen vor Gott und verstecken uns im Wald und im Gebüsch unserer höchst wichtigen und äußerst dringenden Aktivitäten und Verpflichtungen.

Aber erinnern wir uns auch daran, was damals danach geschah. Gott ruft den Menschen: „Adam, wo bist du?“, und er holt ihn aus dem Gebüsch heraus. Das Gebet ist dieser wunderbare, einzigartige Augenblick, in dem wir uns von Gott entdecken lassen, in dem wir uns Gott in aller Einfachheit und Wahrheit aussetzen, so wie wir sind, nicht wie wir uns gern sehen würden und in den Augen der anderen erscheinen möchten. Wir erfahren Armut, Entbehrung und Verunsicherung. Aber vergessen wir nicht: Diese Armut ist die Wahrheit unseres Seins! Diese Armut vor Gott zu leben, das bedeutet, eine echte und wahre Beziehung zu ihm zu leben.

Doch wie für das hebräische Volk die Wüste, so ist auch das Gebet ein trockener Ort, ein Ort der Prüfungen, der Versuchung und der Auflehnung. Angesichts der absoluten Not und Armut, in die uns unser Gebet versetzt, mag man versucht sein, an Gott zu zweifeln, an seiner Fähigkeit, uns zu beschützen, unsere Zukunft zu sichern. Wenn Gott dieses Gefühl in uns aufsteigen lässt, dann tut er das, damit wir es ihm übergeben und unser Gebet zum Ort der Klärung, der Reinigung unseres Innenlebens wird. Beten bedeutet also nicht, etwas zu erörtern oder ein paar schöne Gefühle gefällig zu arrangieren, sondern es bedeutet, die Stille zu bewahren, um Gott zuzuhören, der zu uns spricht; es bedeutet, zuzulassen, dass der Heilige Geist von uns Besitz ergreift und in uns betet. Gewiss: Das Gebet ist wie eine Wüste, trockenes Land ohne Wasser, denn Gott verweigert sich unserer Vorstellungskraft, unserem Gefühl, unserem Verstand, um sich besser unserem Glauben ausliefern zu können.

Das Gebet setzt uns mit all unseren Armseligkeiten und unserem Elend, aber auch mit all den wunderbaren Eigenschaften und Gaben, die wir von Ihm empfangen haben, vor Gott aus. Das Gebet stellt uns hier auf Erden nicht dem furchterregenden Richter vor, sondern dem liebenden Vater, denn „er wird nicht ferner seinen Zorn auslassen, denn an Barmherzigkeit hat er Wohlgefallen. er wird sich wiederum unser erbarmen, er wird unsere Verschuldungen niedertreten und alle unsere Sünden in die Tiefe des Meeres versenken" (Mi 7,18-19). Wird Gott um seiner selbst willen gesucht, jenseits jeglichen Gefühls, in einer intensiven Inbrunst, dann findet er in der Klarheit des Herzens seinen bevorzugten Ort, sein liebstes Heiligtum. Zwischen Gott und uns besteht eine bestimmte Qualität tiefer, intimer und persönlicher Beziehungen, die das Gebet zugleich zum Ausdruck bringt, nährt und festigt. Wichtig und wesentlich für das Gebet ist die Haltung, die uns auf den Grund unserer selbst gelangen lässt; durch diesen inneren Exodus verlassen wir die Oberfläche unserer selbst, den Ort der Aktivität, des Gefühls, der Emotion, der unmittelbaren Reaktion; wir gelangen in die Tiefen unseres Herzens und unserer Innerlichkeit, um dort dem Gott zu begegnen, der in uns wohnt. Was uns von dort wegtreibt, ist die Sünde, und die Gnade bringt uns dorthin zurück.

Das irdische Paradies war sozusagen das Reich der vollkommenen Innerlichkeit; durch seine Schuld wurde der Mensch in die Welt der Äußerlichkeit gestürzt. Die Erlösung bestünde also wie für den Kranken nach seiner Heilung durch Christus darin, nach innen, in sich zu gehen, in seine innere Wohnung zurückzukehren, um dort wieder Frieden und Festigkeit zu erlangen. Doch bleibt dieser Weg der Innerlichkeit dem Sünder verschlossen, der sich selbst aus der Wohnung seines Herzens ausschließt, indem er sich nach außen hin zerstreut. Gewöhnlich versteht man unter Haus die Behausung des Herzens. Deshalb sagt Jesus zu dem Mann, den er geheilt hat: „Gehe hin in dein Haus" (Mk 5,19), denn natürlich ist es angebracht, dass ein Sünder, nachdem ihm vergeben wurde, in seine Seele zurückkehrt, um neues Unglück zu vermeiden, das ihn berechtigterweise wieder treffen würde.[23]

Lauschen und sich Sammeln

Beten bedeutet also, eine innere Reise zu unternehmen, um Gott zu begegnen. Man muss sich sammeln, in sich selbst eins werden, sich gewissermaßen bis in diese Tiefe sinken lassen, wo Gott uns empfängt. Dort, wo alle äußeren Angelegenheiten eingestellt sind, befasst man sich mit ihm allein. Er ist es, der den Dialog eröffnet. Häufig gerät das Gebet kurz, weil wir uns anmaßen, das Gespräch in Gang zu bringen, und bald schon merken wir, dass es nicht viel zu sagen gibt. Das Gebet soll ja kein innerer Wortschwall sein; im Gegenteil, der heilige Augustinus sagt es ja: „Das Gebet soll nicht viele Worte, sondern viel inständiges Flehen enthalten."[24]

Das Gebet ist in der Tat vor allem der Empfang des inneren Gastes, stilles Zuhören, staunende Betrachtung und liebevolle Anbetung dessen, der uns als Erster geliebt hat (vgl. 1 Joh 4,10-19) und uns leidenschaftlich seine Liebe mitteilen möchte. Gott ist es, der als Erster spricht. Er ist das Wort. Er ist Liebe. Er sagt uns als Erstes ein Wort der Liebe. Unser Glaube antwortet, und unser Herz öffnet sich der Liebe. Wir müssen die Haltung der Kontemplation, des Empfangens und der vollkommenen Verfügbarkeit der Jungfrau Maria nachahmen, damit dieses Wort der Liebe in uns Fleisch annehmen kann.

Der heilige Augustinus hat diese Erfahrung wunderbar gelebt und beschrieben:

> Spät habe ich Dich geliebt, Du Schönheit, ewig alt und ewig neu, spät habe ich Dich geliebt. Und siehe, Du warst innen und ich war draußen, und da suchte ich nach Dir; und auf das Schöngestalte, das Du geschaffen, warf ich mich, selber eine Missgestalt. Du warst bei mir, ich war nicht bei Dir. Was doch nicht wäre, wäre es nicht in Dir – das eben zog mich weit von Dir. Du hast gerufen und geschrien und meine Taubheit zerrissen; Du hast geblitzt, geleuchtet und meine Blindheit verscheucht; Du hast Duft verbreitet, und ich sog den Hauch und seufze jetzt nach Dir; ich habe gekostet, und nun hungere ich und dürste nach Dir; Du hast mich berührt, und ich brenne nach dem Frieden in Dir.[25]

Um zu beten, brauchen wir „ein hörendes Herz“ (1 Petr 3,9). Stille ist die wundervolle und unerlässliche Bedingung, die uns für die innige Unterhaltung mit Gott bereitet. Diese Stille muss real und tief sein: nicht lediglich Abwesenheit von Worten oder Lärm, sondern Vereinfachung und Einung des Seins, Sammlung, innige, wortlose Einwilligung in das Handeln des Heiligen Geistes, der die Liebe Gottes in uns ausgießt (vgl. Röm 5,5). Diese Passivität, die darin besteht, sich in der Stille des Gebets lieben zu lassen, ist der Gipfel der menschlichen Aktivität.

Nachdem das Gebet dann eine gewisse Zeit lang ein Akt gewesen war, wird es zu einem Lebenszustand, einer Art, in der Welt zu sein, geprägt von Lobpreis, Danksagung, Anbetung, der staunenden Kontemplation, jenseits von erbetenen und empfangenen Gaben. Man lässt sich von der Liebe und Zärtlichkeit des göttlichen Antlitzes vereinnahmen, das uns sanft an sich angleicht und uns in das Geheimnis seiner Nähe einführt, so dass wir schließlich die Welt, die Ereignisse und jedes menschliche Wesen mit den Augen Gottes anschauen.

Die Wüste und der geistliche Kampf

Wir wollen uns nicht davor fürchten, so wie Jesus unter der Führung des Heiligen Geistes in die Wüste zu gehen – uns dorthin zu begeben wie in den Gotteskampf, einen Kampf gegen uns selbst und gegen diese Welt der Sünde:

> Denn wir haben nicht den Kampf wider Fleisch und Blut zu führen, sondern wider die Mächte und Gewalten, wider die Weltbeherrscher dieser Finsternis, wider die Geister der Bosheit unter dem Himmel. Darum ergreift die Waffenrüstung Gottes, damit ihr am bösen Tage widerstehen und in allem vollkommen standhalten könnt (Eph 6,12-13).

Vor diesem Kampf darf man nicht fliehen oder verzagen, sondern muss widerstehen bis aufs Blut (vgl. Hebr 12,3-4). Es geht nicht in erster Linie um äußere Praktiken. Natürlich müssen wir Buße tun und wie Jesus in der Wüste unseren Körper in unseren geistlichen Wandel mit einbeziehen; aber damit dieser Wandel wirklich geistlich ist, müssen wir uns die wichtigen Fragen stellen: Was muss ich in meinem Leben, in meinem täglichen Verhalten oder in meinen Beziehungen zu meinen Mitmenschen nach dem Willen Gottes verändern? Was schadet auf gefährliche Weise meinem Leben und dem der anderen, was zerstört meine Beziehungen zu Gott und verhindert, dass ich zu einem Kind Gottes heranwachse? Wie kann ich meinen Sünden und all meinen schlechten Neigungen absterben, um mit Christus aufzuerstehen? Bin ich fest entschlossen, ein Heiliger zu werden? Welche Mittel, welche Verpflichtungen stehen mir zur Verfügung, und was muss ich tun, um sie einzusetzen und einzugehen? Gott hat seinem Volk bereits durch den Propheten Jesaja vorgeworfen, sich mit äußerlichen Praktiken zufrieden zu geben:

> Warum haben wir gefastet, und du hast nicht darauf gesehen, warum haben wir unsere Seelen gebeugt und du hast uns verschmäht? Sehet, am Tage eures Fastens findet sich euer eigener Wille, und alle eure Schuldner drängt ihr. Sehet, bei Streitigkeiten und Zänkereien fastet ihr und schlagt zu mit gottloser Faust! Fastet nicht wie bisher, damit euer Rufen in der Höhe gehört werde! Ist dies ein solches Fasten, wie ich es erwählt habe, wenn der Mensch sich zeitweise kasteit, etwa dass er wie ein Schilfrohr seinen Kopf niedersenkt und sich in Sack und Asche hinstreckt? Wirst du das etwa Fasten nennen und einen Tag, dem Herrn wohlgefällig? Ist nicht vielmehr dies das Fasten, das ich erwählt habe: Löse die Knäuel der Bosheit auf, brich die Fesseln der Bedrückung, gib die Unterdrückten frei, sprenge jedes Joch! Brich dem Hungrigen dein Brot, führe Arme und Herberglose in dein Haus; wenn du einen Nackten siehst, bekleide ihn, und verachte dein eigenes Fleisch und Blut nicht! (Jes 58,3-7)

So wie Israel zur Zeit des Propheten Hosea glauben auch viele Christen, dass sie ihr Heil in einer kurzlebigen, oberflächlichen und nicht weiterführenden Buße finden können. Der Prophet weist diese falsche Sicherheit zurück:

> „Kommt, lasset uns zum Herrn zurückkehren; denn er hat uns zerrissen, so wird er uns auch heilen; er hat geschlagen, so wird er uns auch pflegen. Er wird uns nach zwei Tagen neu beleben und am dritten Tag uns auferwecken, damit wir vor seinem Angesicht leben. Lasst uns Einsicht haben und eifrig nach der Erkenntnis des Herrn streben; wie die Morgenröte ist sein Kommen sicher und wie der Frühregen wird er zu uns kommen, wie der Spätregen auf das Land fällt." Was soll ich dir tun, Ephraim? Was soll ich dir tun, Juda? Eure Frömmigkeit ist wie Morgengewölk und wie der Tau, der früh dahinschwindet. Darum schlage ich durch die Propheten, töte sie durch die Worte meines Mundes, und meine Strafgerichte werden dem Lichte gleich hervorbrechen. Denn an Erbarmen habe ich Wohlgefallen und nicht an Schlachtopfern, an Erkenntnis Gottes mehr denn an Brandopfern (Hos 6,1-6).

Wahre Buße, wahre Reue besteht im Fragen nach dem Willen Gottes und in der Bereitschaft, sich von ihm formen zu lassen, bis wir die Gnade unserer göttlichen Abstammung wieder erlangen. Dann können wir mit Christus sagen: „Opfer und Gaben hast du nicht gewollt, einen Leib aber hast du mir bereitet. An Brandopfern für die Sünden hattest du kein Wohlgefallen. Da sprach ich: Siehe, ich komme (in der Buchrolle steht von mir geschrieben), deinen Willen zu tun, o Gott!" (Hebr 10,5-7; Ps 40,7-9).

Die Versuchung, die Wüste zu verlassen

Während Israel nach seiner Befreiung aus der ägyptischen Sklaverei durch die Wüste wanderte und Hunger, Durst, Unsicherheit, Leid und die Mühen des Marsches erdulden musste, murrte das Volk gegen Mose: „Warum hast du uns aus Ägypten fortgeführt, um uns, und unsere Kinder, und unser Vieh vor Durst sterben zu lassen?"

(Ex 17,3). Viele Male waren die Menschen versucht, nach Ägypten zurückzukehren, die Sklaverei der anstrengenden und verantwortungsvollen Freiheit vorzuziehen, die ihnen angeboten wurde, um mit Gott ihr eigenes Schicksal zu gestalten, in einer im Wesentlichen liturgischen Lebensweise: „Waren etwa keine Gräber in Ägypten, dass Du uns weggeführt hast, damit wir in der Wüste sterben? [...] Haben wir nicht in Ägypten zu Dir gesagt: Lass ab von uns, wir wollen den Ägyptern dienen? Denn viel besser war es, ihnen zu dienen, als in der Wüste zu sterben" (Ex 14,11-12).

Wie oft passiert es doch auch uns, dass wir lieber wie Sklaven in den Händen Satans leben und uns mit ein paar vorhandenen Gütern zufriedengeben, statt nach dem Beispiel der Heiligen jeden Tag uns selbst zu sterben, im demütigen Dienst für Gott, um das ewige Leben zu erlangen!

Wahre Freiheit, die darin besteht, dass man in der Lage ist, das Gute dem Bösen vorzuziehen, ist eine Gabe Gottes. Die Wüstenwanderung war eine Gelegenheit für Gott, sein Volk von der Knechtschaft der Sünde und von seinen vorwiegend materiellen Sorgen zu befreien. Gott möchte auch unser Herz erziehen und es mit seinen Lehren speisen, um uns zu helfen, uns in unserem Innersten neu zu ordnen und uns von ihm auf dem Weg des Lebens leiten und führen zu lassen. Er will unser Herz mit Hunger und Armut bekannt machen, damit uns die Güte, die Zärtlichkeit und die Gunst Gottes aufgeht:

> Gedenke des ganzen Weges, auf dem dich der Herr, dein Gott, vierzig Jahre durch die Wüste geführt hat, um dich zu demütigen und auf die Probe zu stellen, und damit offenbar würde, wie du in deinem Herzen gesinnt warst, ob du seine Gebote halten würdest, oder nicht. Er schlug dich mit Mangel und gab dir Manna zur Speise, das weder du, noch deine Väter kannten, um dir zu zeigen, dass der Mensch nicht vom Brot allein lebt, sondern von jedem Wort, das aus Gottes Mund hervorgeht. Dein Gewand, mit dem du bedeckt warst, ward vor Alter nicht verschlissen, und deine Füße wurden nicht wund, nun schon vierzig Jahre

> lang. So erwäge denn in deinem Herzen, dass dich der Herr, dein Gott, so erzog, wie ein Mann seinen Sohn erzieht (Dtn 8,2-5).

Lassen wir uns also darauf ein, unter dem Blick Gottes durch die Wüste zu wandern, im eifrigen Umgang mit der Heiligen Schrift, in der Beharrlichkeit im Gebet, und im befreienden Verzicht auf den unaufhörlichen Lärm, mit dem die Welt, mit unserer nur allzu leicht zu erlangenden Komplizenschaft, die göttliche Stimme in unserem Herzen ersticken will.

V

Ein Sakrament zur Bekehrung

Das Bedürfnis nach Bekehrung

Wir können unser christliches Leben nicht in vollem Umfang leben, wenn wir nicht zulassen, dass Gott uns von unserer Sünde befreit, so wie er sein Volk aus der Knechtschaft im Land Ägypten herausgeführt hat. Unsere menschliche Existenz soll der Dreifaltigkeit ähnlich gemacht werden, um uns durch Ähnlichkeit mit seinem Sohn an der göttlichen Natur teilhaben zu lassen, wie es das Zweite Vatikanische Konzil lehrt:

> Gott hat in seiner Güte und Weisheit beschlossen, sich selbst zu offenbaren und das Geheimnis Seines Willens kundzutun (vgl. Eph 1,9): dass die Menschen durch Christus, das fleischgewordene Wort, im Heiligen Geist Zugang zum Vater haben und der göttlichen Natur teilhaftig werden (vgl. Eph 2,18; 2 Petr 1,4). In dieser Offenbarung redet der unsichtbare Gott (vgl. Kol 1,15; 1 Tim 1,17) aus überströmender Liebe die Menschen an wie Freunde (vgl. Ex 33,11; Joh 15,14-15) und verkehrt mit ihnen (vgl. Ba 3,38), um sie in seine Gemeinschaft einzuladen und aufzunehmen.[1]

Was zählt, ist also die Lebensgemeinschaft mit Christus. Bischof Fulton J. Sheen erklärt das mit allem Nachdruck und großer Klarheit:

> Die Ausrichtung des Lebens auf Christus bedeutet nicht, dass man Lieder singt, die Heilige Schrift liest, um seinen Verstand mit Wissen zu

bestücken, und seine Wände mit frommen Sprüchen zur Erbauung des Nächsten verziert. Man wird nicht Christ, weil man pro Tag eine gute Tat vollbringt, weil man sich selbst als glühender Anhänger der Religion darstellt, oder weil man sich einer wirtschaftlichen oder politischen Reformbewegung anschließt, auch wenn all das menschlich gesehen in bester Absicht geschieht. Ein Christ ist, wer glaubt, dass Christus der Sohn Gottes ist; und wer das Leben Christi in seiner Seele besitzt. Die wahrhaft christliche Existenz unterscheidet sich von der bloß menschlichen Ehrbarkeit so wie sich eine Rose vom Kristall durch die Dimension des Lebens unterscheidet. „Wer nicht an den Sohn glaubt, der wird das Leben nicht schauen" (Joh 3,36). Leben entspringt immer einem Lebenden; es kann nicht aus dem Unbelebten hervorgehen. Menschliches Leben muss von menschlichen Eltern kommen, und göttliches Leben muss von Gott gezeugt werden.[2]

Wenn wir das Ziel, das wir verfolgen, erst einmal ins Auge gefasst haben, dann können wir den Weg der Bekehrung, den wir gehen müssen, um es zu erreichen, in seiner ganzen Radikalität in Betracht ziehen. Die gesamte Bibel ist ein mächtiger Aufruf, diese Bekehrung in Angriff zu nehmen. Und genau wie Jonas neigen wir dazu, uns zu drücken, auf ein Schiff zu flüchten, das uns weit von Gott wegträgt, weit weg von den Menschen, unseren Brüdern, und letztlich weit weg von uns selbst. So wollen wir vermeiden, uns mit dem Wort Gottes auseinandersetzen zu müssen, das richtet, erleuchtet und zu einer radikalen Änderung unseres Verhaltens und der schlechten Angewohnheiten unseres konkreten Lebens auffordert (Hebr 4,12-13). Aber wiederum wie Jonas geraten wir bei dieser Flucht nach dem Willen der Vorsehung in einen Sturm; und das Schiff, auf das wir uns begeben haben und in dessen Innerem wir schlafen, erschöpft von der Anstrengung dieser inneren Flucht, wird von der Wut der Wogen heftigst erschüttert und droht zu bersten und unterzugehen. Die Stimme der Kirche ist die des Steuermanns, sie ermahnt uns mit allem Nachdruck: „Wie kannst du dich dem Schlaf überlassen? Steh auf, ruf deinen Gott an, vielleicht gedenkt Gott unser, und wir kommen nicht um!" (Jona 1,6).

Um das Schiff unseres Lebens leichter zu machen, fordert uns die Stimme des Herrn auf, die Ladung unserer Sünden ins Meer zu werfen. Möglicherweise wird es nötig sein, Dinge über Bord zu werfen, die wir für die wertvollsten unseres Daseins hielten, die aber zu schwer geworden sind und unseren Weg zur Heiligkeit erschweren: Unser Hochmut, unsere Selbstgefälligkeit, ein verlogenes, korruptes Leben, unsere Lauheit und Gleichgültigkeit im Hinblick auf Angelegenheiten des Glaubens, unsere mangelnde Bereitschaft, im Verstehen der Mysterien des Christentums Fortschritte zu machen. Vielleicht müssen wir eine Freundschaft ins Meer werfen oder schlechte Bekanntschaften, die für unsere ehelichen oder religiösen Verpflichtungen besonders schädlich sind. Vielleicht müssen „die Werke des Fleisches" ins Meer geworfen werden, „welche sind: Unzucht, Unlauterkeit, Ausschweifung, Götzendienst, Zauberei, Feindschaft, Streitigkeiten, Eifersucht, Zorn, Hader, Zerwürfnisse, Spaltungen, Missgunst, Mordtaten, Trunkenheit, Schwelgerei, und dergleichen" (Gal 5,19-21). Wir fürchten uns davor, uns aus unserer Sklaverei befreien zu müssen, unser Leben und die Ausrichtung unserer ganzen Existenz radikal ändern zu müssen. Wir fürchten uns davor, von der Offenbarung dieser sehr einfachen Wahrheit geblendet zu werden: Die Menschen sind dafür geschaffen, Gott aus ganzem Herzen, aus ganzem Gemüte und aus allen ihren Kräften zu lieben, und ihren Nächsten so zu lieben wie sich selbst (vgl. Mk 12,29-31; Dtn 6,5). Es gibt eine Macht der Lüge und des Hasses, welche in die menschliche Substanz hineinpfuscht, jene Macht, die dem Herzen des Menschen schon seit Anbeginn ein Misstrauen gegenüber seinem Schöpfer einflößt, den Wunsch, sein Leben ohne ihn zu gestalten. „Da rief der Herr, Gott, Adam und sprach zu ihm: Wo bist du? Dieser antwortete: Ich hörte Deine Stimme im Paradies und fürchtete mich, weil ich nackt bin, und verbarg mich" (Gen 3,9-10). Doch erst dann, wenn wir diesen Schritt getan haben, werden wir bereit sein, im Gebet und im Lesen des Wortes des Lebens dem Gott der Wahrheit und der Liebe zu begegnen, um ihn anzubeten und zu verherrlichen. Denn es steht geschrieben: „Den Herrn deinen Gott sollst du anbeten und ihm allein dienen" (Mt 4,10).

Gleich zu Beginn seines öffentlichen Wirkens rief Jesus zur Umkehr auf: „Die Zeit ist erfüllt, und das Reich Gottes ist nahe. Bekehrt euch und glaubt an das Evangelium!" (Mk 1,15). Dieser Aufruf ist ein wesentliches Element in der Verkündigung der frohen Botschaft. Er richtet sich nicht nur an diejenigen, die Christus und sein Evangelium nicht kennen, sondern hallt auch weiterhin im Leben der Christen wider. Das kommt in einer Predigt aus dem 2. Jahrhundert zum Ausdruck:

> Solange wir auf Erden sind, wollen wir uns bekehren. Wir sind Ton in der Hand des Handwerkers. Wenn der Töpfer aus Ton ein Gefäß herstellt, das sich in seinen Händen nicht zu einer richtigen Form fügt, dann formt er es neu; wenn er es hingegen bereits in den Ofen gestellt hat, kann er nichts mehr für es tun. So auch wir: Während wir in dieser Welt sind, wollen wir uns von ganzem Herzen bekehren, indem wir uns von dem Bösen abwenden, das wir in diesem fleischlichen Leben begangen haben, damit wir vom Herrn gerettet werden können, während wir noch Zeit haben, uns zu bekehren. Denn wenn wir diese Welt verlassen haben, können wir dort unsere Verfehlungen nicht mehr bekennen und uns bekehren.[3]

Diese immer wieder neu zu leistende Bekehrung ist das unaufhörliche Werk der gesamten Kirche:

> Die Kirche umfasst Sünder in ihrem eigenen Schoß. Sie ist zugleich heilig und stets der Reinigung bedürftig, sie geht immerfort den Weg der Buße und Erneuerung. Die Kirche schreitet zwischen den Verfolgungen der Welt und den Tröstungen Gottes auf ihrem Pilgerweg dahin und verkündet das Kreuz und den Tod des Herrn, bis er wiederkommt (vgl. 1 Kor 11,26).[4]

Benedikt XVI. betonte: „Umkehr" ist „ein Wort, das in seiner außerordentlichen Ernsthaftigkeit wahrgenommen werden muss, wenn man die überraschende Neuheit begreift, die es freisetzt." Und er fuhr fort:

> Der Aufruf zur Umkehr deckt nämlich anklagend die leichtfertige Oberflächlichkeit auf, die unser Leben sehr oft kennzeichnet. Umkehren bedeutet, die Richtung auf dem Lebensweg zu ändern: freilich nicht durch eine kleine Korrektur, sondern durch eine echte Richtungsänderung. Umkehr heißt, gegen den Strom zu schwimmen, wobei der „Strom" der oberflächliche, inkonsequente und trügerische Lebensstil ist, der uns oft mit sich reißt, uns beherrscht und zu Knechten des Bösen oder jedenfalls zu Gefangenen moralischer Mittelmäßigkeit macht. Mit der Umkehr hingegen strebt man nach dem hohen Maßstab des christlichen Lebens, vertraut sich dem lebendigen und persönlichen Evangelium an, das Christus Jesus ist. Seine Person ist das Endziel und der tiefe Sinn der Umkehr. [...] Auf diese Weise zeigt die Umkehr ihr wunderbares und faszinierendes Gesicht: Sie ist keine bloße moralische Entscheidung, die unsere Lebensführung berichtigt, sondern eine Glaubensentscheidung, die uns vollständig in die tiefe Gemeinschaft mit der lebendigen und konkreten Person Jesu Christi einbezieht. Sich zu bekehren und an das Evangelium zu glauben sind nicht zwei verschiedene oder lediglich nebeneinandergestellte Dinge, sondern Ausdruck ein und derselben Wirklichkeit.[5]

Die Radikalität der christlichen Bekehrung

Jesus gegenüber muss man Partei ergreifen, man kann sich nicht wegducken: „Ihr könnt nicht Gott dienen und dem Mammon" (Mt 6,24). Man muss ihm folgen – oder man verlässt ihn (Joh 6,66). Es gibt keinen Mittelweg: Entweder man ist für ihn, oder man ist gegen ihn (Mt 12,30 ; Lk 11,23; Mk 9,40; Lk 9,49-50). Für ihn zu sein ist keine vage Gefühls-Option oder ein abstraktes Festhalten an einem schönen Ideal: Es bedeutet vielmehr, sich seiner selbst zu entäußern, um ihm anzuhängen. Schon in den Anfängen des Christentums tauchen diese entschiedenen Wahlmöglichkeiten auf: „Petrus aber und die Apostel antworteten, und sprachen: Man muss Gott mehr gehorchen als den Menschen" (Apg 5,29; Apg 4,19).

Als der Apostel Paulus den Christen in Rom die tiefere Bedeutung der Taufe erklärt, stellt er das christliche Leben als einen Übergang vom Tod zum Leben dar, eine Befreiung aus der Sklaverei der Sünde, die uns die wahre Freiheit schenkt, was notwendigerweise Konsequenzen hat:

> Da wir der Sünde gestorben sind, wie sollten wir noch in ihr leben? Oder wisst ihr nicht, dass wir alle, die wir auf Christus Jesus getauft sind, auf seinen Tod getauft sind? Denn wir sind mit ihm durch die Taufe auf den Tod mitbegraben, damit, wie Christus von den Toten durch die Herrlichkeit des Vaters auferstanden ist, so auch wir in einem neuen Leben wandeln (Röm 6,2-4).

Das christliche Leben ist unvereinbar mit der Sünde. Es verlangt von jedem Einzelnen von uns die Absage an unsere frühere Art zu leben, das Ablegen des alten Menschen, „welcher verderbt wird infolge der Lüste des Truges. Erneuert euch aber im Geist eures Sinnes, und zieht den neuen Menschen an, der nach Gott geschaffen ist, in der Gerechtigkeit und der Heiligkeit der Wahrheit" (Eph 4,22-24). Die Christen, die in den Tod Christi getauft wurden, sind ihm in der Tat völlig gleichgestellt: „Wir wissen, dass unser alter Mensch mit ihm gekreuzigt worden ist, auf dass dieser Leib der Sünde vernichtet werde, und wir nicht mehr der Sünde dienen" (Röm 6,6). Die Christen werden aufgefordert, durch ihr Verhalten zu zeigen, dass die Sünde nicht mehr in ihnen herrscht (Röm 6,12-14). Das ist der Sinn dieser Ermahnung des heiligen Leo des Großen:

> Lasst uns also ablegen den alten Menschen mit seinen Werken, und da wir die Teilhabe an der Geburt Christi erlangt haben, lasst uns eine Ab-

> sage geben den Werken des Fleisches. Erkenne, o Christ, deine Würde, und, teilhaft geworden der göttlichen Natur, kehre nicht durch unwürdigen Wandel in die alte Niedrigkeit zurück! Denke daran, wessen Hauptes und welchen Leibes Glied du bist! Erinnere dich daran, dass du, befreit von der Macht der Finsternis, versetzt wurdest in Gottes Licht und Reich! Durch das Sakrament der Taufe bist du Tempel des Heiligen Geistes geworden. Hüte dich davor, einen so edlen Gast durch deine bösen Taten in die Flucht zu schlagen und dadurch wieder in die Sklaverei der Dämonen zu geraten, denn du bist durch das Blut Christi losgekauft worden.[6]

Wir müssen in der Tat mit Kühnheit und Mut von unserem Verhalten all das abschneiden, was mit unserer Würde als Kinder Gottes nicht übereinstimmt. So kann der heilige Johannes so weit gehen zu sagen, dass diejenigen, die aus Gott durch die Taufe geboren sind, nicht mehr sündigen können, weil sie das Leben Gottes in sich haben:

> Jeder, der die Sünde tut, tut auch die Gesetzwidrigkeit, denn die Sünde ist die Gesetzwidrigkeit. [...] Wer die Sünde tut, ist vom Teufel, denn der Teufel ist der Sünder von Anbeginn. Dazu ist der Sohn Gottes erschienen, dass er die Werke des Teufels zerstöre. Jeder, der aus Gott geboren ist, begeht keine Sünde, denn sein Same bleibt in ihm, und er kann nicht sündigen, denn er ist aus Gott geboren (1 Joh 3,4.8-9).

Diese Aussage könnte uns in bebende Angst vor den Anforderungen unserer göttlichen Abstammung versetzen. Aber wir haben ja „aus seiner Fülle alle empfangen Gnade um Gnade“ (Joh 1,16): jene Gnade, die uns befähigt, das zu tun, was wir aus eigenen Kräften nicht zu tun vermögen, denn solange dieses irdische Leben währt, müssen wir täglich der Sünde absterben.

Der Kampf ist lang, doch der Sieg wurde von Christus bereits errungen; daher ermutigt uns der heilige Augustinus mit folgenden Worten:

> Unser Glaube gründet auf der Auferstehung Christi. Die Heiden, die Gottlosen und die Juden glauben zwar an die Passion des Erlösers, aber nur die Christen glauben an seine Auferstehung. [...] Christus ist die Quelle des Lebens. Auf uns läuft diese Quelle zu, für uns ist Christus gestorben. Am Tag der Taufe entsprang diese Quelle in uns: Wo ist nun der Tod? Suche in Christus – dort ist er nicht; er war dort, aber er ist in ihm gestorben. O höchstes Leben, du bist der Tod des Todes. Nur Mut, meine Brüder, auch in uns wird der Tod sterben. Was zuerst im Haupt geschah, das wird auch in den Gliedern geschehen; auch in uns wird der Tod sterben.[7]

Diese Teilhabe an der Auferstehung Christi macht aus unseren irdischen Jahren ein fortgesetztes Ostern, also eine ständige Geburt zum ewigen Leben, durch die täglichen Tode hindurch, die schmerzhaften Bewährungsproben in unserem familiären, beruflichen und gesellschaftlichen Leben; die Folgen von Naturkatastrophen und Epidemien, Krankheit, Versagen, Leiden, körperliches und moralisches Elend, die Verfolgungen und das Martyrium, das wir für den Namen Jesu erlitten haben:

> Nehmet euch aber in Acht vor den Menschen; denn sie werden euch an Gerichtshöfe überantworten, und in ihren Synagogen euch geißeln. Und vor Statthalter und vor Könige werdet ihr geführt werden um meinetwillen, ihnen und den Heiden zum Zeugnisse [...] Und ihr werdet gehasst werden von allen um meines Namens willen; wer aber ausharret bis ans Ende, der wird gerettet werden (Mt 10,17-18.22).

Das Sakrament der Buße

Die Sünde mit aller Entschiedenheit abzulegen ist ein lebenslanger Kampf, den wir nur mit der Kraft Christi bestehen können, indem wir unser ganzes Vertrauen in den barmherzigen Jesus setzen. Denn in unserem Leben gab es viele Stürze, es gibt sie und es wird sie auch in Zukunft geben. Als Jesus zum Vater zurückkehrte, ließ er uns nicht ohne Hilfe zurück, sondern er vertraute der Kirche die Macht und den Auftrag an, in seinem Namen Sünden zu vergeben. Wenn die Sünde das Leben Gottes in uns entstellt oder tötet, dann ermöglicht uns die Beichte die Wiedergeburt zur göttlichen Freundschaft. Sie wird auch als Bußsakrament bezeichnet, da sie einen persönlichen und kirchlichen Prozess der Bekehrung, Reue, Genugtuung oder Wiedergutmachung für die Beleidigung begründet.

In diesem Sakrament ist der Aufruf Jesu zur Umkehr (Mk 1,15), zur Rückkehr zum Vater (Lk 15,18; Joel 2,12-17), von dem man sich durch die Sünde entfernt hat, sakramental umgesetzt. Fern von Gott kann sich der Mensch vielleicht selbst für glücklich halten, aber in Wirklichkeit ist er ein totes Wesen, das „den Quell lebendigen Wassers verlassen hat, um sich Brunnen zu graben, Brunnen, die durchlöchert sind und kein Wasser zu halten vermögen“ (vgl. Jer 2,13). Gott abzulehnen und ihn aus dem täglichen Leben wegzuschaffen, das bedeutet nicht nur, dass man seine wichtigsten Orientierungspunkte verliert, sondern auch, dass man den realsten und grausamsten Tod stirbt, auch wenn man physisch weiterhin atmet und sich bewegt. Sünde ist nicht nur die Übertretung eines Gebots oder die Nichteinhaltung einer Norm, sondern vor allem eine Beleidigung dessen, dem wir alles verdanken: der Bruch einer persönlichen Beziehung, das unrechtmäßig herbeigeführte Ende einer lebensnotwendigen Freundschaft. Theologisch ausgedrückt ist Sünde die Ablehnung der Gnade Gottes, jenes Geschenks, das Gott uns mit seinem Leben macht. Für die Bildung unseres Gewissens ist es wichtig, auf diese Weise die Dimension der Sünde, über die Schuld hinaus, zu betrachten:

> Von Sünde zu sprechen bedeutet, die moralische Schuld im Herzen unserer Beziehung zu Gott zu verorten. Die Schwere der Sünde lässt sich an der Art und Weise erkennen, wie diese Beziehung verfälscht, verletzt und abgebrochen wird. Das bedeutet, dass die Sünde nur den spirituellen Bereich betrifft, also die Vernachlässigung des Gebets, der religiösen Praxis; die Nichteinhaltung der Nächstenliebe, der verbindlichen

> Feiertage. Das bedeutet, dass ich meine moralischen Fehler, wenn ich sie im Hinblick auf ihre Sündhaftigkeit analysiere, unter den Blick Gottes stelle und in Beziehung setze zu dem Aufruf zur Heiligkeit, den er an mich richtet.[8]

Wir müssen Gott mit Beharrlichkeit um die Gnade unserer Bekehrung bitten. Das ist ein Prozess, der heimlich im Herzen beginnt und dann – häufig auf nachhaltige Weise – unser persönliches Leben strukturiert, auf dass es zum Lobpreis Gottes, zur Wohnstatt des Heiligen Geistes und zum lebendigen Tabernakel des eucharistischen Christus wird.

Im Bußsakrament ist es die Kirche, die Braut Christi, die uns im Namen Gottes durch den Dienst des Priesters die Vergebung unserer Sünden schenkt. In diesem Sinn kann Isaak von Stella sagen:

> Es gibt zwei Dinge, die allein Gott zustehen: die Würde, eine Beichte entgegenzunehmen; und die Macht zu vergeben. Wir müssen vor ihm unsere Beichte ablegen und von ihm Vergebung erbitten. Gott allein steht es zu, Sünden zu vergeben; ihm allein müssen wir sie also bekennen. Doch der Allmächtige, der Höchste, nahm sich eine schwache und unbedeutende Braut und machte aus dieser Magd eine Königin. Die zu seinen Füßen saß, hat er an seine Seite gestellt; denn aus seiner Seite ist sie hervorgegangen, und dadurch hat er sie sich anverlobt. Und so wie alles, was dem Vater gehört, auch dem Sohn gehört, und alles, was dem Sohn gehört, aufgrund ihrer Wesenseinheit auch dem Vater gehört, so hat der Bräutigam alle seine Gaben der Braut gegeben [...]. Er teilt so die Schwachheit der Braut und auch ihr Seufzen, und alles haben der Bräutigam und die Braut gemeinsam: die Ehre, die Beichte zu empfangen; und die Macht zu vergeben. Das ist der Grund der Worte: „Geh und zeige dich dem Priester“ (Mt 8,4).[9]

Die Kirche kann also nichts vergeben ohne Christus; und Christus will nichts vergeben ohne die Kirche. Die Kirche kann nur demjenigen vergeben, der sich bekehrt, also demjenigen, den Christus zuvor berührt hat. Andererseits wird Christus demjenigen, der die Kirche verachtet, keine Vergebung gewähren.

Der Verlust des Sündenbewusstseins

Die Praxis des Bußsakraments ist der gegenwärtigen Mentalität sehr fremd geworden, selbst unter denjenigen, die religiös ambitioniert sind, ja sogar bei vielen Katholiken. Die Ursachen sind seit den großen Infragestellungen der protestantischen Reformation dieselben geblieben: Der Verlust des Gespürs für die Wahrheit hat den Verlust des Sündenbewusstseins zur Folge, was Pius XII. sehr genau gesehen hatte, als er bereits 1946 sagte, dass „die Sünde dieses Jahrhunderts der Verlust des Sündenbewusstseins" ist. Entscheidungen und Verhaltensweisen, die dem Willen Gottes zutiefst widersprechen, erscheinen nun als „persönliche Angelegenheiten", die nicht mit Schuldgefühlen verbunden werden sollen und in die die Kirche sich nicht einzumischen hat. Schlimmer noch: Was gestern als abscheuliches Verbrechen bezeichnet wurde wie Abtreibung, oder als inhärent ungeordnetes Verhalten wie praktizierte Homosexualität, das wird heute zu einem grundsätzlichen Menschenrecht erklärt. Die Idee der menschlichen Natur, die von einem bestimmten Plan Gottes für den Menschen zeugte, wurde verworfen und ersetzt durch die individuelle Entfaltung in absoluter Selbstbestimmung als einem entscheidenden und letzten Kriterium des Rechts. Meine persönlichen Entscheidungen gehen nur mich etwas an, und niemand, Gott schon gar nicht, kann darüber von mir Rechenschaft verlangen. Nicht nur ist Gott nicht länger derjenige, der festlegt, weiß und offenbart, was der Würde und Größe des Menschen entspricht; vielmehr fühlt auch der Mensch sich nur noch in der Opposition gegen jede von oben empfangene Norm als würdig und groß. Er will sich selbst als Gott fühlen, sich selbst erschaffen, vor sich selbst zum Mittelpunkt und Maß aller Dinge werden.

Johannes Paul II. hat in seinem postsynodalen apostolischen Schreiben *Reconciliatio et Pænitentia* vom 2. Dezember 1984 den Verlust des Sündenbewusstseins nicht erschöpfend, aber doch sehr ausführlich analysiert. Der Papst verwies zunächst auf die Tatsache, dass der Mensch der Gegenwart unter der Bedrohung einer „Verdunkelung seines Gewissens, einer Trübung oder Betäubung des Gewissens“ lebt. Das Bewusstsein von der Sünde hat seine Wurzeln im Gewissen des Menschen und zeigt dessen Tiefe. Johannes Paul II. zufolge ist es eng verbunden mit dem Bewusstsein von Gott, der als Schöpfer, Herr, Retter und Vater gekannt und wahrgenommen wird, also als „entscheidender innerer Bezugspunkt“. Das Sündenbewusstsein entwickelt sich dann durch eine menschenwürdige und christliche Erziehung, die uns befähigt, auf alles bedacht zu sein, „was immer wahr ist, was ehrbar, was gerecht, was heilig, was liebenswürdig, was rühmlich, wenn etwas eine Tugend, wenn etwas eine löbliche Zucht ist“ (Phil 4,8). Im Licht von Gottes Wort erscheinen die verschiedenen Gesichter der Sünde in ihrem wahren Licht der Opposition zu Gott, der Rebellion gegen den himmlischen Vater.

Die allmähliche Abschwächung des Sündenbewusstseins, die mit der Verdunkelung des Gewissens einhergeht, wird von Johannes Paul II. mit einigen Elementen der zeitgenössischen Kultur in Verbindung gebracht, die wir in seinem Sinne im Einzelnen erläutern können.

Als erstes ist hier der Säkularismus zu nennen, das heißt eine Bewegung von Ideen und Haltungen, die sich für einen Humanismus einsetzt, der ganz ohne Gott auskommt. Dieses Thema vom „Tod Gottes“ kommt in der Moderne seit dem deutschen Dichter Jean Paul zum Ausdruck. Er legte in einem berühmten Text („Rede des toten Christus vom Weltgebäude herab, dass kein Gott sei“) die Ankündigung, „dass kein Gott sei“, sogar Christus selbst in den Mund, der sich nach seinem Tod am Kreuz über die Sonnen erhoben hat und in die letzten Winkel der Abgründe abgestiegen ist, ohne etwas anderes zu entdecken als Leere. Da wir Gott auf diese Weise getötet haben und die Menschen nun „Waisen“ sind, ist die gesamte Aktivität nur noch einzig und allein auf das materielle Wohlergehen des

Menschen ausgerichtet, der nun, erwachsen geworden, keinen göttlichen Beschützer mehr braucht. Im Rausch seiner absoluten Freiheit, des Konsums und des Vergnügens, im Strudel des Aktivismus und der Anhäufung materieller Reichtümer, konstruiert er sich eine Welt ohne Gott, in der es keine Sünde gibt. Indem er das Geheimnis Gottes aus den Augen verliert, verliert er auch sein eigenes Geheimnis aus den Augen, das nur Gott enthüllt, offenbart und erleuchtet. Benedikt XVI. sagt: „Der Mensch, der zur Ähnlichkeit Gottes geschaffen ist, fällt in seiner Gottverlassenheit in die Zone der Unähnlichkeit hinunter – in eine Entfernung von Gott, in der er diesen nicht mehr widerspiegelt und so nicht nur Gott, sondern sich selber, dem wahren Menschsein unähnlich geworden ist".[10]

Die Richtung, in die sich einige Humanwissenschaften bewegen, hat dazu beigetragen, die Bedeutung der Sünde zu verdunkeln. Insbesondere die moderne Psychologie ist im Allgemeinen von dem Bestreben geprägt, keine Schuldzuweisungen vorzunehmen und die Spontaneität persönlicher Entscheidungen nicht zu beeinträchtigen, was so weit geht, dass selbst die Idee eines persönlichen Fehlverhaltens ausgeschlossen wird. Die Verantwortung für begangenes Unrecht und für Misserfolge wird dann auf das gesellschaftliche Umfeld, auf die Erziehung, auf die Umstände übertragen: „Indem gewisse Lehren zur menschlichen Kultur die gewiss unleugbaren Bedingungen und Einflüsse von Umwelt und Geschichte, die auf den Menschen einwirken, erweitern, schränken auch die Humanwissenschaften die Verantwortung des Menschen so stark ein, dass sie ihm nicht mehr die Fähigkeit zuerkennen, wahre menschliche Akte zu setzen und somit auch zu sündigen."[11]

Einige Kirchenmänner, die von diesen Lehren beeindruckt waren, haben den Aufruf zu Umkehr und Bekehrung durch ein Evangelium ersetzt, das niemanden stört, und damit die großen Hoffnungen und Erwartungen verraten, die Gott für den Menschen hat, wenn er ihn zur Vollkommenheit aufruft. Doch all das lässt die Menschen unserer Zeit letztlich unbefriedigt; sie tragen den Wunsch nach klaren, soliden und wahren Prinzipien und Lehren in sich, und viele von ihnen ahnen, dass die Kirche inmitten dieser krisengeschüttelten Welt das Geheimnis in Händen hält.

Johannes Paul II. wies dann auf einen Wandel der Moralvorstellungen hin, der sich aus dem historischen Relativismus ergibt: Die Kriterien für den moralischen Wert einer Handlung hätten sich immer verändert und würden sich immer verändern, so dass es nicht möglich sei zu behaupten, es gebe „inhärent unerlaubte und schlechte Handlungen, unabhängig von den Umständen, unter denen sie von einem Subjekt vorgenommen werden". Der westlichen Kultur bleibt nur eine als „konsensuell" bezeichnete Ethik, die keine Konsistenz hat, die radikal ambivalent ist und keinen stabilen Inhalt besitzt. Die Auslöschung der Bezugspunkte und die Auflösung der individuellen Verantwortung im sozialen oder historischen Kontext „betäubt den Begriff der Sünde so sehr, dass man letztlich fast so weit gelangt zu behaupten, die Sünde existiere zwar, aber man wisse nicht, wer sie begeht". Wiederum liegt dem Verschwinden von Sünde und Schuld die Auslöschung Gottes zugrunde.

Zu diesen Faktoren kommen laut dem Papst noch intellektuelle und pastorale Fehlentwicklungen seitens einiger Kirchenmänner als Reaktion auf frühere Exzesse hinzu:

> Nachdem die Sünde überall gesehen wurde, gelangt man dazu, sie nirgendwo mehr zu sehen; von einer Überbetonung der Furcht vor den ewigen Strafen kommt man zu einer Verkündigung der Liebe Gottes, die jede für Sünde verdiente Strafe ausschließt; von der Strenge im Bemühen, irrige Gewissen zu bessern, gelangt man zu einer scheinbaren Achtung des Gewissens, derentwegen man sogar die Pflicht, die Wahrheit auszusprechen, unterdrückt. Warum sollte man nicht hinzufügen, dass die Verwirrung, die in den Gewissen vieler Gläubigen durch unterschiedliche Meinungen und Lehren in Theologie, Verkündigung, Katechese und geistlicher Führung zu schwerwiegenden und heiklen Fragen der christlichen Moral geschaffen worden ist, auch dazu führt, das echte Sündenbewusstsein zu mindern und nahezu auszulöschen? Es sollen auch nicht einige Mängel in der Praxis des Bußsakramentes

verschwiegen werden: so zum Beispiel die Tendenz, die kirchliche Dimension von Sünde und Bekehrung zu verdunkeln, indem man sie zu rein individuellen Angelegenheiten macht; oder umgekehrt die Tendenz, die personale Tragweite von Gut und Böse aufzuheben, indem man ausschließlich ihre gemeinschaftliche Dimension beachtet; solcherart ist auch die nie ganz gebannte Gefahr eines gewohnheitsmäßigen Ritualismus, der dem Bußsakrament seine volle Bedeutung und seine formende Kraft nimmt.

Das echte Sündenbewusstsein wieder neu zu formen, das ist die erste Weise, um die schwere geistige Krise, die den Menschen unserer Zeit bedrückt, anzugehen. Das Sündenbewusstsein stellt man aber nur durch eine klare Berufung auf unaufgebbare Prinzipien der Vernunft und des Glaubens wieder her, wie die Morallehre der Kirche sie immer vertreten hat.[12]

Das Sündenbewusstsein können wir nur dann wieder aufwecken, wenn wir auf die Worte aus der Predigt Jesu zurückkommen: „Erfüllt ist die Zeit, und das Reich Gottes hat sich genaht; tut Buße und glaubt dem Evangelium" (Mk 1,15). Mit diesen Worten verwies Christus voraus auf die erschütternde Offenbarung der unermesslichen Liebe Gottes und der unendlichen Schwere der Sünde, die in dem freiwilligen Opfer seiner Passion bestehen sollte.

Die Abkehr vom Bußsakrament

Leider gibt es selbst unter denen, die vorgeben, an das Evangelium zu glauben, nur wenige, die im Bußsakrament aufrichtig um die Vergebung Gottes bitten. Das hat mehrere Gründe.

Zunächst einmal ist es sicherlich ein Zeichen dafür, dass wir immer oberflächlicher werden, dass wir nur noch in die Suche nach materiellen Gütern und das Bestreben, uns selbst zu genügen, vertieft sind – das heißt, praktisch leben wir, als wären wir Atheisten. Der drastische Rückgang der Zahl der Beichten ist Teil der größeren Tragödie des Glaubensabfalls und der Gleichgültigkeit gegenüber den Sonn- und Feiertagsmessen.

Da das eucharistische Fasten praktisch abgeschafft wurde, hat sich die Kommunionpraxis nach und nach von der Beichte abgekoppelt: Die Anforderungen an die leibliche Vorbereitung auf den Empfang dieses Sakraments wurden so sehr gesenkt, dass die geistliche Vorbereitung bald gänzlich wegfiel. Viele Christen gehen heute zur Kommunion, ohne zuvor um die sakramentale Vergebung ihrer Schuld gebeten zu haben. Die skandalösen Versäumnisse in der Katechese und Predigt über die Eucharistie haben dazu geführt, dass ein großer Teil derjenigen, die sich als Katholiken bezeichnen, angeben, nicht an die Realpräsenz zu glauben. Die Messe ist für sie zu einem Festmahl geworden, einem geselligen Beisammensein, bei dem alle das Recht auf Zugang zur sakramentalen Kommunion für sich in Anspruch nehmen. Hat man deshalb im Rahmen der Liturgie des Wortes, wenn das elfte Kapitel des ersten Briefs an die Korinther verlesen wird, die Verse 27 bis 29 gestrichen, in denen Paulus uns davor warnt, den Leib des Herrn nicht „ohne Unterscheidung" zu empfangen?

> Wer daher unwürdig dieses Brot isst, oder den Kelch des Herrn trinkt, wird des Leibes und Blutes des Herrn schuldig sein. Es prüfe aber der Mensch sich selbst; und so esse er von diesem Brot und trinke von dem Kelch. Denn wer unwürdig isst und trinkt, isst und trinkt sich das Gericht, indem er den Leib des Herrn nicht unterscheidet. (1 Kor 11,27-29).

Diese drei Verse schließen auf erhabene Weise und mit großer Kohärenz die Lehre ab, die Paulus uns überliefert und die auf den Herrn selbst zurückgeht.

Auch das Fehlen einer gründlichen Ausbildung über das Geheimnis der Kirche und die Sakramentenordnung hat die Zahl derer ansteigen lassen, die keinen Vermittler zwischen sich und Gott mehr akzeptieren; oder die sich aus Empörung über die Skandale, die vom hässlichen und abscheulichen Verhalten einiger weniger Priester verursacht werden, von den Sakramenten abwenden.

So mancher Priester verbringt seine Zeit lieber mit anderen Dingen, als sich in den Beichtstuhl zu begeben und auf die Büßer zu warten, während er das Brevier oder den Rosenkranz betet. Als Thema von Predigten und Katechismusunterricht kommt nur noch selten die Erbsünde vor, auch ist kaum mehr die Rede von der Todsünde, vom Versucher, dem Fegfeuer, der Hölle oder dem strafenden Gott. Man stellt den Gläubigen den allgegenwärtigen Kampf des Guten gegen das Böse nicht mehr vor Augen, nicht mehr den Konflikt zwischen dem Licht und der Finsternis, von dem das Johannesevangelium so eindringlich spricht. Gott ist nur noch diese verschwommene universelle und ätherische Liebe, von der man sich eigentlich nicht mehr vorstellen kann, dass sie in den Lauf der Dinge und der Ereignisse wirksam eingreift.

Und das Mysterium der Inkarnation wird schließlich nicht mehr in erster Linie als Erlösung betrachtet, sondern als eine Art Offenbarung an den Menschen über seine eigene Menschlichkeit. Entsprechend werden die Prüfungen und Leiden der Menschen nicht mehr als Mittel der Vorsehung zur Wiedergutmachung von Sünden und Beleidigungen gegen Gott und den Nächsten geschätzt und angenommen. Viele Christen definieren die Erlösung faktisch neu in Richtung einer ethisch-emotionalen Erfüllung, die mit einem Engagement für die Umgestaltung der Welt einhergeht, im Kampf für das Wohlergehen der Menschen, die Gerechtigkeit und den Umweltschutz. Der Lehrauftrag Christi wird willkürlich von seiner erlösenden Funktion als Sühneopfer getrennt, das die Menschen durch sein Blut und seinen Tod am Kreuz von ihren Sünden erlöst. Unter solchen Umständen wird die Beichte zu einer spirituellen Übung unter anderen, fast unabhängig von jeder Heilslehre, mit einer Vorstellung von „Versöhnung“, die weitgehend von jedem Aspekt der Gerechtigkeit und Sühne abgelöst ist.

Dies sind zumindest die grundlegenden Tendenzen, die den Verhaltensänderungen im christlichen Volk zugrunde liegen, auch wenn die konkreten Situationen sicher komplexer sind.[13] All das hat den Verlust des Sündenbewusstseins begünstigt, dessen logische und unvermeidliche Folge die Abwendung von der sakramentalen Beichte ist.

Den eigentlichen Sinn der Reue wiederentdecken

Die göttliche Vergebung wird also zwar mit überfließender Großzügigkeit angeboten – doch was kaum noch zu finden ist, ist die Reue. Bischof Léon A. Elchinger sagte: „Uns fehlen die Sünder." Niemand will sich selbst als Sünder bekennen. Man beschuldigt eher die anderen, man stellt sich als Opfer seiner Herkunftsverhältnisse, seiner Umgebung, der Gesellschaft, der Politiker, der Regierung oder bestimmter Berufsgruppen dar. Sogar die Worte, mit denen wir die Feier des heiligen Messopfers beginnen – „Bereiten wir uns auf die Feier der Eucharistie vor, indem wir bekennen, dass wir Sünder sind" – erscheinen nur allzu oft als eine leere, inhaltslose Floskel, eine unbewusste Routine, die weder eine ernsthafte Prüfung unseres Lebens noch eine echte Reue über unsere Sünden zur Folge hat.

Dabei ist Reue eines der entscheidenden Merkmale der Würde der menschlichen Person, die für ihre Taten selbst die Verantwortung trägt. Die Art und Weise, wie wir unsere eigene Schuld im Zusammenspiel von Umständen und soziokulturellen Zwängen auflösen, ist nichts anderes als Selbstentschuldung. Das Schuldgefühl ist ein Kennzeichen der Größe der menschlichen Freiheit, und es ist ein Verbrechen, es unterdrücken zu wollen. Und wenn der Einzelne keine Reue mehr kennt – wie soll dann eine Nation wissen, wie sie ihre Fehler rückgängig machen kann? Die Gemeinschaft der Sünder, aus denen sich eine Nation zusammensetzt, trägt die Schuld an den „Strukturen der Sünde", die sie durch moralischen Relativismus, übermäßigen Konsum und die Beherrschung und Unterdrückung der Schwachen durch wirtschaftliche und technologische Zwänge aufgebaut hat. Die Kirche selbst ist keine Vereinigung von Gerechten, sondern von Sündern, die vom Wunsch nach Umkehr berührt sind; ebenso waren die von Jesus ausgewählten Apostel schwache Männer, ohne Bildung und Kultur (Apg 4,13), langsam im Verstehen, streitsüchtig und ehrgeizig, geprägt von all den menschlichen Schwächen, die auch die unseren sind.

Die Reue ist daher eine unersetzliche Ausgangsbasis für eine echte moralische Besserung. Reue ist mehr als nur Bedauern. Es bedeutet, sich von Gott selbst, der Quelle unserer wahren Freiheit und Würde, auf den Weg zurückbringen zu lassen. Demütig seine Sünden erkennen und sie zu bereuen ist also durchaus keine Erniedrigung. Wir müssen eine engstirnige Auffassung von Sünde überwinden, die in der Vergangenheit dazu beigetragen hat, das moralische Bewusstsein vieler Christen zu betäuben oder zu verzerren. Man hatte die Gläubigen zu sehr in ein Netz von pedantischen und manchmal kindischen Verboten eingezwängt. Man stellte sich die Sünde als eine „abstrakte Einheit" vor, als einen Schmutz, einen schwarzen Fleck auf der weißen Seele, obwohl sie in erster Linie eine Schädigung unserer persönlichen Beziehung zu Gott ist: „Gegen dich allein habe ich gesündigt" (Ps 51,6). Weil Gott nicht will, dass wir etwas Wichtiges in uns selbst oder in anderen zerstören, missfällt ihm die Sünde. Die Versöhnung mit Gott ist alles andere als eine altmodische und nutzlose Angelegenheit, sondern im Gegenteil eine wiederherstellende, neu erschaffende, heilende Handlung: „Wende dein Angesicht von meinen Sünden ab und tilge alle meine Missetaten. Erschaffe in mir ein reines Herz, o Gott! und erneuere den rechten Geist in meinem Innern. Verwirf mich nicht von deinem Angesicht und nimm deinen heiligen Geist nicht von mir" (Ps 51,11-13). In der Tat haben viele Christen den Sinn für die Sünde verloren, weil sie nicht mehr wahrnehmen, wie ihr Verhalten mit ihrer Beziehung zu Gott zusammenhängt.[14]

Konflikt und Versöhnung

Das menschliche Leben ist nur dann glücklich, wenn es im Zeichen der Versöhnung gelebt wird. Wir machen täglich die Erfahrung, dass es keine menschliche Existenz ohne Konflikte gibt. Sie entspringen dem anfänglichen Konflikt zwischen unseren ersten Eltern und dem Schöpfer. Die Bedeutung der Sünde wurde noch dadurch entscheidend verdunkelt, dass in der Katechese und in der Predigt nicht mehr über das unergründliche Geheimnis der Erbsünde aufgeklärt wurde. Und schon in der zweiten Generation der Menschheit bringt tödlicher Hass Kain gegen seinen Bruder Abel auf. Gott hatte Kain gewarnt: „Warum bist du ergrimmt, und warum ist dein Angesicht bedrückt? Wenn du willig bist, wirst du dann nicht dein Haupt erheben? Wenn du aber nicht willig bist, steht dann nicht die Sünde vor der Tür, ein lauerndes Tier, das dich begehrt; kannst du es überwältigen?“ (Gen 4,6-7). Die erste Sünde beschädigt unsere menschlichen Beziehungen und scheint die Beziehung zwischen Gott und der Menschheit unwiderruflich zu zerstören, wenn Gott nicht eingreift, um uns daran zu erinnern, wo das Gute zu finden ist – um uns zu vergeben und zu versöhnen.

Spannungen und oft gewalttätige Spaltungen innerhalb von Familien, soziale Kämpfe, Kriege mit barbarischen Gräueltaten, erbitterte Kämpfe um politische und wirtschaftliche Macht, gegenseitige Feindschaft und Zerstörung selbst innerhalb der katholischen Kirche: Welch unergründliches Geheimnis ist die Sünde des Menschen und die Vergebung durch Gott!

Aufgeklärt von den Evangelien und den Briefen des heiligen Paulus lehrt die Kirche, dass Vergebung und Versöhnung allein von Gott in Christus Jesus ausgehen:

> Wenn somit jemand in Christus ist, so ist er ein neues Geschöpf, so ist das Alte vorübergegangen; siehe, so ist alles neu geworden. Alles aber kommt von Gott, der uns mit sich versöhnt hat durch Christus, und uns das Amt der Versöhnung gegeben hat. Denn Gott hat in Christus die

> Welt mit sich versöhnt, indem er ihnen ihre Vergehen nicht anrechnete und in uns das Wort der Versöhnung niederlegte. Für Christus also sind wir Gesandte, indem Gott gleichsam durch uns ermahnt. Wir bitten an Christi Statt: Lasset euch versöhnen mit Gott (2 Kor 5,17-20).

Gottes einziger Wunsch ist es, sich mit der Welt zu versöhnen und unseren Bund mit ihm wiederherzustellen. Die Propheten haben seinen Aufruf zur Umkehr und Heiligkeit verkündet: „Seid heilig, denn ich, der Herr, euer Gott, bin heilig" (Lev 19,2). Besonders die Worte des Propheten Joel rufen uns das zu Beginn jeder Fastenzeit in Erinnerung:

> Kehret um zu mir von ganzem Herzen mit Fasten und Weinen und Wehklagen! Und zerreißet eure Herzen und nicht eure Kleider und bekehret euch zu dem Herrn, eurem Gott; denn er ist gnädig und barmherzig, geduldig und voller Güte und lässt sich des Übels gereuen. [...] Vereinigt die Ältesten, versammelt Kinder und Säuglinge, der Bräutigam komme aus seiner Kammer und die Braut aus ihrem Brautgemach! Zwischen Vorhalle und Altar sollen die Priester, die Diener des Herrn, weinen und sprechen: Schone, Herr! schone deines Volkes und gib dein Erbe nicht der Beschimpfung preis, so dass die Völker über sie herrschen. Warum soll man unter den Völkern sagen: Wo ist ihr Gott? (Joel 2,12-18).

Die Versöhnung gehört zum Herzen der Offenbarung des Alten Testaments. Die Sprache, die Gott mit seinen Geschöpfen spricht, besteht aus sieben Worten, die enorme Anforderungen stellen und die ständig aus seinem Herzen fließen: Liebe, Barmherzigkeit, Zärtlichkeit, Vergebung, Umkehr, Versöhnung und Leben. Auch der Prophet Micha ruft aus:

> Wer ist ein Gott, dir gleich, der du die Schuld wegnimmst und dem Überrest deines Erbes die Sünden nachsiehst? Er wird nicht ferner seinen Zorn auslassen, denn an Barmherzigkeit hat er Wohlgefallen. Er

wird sich wiederum unser erbarmen, er wird unsere Verschuldungen vernichten und alle unsere Sünden in die Tiefe des Meeres versenken. Du wirst Jakob Wahrheit geben, Abraham Gnade, wie du unseren Vätern von alters her zugeschworen (Mi 7,18-20).

Und der Psalmist sagt:

> Er verfuhr mit uns nicht nach unsern Sünden, vergalt uns nicht nach unsern Vergehungen. Denn so hoch der Himmel über der Erde, so mächtig ist seine Barmherzigkeit über die, die ihn fürchten (Ps 103,10-12).

Diese Erkenntnis erfüllt sich im Neuen Testament: Tod und Auferstehung Christi, der gekommen ist, um die Sünder zu retten und nicht, um sie zu bestrafen, bezeugen auf intensive, lebendige und konkrete Weise, dass Gott kein Gott des Zornes ist. Jesus bezahlt durch seinen Tod am Kreuz unsere Schuld und erlöst die Welt: „Denn am Kreuz", schreibt der heilige Augustinus, „hat sich etwas Herrliches ereignet: Dort öffnete sich der Beutel mit dem Preis unseres Lösegeldes: Als seine Seite von der Lanze, die ihn traf, aufgerissen wurde, war das, was daraus hervorquoll, der Preis des Universums."[15] Und bevor er von dieser Welt zu seinem Vater hinübergeht, gibt er seinen Jüngern den Auftrag, in seinem Namen allen Völkern, angefangen in Jerusalem, Umkehr und Vergebung der Sünden zu predigen (vgl. Lk 24,47). In Gott brennt der Wille zu vergeben, uns wie den heimgekehrten verlorenen Sohn aufzunehmen und endlich seine unergründliche Liebe zu uns in unseren Herzen verbreiten zu können, wie das Feuer in einem Vulkan, das dem Eingeständnis unserer Sünden weit vorausgeht.

Die Bibel spricht auch von Vergebung und Versöhnung unter den Menschen, die für den inneren Frieden und die Harmonie unerlässlich sind, während die trügerische Freude, andere durch Verleumdung, Beschimpfungen, üble Nachrede, Lügen und alle möglichen feindlichen Machenschaften zu zerstören, nur Bitterkeit hinterlässt, die das Herz zerfrisst. Die Geschichte von Josef, die das Buch Genesis abschließt (Kap. 37-50), handelt von der Versöhnung innerhalb einer Familie, die von dramatischen Gegensätzen zerrissen ist. Josef, eine vollkommene Präfiguration Jesu, erfährt von seinen Brüdern Neid und Hass und wird von ihnen in die Sklaverei verkauft. Bewegt von tiefen Gefühlen und dem Bewusstsein, zur selben Familie zu gehören, gelingt es ihm jedoch, ihnen zu vergeben und so die Harmonie und Einheit einer Familie wieder herzustellen, die durch Eifersucht und Hass zerrüttet war. Jesus bringt diese Lehre zur Vollendung, indem er uns auffordert, eine schwere, wiederholte Beleidigung bis zu siebzigmal siebenmal zu vergeben (Mt 18,21-22). Er selbst gab das Beispiel am Kreuz, als er für seine Peiniger betete: „Vater, vergib ihnen; sie wissen nicht, was sie tun" (Lk 23,24).

Gott ist also immer bereit, unsere Sünden zu vergeben – vorausgesetzt, wir tun Buße und machen uns auf den Weg zurück ins Haus des Vaters. Diese Rückkehr erfordert jedoch eine Bekehrung, also den entschiedenen Willen, sich radikal von seinen Sünden loszusagen und sein Leben zu ändern, wie Ezechiel deutlich sagt:

> Wenn der Gottlose Buße tut für alle seine Sünden, die er begangen hat, und alle meine Gebote bewahrt und Recht und Gerechtigkeit übt, so soll er leben und nicht sterben. Ich will all seiner Sünden, die er begangen, nicht mehr gedenken; um seiner Gerechtigkeit willen, die er geübt, soll er leben. Sollte ich etwa am Tode des Gottlosen Wohlgefallen haben, spricht Gott der Herr, und nicht vielmehr daran, dass er sich von seinen Wegen bekehre und lebe? (Ez 18,21-23).

Gott will sich mit jedem seiner Kinder versöhnen. Versöhnung hängt mit einer Entscheidung von Seiten derjenigen zusammen, die in tiefer Dissonanz gelebt haben, aufrichtig aufeinander zu zu gehen, um Frieden und echte Freundschaft in dauerhafter, gegenseitiger Vergebung zu finden. In den Evangelien kommt der Begriff nicht vor, aber Paulus verwendet ihn, um über unsere Rechtfertigung zu sprechen. Allerdings bezeichnet er nun eine asymmetrische Beziehung: Gott ist es, der vergibt, und wir sind es, die einen Weg zu ihm zurücklegen müssen, daher der Ausdruck „sich versöhnen lassen" (vgl. 2 Kor 5,20) und die Passiv-Form „wir sind versöhnt worden" (Röm 5,10). Gott, den wir täglich und dauernd durch unsere Sünden beleidigen, ergreift selbst die Initiative, um uns seine Vergebung anzubieten – er weiß ja, dass wir Staub sind. Wie der Vater des verlorenen Sohnes hat er seinen Blick immer auf den Horizont gerichtet, in der Hoffnung, dass wir zu ihm zurückkehren. Und sobald er uns aus der Ferne erblickt, wird er von Mitleid ergriffen, kommt uns entgegen, umarmt uns und küsst uns, noch lange bevor er hört, dass wir ihn um Vergebung bitten (vgl. Lk 15,11-32). Schon Ezechiel sagte es uns:

> Darum sprich zum Hause Israel: So spricht der Herr, Gott: Nicht um euretwillen, Haus Israel! tue ich es, sondern um meines heiligen Namens willen, den ihr entweiht habt unter den Heiden, zu denen ihr gekommen seid. Ich werde meinen großen Namen heiligen, der unter den Völkern entweiht ist, den ihr unter ihnen entweiht habt. [...] Ich werde reines Wasser über euch ausgießen, dass ihr von allen euern Befleckungen gereinigt werdet, und von allen euern Götzenbildern werde ich euch reinigen. Ich werde euch ein neues Herz geben und einen neuen Geist in euer Inneres einführen, ich werde das Herz von Stein aus euerm Leibe nehmen und euch ein Herz von Fleisch geben. Ich werde meinen Geist in euer Inneres geben und machen, dass ihr nach meinen Geboten wandelt, meine Rechte beobachtet und sie übt (Ez 36,22-23.25-27).

Die Versöhnung mit Gott im Bußsakrament ist also kein altmodischer, überflüssiger Prozess, der sich auf eine psychologische Erfahrung beschränkt, die im besten Fall beruhigend, im schlimmsten Fall erniedrigend und abstoßend ist. Sich aufrichtig mit jemandem zu versöhnen bringt grundsätzlich Freude, Frieden und neuen Lebensmut. Jesus sagte: „Im Himmel wird mehr Freude sein über einen Sünder, der Buße tut, als über neunundneunzig Gerechte, welche der Buße nicht bedürfen" (Lk 15,7). Warum also kommen heutzutage so wenige Menschen in die Beichtstühle und bitten Gott aufrichtig um Vergebung? Warum ziehen sie es vor, ihren „Magen mit den Hülsen zu füllen, welche die Schweine fraßen“, anstatt zu Gott zurückzukehren und ihm zu sagen: „Vater! ich habe mich versündiget wider den Himmel, und vor dir; ich bin nicht mehr wert, dein Sohn zu heißen; halte mich wie einen von deinen Taglöhnern“ (Lk 15,18-19)? Wir sind oberflächlich geworden, sind uns unserer Selbstzerstörung nicht bewusst und sind überzeugt, dass wir Gott nicht brauchen.

Die Wohltaten der Beichte

Im Geheimnis des Kreuzes wird uns der ganze Schrecken und die Schwere der Sünde offenbart, aber auch und im selben Atemzug die Unermesslichkeit der göttlichen Liebe und der Barmherzigkeit, die uns angeboten ist. Christus hat für uns sein gesamtes Blut vergossen. Wir sind teuer erkauft worden, schreibt Paulus an die Korinther (1 Kor 6,19-20). Wir sollten uns nicht davor scheuen, so oft wie möglich zur Beichte zu gehen! Wenn Sie von Ihren Sünden bedrängt werden, kommen Sie zu Gott, der auf Sie wartet, im Beichtstuhl, in der Person des Priesters. Gott benutzt ihn, um Sie zu erneuern, zu heilen und Ihnen sein Leben zurückzugeben. Schauen Sie nicht auf den Priester als Menschen, auf seine Physiognomie oder seine Sünden. Denn, wie der heilige Paulus sagt:

> Das vor der Welt Schwache hat Gott auserwählt, um das Starke zu Schanden zu machen; und das vor der Welt Unangesehene, und das Verachtete, und das, was nichts ist, hat Gott auserwählt, um das, was etwas ist, zunichte zu machen, damit kein Mensch sich vor ihm rühme. Aus ihm aber seid ihr in Christus Jesus, welcher uns zur Weisheit von Gott geworden ist, zur Gerechtigkeit, Heiligung und Erlösung (1 Kor 1,27-30).

Wenn wir einer Versuchung erliegen und unsere Freundschaft mit Gott schwer beschädigt wird, gehen wir vertrauensvoll zum Sakrament seiner Barmherzigkeit und stützen uns auf die mächtige Fürsprache der Jungfrau Maria und aller Heiligen. Dann wird er uns wieder aufbauen und uns ein neues Herz und einen neuen Geist geben. Und weil Gott weiß, „was im Menschen ist", werden wir dort auch eine besondere Hilfe gegen die Versuchung erhalten, für den schönen Kampf des Glaubens gegen Satan und den Geist der Welt.

Wir sollten uns nicht schämen, zur Beichte zu gehen. Die Beichte erfreut das Herz Gottes, denn sie ist für sein Vaterherz eine Gelegenheit, den verlorenen Sohn, der wir sind, lange zu umarmen, das Mastkalb zu schlachten, um seine Rückkehr zu feiern, und uns unsere göttliche Abstammung zurückzugeben, diesen einzigen Reichtum unserer Existenz, der die Grundlage unserer Brüderlichkeit innerhalb der Kirche ist, wie der Prälat des Opus Dei, Bischof Fernando Ocáriz, erklärt:

> Durch die heiligmachende Gnade führt uns diese Kindschaft in das göttliche Leben der heiligen Dreifaltigkeit ein: Wir sind Kinder des Vaters im Sohn durch den Heiligen Geist. „Durch die Gnade der Taufe sind wir zu Kindern Gottes gemacht worden. Durch diese freie göttliche Entscheidung wurde die natürliche Würde des Menschen unvergleichlich erhöht; wenn die Sünde dieses Wunder zerstört hat, so hat die Erlösung es in noch bewundernswerterer Weise wieder aufgebaut und uns dazu gebracht, noch enger an der göttlichen Sohnschaft des Wortes teilzuhaben."[16] [...] Letztlich ist die Gotteskindschaft „in allen Gedanken, in allen Wünschen, in allen Gefühlen gegenwärtig."[17] Und sie erstreckt sich notwendigerweise auch auf die Brüderlichkeit. Es ist also der Heilige Geist selbst, der unserem Geist bezeugt, dass wir Kinder Gottes sind (Röm 8,16). Dieses Zeugnis ist die kindliche Liebe Gottes in uns, die die brüderliche Liebe mit umfasst.[18]

Häufigkeit der Beichte

Die jährliche Beichte gehört zu den Geboten der Kirche:

> Es ist Vorschrift der Kirche, dass jeder Gläubige nach Erreichen des Unterscheidungsalters die schweren Sünden, deren er sich bewusst ist, wenigstens einmal im Jahr beichtet. Wer sich bewusst ist, eine Todsünde begangen zu haben, darf selbst dann, wenn er tiefe Reue empfindet, die heilige Kommunion nicht empfangen, bevor er die sakramentale Absolution erhalten hat, außer wenn ein schwerer Grund vorliegt zu kommunizieren, und es ihm nicht möglich ist zu beichten. Die Kinder müssen, bevor sie zum ersten Mal die heilige Kommunion empfangen, zur Beichte gehen.[19]

Über dieses unerlässliche Minimum hinaus empfiehlt die Kirche die häufige Beichte unserer Sünden. Wie der Katechismus lehrt, hilft uns die regelmäßige Beichte unserer lässlichen Sünden, „unser Gewissen zu bilden", das heißt, es empfindlicher und sensibler für die Gott zugefügte Beleidigung zu machen, „gegen unsere bösen Neigungen anzukämpfen, uns von Christus heilen zu lassen und im Leben des Geistes voranzuschreiten. Indem wir durch dieses Sakrament häufiger das Geschenk der Barmherzigkeit des Vaters empfangen, werden wir dazu angehalten, barmherzig zu sein wie Er (vgl. Lk 6,36)". Und der *Katechismus* zitiert den heiligen Augustinus:

> Wer seine Sünden bekennt, wirkt schon mit Gott zusammen. Gott klagt deine Sünden an; wenn auch du sie anklagst, schließt du dich Gott an. Der Mensch und der Sünder sind gewissermaßen zwei Dinge: Wenn vom Menschen die Rede ist, so hat Gott ihn gemacht; wenn vom Sünder, so hat der Mensch ihn gemacht. Zerstöre das, was du gemacht hast, damit Gott rette, was er gemacht hat ... Wenn du das, was du gemacht hast, zu verabscheuen beginnst, beginnen deine guten Werke, weil du deine schlechten Werke anklagst. Das Bekenntnis der schlech-

ten Werke ist der Beginn deiner guten Werke. Du tust die Wahrheit und kommst ans Licht.[20]

Um Gottes Vergebung und Barmherzigkeit zu erfahren, müssen wir uns bemühen, unseren Blick auf ihn gerichtet zu halten, damit er uns den Weg zurück zeigt, den sein Wort eröffnet, wenn wir auf sein väterliches Bitten hören: „Kehret um zu mir von ganzem Herzen mit Fasten und Weinen und Wehklagen. Zerreißt eure Herzen und nicht eure Kleider und bekehrt euch zu dem Herrn, euerm Gott; denn er ist gnädig und barmherzig, geduldig und voller Güte, und lässt sich des Übels gereuen" (Joel 2,12-13).

Die großen Gefahren des geistigen Lebens: Lauheit und Routine

„Selig die Armen im Geiste [...] selig die Trauernden ... Selig seid ihr, wenn euch die Menschen schmähen und verfolgen, und alles Böse mit Unwahrheit wider euch reden um Meinetwillen" (Mt 5,3.5.11). Mit der Verkündigung dieser unerhörten, in ihren Anforderungen atemberaubenden Botschaft zeigt uns Jesus den Weg, der uns zur Vollkommenheit und Heiligkeit führt. Der Weg der Seligpreisungen ist ein harter, beschwerlicher und anspruchsvoller Weg. Jesus zieht uns in seine Nachfolge. Mit ihm müssen wir durch Leiden und Tod hindurchgehen, um in das Geheimnis des Lebens einzutreten. Doch der Eifer, mit dem wir den Weg des inneren Lebens begonnen haben, wird schnell von Lauheit und Routine bedroht. Die Lauheit hat nichts Auffälliges oder Anziehendes an sich, deshalb begegnen wir ihr nie von Angesicht zu Angesicht, sie nähert sich und schleicht sich heimtückisch ein, wie ein Nagetier, das leise und allmählich gräbt, von innen heraus frisst und eine schreckliche Leere in uns verursacht. Die Lauheit nimmt uns jede Stabilität, jede Energie, jeden Enthusiasmus und jeden Wunsch, unsere Wanderung zu den Gipfeln fortzusetzen, wo Gott auf uns wartet. Sie führt uns in die Mittelmäßigkeit, den geistigen Schlendrian, die Gleichgültigkeit gegenüber Gott. Es ist nicht notwendig, dass ein Mensch, der von Lauheit befallen ist, schwere Sünden begeht, um den Untergang seiner geistlichen Existenz zu erleben. Seine Trägheit reicht aus.

Die Routine ist die Schwester der Lauheit. Sie macht uns undurchlässig für die Gnade, wie Péguy richtig erkannte:

> Es gibt etwas Schlimmeres, als einen schlechten Gedanken zu haben: nämlich einen fix und fertigen Gedanken zu haben. Es gibt etwas Schlimmeres, als eine schlechte Seele zu haben, nämlich eine fix und fertige Seele zu haben. Es gibt etwas Schlimmeres, als eine verkehrte Seele zu haben, nämlich eine Seele zu haben, die in Gewohnheiten feststeckt. [...] Die schlimmsten Nöte, die schlimmsten Infamitäten, ja die Sünde selbst sind oft die Schwachstellen in der Rüstung des Menschen, die Scharten des Panzers, durch die die Gnade durch den Panzer der Härte des Menschen eindringt. An dem anorganischen Panzer der Gewohnheit jedoch rutscht alles ab, und jedes Schwert wird stumpf.[21]

Lauheit und Routine führen zu Faulheit, zu Nachlässigkeit, dazu, sich gehen zu lassen, zu einem schleichenden Tod. Deshalb hat Gott, der sonst so voller Vergebung und Zärtlichkeit für die Sünder ist, sehr harte Worte für die Lauen: „Ich kenne deine Werke, dass du weder kalt noch warm bist; o dass du kalt oder warm wärest! So aber, weil du lau bist, und weder kalt noch warm, werde ich dich ausspeien aus Meinem Munde" (Offb 3,15-16).

Jeden Tag neu anfangen

Die einzige Möglichkeit, sich vor Lauheit zu bewahren, besteht darin, sich zu entschließen, jeden Tag neu anzufangen, ohne sich jemals auf dem auszuruhen, was wir glauben, bereits erreicht zu haben. Jesus hat es uns ganz klar gesagt: „Will mir jemand nachfolgen, so verleugne er sich selbst, nehme täglich sein Kreuz auf sich, und folge mir“ (Lk 9,23). Das Kreuz – jeden Tag, um jeden Tag aufzuerstehen! Der heilige Hieronymus fügt hinzu:

> Nicht nur in Zeiten der Verfolgung, oder wenn sich die Möglichkeit des Martyriums auftut, sondern in allen Umständen, Aufgaben, Gedanken, Worten wollen wir uns abwenden von dem, was wir früher waren, und uns zu dem bekennen, was wir jetzt sind, denn wir sind neu geboren in Christus.[22]

Um wirklich aus der Finsternis ins Licht zu gelangen (vgl. Eph 5,8-10), müssen wir das, was wir früher waren, aufgeben, um unsere Existenz als Kinder Gottes voll und ganz zu realisieren. Die Bekehrung ist das Werk eines Augenblicks, das Heiligwerden ist die Aufgabe des ganzen Lebens. Es ist also unbedingt notwendig, dass wir bereit sind, Tag für Tag neu zu beginnen, im wieder aufgenommenen Schwung der ersten Bekehrung.

Diese Bereitschaft, immer wieder neu anzufangen, setzt eine wirkliche Demut voraus, die darauf verzichtet, die Erfolge zu zählen, sich umzuwenden, um den bereits zurückgelegten Weg zu betrachten; sie vergisst sich vollständig, weil sie aufgehört hat, sich selbst wichtig zu nehmen, und weil nur Gott für sie zählt. Das überragende Vorbild dieser Demut eines Kindes ist die heilige Jungfrau Maria, von der man sagen kann, dass ihre Demut die Erklärung ist für ihre vollkommene Reinheit.

Unschuldige, einfache, kindliche, reine Mutter mit kristalliner Seele. Diese Worte klingen klar wie das Bild, das sich die Tradition von dieser jungen Mutter aus bescheidenen sozialen Verhältnissen gemacht hat, die aber ganz von Gott erfüllt war. Aus den zahlreichen Texten über die Jungfrau Maria aus den letzten zwanzig Jahrhunderten möchte ich die folgenden Zeilen von Georges Bernanos anführen, die ganz wunderbar zum Ausdruck bringen, was ich hier sagen möchte:

Sie ist unsere Mutter, gewiss. Die Mutter des Menschengeschlechts, die neue Eva. Aber sie ist auch dessen Tochter. Die alte Welt, die schmerzensreiche Welt, die Welt vor dem Stande der Gnade hat sie lange – jahrhundertelang – an ihrem trostlosen Herzen gewiegt, in der dunklen, unbegreiflichen Erwartung einer *virgo genetrix* ... Jahrhundertelang hat diese Welt mit ihren alten, sündenbeschwerten, groben Händen dieses wundersame kleine Mädchen behütet, dessen Namen sie nicht einmal kannte. Ein kleines Mädchen, diese Königin der Engel! Und sie ist es geblieben, vergiss das nicht! Das Mittelalter hatte dies gut verstanden, das Mittelalter hat alles verstanden. Die Heiligkeit Gottes! Die Einfachheit Gottes, die erschreckende Einfachheit Gottes, die den Hochmut der Engel verdammt hat! [...] Die heilige Jungfrau hat keinen Sieg gefeiert und keine Wunder vollbracht. Ihr Sohn hat nicht gestattet, dass menschlicher Ruhm sie auch nur mit der äußersten Spitze seines großen wilden Flügels antaste. Niemand hat so schlicht gelebt, gelitten, ist so schlicht gestorben, in so tiefer Unkenntnis der eigenen Würde, einer Würde, die sie doch über die Engel erhebt. Denn immerhin war sie ohne Makel empfangen, welche erstaunliche Einmaligkeit! Ein so reiner Quell, so klar, so klar und rein, dass sie nicht einmal ihr eigenes Antlitz darin spiegeln konnte, ihr einzig zur Freude des Vaters erschaffenes Antlitz. O heilige Einsamkeit! [...] Gewiss, unser armes Geschlecht taugt nicht viel, Kindlichkeit aber bewegt immer noch sein Herz, und vor der Unwissenheit der Kleinen senkt es die Augen, seine Augen, die das Gute und das Böse kennen, seine Augen, die so viele Dinge gesehen haben! Im Grunde aber handelt es sich nur um Unwissenheit. Die Jungfrau war die Unschuld. [...] Der Blick der heiligen Jungfrau ist der einzige wahrhaft kindliche Blick, der einzige wahrhafte Blick eines Kindes, der sich jemals auf unsere Schande und unser Unglück gerichtet hat. Jawohl, mein Junge, um recht zu ihr beten zu können, muss man diesen Blick auf sich ruhen fühlen, der nicht ganz ein Blick der Nachsicht ist – denn Nachsicht gibt es nicht ohne irgendwelche bittere Erfahrung –, vielmehr ein Blick zärtlichen Mitleids, schmerzlichen Staunens oder irgendeines anderen unfassbaren und unaussprechlichen Gefühls, das sie jünger sein lässt als die Sünde, jünger als den Stamm, dem sie entspros-

> sen ist, und obwohl durch die Gnade Mutter, Mutter der Gnaden: dennoch die Jüngste des Menschengeschlechts.[23]

Wenn wir jeden Tag demütig neu beginnen, dann bedeutet das nicht, dass wir den täglichen Kampf auf die leichte Schulter nehmen oder aufhören, ihm Wert und Wichtigkeit beizumessen. Im Gegenteil, die Heilige Schrift spricht oft von der Gottesfurcht, die unser Dasein prägen soll. Es geht nicht um die Angst vor seinen Strafen, sondern vielmehr um die große Ehrfurcht, die wir haben müssen; um das Bewusstsein unserer Kleinheit und unseres Elends und damit gleichzeitig um die außerordentliche Unverdientheit der Liebe in der Heilstat Gottes. Was den Christen bewegt, ist letztlich die in der Person Christi offenbarte Liebe, die uns lehrt, alle Menschen und die gesamte Schöpfung zu lieben. Diese Liebe ist nicht oberflächlich, denn sie ging bis zum Blut; deshalb soll unser Leben als Christen sich in einem Klima der Verantwortung und des Ernstes entwickeln. „Täuschet euch nicht! Gott lässt seiner nicht spotten", so die warnenden Worte des Apostels Paulus (Gal 6,7).

Man muss sich entscheiden. Man kann nicht leben, wenn man beide Kerzen, mit denen sich – so der Volksmund – jeder Mensch rüstet, angezündet lässt: die eine für den Erzengel Michael, die andere für den Teufel. Man muss die Kerze für den Teufel auslöschen. Unser Leben soll sich verzehren, indem es ganz und gar im Dienst des Herrn brennt, und das entscheidet sich jeden Tag aufs Neue.

Das schwere Privileg der Freiheit

Der Mensch ist das größte Wunder der sichtbaren Schöpfung, weil er intelligent und frei ist, fähig zu erkennen und sich hinzugeben, doch er besitzt dieses Privileg in der Art eines Keims, und es liegt an ihm, den richtigen Gebrauch zu lernen und es sich sozusagen Tag für Tag in seiner ganzen Fülle anzueignen.

Die Konstitution *Gaudium et spes* fasst die Gedanken der Kirche über das Wesen der wahren Freiheit gut zusammen. Dieser bewundernswert strukturierte und außergewöhnlich klare Text lautet wie folgt:

> Nur als Freier kann der Mensch sich zum Guten hinwenden. Und diese Freiheit schätzen unsere Zeitgenossen hoch und erstreben sie leidenschaftlich. Mit Recht. Oft jedoch vertreten sie sie in verkehrter Weise, als Berechtigung, alles zu tun, wenn es nur gefällt, auch das Böse. Die wahre Freiheit aber ist ein erhabenes Kennzeichen des Bildes Gottes im Menschen: Gott wollte nämlich den Menschen „in der Hand seines Entschlusses lassen", so dass er seinen Schöpfer aus eigenem Entscheid suche und frei zur vollen und seligen Vollendung in Einheit mit Gott gelange. Die Würde des Menschen verlangt daher, dass er in bewusster und freier Wahl handle, das heißt personal, von innen her bewegt und geführt und nicht unter blindem innerem Drang oder unter bloßem äußerem Zwang. Eine solche Würde erwirbt der Mensch, wenn er sich aus aller Knechtschaft der Leidenschaften befreit und sein Ziel in freier Wahl des Guten verfolgt sowie sich die geeigneten Hilfsmittel wirksam und in angestrengtem Bemühen verschafft. Die Freiheit des Menschen, die durch die Sünde verwundet ist, kann nur mit Hilfe der Gnade Gottes die Hinordnung auf Gott zur vollen Wirksamkeit bringen. Jeder aber muss vor dem Richterstuhl Gottes Rechenschaft geben von seinem eigenen Leben, so wie er selber Gutes oder Böses getan hat.[24]

Der Mensch wird also nur dann wirklich frei, wenn er mit der göttlichen Gnade daran arbeitet, in sich das Bild und die Ähnlichkeit Gottes wieder herzustellen, die durch die Sünde beschädigt wurde. Es ist, mit anderen Worten, der Eintritt in das christliche Leben, der den Zugang zur wahren Freiheit ermöglicht: zur spontanen Entscheidung für das Gute. Der *Katechismus der Katholischen Kirche* sagt: „Je mehr man das Gute tut, desto freier wird man. Wahre Freiheit gibt es nur im Dienst des Guten und der Gerechtigkeit. Die

Entscheidung zum Ungehorsam und zum Bösen ist ein Missbrauch der Freiheit und macht zum Sklaven der Sünde (vgl. Röm 6,17)."[25]

Der Mensch ist nur dann ganz Mensch, wenn er sich für das Gute entscheidet und seine Freiheit und Liebe Gott als Huldigung darbietet. Zu Gott „Ja" sagen zu können bedeutet notwendig, den Mut zu haben, „Nein" zu sagen zu allen modernen Formen der Götzenanbetung und zu den Trugbildern des Vergnügens, welche die moralische Unordnung verheißt. Die Kirche ist heute mit viel moralischem und sozialem Elend konfrontiert, von dem ein beträchtlicher Teil sich auf das Bestreben zurückführen lässt, das System menschlicher und christlicher Werte zu zerstören, das die vergangenen Jahrhunderte, so gut sie es eben vermochten, etabliert hatten, und es durch eine falsche Verabsolutierung der Freiheit zu ersetzen. Der Mensch ist sich vage der Tatsache bewusst, dass diese Freiheit ein göttliches Privileg ist, und er möchte Gott als Gesetzgeber und Herrscher über alles ersetzen. Er möchte seine Natur und sein Geschlecht neu definieren, souverän festlegen, was richtig und falsch ist, selbst wenn er ein abscheuliches Verbrechen zu einem unverzichtbaren Recht macht wie etwa die „legalisierte, sichere und für alle zugängliche" Abtreibung. Der moderne Mensch will absolut autonom gegenüber Gott und seinen Gesetzen sein. „Der Sünder trotzt dem Herrn, voll Selbstgefälligkeit; der Frevler preist sich glücklich: ‚Gott ist nichts', das ist sein ganzes Denken" (Ps 10,3-4). Angesichts dessen müssen die Christen mit Kühnheit handeln, mit Größe, Edelmut und Heldentum wirken und die Hoffnung kundtun, die in ihnen ist (vgl. 1 Petr 3,15). Sie dürfen nicht darauf verzichten, ihre Stimme zu Fragen zu erheben, die das Verständnis der menschlichen Person und ihrer Würde betreffen. Sie müssen den Menschen von heute offenbaren, was Freiheit wirklich ist und wie allein Jesus sie schenkt: „Wenn euch also der Sohn frei macht, so werdet ihr wahrhaft frei sein" (Joh 8,36). Zuerst befreit er uns von uns selbst, um uns in das innere Leben der heiligen Dreifaltigkeit einzuführen.

Die anspruchsvolle Aufgabe des Christen, seine tägliche Mission, besteht darin, das Evangelium in seiner ganzen Fülle zu leben; in unserem Leben das Bild des Gottessohnes nachzubilden, zuzulassen, dass Jesus Christus unser Leben, unsere Gesellschaften, unsere politischen und wirtschaftlichen Strukturen, unsere Kulturen, unser wissenschaftliches und technologisches Forschen und überhaupt sämtliche Bereiche der menschlichen Existenz durchdringt, und Christus die Türe weit zu öffnen, auf dass er uns wahrhaft frei macht.

Die Gnade Gottes – das Mysterium der ungeschuldeten Liebe

Um dieses anspruchsvolle Programm zu erfüllen, können wir auf die Gnade Gottes zählen. Wir haben uns Gott zu sehr als eine Instanz vorgestellt, die gute und schlechte Taten auf einer gnadenlos genauen Waage abwägt und uns immer als zu leicht befinden wird. Die Evangelien hingegen lassen uns einem Gott begegnet, der uns mit Gnade und Barmherzigkeit überschüttet. Jeder von uns kann und sollte mit Paulus sagen: „Durch Gottes Gnade bin ich, was ich bin" (1 Kor 15,10; vgl. 2 Kor 4,15; Röm 5,15).

Die Gnade ist „das Wohlwollen, die ungeschuldete Hilfe, die Gott uns schenkt, um seinem Ruf zu entsprechen. Denn unsere Berufung ist es, Kinder Gottes zu werden" (vgl. Joh 1,12-18), angenommene Kinder (vgl. Röm 8,14-17), Teilhaber der göttlichen Natur (vgl. 1 Petr 1,3-4), des ewigen Lebens (vgl. Joh 17,3), [...] „dass Gott uns ungeschuldet sein Leben schenkt. Er gießt es durch den Heiligen Geist in unsere Seele ein, um sie von der Sünde zu heilen und zu heiligen."[26]

Es ist reine Großzügigkeit, dass Gott seine Liebe über mich ausgießt. Nichts zwingt ihn dazu, doch kann ihn auch nichts davon abhalten, nicht einmal meine Sünden und meine Treulosigkeit. Im Gegenteil, je größer unsere Armut, je größer die Leere in unserer Seele, desto größer ist die Ausgießung seiner Liebe und Zärtlichkeit. Welche Menschen in der Bibel sind es letztlich, die Gott mit einer besonders hartnäckigen und barmherzigen Liebe liebt?: Jakob, der es wagt, Gott zu packen, Leib an Leib mit ihm zu kämpfen (Gen 32,23-32).

David, König und zugleich Mörder und Ehebrecher, der jedoch seine Sünde erkannte und „ein Mensch nach dem Herzen Gottes" wurde (vgl. 1 S 13,14). Petrus, der Jünger, der Jesus verriet, lästerte und unter Verwünschungen schwor: „Ich kenne den Menschen nicht" (Mt 26,72). Paulus, der große Missionar, der aus den Reihen derer geholt wurde, die die Christen folterten. Gott erwartet und erreicht seine Kinder dort, wo die Ablehnung von Liebe und Gemeinschaft sie in Isolation, gegenseitigem Hass und Spaltung gefangen hält, um sie an seinen Tisch einzuladen, zum Festmahl der Freude und der Barmherzigkeit. Aber werde ich dieser Einladung folgen? Bin ich wirklich in der Lage, mich von der entfremdenden Herrschaft moderner Götzen loszureißen, bin ich entschlossen, als freier Mensch in einer wahren Freiheit zu leben, die „nicht zum Anlass für das Fleisch" (Gal 5,13) gebraucht wird? Wir wurden befreit, um zu lieben und in der Liebe und Wahrheit zu leben.

Liebe und Barmherzigkeit

Wenn der Mensch dem erhabenen Geschenk der Freiheit nicht gewachsen ist, dann benutzt er es, um zu sündigen, was letztlich darauf hinausläuft, es Stückchen für Stückchen aufzugeben. Aber er hat immer und immer wieder die Möglichkeit, sich erneut für Gott zu entscheiden, wieder aufzustehen und den Weg fortzusetzen: Das ist das Geschenk der göttlichen Barmherzigkeit.

Das Wort Gottes enthüllt uns Gottes Liebe und Großzügigkeit gegenüber der Menschheit, die Art und Weise, wie er uns ohne Berechnung liebt, nach dem Maß seines Herzens und nicht nach unseren Verdiensten. Die vollkommene Unentgeltlichkeit dieser Liebe, ihr überfließendes Maß, erstaunt uns, empört uns, und oft rebellieren wir dagegen. Im Gleichnis von den Arbeitern im Weinberg, die zu verschiedenen Tageszeiten eingestellt werden, gibt der Herr des Weinbergs allen den vollen Lohn. Diejenigen, die seit dem Morgen „die Last und Hitze des Tages getragen" haben, wurden nicht bestohlen, da sie das erhielten, was vereinbart war: einen Denar. Aber sie sind unzufrieden mit der skandalösen Mathematik der Gnade. Sie sind nicht damit einverstanden, dass der Herr des Weinbergs das Zwölffache von dem, was sie verdient haben, an Nichtstuer zahlt, die fast den ganzen Tag auf dem Dorfplatz herumgestanden sind. Auch uns kann es passieren, dass wir gegen den Herrn murren, wenn er seine Gnaden und seine Liebe über Menschen ausgießt, die wir für unwürdig und verdienstlos halten. So laufen wir Gefahr, die Lehre Jesu zu verfehlen: Gott verteilt unverdient und großzügig Gaben, nicht Löhne. Niemand wird nach seinem Verdienst bezahlt, denn niemand kann von sich behaupten, er habe aufgrund seiner eigenen Fähigkeiten die von Gott geforderten Bedingungen erfüllt: in der Liebe zu ihm zuzunehmen. Wenn wir nach Leistung bezahlt würden, dann würden wir alle in der Hölle landen.

Die göttliche Gnade ist nicht der Logik von Zahlen, Rentabilität und Berechnungen unterworfen. Sie ist ein ungeschuldetes Geschenk Gottes aufgrund dessen, dass Jesus für unsere Erlösung starb. Schon unter den Jüngern Jesu waren Judas und Petrus diejenigen, die am ehesten dazu neigten, Berechnungen anzustellen. Judas hatte höchstwahrscheinlich größere Fertigkeiten und Geschick im Umgang mit Zahlen, sonst hätten ihn die anderen nicht zum Verwalter der Gelder gewählt. Petrus hingegen legte großen Wert auf Details und versuchte stets, die Bedeutung, die Jesus seinen Worten geben wollte, genau festzuhalten. Beim wunderbaren Fischfang machte er eine penible Bestandsaufnahme des Fangs: Das Netz, das er an Land zog, war „mit einhundertdreiundfünfzig großen Fischen gefüllt" (Joh 21,1-11; vgl. Lk 5,4-10). Aber vor allem in Bezug auf die Vergebung wollte er genaue Zahlenangaben: „Herr! Wie oft soll ich meinem Bruder vergeben, wenn er wider mich sündigt? Bis zu sieben Malen?" (Mt 18,21). Petrus meinte, das wäre großmütig von ihm, denn die Rabbiner gaben damals vor, dass man bis zu drei Mal vergeben könne, dass mehr jedoch nicht nötig sei. Aber Jesus antwortete: „Nicht sage ich dir: Bis zu sieben Malen, sondern bis zu siebzig Mal" (Mt 18,22) oder nach einigen Handschriften „siebzig Mal sieben Mal“; in beiden Fällen ist klar, dass die angegebene Zahl bedeutet, dass Vergebung nicht quantifizierbar ist. Die Frage des Petrus verweist übrigens auf weitere Gleichnisse Jesu, in denen Zahlen denselben symbolischen Wert haben, etwa jenes Gleichnis von dem Knecht, der zehntausend Talente schuldete: eine exorbitante Summe, die gar nicht bezahlt werden kann; eine Schuld, die nur barmherzig erlassen werden kann.

Mit diesen kühnen und fast übertriebenen Bildern möchte Jesus uns offenbaren, dass Gott uns unendliche Schulden vergeben hat und dass Christsein bedeutet, Gott in seiner maßlosen Barmherzigkeit nachzuahmen, und so wie Gott Freude an Liebe und Vergebung zu finden: „Denn diese Barmherzigkeit ermöglicht es ihm, sich über alle Maße und Forderungen hinaus zu verströmen, und sein Glück entspricht der Verbreitung des Guten, das in ihm ist, der Liebe, die er schenkt.“[27] Christsein bedeutet also, das Unverzeihliche zu vergeben, weil Gott uns das Unverzeihliche vergeben hat. Man muss nicht alle Bücher der Bibel gelesen haben, um zu verstehen, dass Gott uns einerseits liebt, unser Verhalten ihm andererseits aber auch widerstrebt:

> Ich bin satt von den Brandopfern von Widdern und dem Fett von Mastvieh; [...] Bringet nicht ferner unnütze Opfer; Räucherwerk ist mir ein Greuel! [...] Falschheit und Feierlichkeit ertrage ich nicht mehr. Eure Neumonde, eure Festlichkeiten hasst meine Seele; [...] wenn ihr eure Hände ausstreckt, werde ich mein Angesicht von euch abwenden; und wenn ihr noch so viel betet, werde ich euch doch nicht erhören, denn eure Hände sind voll Blutschuld. Waschet euch, reiniget euch, schaffet die Bosheit eurer Taten aus meinen Augen; lasset ab, verkehrt zu handeln! Lernet Gutes tun! (Jes 1,11.13-17).

Dennoch kann und will Gott sich nicht entmutigen lassen, denn sein Herz ist größer als das unsere: „Denn wie der Himmel erhaben ist über die Erde, so sind meine Wege erhaben über eure Wege und meine Gedanken über eure Gedanken“ (Jes 55,9). Er versöhnt sich mit den Menschen, er vergibt, er eilt herbei und fällt uns um den

Hals, um uns lang und zärtlich zu umarmen wie ein von Liebe überströmender Vater.

Um uns die Tiefe seiner Zärtlichkeit spüren zu lassen, bedient sich die Heilige Schrift der Sprache der Emotionen und zeigt uns, wie Gott zwischen zärtlichen Erinnerungen an die Zeit der Liebe (Hos 2,16 f.; Ez 16) und den feierlichen Drohungen des Gerichts schwankt, die er zu Recht gegen sein untreues Volk ausspricht (Ez 20;22;23): „Weil sie nicht umkehren wollten zu mir, wird das Schwert in ihren Städten wüten, ihre Tore zerstören und sie verzehren wegen ihrer Pläne" (Hos 11,5-6). Doch siehe – fast mitten im Satz bricht ein Schrei der Liebe aus seinem Herzen hervor:

> Mein Volk wird harren auf meine Rückkehr, doch wird ihnen ein Joch zumal auferlegt, das nimmer hinweggenommen werden soll. Wie soll ich dich aufgeben, o Ephraim? Dich ausliefern, o Israel? Wie soll ich dich preisgeben wie Adama, dir tun wie Seboim? Mein Herz ist in mir erschüttert, und meine Eingeweide erbeben. Nicht will ich meinen grimmigen Zorn auslassen, nicht daran gehen, Ephraim zu verderben; denn ich bin Gott und nicht ein Mensch, der Heilige in deiner Mitte, und ich werde nicht im Zorn kommen (Hos 11,7-9).

Gott fordert uns also zu Liebe und Vergebung gegenüber anderen heraus. Er offenbart seine Barmherzigkeit mit fast schockierendem Realismus in der Geschichte des Propheten selbst. Er verlangt von Hosea, Gomer zu heiraten, eine zügellose Frau, die ihn, nachdem sie ihm drei Kinder geboren hat, verlässt, um mit einem anderen zusammenzuleben und sich sogar zu prostituieren – ein konkretes Bild unserer eigenen Untreue gegenüber Gott. Und dann verlangt Gott von Hosea, er solle sie wieder aufnehmen: „Gehe nochmals hin und liebe eine Frau, die von einem anderen geliebt wird, aber die Ehe bricht" (Hos 3,1). Hosea, der betrogene Ehemann, der zum Gespött und Gesprächsthema der Leute geworden ist, nimmt seine Frau wieder zurück und bringt sie erneut in sein Haus. Ich selbst war einmal bewegter Zeuge von zwei ähnlichen Situationen. Sie haben meinen

Glauben an das Geheimnis des Kreuzes gefestigt, in dem Gott sich für diejenigen hingibt, die ihn verraten und abgelehnt haben. In der Betrachtung des Kreuzes lernen wir, wie Gott ohne Maß zu lieben und zu vergeben.

Dieser Abschnitt aus dem Propheten Hosea berührt mich jedes Mal wieder zutiefst. Ich staune darüber, wie Gott es hingenommen hat, solche Demütigungen auszuhalten, einzig um mir seine bedingungslose Liebe mitzuteilen, die aus seinem Herzen auf mich überströmt. Er vernichtet meine Sünde und überflutet mich mit Gnade: „Wie könnte ich dich verlassen? Mein Herz ist in mir erschüttert, und meine Eingeweide erbeben." Paulus beschreibt dieselbe Macht der Liebe angesichts der Sünde mit anderen Worten: „Wo die Sünde sich häuft, wird die Gnade überreichlich" (Röm 5,20). Nach seiner Begegnung mit Christus auf dem Weg nach Damaskus konnte sich Paulus dem Einfluss der Gnade nie mehr entziehen, die ihn wie ein Schwert bis ins Innerste seines Wesens durchdrungen hatte. Deshalb taucht das Wort „Gnade" in seinen Briefen häufig schon im ersten oder zweiten Satz auf. Er hatte dieses Wort immer im Mund, weil er wusste, was passieren würde, wenn wir wähnen würden, Gottes Liebe verdient zu haben. Wenn wir uns eines Tages unserer Sünde bewusst werden und unserer Unfähigkeit, sie wieder gutzumachen, dann werden wir plötzlich das Gefühl haben, dieser Liebe nicht würdig zu sein, und der Boden wird uns unter den Füßen weggezogen, was uns in Angst und Verzweiflung stürzt. Um dieses Unglück zu verhindern, gibt der heilige Paulus gegenüber seinem Mitarbeiter Timotheus Zeugnis von der Unentgeltlichkeit der Liebe, die ihn selbst, den Lästerer und Christenverfolger, verwandelt hat:

> Ich sage dem Dank, der mir Kraft gegeben hat, Christus Jesus, unserm Herrn, dass er mich für treu erachtet hat, indem er mich in das Amt einsetzte, der ich zuvor ein Lästerer und Verfolger und Bedrücker war; aber ich habe Gottes Barmherzigkeit erlangt, weil ich unwissend gehandelt hatte im Unglauben. Überschwenglich aber erwies sich die Gnade unseres Herrn mit dem Glauben und der Liebe, die in Chris-

> tus Jesus sind. Zuverlässig ist das Wort und aller Annahme würdig, dass Christus Jesus in diese Welt gekommen ist, die Sünder zu retten, unter denen ich der erste bin. Aber darum habe ich Barmherzigkeit erlangt, damit an mir, als dem ersten, Christus Jesus das ganze Ausmaß seiner Langmut zeigte, zur Belehrung für die, welche an ihn glauben werden zum ewigen Leben (1 Tim 1,12-16).

Paulus, der sich des offenbaren Skandals der Gnade sehr wohl bewusst ist, bemüht sich zu erklären, wie Gott mit der gesamten Menschheit Frieden geschlossen hat. Wir sind der Meinung, dass ein Verbrecher für seine Schuld bezahlen muss: Ein Mörder kann nicht einfach freigelassen werden, weil er sich entschuldigt hat. Und in der Tat ist auch unsere Erlösung nicht einfach ein Schwamm, der über die Verbrechen der Menschheit gewischt wurde; ein Preis wurde gezahlt, doch er wurde von Gott selbst gezahlt, um die Liebe seiner Geschöpfe wieder zu erobern: „Im Geheimnis des Kreuzes offenbart sich in aller Fülle die uneingeschränkte Macht, mit der sich der himmlische Vater erbarmt. Um die Liebe seines Geschöpfes wiederzugewinnen, hat er einen sehr hohen Preis aufgebracht: das Blut seines eingeborenen Sohnes."[28]

Die Gnade kostete den exorbitanten Preis von Golgotha: „Um einen hohen Preis seid ihr erkauft worden" (1 Kor 6,20), „mit dem kostbaren Blut Christi, als eines unbefleckten und makellosen Lammes" (1 Petr 1,19).

In seinem monumentalen Filmfresko *Der letzte Kaiser* inszenierte Bernardo Bertolucci die Kindheitsjahre des letzten Kaisers von China in einer märchenhaften, in Luxus getauchten Umgebung. Tausend Eunuchen stehen dem Jungen zur Verfügung, die ihm jeden Wunsch erfüllen. „Was passiert, wenn Ihr Euch einer Untat schuldig macht?", fragt ihn sein Bruder, der sich ihm in der Verbotenen Stadt angeschlossen hat. „Wenn ich einen Fehler mache oder irgendeine Dummheit begehe, wird jemand anderes als ich bestraft", antwortet der Kind-Kaiser. Um dies zu demonstrieren, lässt er eine Vase zu Boden fallen, und sofort wird einer der Diener ausgepeitscht. Im

Mysterium der Erlösung ist es umgekehrt: Wenn die Diener vom Weg abkommen, wird der König bestraft. „Mein gerechter Knecht wird viele gerecht machen, und ihre Missetaten wird er tragen“ (Jes 53,11); „Er, der unsere Sünden selbst an seinem Leibe an das Holz trug, damit wir, den Sünden abgestorben, der Gerechtigkeit leben mögen“ (1 Petr 2,24). Wahrhaftig, Gott liebt uns, und er hat mit seinem Leben bezahlt, um uns das zu beweisen: „Gott erweist seine Liebe zu uns, weil Christus, als wir noch Sünder waren, für uns gestorben ist“ (Röm 5,8).

Wir sollen uns davon überzeugen lassen, dass die Gleichnisse der Barmherzigkeit jeden von uns persönlich betreffen: *Ich* bin in Wahrheit das verlorene Schaf, das der Hirt suchen geht, wobei er die Herde in den Bergen zurücklässt; *ich* bin in Wahrheit der verlorene Sohn, nach dem der Vater den Horizont absucht, in sorgender und hoffnungsvoller Erwartung meiner Rückkehr. *Ich* bin der Knecht, dem die Schulden erlassen wurden. Ich bin der von Gott Geliebte. Wenn Gott Liebe ist, warum sollte ich mich dann wundern, dass er mich innig liebt, mich, der ich unbeständig, flatterhaft, unstet, untreu bin? Gott weiß, auf welchen Wegen er uns führt und wie er unsere Sünden dazu benutzen kann, uns zu ihm zu führen. Wenn Gott also auf die Kurve meines Lebens schaut, dann sieht er nicht ein willkürliches Auf und Ab, mal zum Guten, mal zum Bösen, sondern einen harmonischen Weg, der zur Ewigkeit führt. Im Buch des Lebens wurde der Name der Maria Magdalena wegen ihrer Unkeuschheit ebenso eingetragen wie der Name der seligen Jungfrau Maria wegen ihrer Reinheit; und der Name des Paulus, der das Schwert gegen Christus erhob, ebenso wie der Name des Petrus, der es zur Verteidigung Jesu einsetzen wollte (Mt 26,51-54). Denn das Buch des Lebens wurde nicht sukzessive geschrieben, ein Wort nach dem anderen, eine Zeile nach der anderen, sondern es wurde als Ganzes gegeben.

Die Bitte um Barmherzigkeit und die Gewährung der Vergebung

Der Prophet Joel ermutigt uns, Gott um Vergebung für unsere Verfehlungen zu bitten: „Kehrt um zu mir von ganzem Herzen mit Fasten und Weinen und Wehklagen! Und zerreißt eure Herzen und nicht eure Kleider, und bekehrt euch zum Herrn, eurem Gott; denn er ist gnädig und barmherzig, geduldig und voller Güte, und lässt sich des Übels gereuen“ (Joel 2,12-13). Gott wünscht das noch mehr als wir: „Ich will nicht den Tod des Sünders, sondern dass er sich bekehre und lebe“ (Ez 18,32; 32,11). Und er gibt uns die Zusicherung seiner Barmherzigkeit: „Bekehre dich, Haus Israel, von deiner Missetat. Sag den Söhnen meines Volkes: Sollten eure Sünden von der Erde bis zum Himmel emporsteigen, sollten sie roter als Scharlach und schwärzer als ein Trauergewand sein – wenn ihr euch von ganzem Herzen zu mir umkehrt und zu mir sagt: ‚Vater‘, dann werde ich euch als heiliges Volk anhören.“[29]

Wir sind wirklich die verlorenen Söhne, die weit weggegangen sind vom Vater, um unser Erbe zu vergeuden, mit dem absurden Anspruch, in absoluter Unabhängigkeit zu leben, frei von jedem moralischen Gesetz. Wir sind rebellische Kinder, „Söhne des Zorns“ (Eph 2,3), ungehorsam, „ein Volk von Abtrünnigen, die von mir abgefallen sind: sie und ihre Väter haben meinen Bund gebrochen bis zu diesem Tage, und die Söhne haben ein verhärtetes Angesicht und ein unbeugsames Herz“ (Ez 2,3-4). Die Zeit dieses vergänglichen Lebens wird uns als willkommene Möglichkeit verlängert, auf dass wir uns mit Gott und unseren Brüdern und Schwestern versöhnen, vor allem mit jenen, mit denen eine geschwisterliche, heitere und friedliche Begegnung uns unmöglich dünkt. Auch wenn wir menschlich gesehen nicht die Kraft, den Mut oder die Demut haben, zu vergeben, müssen wir uns vom Heiligen Geist führen lassen, der selbst das, was tot und verdorrt war, wieder zum Leben erwecken kann (vgl. Ez 37,1-14). Paulus fordert uns nachdrücklich auf: „Lasst euch im Namen Christi mit Gott versöhnen“, sogar mit eurem Feind (vgl.

2 Kor 5,20), mit dem, den wir beleidigt haben oder der uns schwer gedemütigt und verletzt hat. Gott wird den ersten Schritt tun, um uns diese Rückkehr zu Ihm und zu unseren Brüdern zu erleichtern. Gott selbst begleitet uns auf dem Weg zu dem, der uns beleidigt hat, und er erweicht unser Herz, um uns fähig und glücklich zu machen, unsererseits die Vergebung anzubieten, die er uns unermüdlich und großzügig gewährt: „Zur rechten Zeit habe ich dich erhört, und am Tage des Heiles habe ich dir geholfen! Seht, jetzt ist die gnadenreiche Zeit, seht, jetzt ist der Tag des Heiles“ (2 Kor 6; vgl. Jes 49,8).

VI

Eine Liebe wie die zwischen Christus und der Kirche

Nachdem Jesus von Johannes die Taufe empfangen hatte, nachdem er sich in die Wüste zurückgezogen hatte, um zu beten, zu fasten und auf das Wort Gottes zu hören, begann er sein öffentliches Leben und seine Verkündigungstätigkeit, die er mit dem Zeichen des Wassers, das er bei der Hochzeit von Kana in Wein verwandelte, einleitete.

Diese Erscheinung der Realität der Ehe im Evangelium ist nicht die erste: Maria war ja, als sie vom Engel besucht wurde und in ihrem Schoß das fleischgewordene Wort empfing, „verlobt mit einem Mann namens Josef aus dem Hause Davids". Aber es gibt doch in der Episode der Hochzeit zu Kana etwas, das noch eindrücklicher ist, nämlich die volle Anerkennung und Heiligung, die Christus der natürlichen und sehr menschlichen Realität der Ehe gewährt, die dadurch zu dem großen Geheimnis wird, das später den heiligen Paulus entzückte.

Bevor wir in das Thema einsteigen, möchte ich diese Gelegenheit nutzen, um zu betonen, dass eine Erneuerung unseres Blicks auf das Sakrament der Ehe auch eine Erneuerung unseres Blicks auf die Frau erfordert. Als das christliche Volk die zärtliche Verehrung und den großen Respekt wahrnahm, die Jesus seiner Mutter, der Jungfrau von Nazareth, entgegenbrachte, da erkannte es, dass jede Frau wie eine Ikone derjenigen ist, die zur Würde der *theotokos* erhoben wurde, derjenigen, die als „Mutter Gottes" bezeichnet werden kann, da sie es dem Sohn Gottes ermöglicht hat, als Mensch unter Menschen geboren zu werden. Seit in Maria die Natur der Frau auf diese Weise wiederhergestellt und verherrlicht wurde, ist die Frau, die bewundernswerte Gefährtin des Mannes, wieder dazu berufen, die Eigenschaften der Zärtlichkeit, der Geduld, der Sanftmut, des Zuhörens, der Hilfsbereitschaft, der Selbstlosigkeit, des Mutes, der Hingabe, der Unentgeltlichkeit und der Großzügigkeit – Eigenschaften, die die Menschheit so dringend braucht! – zur Entfaltung zu bringen. Welche Beleidigung für die Würde der Frau sind Pornografie, Prostitution und Werbespots, in denen sie als Lustobjekt dargestellt wird, das man einfach wegwerfen kann, wenn man seiner überdrüssig ist! Seitdem uns Maria von Jesus als unsere Mutter gegeben wurde, sollen wir jede Frau als unsere Mutter, als unsere Schwester betrachten; unser Blick auf die Frau soll von tiefem Respekt, Reinheit, Dankbarkeit und kindlicher Bewunderung erfüllt sein. Unsere Liebe zu einer Frau soll eine heilige, reine Liebe sein, die nicht dem schweren Gewicht eines fleischlichen Verlangens entspringt, sondern der Reinheit, die den Geist befreit, so die Worte des heiligen Bernhard. Die Frau muss geliebt, geehrt und respektiert werden, denn sie ist der lebendige Ausdruck der Zärtlichkeit Gottes. Von daher ist es verständlich, warum eine Frau nicht verstoßen werden kann (vgl. Mt 19,3-9).

Die Institution Ehe ist in Gefahr

Es ist außerordentlich wichtig, dass wir, wer auch immer wir sein mögen, und was auch immer unsere Berufung in der Kirche Gottes ist, unseren Blick auf das Sakrament der Ehe erneuern. Wir erleben ja in der Tat eine radikale Veränderung der westlichen Gesellschaft und eine besorgniserregende Schwächung der Ehe zu Beginn des dritten christlichen Jahrtausends, wo die Vertreter der Gender-Theorie, die Sozialingenieure und die Weltordnungspolitik „sämtlichen Familienformen", die aus unterschiedlichsten Formen homosexueller Verbindungen und Praktiken hervorgehen, volles Existenzrecht verleihen wollen.

Der Bezug auf den göttlichen Schöpfungsplan für den Menschen, wie er uns sowohl in der Natur des Menschen als auch in der göttlichen Offenbarung kundgetan ist, und wie er vom Lehramt der Kirche überliefert wurde, ist zu einem Zeichen des Widerspruchs auf dem europäischen Kontinent geworden, der nicht nur seine Wurzeln vergessen hat, sondern auch versucht, Rechtssysteme zu entwickeln, die darauf abzielen, die Spuren des Christentums systematisch und endgültig auszulöschen. Wir leben inmitten der Diktatur des Relativismus, die durch das angebliche Fehlen objektiver und verbindlicher Rahmen für das Denken und die Sitten gekennzeichnet ist. Es gibt indessen einen allgemein geteilten, unausgesprochenen Bezug auf die Ideen von Nietzsche, der den Tod Gottes verkündete und den Menschen aufforderte, sich selbst zu retten; und auf die Ideen von Freud, der den Menschen als Sklaven seiner elementarsten Lebenstriebe betrachtet:

> Nach Freuds Logik hindern uns der Vater, die Zivilisation, ihre Institutionen und Gesetze, das Erziehungssystem, die verschiedenen Ausprägungen von Autorität, die Regierung, die moralischen Normen, die Religion, Gott und unser Über-Ich – sie alle hindern uns daran, unserer sexuellen Vitalität freien Lauf zu lassen: Sie alle seien repressiv. [...] Es ist von daher leicht zu verstehen, wie die sexuelle Revolution der westlichen Kultur der Vorstellung des einzigen, lebenslangen Ehepartners den Todesstoß versetzt hat; dieser lebenslange Ehepartner wurde durch eine Vielzahl von „Lebensabschnittspartnern" ersetzt. Da Vater und Mutter sowie Ehemann und Ehefrau den ihnen sozial zustehenden Platz verloren haben, wurde die Familie in ihren Grundfesten erschüttert. [...] Und das Vakuum, das durch den kulturellen Tod von Gott, Vater, Mutter, Ehemann und Ehefrau sowie des Kindes entstand, ermöglichte es den Sozialingenieuren, den Menschen auf neuen, rein säkularen Fundamenten neu zu konstruieren: auf dem *Gender*.[1]

Konfrontiert mit diesem kollektiven Bestreben, die Institution Familie zu zerstören, haben diejenigen, deren Aufgabe es ist, die Lehre der Kirche zum Ausdruck zu bringen, nicht immer die dafür nötige Kraft und Kohärenz aufgebracht, sie haben sich vielmehr in zweideutige Positionen geflüchtet, so dass heute unter den Gläubigen eine große Verwirrung zu diesem Thema herrscht. Der Herausgeber des Buches von Thibaud Collin mit dem Titel *Le mariage chrétien a-t-il encore un avenir ? Pour en finir avec les malentendus* (Hat die christliche Ehe noch eine Zukunft? Es ist an der Zeit, Missverständnisse auszuräumen) beginnt seine Zusammenfassung des Buchs wie folgt:

> Die Ehe befindet sich in einer Krise. Sie wird durch die ständige Verschärfung der modernen Logik der Rechte des Individuums erschüttert, die an den von Natur aus instabilen Begehrlichkeiten gemessen wird. Der Preis für diese unerträgliche Leichtigkeit ist die Fluidität der Beziehungen und die Schwächung der persönlichen Existenzen.[2]

Nach meiner Ansicht muss sich die Kirche heute zwei großen Herausforderungen stellen: zum einen der Aufgabe, alle, die durch eheliche Liebe verletzt wurden, aufzunehmen, ihre Wunden zu verbinden und sie in der Wahrheit zum wahren Arzt und Hirten unserer Seelen, zu Jesus Christus, zu führen, der den eigentlichen Sinn des Lebens und echter Liebe vermittelt. Zum anderen muss sie Familien in irregulären Status integrieren und begleiten, ohne die dauerhafte und unveränderliche Glaubens- und Morallehre der Kirche aus den Angeln zu heben oder ganz aus der Welt zu schaffen. Es ist daher dringend notwendig, den Sinn und die Klugheit dieser Lehre wiederzufinden, um auf diese beiden Herausforderungen reagieren zu können.

Der Sinn der Ehe

Das Zweite Vatikanische Konzil fasst die Lehre der Kirche über die Ehe wie folgt zusammen:

Die innige Gemeinschaft des Lebens und der Liebe in der Ehe, vom Schöpfer begründet und mit eigenen Gesetzen geschützt, wird durch den Ehebund, das heißt durch ein unwiderrufliches personales Einverständnis, gestiftet. So entsteht durch den personal freien Akt, in dem sich die Eheleute gegenseitig schenken und annehmen, eine nach göttlicher Ordnung feste Institution, und zwar auch gegenüber der Gesellschaft. Dieses heilige Band unterliegt im Hinblick auf das Wohl der Gatten und der Nachkommenschaft sowie auf das Wohl der Gesellschaft nicht mehr menschlicher Willkür. Gott selbst ist Urheber der Ehe, die mit verschiedenen Gütern und Zielen ausgestattet ist; sie alle sind von größter Bedeutung für den Fortbestand der Menschheit, für den persönlichen Fortschritt der einzelnen Familienmitglieder und ihr ewiges Heil; für die Würde, die Festigkeit, den Frieden und das Wohlergehen der Familie selbst und der ganzen menschlichen Gesellschaft. Durch ihre natürliche Eigenart sind die Institution der Ehe und die eheliche Liebe auf die Zeugung und Erziehung von Nachkommenschaft hingeordnet und finden darin gleichsam ihre Krönung. Darum gewähren sich Mann und Frau, die im Ehebund nicht mehr zwei sind, sondern ein Fleisch (Mt 19,6), in inniger Verbundenheit der Personen und ihres Tuns gegenseitige Hilfe und gegenseitigen Dienst und erfahren und vollziehen dadurch immer mehr und voller das eigentliche Wesen ihrer Einheit.

Diese innige Vereinigung als gegenseitiges Sichschenken zweier Personen wie auch das Wohl der Kinder verlangen die unbedingte Treue der Gatten und fordern ihre unauflösliche Einheit.

Christus der Herr hat diese Liebe, die letztlich aus der göttlichen Liebe hervorgeht und nach dem Vorbild seiner Einheit mit der Kirche gebildet ist, unter ihren vielen Hinsichten in reichem Maße gesegnet. Wie nämlich Gott einst durch den Bund der Liebe und Treue seinem Volk entgegenkam (Hos 2; Jer 3,6-13; Ez 16; 23; Jes 54), so begegnet nun der Erlöser der Menschen und der Bräutigam (Eph 5,27 ; 2 Kor 11,2 ; Offb 19,7-8) der Kirche durch das Sakrament der Ehe den christlichen Gatten. Er bleibt fernerhin bei ihnen, damit die Gatten sich in gegenseiti-

> ger Hingabe und ständiger Treue lieben, so wie er selbst die Kirche geliebt und sich für sie hingegeben hat.[3]

Nicht die Kirche hat die Ehe erfunden. Sie existiert seit den Anfängen der Welt in allen Zivilisationen und Kulturen, mit dem Charakteristikum einer festen und endgültigen Verbindung, die eine vollständige und unwiderrufliche gegenseitige Hingabe der Eheleute besiegelt; Jesus konnte daher den Pharisäern, die ihn nach der Möglichkeit der Scheidung fragten, antworten:

> Habt ihr nicht gelesen, dass der, welcher im Anbeginn den Menschen erschaffen, als Mann und Weib sie geschaffen und gesagt hat: Deshalb wird ein Mann den Vater und die Mutter verlassen, und seinem Weibe anhangen, und werden die Zwei ein Fleisch sein? Demnach sind sie nicht mehr Zwei, sondern ein Fleisch. Was nun Gott zusammengefügt hat, soll der Mensch nicht trennen (Mt 19,4-6).

Die ersten Christen heirateten nach den Bräuchen ihrer Zeit, höchstwahrscheinlich ohne eine besondere religiöse Zeremonie. Dies scheint die berühmte Passage aus dem Brief an Diognet zu bestätigen:

> Die Christen sind weder durch Heimat noch durch Sprache und Sitten von den übrigen Menschen verschieden. [...] Sie bewohnen Städte von Griechen und Nichtgriechen, wie es einem jeden das Schicksal beschieden hat, und fügen sich der Landessitte in Kleidung, Nahrung und in der sonstigen Lebensart, legen aber dabei einen wunderbaren und anerkanntermaßen überraschenden Wandel in ihrem bürgerlichen Leben an den Tag. Sie bewohnen jeder sein Vaterland, aber nur wie ansässige Ausländer; sie beteiligen sich an allem wie Bürger und ertragen alles wie Fremde; jede Fremde ist ihnen Vaterland und jedes Vaterland eine Fremde. Sie heiraten wie alle anderen und zeugen Kinder, setzen aber die Neugeborenen nicht aus. Sie haben gemeinsamen Tisch, aber

> es ist kein gewöhnlicher Tisch. Sie sind im Fleische, leben aber nicht nach dem Fleische.[4]

Überall und von Anfang an wurde die Ehe von den Christen als eine äußerst wichtige intime Lebens- und Liebesgemeinschaft angesehen, die auf der freien, persönlichen und unwiderruflichen Zustimmung der Eheleute beruht und offen ist für die Weitergabe des Lebens. Später hat sie jedoch eine neue Dimension angenommen:

> Der Ehebund, durch den Mann und Frau unter sich die Gemeinschaft des ganzen Lebens begründen, welche durch ihre natürliche Eigenart auf das Wohl der Ehegatten und auf die Zeugung und die Erziehung von Nachkommenschaft hingeordnet ist, wurde zwischen Getauften von Christus dem Herrn zur Würde eines Sakramentes erhoben.[5]

Die Unauflöslichkeit der Ehe

Diese neue Würde der christlichen Ehe lässt die Treue der Eheleute zueinander an der Treue Jesu Christi zu Seiner Kirche teilhaben, der für sie ja „derselbe gestern, heute und in Ewigkeit" ist (Hebr 13,8).

Schon im Alten Testament ist die Ehe eines der bevorzugten Bilder, um Gottes Liebe zur Menschheit in liebevollen und verheißungsvollen Worten zu beschreiben:

> Deshalb, siehe, will ich sie locken und in die Wüste führen und ihr zu Herzen sprechen. Und ich will ihr ihre Weinberge von dort aus zuteilen und das Tal Achor zur Hoffnungspforte. Daselbst soll sie singen wie in den Tagen, da sie heraufzog aus dem Lande Ägypten. Und an jenem Tage, spricht der Herr, wird sie mich nennen: Mein Gemahl! und nicht mehr wird sie mich: Mein Baal! nennen. [...] Und ich werde an jenem Tage einen Bund mit ihnen schließen [...]. Und ich werde dich mir auf ewig verloben, ich werde dich mir verloben in Gerechtigkeit und

> Recht, in Gnade und Erbarmung. Ich werde dich mir verloben in Treue, und du sollst erkennen, dass ich der Herr bin. (Hos 2,14-16.18-20) [!]

Dasselbe gilt für die Zeit der Erlösung und der Ankunft der Gnade: Die Ehe zwischen Getauften ist wie ein Spiegelbild des Liebesbandes, das Christus und die Kirche für immer vereint, eine heilige, zutiefst sakrale und unantastbare Vereinigung. Aus diesem Grund geben sich von nun an die Eheleute in Gegenwart eines Priesters endgültig aneinander hin: Christus, der die Kirche geliebt und sich für sie hingegeben hat, verbindet sie untrennbar miteinander und schenkt ihnen bis zu ihrem Tod die Gnade, die ihnen helfen wird, ihre gegenseitige Hingabe in der Kraft und im Schwung der göttlichen Liebe aufrechtzuerhalten. Das ergibt sich aus der Ermahnung des Apostels Paulus an die Christen in Ephesus:

> Ihr Männer, liebt eure Frauen, so wie auch Christus die Kirche geliebt und sich selbst für sie hingegeben hat, sie zu heiligen, indem er sie reinigte durch das Bad des Wasser, vermittels des Wortes des Lebens, damit er sich selbst die Kirche herrlich darstellte, ohne Makel, ohne Runzel oder etwas dergleichen, vielmehr dass sie heilig und fleckenlos sei. So sind auch die Männer aufgefordert, ihre Frauen zu lieben wie ihre eigenen Leiber. Wer sein Weib liebt, liebt sich selbst. Denn niemand hat noch sein eigenes Fleisch gehasst, sondern er hegt und pflegt es, wie auch Christus die Kirche; denn sind wir denn nicht Glieder seines Leibes? Darum wird der Mensch seinen Vater und seine Mutter verlassen und seinem Weibe anhangen; und die zwei werden ein Fleisch sein: Dieses Geheimnis ist groß; ich sage aber, es bezieht sich auf Christus und auf die Kirche (Eph 5,25-32).

Paulus fordert die Ehemänner nicht dazu auf, einfach nur eine rein rechtliche Bindung zu respektieren, sondern sie sollen ihre Ehefrauen mit derselben Liebe lieben, die Christus der Kirche entgegenbringt. Die Beziehung zwischen christlichen Eheleuten wird nämlich von nun an durch das Geheimnis des Heils geprägt, das im Tod und in der Auferstehung Christi verwirklicht wurde, der sich selbst völlig entäußerte und sich aus Liebe zum Vater und zu den Menschen rückhaltlos hingab (Phil 2,6-11). Es kann daher keine Beziehung zwischen Eheleuten geben, die nicht von dieser völligen Selbstentäußerung für den Anderen inspiriert ist. Auf diese Weise hilft der heilige Paulus den Christen, sich aus dem rein rechtlichen und formalen Rahmen der Ehe sowie der bloßen gesellschaftlichen Annehmlichkeiten zu lösen und in die Welt der Hingabe und Selbsthingabe einzutreten, der unentgeltlichen, aufrichtigen und vollkommenen Liebe, wie sie der Herr durch sein Opfer vorgelebt hat und wie sie die Kirche durch ihre Treue bis zum Ende der Welt vorlebt.

Der heilige Johannes Chrysostomus schlug daher vor, der Bräutigam solle seiner Frau folgende kleine Ansprache halten:

> Ich habe dich in meine Arme genommen, und ich liebe dich, und du bist mir sogar teurer als mein eigenes Leben. Denn das gegenwärtige Leben ist nichts, und mein sehnlichster Wunsch ist es, dieses Leben mit dir so zu verbringen, dass wir sicher sein können, in dem für uns vorherbestimmten Leben nicht getrennt zu werden. [...] Ich stelle deine Liebe über alles, und nichts würde mich mehr schmerzen, als nicht so gesinnt zu sein wie du.[6]

Aufbau einer dauerhaften Liebesbeziehung

Die Ehe ist also ein Bund zwischen Mann und Frau, der auf das unwiderrufliche Band der Liebe zwischen Christus und seiner Kirche verweist und daraus seinen stabilen und unauflöslichen Charakter ableitet. Diese Verbindung muss einer echten Komplementarität zwischen den Eheleuten entsprechen. Bei beiden soll es eine Herzensqualität geben, einen inneren Reichtum, der Gegenstand der Bewunderung des Anderen sein kann und seinen Wunsch zu erwecken vermag, diese Herzensqualität und diesen Reichtum mit dem geliebten Menschen zusammen in einer fruchtbaren Ergänzung zu besitzen. Aber selbst wenn diese glückliche Übereinstimmung besteht, ist die beständige Liebe eines ganzen Lebens keine Selbstverständlichkeit. Es ist nicht übertrieben zu sagen, dass die Ehe in ihrer evangeliumsgemäßen Ausrichtung auf absolute Treue und Unauflöslichkeit eine „Torheit" ist; in der Tat nicht mehr und nicht weniger als der priesterliche Zölibat im Hinblick auf das Himmelreich.

Es ist unvermeidlich, dass die Prüfungen, die es in jedem menschlichen Leben gibt, Leiden verursachen, die zu Beziehungsschwierigkeiten und sogar zu starken Spannungen führen können, welche sich dann zu Konflikten ausweiten, selbst in einem Haus, in dem sich die Eheleute innig lieben. Zu diesen Prüfungen kommt das leider überall in unserer Zeit überhandnehmende Beispiel der Zunahme von Scheidungen und Konkubinats- und Wohngemeinschaftsstrukturen, die nicht nur die religiöse, sondern auch die bürgerliche Ehe ignorieren. Man fühlt sich nicht dazu in der Lage, jemandem etwas zu übergeben, das man morgen vielleicht nicht mehr ist; Treue scheint eine Haltung zu sein, die dem Leben, das Bewegung und ständige Veränderung voraussetzt, zuwiderläuft. Wie wäre vor diesem Hintergrund eine dauerhafte, endgültige und unumkehrbare Bindung möglich und legitim? Wenn das Zusammenleben den gefühlsmäßigen Charme des Anfangs verloren hat, scheint es zu einem erdrückenden, freiheitsfeindlichen und für das persönliche Gleichgewicht bedrohlichen Zustand zu werden, der in Frage gestellt und letztlich ein für allemal zerschlagen werden muss.

Von Charles Péguy stammt die treffende Feststellung, dass Treue zur seltensten Tugend in der modernen Zeit geworden ist. Dabei ist Treue die Voraussetzung für das Zusammenleben der Menschen, sei es in der Familie, in der Gesellschaft oder auf internationaler Ebene, denn ohne Treue kann kein Vertrauen aufgebaut werden. Die Treue zwischen Eheleuten ist untrennbar mit Liebe verbunden. Die Liebe muss auch dann noch Bestand haben und ewig dauern können, wenn die erste Begeisterung verflogen ist. Damit das so bleibt, müssen die Eheleute an dem festhalten, was im Anderen über das Äußere hinausgeht und einen Reichtum darstellt, der unvergänglich ist. Die Liebe ist dann nicht mehr eine instinktive Aufwallung. Sie ist eine wohlüberlegte Entscheidung, zu lieben, was auch immer geschieht, in Erfolg oder Misserfolg, in Gesundheit oder Krankheit; und diese Liebe in Dienen umzusetzen, Freud und Leid zu teilen, alle Reichtümer und alle Armut miteinander zu teilen. Es ist die Bereitschaft, das eigene Leben für diejenigen zu geben, die man liebt (vgl. Joh 15,13). „Eine grundlegende Frage bleibt jedoch bestehen", so die Feststellung von Mgr. Léon-Arthur Elchinger:

> Kann man sich dazu verpflichten, jemandem auf diese Weise absolut endgültig treu zu sein? Während manche Menschen absolute Treue für „verrückt" halten, gehen Gläubige davon aus, dass sie durchaus möglich ist. Da Gott ewig treu ist und die Menschen auffordert, treu zu sein, beziehen die Gläubigen Gott in ihre Entscheidung mit ein. Sie nehmen Gottes Hilfe in Anspruch, wenn sie den Entschluss fassen, sich jemandem endgültig hinzugeben. Gott hofft auf unsere Treue, und das verleiht den Menschen die Kühnheit, sich zu völliger Treue zu verpflichten. Sich für ein ganzes Leben zu verpflichten wird so zu einem Ausdruck der christlichen Hoffnung, die tief in uns eingeschrieben ist und die es den Christen ermöglichen soll, ohne Lüge und Heuchelei den schönen Namen „Gläubige" (im Französischen bedeutet „fidèle" sowohl „treu" als auch „gläubig", A. d. Ü.) zu tragen.[7]

Da das Sakrament der Ehe auf die Vereinigung von Christus und der Kirche verweist, ist es die Aufgabe der Kirche, die wahre Liebe vorzuleben und zu lehren, indem sie den Menschen nahebringt, „was Liebe bedeutet, welche Bedingungen, Folgen und Auswirkungen die Liebe hat, und welche Verzerrungen und Illusionen andererseits aus ihr hervorgehen können".[8]

In manchen soziokulturellen Kontexten führt Unfruchtbarkeit in der Ehe manchmal zu großen Schwierigkeiten und Spannungen, auch bei christlichen Eheleuten, vor allem, wenn sie sich nicht regelmäßig vom Wort Gottes und den Sakramenten nähren, um die Kraft zu haben, das Geheimnis ihrer Verbindung zu verstehen und das, „welches die Breite und Länge und Höhe und Tiefe sei; und auch die Liebe Christi zu erkennen, welche alles Erkennen übersteigt" (Eph 3,18-19). „[Die Liebe] eifert nicht [...], sie erträgt alles, sie glaubt alles, sie hofft alles, sie übersteht alles. Die Liebe hört nie auf" (vgl. 1 Kor 13, 4-5.7-8). Wenn der Glaube lebendig ist, dürfte es keine Schwierigkeit geben, die zu Untreue oder Scheidung führt. Die Heilige Schrift stellt immer wieder Paare dar, die von Unfruchtbarkeit geprüft wurden: Elkana und Hanna (1 S 1,1-8), Manoah und seine Frau (Ri 13,1-24), Zacharias und Elisabeth (Lk 1,4-25). Zwar erhielten sie letztlich von Gott die wunderbare Gabe eines Kindes, doch auch als Kinderlose gaben sie Zeugnis von Treue in der Prüfung und waren bereit, diese Prüfung in vollem Umfang anzunehmen.

Leider ist die Tragödie zerbrochener Ehen in sämtlichen Gesellschaftsschichten zu einer schmerzhaften Realität geworden. Ein Ehepartner wird von dem anderen verlassen. Die Kinder sind verwundet, verwirrt und hin- und hergerissen. Sie haben keine Familie mehr, da Mama und Papa sie zerstört haben. Die Scheidung ist ein entsetzliches Krebsgeschwür, das gleichzeitig die Familie und die Gesellschaft zerstört, da sie der Authentizität der menschlichen Liebe entgegensteht, die über die wechselnden Zustände der Empfindlichkeit hinausgeht und den Status einer unzerstörbaren spirituellen Realität erreicht.

Die umfassende und dauerhafte Liebe zwischen Mann und Frau entspricht dem Plan Gottes für die menschliche Familie, und daran erinnert Jesus die Pharisäer unmissverständlich:

> Vom Anfang der Schöpfung aber hat Gott sie als Mann und Weib geschaffen. Darum wird der Mann Vater und Mutter verlassen und seinem Weibe anhangen. Und es werden zwei in einem Fleisch sein. Sie sind also nicht mehr zwei, sondern ein Fleisch. Was nun Gott verbunden hat, das soll der Mensch nicht trennen. Und zu Hause fragten ihn seine Jünger noch einmal darüber. Er sprach zu ihnen: Wer immer sein Weib entlässt und eine Andere nimmt, der begeht an ihr einen Ehe-

> bruch. Und wenn ein Weib ihren Mann entlässt, und einen Anderen heiratet, so bricht sie die Ehe (Mk 10,6-12).

Die Lebenssituation von Geschiedenen

Dass es unmöglich ist, nach einer Trennung wieder zu heiraten, ist eine Lehre, die die Welt weder hören noch akzeptieren will, an der die Kirche aber aus Treue zu ihrem Herrn festhalten muss.

Dass die Schrift die Unauflöslichkeit der Ehe so stark betont, hat tiefe theologische Wurzeln: Gott gibt den Eheleuten, indem er sie wie ein Fleisch werden lässt, die Aufgabe, durch ihre unzerstörbare Verbindung Zeugen des Bundes zwischen ihm und der gesamten Schöpfung zu sein, der Freundschaft, die er dem Menschengeschlecht auf ewig anbietet.

In Israel war wie in allen Zivilisationen und Ländern die Scheidung zu einem Recht geworden, das als gängige Maßnahme zur Regulierung der Sitten anerkannt war; ja mehr noch: Durch das Abfassen des von der Tora geforderten Verstoßungsbriefes konnte sich ein frommer Israelit als dem Gesetz gegenüber gerechtfertigt betrachten. Jesus hat sich mit dieser Situation nicht abgefunden: Sein Vorwurf der „Herzenshärte" für diese Weigerung, der Wahrheit des Ursprungs treu zu bleiben, ist ein klares Zeugnis dafür. Er führt die Ehe mit Nachdruck auf die von Gott gewollten Bedingungen zurück, weil nur diese der tiefsten Würde des Mannes und der Frau entsprechen:

> Indem er Scheidung vollständig verbietet, wagt Jesus etwas zu verbieten, was das Gesetz erlaubt – und zwar nicht wegen irgendeiner geringfügigen Regelung, sondern wegen einer der wichtigsten rechtlichen Institutionen in dieser Gesellschaft. Er wagt zu behaupten, dass ein Mann, der sich treu an das Gesetz hält, indem er das Vorgeschriebene tut, wenn er seine Frau verstößt und wieder heiratet, in Wahrheit Ehebruch begeht. Wenn man sich die Mühe macht, darüber nachzudenken, was das Verbot der Scheidung durch Jesus bedeutet, dann ist

> das geradezu bestürzend. Jesus hat die Kühnheit zu lehren, dass die eigentliche Sünde des Ehebruchs das ist, was das Gesetz erlaubt und organisiert. Das heißt, wenn ein jüdischer Mann gewissenhaft die Regeln befolgt, die die Tora für Scheidung und Wiederverheiratung vorgibt, dann begeht er eine schwere Sünde gegen eines der Gebote des Dekalogs: das Gebot, das den Ehebruch verbietet (Ex 20,14; Dtn 5,18). Das ist gewiss alles andere als eine Kleinigkeit! Zumindest nach dem Pentateuch ist es ein Kapitalverbrechen. Hier wie nirgendwo sonst in seiner halachischen Lehre – das Verbot, Eide zu schwören, ist das einzige andere Beispiel – gerät der Jude Jesus in Konflikt mit der Tora des Mose, wie sie von der Mehrheit der gläubigen Juden vor, während und nach seiner Zeit verstanden und praktiziert wurde.[9]

Die entschiedenen Worte Jesu machen deutlich, dass das positive alttestamentliche Recht, das die Auflösung der Ehe erlaubt, ein ernsthaftes Hindernis für die Fülle der Offenbarung des Geheimnisses des Bundes ist, die zu verwirklichen er gekommen ist. Die faktische Polygamie, die sich aus der Wiederverheiratung ergibt – und die er sich nicht scheut, Ehebruch zu nennen –, ist eine unvollkommene Form, die überwunden werden muss, um die Reinheit des göttlichen Plans wiederzuerlangen, bevor er durch die Sünde des Menschen entstellt wurde.

Diese Fülle der Offenbarung, so Aline Lizotte, wurde der Menschheit geschenkt, und sie ist der Kirche anvertraut, die sie treu bezeugen, bewahren und das christliche Volk, für das sie verantwortlich ist, damit nähren soll. Nur die katholische Kirche bewahrt heute in vollkommener Treue nicht nur die Unauflöslichkeit der Ehe, sondern die eheliche Realität, wie Gott sie von Anfang an gewollt hat, nämlich als stabile Verbindung eines Mannes und einer Frau, deren gegenseitiges Einverständnis, das öffentlich vor Gott und vor den Menschen zum Ausdruck gebracht wird, zwischen ihnen eine radikale Gemeinschaft der empfangenen Gaben zur Weitergabe des Lebens impliziert. „Innerhalb der Kirche Christi stellen andere Formen der sexuellen Vereinigung, auch wenn sie Elemente enthalten, die es ihnen ermöglichen, der sakramentalen Ehe zu ähneln, objektiv Hindernisse für die Fülle des ehelichen Lebens dar, wie es vom Schöpfer gewollt und von Christus bestätigt wird."[10]

Der von Jesus formulierte Vorbehalt („außer im Fall von Ehebruch") bedeutet, dass sich der geschädigte Ehepartner in einigen sehr schweren Fällen von Untreue von dem anderen trennen kann, was ihn jedoch nicht dazu berechtigt, eine neue Verbindung einzugehen. Keinesfalls darf eine Person, die ihren Ehepartner verstoßen hat, wieder heiraten.

Jesu Antwort an die Pharisäer ruft bei den Jüngern wegen der Unnachgiebigkeit dieser Lehre Ratlosigkeit hervor:

> Seine Jünger sprachen zu ihm: Wenn die Sache des Mannes mit dem Weibe sich so verhält, so ist es nicht gut zu heiraten. Jesus antwortete ihnen: Nicht alle fassen dieses Wort, sondern nur die, denen es gegeben ist. Denn es gibt Verschnittene, welche vom Mutterleibe so geboren sind; und es gibt Verschnittene, die von Menschen dazu gemacht wurden; und es gibt Verschnittene, die sich selbst verschnitten haben um des Himmelreiches willen. Wer es fassen kann, der fasse es! (Mt 19,10-12).

Für das Himmelreich und die ewige Belohnung muss man zu allen Opfern und Entsagungen fähig sein. Das ist es, was wir im Namen Gottes lehren müssen, mit Sanftmut und Respekt, aber auch mit Klarheit und Entschlossenheit.

Gründe für die Forderung der Kirche

Die Aufgabe der Kirche ist eine schwere Aufgabe, welche die menschlichen Kräfte übersteigt. Dabei ist die Verkündigung des Evangeliums für sie kein Ruhmestitel, sondern eine Notwendigkeit, die ihr obliegt (1 Kor 9,16). Sie muss diese Lehre, die die Welt nicht hören will, unbedingt weitergeben, nicht nur, wo es sich um die Ehe handelt, sondern auch hinsichtlich der christlichen Geheimnisse ganz allgemein: Inkarnation, Tod und Auferstehung des Mensch gewordenen Gottes; Transsubstantiation, also die Umwandlung der Substanz von Brot und Wein in die Substanz des Leibes und Blutes Christi; all das ist für die Welt eine Torheit. Genau so wenig, wie die Welt glauben kann, dass die Taufe mit Wasser uns eine Neugeburt schenkt und uns zu Kindern Gottes macht, genau so wenig kann die Welt akzeptieren, dass die Ehe so heilig und endgültig ist, dass das Zerbrechen dieser frei gewollten und vereinbarten Verbindung gleichbedeutend ist mit dem Zerbrechen dessen, was Gott selbst verbunden hat, womit jede spätere Verbindung zum Ehebruch wird. Diese Dinge sind ein Affront für die Welt und führen dazu, dass sie die Lehre der Kirche als „rigide", „fundamentalistisch", „unnachgiebig" und damit als „unannehmbar" bezeichnet.

Aber darf die Kirche die Lehre über die Ehe ändern, weil die moderne Welt die göttliche Offenbarung ablehnt? Wenn die Worte der Hirten, Bischöfe oder Priester unklar, zwiespältig werden, dann muss man sie mit der Quelle konfrontieren, also mit den Worten Jesu und der Tradition der Kirche seit den Anfängen. Der Glaube an Jesus Christus, nicht die Meinung von Menschen soll uns leiten. Am Tag unserer Taufe haben nicht wir christliche Ansichten angenommen, sondern wir wurden von dem angenommen, der sich allein als „der Weg, die Wahrheit und das Leben" (Joh 14,6) bezeichnen kann. Jesus lässt in dieser Frage überhaupt keine Zweifel aufkommen: „Wer immer sein Weib entlässt, es sei denn um des Ehebruchs willen, und eine Andere nimmt, bricht die Ehe; und wer eine Geschiedene nimmt, bricht die Ehe" (Mt 19,9). Es gibt nur ein Lehramt, das Lehramt der Offenbarung, das von den Kirchenvätern und der aufeinanderfolgenden und konstanten Lehre der Päpste oder Konzilien erläutert wird:

> Denn was hat die Kirche in ihren Konzilsdekreten anderes versucht, als das, was zuvor in aller Einfachheit geglaubt wurde, mit größerer Genauigkeit zu lehren – die Wahrheiten, die zuvor mit weniger Nachdruck gepredigt wurden, mit größerem Nachdruck zu verkünden, und schließ-

> lich das, was zuvor mit ruhiger Sicherheit geehrt wurde, mit größerer Sorgfalt zu ehren? Die katholische Kirche hat, durch die Neuerungen der Häretiker herausgefordert, durch die Dekrete ihrer Konzilien stets Folgendes getan und nichts anderes: Sie hat das, was sie von den Vorfahren allein durch die Tradition erhalten hatte, auch in schriftlichen Dokumenten an die Nachwelt weitergeben. Sie hat viele Dinge in wenigen Worten zusammengefasst und – meist um das Verständnis zu vertiefen – einen Glaubensartikel, der nicht neu war, mit neuen und angemessenen Begriffen charakterisiert.[11]

Die Kirche kann also nichts anderes lehren, und auf gar keinen Fall das Gegenteil, denn ihr Herr selbst hat erklärt: „Meine Lehre ist nicht mein, sondern dessen, der mich gesandt hat" (Joh 7,16). Die Kirche empfängt alles von Jesus Christus und hat alles von ihm; sie kann nur vor ihm zurücktreten, aber auf keinen Fall seinen Platz einnehmen und eine Lehre erfinden, die sie nicht von ihm, von den Aposteln und der Tradition erhalten hat.

Die Gewissheit unseres Glaubens lässt sich in Folgendem zusammenfassen: Das Christentum ist vollständig auf Jesus Christus gegründet. Darum soll niemand den Titel „Meister" für sich in Anspruch nehmen; denn ihr habt nur einen Meister, Christus (vgl. Mt 23,10). Die Versuchung ist groß, sich die Autorität Jesu anzueignen und seine Worte nach liberalen und relativistischen Grundsätzen auszulegen, um die Welt zufriedenzustellen. Aber bekanntlich sagt Paulus: „Denn wir sind nicht – wie so viele – Fälscher des Wortes Gottes, sondern aus lauterem Triebe, sondern so wie aus Gott reden wir vor Gott, in Christus" (2 Kor 2,17). Ja, wir haben den falschen Weg eingeschlagen, wir haben uns angewöhnt zu versuchen, das Evangelium der Welt anzupassen, um unseren Platz in der heutigen westlichen Welt zu behaupten. Aber niemand darf vergessen, dass der einzige doktrinäre Fortschritt, den es in der Kirche gibt, nicht darin besteht, heute zu leugnen, was man gestern glaubte, sondern darin, die Irrwege zu versperren, um jenseits der unvermeidlichen Entstellungen und Verfälschungen den katholischen Glauben und die authentische Tradition der Kirche wiederzufinden, denn, wie der Hebräerbrief sagt, „Jesus Christus ist derselbe gestern und heute und in Ewigkeit. Lasset auch nicht verführen durch mannigfaltige, fremdartige Lehren" (Hebr 13,8-9).

Was ist also zur Situation von Christen zu sagen, die nach der Trennung von einem Ehepartner, mit dem sie gültig verheiratet waren, eine neue zivile Partnerschaft eingegangen sind? Ich antworte mit den Worten von Kardinal Journet:

> Die Kirche exkommuniziert ihre Kinder, die abgefallen sind, nicht, da es nicht deren Absicht ist, die Kirche zu verleugnen oder vom Glauben abzufallen. Sie überlässt sie einfach ihrer eigenen Entscheidung, die, wie sie selbst wissen, nicht Christus, sondern der Welt entspricht. Solange diese Entscheidung also andauert, sollen sie die Kirche nicht darum bitten, sie zu den Sakramenten Christi zuzulassen. Die Kirche Christi hat den Auftrag, die Sakramente treu zu spenden.[12]

Die Kirche darf wiederverheirateten Geschiedenen die Eucharistie nicht spenden, weil wiederverheiratete Geschiedene sich in einem Zustand befinden, in welchem sie sich selbst ermächtigt haben, sich über das Wort Christi hinwegzusetzen: „Was Gott zusammengefügt hat, soll der Mensch nicht trennen" (Mt 19,6). Dadurch können sie als Eheleute nicht mehr lebendige Zeichen des österlichen Mysteriums der Liebe des Vaters zur versöhnten Menschheit sein. Ihre Lebensweise zeugt von einer Weigerung, sich an jenes Wort zu halten, welches die sakramental Verheirateten zu offenbarenden Zeichen des Ostergeheimnisses Christi erhebt.

Als Verwalterin der Geheimnisse Gottes ist die Kirche dazu berufen, das Glaubensgut zu bewahren. Der Apostel Paulus sagt: „Also sehe uns jedermann an als Diener Christi und Verwalter der Geheimnisse Gottes. Hier wird nun von den Verwaltern gefordert, dass ein jeder treu erfunden werde. Mir aber gilt es als etwas sehr Geringes, dass ich von euch oder von einem menschlichen Gerichtstag gerichtet werde [...] der mich aber richtet, ist der Herr" (1 Kor 4,1-4).

Die Kirche verurteilt wiederverheiratete Geschiedene nicht; sie bittet sie lediglich um die Ehrlichkeit und Offenheit, zuzugeben, dass sie einem Gebot nicht treu sein konnten, das wir von Gott durch Jesus Christus erhalten haben. Sie sind immer noch ihre Kinder, sie liebt sie weiterhin. Aber die Priester, die wiederverheirateten Geschiedenen die Eucharistie spenden, begehen einen schlimmen Verrat an der Kirche und am Herrn Jesus. Wie Judas verkaufen sie Jesus für dreißig Silberlinge, um vor der Welt als barmherzig, offen und verständnisvoll dazustehen. In Wirklichkeit ruinieren sie das spirituelle Leben wiederverheirateter Geschiedener, indem sie ihnen die Eucharistie in ihrem gegenwärtigen Zustand des – zwar als solchem unbeabsichtigten, aber objektiven und realen – Bruchs mit den Lehren Jesu über die Ehe geben. Damit aber widersprechen sie dem Sakrament selbst: Die radikale Vereinigung der Eheleute ist in der Tat ein Abbild der Vereinigung von Christus und der Kirche, die in der Eucharistie real manifestiert wird. Weder in dem einen noch in dem anderen Fall kann der Mensch trennen, was Gott verbunden hat; ebenso wenig kann die Kirche die Bedeutung der Eucharistie ändern. Das wäre falsche Barmherzigkeit.

Stattdessen sollen die Priester an die Lehre erinnern, die auf den Herrn und die Apostel zurückgeht: „In Ehren gehalten sei die Ehe in allen Stücken, und das Ehelager sei unbefleckt; denn Unzüchtige und Ehebrecher wird Gott richten" (Hebr 13,4). Und Paulus sagt:

> Denen aber, die ehelich verbunden sind, gebiete nicht ich, sondern der Herr, dass die Frau sich nicht von dem Mann trenne. Wenn sie sich aber getrennt hat, bleibe sie unvermählt oder versöhne sich wieder mit ihrem Mann. Auch entlasse der Mann die Frau nicht (1 Kor 7,10-11).

Diese vom Heiligen Geist inspirierten Worte wurden in der Kirche zweitausend Jahre lang verkündet und immer als verbindliche Norm der sakramentalen Disziplin und des konkreten Lebens der Gläubigen anerkannt. Heute die Sprache zu verändern wäre auf traurige Weise aufschlussreich, wie es die Heilige Schrift selbst lehrt:

> Jeder Geist, welcher sich weigert, die frohe Botschaft von Jesus Christus zu verkünden, ist nicht aus Gott, und er hat den Geist des Antichrist, von dem ihr gehört habt, dass er kommt, und schon jetzt ist er in der Welt. Ihr seid aus Gott, Kindlein! und habt diese Menschen überwunden; denn der in euch ist, ist größer als der in der Welt ist. Sie gehören der Welt, darum reden sie die Sprache der Welt, und die Welt hört auf sie. Wir gehören Gott. Wer Gott erkennt, hört auf uns; wer Gott nicht gehört, hört nicht auf uns; und so können wir den Geist der Wahrheit und den Geist des Irrwahns unterscheiden (1 Joh 4,3-6).

Theologische Grundlagen der gebräuchlichen Vorgehensweise im Hinblick auf wiederverheiratete Geschiedene

Diese Lehre über die Heiligkeit und Unauflöslichkeit der Ehe mit ihren Konsequenzen für die pastorale Praxis blieb in der Kirche bis zum Apostolischen Schreiben des heiligen Johannes Paul II. *Familiaris consortio* erhalten.

Kardinal Angelo Scola legte die theologischen Grundlagen dieser Lehre in aller Deutlichkeit dar und betonte vor allem die Verbindung zwischen der Eucharistie und dem Ehesakrament, dem „Sakrament der bräutlichen Liebe zwischen Christus und der Kirche". Denn, so erklärt er, die bräutliche Beziehung zwischen Christus und der Kirche ist nicht nur ein Modell für die gegenseitige Hingabe der Eheleute, sondern das eigentliche Fundament der Ehe: Das „Ja", das christliche Eheleute einander für immer geben, kann auf dem „Treibsand ihrer Freiheit" nicht fest gegründet sein, sondern nur auf der bräutlichen Bindung zwischen Christus und der Kirche; daher ist der Bezug auf die Eucharistie nicht etwas, was der Ehe nur äußerlich hinzugefügt ist, sondern dieser Bezug besitzt ihr gegenüber einen grundlegenden Charakter.

Seiner Meinung nach ist es bedauerlich, dass diese Lehre in den jüngsten Dokumenten des Lehramts keinen klarer konturierten Platz eingenommen hat:

> In *Amoris Laetitia* wie auch in den beiden Synodenversammlungen von 2014 und 2015 fällt die grundlegende Beziehung zwischen Eucharistie und Ehe nicht ins Auge, und das ist meiner Meinung nach eine schmerzhafte Abwesenheit. [...] Auf jeden Fall hat ein solches Fehlen dazu geführt, dass sich mit *Amoris Laetitia* ein weites Feld für abenteuerliche und unverantwortliche Interpretationen eröffnet hat, die dem Volk Gottes enormen Schaden zufügten. [...] Die Nichtzulassung wiederverheirateter Geschiedener zur Eucharistie ist nicht eine Strafe, die man aufheben oder abmildern kann; sie liegt im Charakter der christlichen Ehe selbst begründet, die, wie ich bereits sagte, auf dem Fundament der eucharistischen Hingabe Christi, des Bräutigams, an seine Braut, die Kirche, beruht. Daraus folgt, dass jemand, der sich selbst von der Eucharistie ausgeschlossen hat, indem er eine neue Verbindung eingegangen ist, den Zugang zum Sakrament der Eucharistie nur wiedererlangen kann, indem er in vollkommener Keuschheit lebt, wie Papst Johannes Paul II. im Schreiben *Familiaris consortio* feststellt. Aber in *Amoris Laetitia* findet sich darauf kein Hinweis. Es wird nicht gesagt, dass diese Vorschrift *nicht mehr gültig* ist, aber es wird auch nicht gesagt, *dass* sie noch gültig ist. Man klammert sie schlichtweg aus. Gleichzeitig wird jedoch daran erinnert, dass die Eucharistie, wie der heilige Ambrosius sagt, „nicht ein Preis ist, der für die Vollkommenen bestimmt ist, sondern ein großzügiges Heilmittel und eine Speise für die Schwachen". Es trifft zu, dass die Eucharistie auch eine heilende Funktion hat, aber diese Behauptung kann nicht außerhalb dessen verwendet werden, was die dogmatische Konzilskonstitution *Lumen gentium* über die kirchliche Natur der Sakramente sagt.[13]

Kardinal Scola gibt hier ein getreues Echo der Lehre Benedikts XVI. im nachsynodalen Schreiben *Sacramentum caritatis*, das die von den Synodenvätern über die Eucharistie geäußerte Position erläuterte. Die Väter erinnerten daran, dass „die treue, unauflösliche und ausschließliche Bindung, die Christus und die Kirche miteinander vereint und die ihren sakramentalen Ausdruck in der Eucharistie findet, einer ursprünglichen anthropologischen Gegebenheit entspricht, nach der der Mann sich definitiv an eine einzige Frau binden soll und umgekehrt", und daraus zogen sie die Konsequenz in Bezug auf die Unauflöslichkeit der Ehe:

> Wenn die Eucharistie die Unwiderruflichkeit der Liebe Gottes in Christus zu seiner Kirche ausdrückt, wird verständlich, warum sie in Beziehung zum Sakrament der Ehe jene Unauflöslichkeit einschließt, nach der sich jede wahre Liebe unweigerlich sehnt. Darum ist die pastorale Aufmerksamkeit mehr als gerechtfertigt, die die Synode den schmerzlichen Situationen gewidmet hat, in denen sich nicht wenige Gläubige befinden, die sich nach einer sakramentalen Trauung haben scheiden lassen und eine neue Verbindung eingegangen sind. Es handelt sich um ein dorniges und kompliziertes pastorales Problem, eine wahre Plage des heutigen sozialen Umfelds, die in zunehmendem Maße auch auf katholische Kreise übergreift. Die Hirten sind aus Liebe zur Wahrheit verpflichtet, die verschiedenen Situationen genau zu unterscheiden, um den betroffenen Gläubigen in angemessener Weise geistlich zu helfen. Die Bischofssynode hat die auf die Heilige Schrift (vgl. Mk 10,2-12) gegründete Praxis der Kirche, wiederverheiratete Geschiedene nicht zu den Sakramenten zuzulassen, bestätigt, weil ihr Status und ihre Lebenslage objektiv jener Liebesvereinigung zwischen Christus und seiner Kirche widersprechen, die in der Eucharistie bedeutet und verwirklicht wird. Die wiederverheirateten Geschiedenen gehören jedoch trotz ihrer Situation weiter zur Kirche, die ihnen mit spezieller Aufmerksamkeit nachgeht, in dem Wunsch, dass sie so weit als möglich einen christlichen Lebensstil pflegen durch die Teilnahme an der heiligen Messe – wenn auch ohne Kommunionempfang –, das Hören des Wortes Gottes, die eucharistische Anbetung, das Gebet, die Teilnahme am Gemeindeleben, das vertrauensvolle Gespräch mit einem Priester oder einem geistlichen Führer, hingebungsvoll geübte

Nächstenliebe, Werke der Buße und den Einsatz in der Erziehung der Kinder.[14]

Wenn man *Amoris Laetitia* in diesem Licht liest, kann man nicht erkennen, dass das Dokument eine Änderung der bisherigen Lehre über den Zugang von wiederverheirateten Geschiedenen zu den Sakramenten vorschlägt. Wenn Papst Franziskus der Meinung gewesen wäre, dass er in dieser Frage einen schweren Bruch mit der Tradition vollziehen müsste, dann wäre es höchst erstaunlich gewesen, wenn er dies in einer einfachen Fußnote (der berüchtigten Fußnote 351) getan hätte.

Ermahnung an wiederverheiratete geschiedene Christen

Wie Papst Benedikt XVI. möchte auch ich mit einem liebevollen und ganz und gar väterlichen Herzen alle Menschen, die sich in dieser schmerzlichen Situation befinden, meines Gebets versichern, vor allem im Moment der Feier der Eucharistie, und folgende Ermahnung an sie richten: Liebe wiederverheiratete geschiedene Christen, denkt nicht, dass die Kirche, eure heilige Mutter, unnachgiebig, hart und unbarmherzig ist. Jede und jeder von euch hat Grund, traurig zu sein und ihr vorzuwerfen, dass sie rigide und unmenschlich ist. Aber wenn ihr das tut, lauft ihr Gefahr, Christus und das Evangelium als unmenschlich, rigide und unnachgiebig zu bezeichnen und damit in Wirklichkeit wohl oder übel dem Fürsten dieser Welt Recht zu geben.

Beschuldigt nicht eure Mutter, die heilige Kirche. Ihr hört nicht auf, ihre Kinder zu sein. Liebt sie, wie sie euch liebt: zärtlich, wie eine Mutter ihre Kinder liebt. Sie liebt uns alle, aber nicht immer so, wie wir uns gerne geliebt fühlen würden, denn sie kennt ja unser wahres Wohl. Wie oft habt ihr diese Erfahrung mit euren eigenen Kindern gemacht! Liebt Jesus, lest sein Evangelium, hört seine

Kirche. Sucht nicht die Nähe der Sakramente, wenn ihr eure Situation nicht ändern wollt oder das Gefühl habt, dass ihr sie nicht ändern könnt. Aber besucht Jesus, der im Tabernakel gegenwärtig ist, wirklich und substanziell, mit seinem Leib, seinem Blut, seiner Seele und seiner Gottheit. Er wird euch zuhören, wenn ihr, um ihn zu bitten, das so tief empfundene Gebet des Zöllners aufgreift, das ich immer wieder auch für mich spreche: „Herr, erbarme dich meiner, des Sünders" (Lk 18,13).[15]

Tut all das Gute, das ihr tun könnt; verbreitet so viel Licht und Frieden um euch herum, wie es in eurer Macht steht. Das große Zeichen eurer Demut und das große Zeichen der Hoffnung, das ihr uns hinterlassen werdet, besteht darin, dass ihr in eurem Herzen und in euren Worten keine Bitterkeit und keinen Groll gegen die Kirche Jesu Christi hegt, die euch weiterhin als ihre Kinder liebt.

Schlussbemerkung

Ich möchte zum Abschluss dieser Überlegungen an die Beschreibung vom unersetzlichen Wert der christlichen Familie erinnern, die von den Vätern des Zweiten Vatikanischen Konzils stammt:

> Die christliche Familie – da sie aus der Ehe entsteht, die das Bild und die Teilhabe an dem Liebesbund Christi und der Kirche ist – soll die lebendige Gegenwart des Erlösers in der Welt und die wahre Natur der Kirche allen kundmachen, sowohl durch die Liebe der Gatten, in hochherziger Fruchtbarkeit, in Einheit und Treue, als auch in der bereitwilligen Zusammenarbeit aller ihrer Glieder.[16]

Im Hinblick auf diese großartige Mission der christlichen Familie wird uns die Betrachtung der heiligen Familie von Nazareth eine tägliche Hilfe bei den praktischen Lektionen sein, die sie uns gibt und die der heilige Paul VI. bei seinem Pastoralbesuch in Nazareth hervorgehoben hat:

Die Schule von Nazareth lehrt zuerst das Schweigen. Möge in uns eine große Wertschätzung des Schweigens lebendig werden. Denn in dem hektischen und allzu aufgeregten Leben von heute, in dem wir von so vielen lauten Stimmen, von Lärm und Geschrei bedrängt werden, ist das Schweigen eine bewundernswerte und notwendige Geisteshaltung. O Schweigen von Nazareth, lehre uns Sammlung, Innerlichkeit, die Bereitschaft, auf gute Eingebungen und die Worte wahrer Lehrer zu hören; lehre uns die Notwendigkeit und den Wert von innerer Vorbereitung, Studium, Betrachtung, eines persönlichen, geistlichen Lebens; lehre uns das Gebet, das nur Gott im Verborgenen sieht.
Eine Lehre für das Leben in der Familie: Möge Nazareth uns lehren, was die Familie ist, ihr Charakter als eine Gemeinschaft der Liebe, ihre strenge und einfache Schönheit, ihre Heiligkeit und Unantastbarkeit; lernen wir von Nazareth, wie kostbar und unersetzlich die Bildung ist, die man dort erhält; lernen wir dort, welche vorrangige Aufgabe die Familie in der Gesellschaft erfüllt.
Eine Lehre über die Arbeit: Nazareth, o Haus des Zimmermannssohnes, hier wollen wir das strenge und erlösende Gesetz der menschlichen Arbeit verstehen und feiern; hier wollen wir das Bewusstsein für den Adel der Arbeit wieder herstellen; hier wollen wir daran erinnern, dass Arbeit kein Selbstzweck sein kann, sondern dass ihre Freiheit und ihr Adel neben ihrem wirtschaftlichen Wert von jenen Werten herrührt, die sie prägen.[17]

VII

Heilige sie in der Wahrheit

Was ist der Priester? Wir ahnen mit der gesamten Tradition der Kirche, dass das Geheimnis seiner tiefsten Identität über den bloß funktionalen Dienst der kirchlichen Institution hinausgeht, und das heißt: Wir müssen auf das Geheimnis Christi selbst blicken. Es gibt nämlich, wie uns der Brief an die Hebräer lehrt, nur einen einzigen Priester des Neuen Bundes, der vollkommen und immerwährend ist: Jesus Christus. Dieser eine Priester übt sein Priestertum in der Kirche durch den Dienst von Bischöfen und Priestern aus, die im Lauf der Zeit aufeinander folgen, aber das Priestertum an sich bleibt in seiner Realität Eines, so dass der Priester *alter Christus*, ein anderer Christus, ja sogar *ipse Christus*, Christus selbst ist. Die Wahrheit seiner priesterlichen Existenz wird zu allen Zeiten und auf allen Breitengraden immer in der Tiefe seiner Identifikation mit Christus Jesus liegen.

Bevor ich beginne, möchte ich den Leser, der kein Priester ist, dazu auffordern, nicht der Versuchung nachzugeben, dieses Kapitel zu überspringen, weil es ihn nicht direkt betrifft. Die folgenden Zeilen sind für alle Getauften, Männer und Frauen, von Bedeutung: nicht nur, weil viele der an Priester gerichteten Empfehlungen auf jeden Christen übertragen werden können, sondern auch, weil eine bessere Kenntnis dessen, was ein Priester ist, den gläubigen Laien helfen könnte, ihm gegenüber eine richtige Haltung einzunehmen, die den Priester seinerseits dabei unterstützt, der Erhabenheit seiner Berufung gerecht zu werden. Womöglich hätten viele Fehlentwicklungen und ebenso traurige wie Aufsehen erregende Schiffbrüche verhindert werden können, wenn man sich der Rücksichtnahmen bewusst geworden wäre, welche die hohe übernatürliche Berufung des Priesters einerseits und andererseits die allzu reale menschliche Zerbrechlichkeit, in der sie sich entfalten muss, erfordern; diese Rücksichtnahme muss sich konkret in einem gewissen Feingefühl hinsichtlich Kleidung, Sprache und Haltung niederschlagen und in der Sorge, zu viel Vertrautheit zu vermeiden. Die Priester brauchen diese Hilfe, die ihnen alle Gläubigen geben können und sollen.

Ein Priestertum aus Liebe

Das Priestertum Christi ist in erster Linie das Zeichen einer unermesslichen Liebe: der Liebe zum Vater, dessen Plan Christus vom ersten Moment der Menschwerdung bis zu seinem Tod am Kreuz vorbehaltlos zustimmt. Und diese Liebe zum Vater ist die Quelle seiner Liebe zu den Menschen, die zu retten er gekommen ist, wie der heilige Gregor der Große in seinem Kommentar zum folgenden Vers aus dem vierten Evangelium erklärt: „Ich bin der gute Hirte. Ich kenne meine Schafe, und meine Schafe kennen mich" (Joh 10,14):

> In unserem Abschnitt fügt der Herr sofort hinzu: „Wie mich der Vater kennt, so kenne ich den Vater, und ich gebe mein Leben für meine Schafe", so als wolle er ganz klar sagen: Das, was beweist, dass ich den Vater kenne und von ihm gekannt werde, das ist, dass ich mein Leben für meine Schafe gebe: Ich zeige also, wie sehr ich den Vater liebe, durch die Liebe, die mich für meine Schafe sterben lässt.[1]

Ebenso wird in jedem Priester des Neuen Bundes die bedingungslose Liebe Christi in die Liebe zu den ihm anvertrauten Menschen umgesetzt, was der heilige Johannes Chrysostomus in der Szene der Erscheinung des Auferstandenen am See von Tiberias ausgedrückt sieht:

> Als Christus sich an das Oberhaupt der Apostel wendet, fragt er ihn: „Petrus, liebst du mich?", und nachdem Petrus dies bejaht hat, fügt er hinzu: „Wenn du mich liebst, weide meine Schafe." Der Meister fragt den Jünger, ob er ihn liebt, nicht um das aus dessen Mund zu erfahren – warum hätte er, der das Herz durchdringt, das fragen sollen –; sondern um uns zu lehren, wie viel ihm an der Aufsicht über seine Schafe liegt [...]. „Petrus", sagte Jesus, „liebst du mich mehr als diese?" Er hätte ihm ja auch sagen können: „Wenn du mich liebst, dann übe dich im Fasten, im Schlafen auf hartem Boden, in langen Nachtwachen; tritt für die Unterdrückten ein, sei den Vaterlosen ein Vater, ein Beschützer ihrer Mutter." Was aber sagt er stattdessen? „Weide meine Schafe!"[2]

Die Quelle des Priestertums des Neuen Bundes ist also die Liebe, denn die Liebe setzt vor allem Christus in die Position des Vermittlers, der den Vater liebt und also diejenigen liebt, die der Vater liebt; und in der Nachfolge Christi dann die Priester, die Christus lieben und somit diejenigen, die Christus zu retten gekommen ist, um den Willen des Vaters zu erfüllen.

Das Hirtenamt in der Kirche hat also nichts mit einem Funktionärsamt zu tun, als ob dem Priester einfach eine klar umschriebene rituelle Aufgabe übertragen würde, die ihn, sobald sie erledigt ist, gegenüber der Kirche und den Seelen entlastet. Das Priestertum wurde zur Verkündigung des Evangeliums und zur Wiederherstellung der Gemeinschaft mit Gott durch Opfer und Gebet eingesetzt; seine tiefste Quelle ist eine erhabene Liebe zu Christus: Die Schafe weiden ist ein Akt der Liebe. Wer dieses Amt erhält, weiß, dass er von nun an für immer an Christus und seine Schafe gebunden ist. Er kann nicht mehr gehen, wohin er will: Er ist nicht mehr Herr über seine Zeit und über sich selbst. Nach dem Vorbild Christi selbst beweist der Hirte, dass er den Vater liebt, indem er sein Leben ganz für die Sorge um die ihm anvertrauten Schafe hingibt.

Das priesterliche Leben offenbart und erfordert daher eine sehr große Liebe zum Herrn und zu den Seelen, was in der berühmten Formulierung des Pfarrers von Ars, des heiligen Johannes Maria Vianney, zusammengefasst ist: „Das Priestertum ist die Liebe des Herzens Jesu."

Gabe und Hingabe an Gott

Liebe und Selbsthingabe gehören zusammen: „Lieben", sagte die heilige Thérèse vom Kinde Jesus, „bedeutet, alles zu geben und sich selbst zu geben." Das Leben des Priesters wird Gott als Ganzes gegeben, ohne Abgrenzungen oder Vorbehalte, um von Ihm verwandelt zu werden und Ihm ganz zur Verfügung zu stehen. Daher schreibt Benedikt XVI:

> Ich glaubte den Priester des Neuen Bundes als Wortbedenker darstellen zu sollen, nicht als „Kulthandwerker". Das Bedenken des Wortes Gottes ist in der Tat eine große und grundlegende Aufgabe des Priesters Gottes im Neuen Bund. Aber dieses Wort ist Fleisch geworden. Es zu bedenken heißt immer auch, sich von dem Fleisch nähren zu lassen, das uns als Brot vom Himmel in der Heiligsten Eucharistie geschenkt wird. Das Bedenken des Wortes ist in der Kirche des Neuen Bundes immer auch von Neuem ein Sich-Einlassen auf das Fleisch Jesu Christi, und dieses Sich-Einlassen ist zugleich ein Sich-Aussetzen an die Verwandlung unserer selbst durch das Kreuz.[3]

Sich dem Fleisch Jesu hinzugeben, das heißt: in eine völlige Gleichgestaltung mit Christus einzutreten. Der Priester ist verpflichtet, alles in seiner Macht Stehende zu tun, um Christus in sich durchscheinen zu lassen, das sagte bereits Johannes Chrysostomus:

> Die Seele des Priesters muss reiner sein als die Strahlen der Sonne, damit der Heilige Geist sie nie verlässt, und er sagen kann: Ich lebe nicht mehr, sondern Christus lebt in mir.[4]

Natürlich ist diese Lebensgemeinschaft mit Christus die Bestimmung eines jeden Christen, der am Geheimnis des allgemeinen Priestertums Jesu Christi teilhat („Er hat uns zu einem Königtum und zu Priestern gemacht für Seinen Gott und Vater" – Offb 1,6) und dazu berufen ist, die Hingabe seines ganzen Lebens mit dem Opfer Christi zu vereinen, worauf der heilige Petrus Chrysologus hinweist:

> Hören wir die Aufforderung des Apostels: „Ich beschwöre euch, eure Leiber darzubringen." Der Apostel hat mit dieser Bitte alle Menschen auf den Gipfel des Priestertums geführt: „Bringt eure Leiber dar als lebendiges Opfer." Was für eine beispiellose Aufgabe, die Aufgabe des Priestertums des Christen! Der Mensch ist dabei für sich selbst das Opfer und der Priester; der Mensch muss nicht außerhalb seiner selbst suchen, was er Gott opfern soll; der Mensch bringt mit sich und in sich das, was er für sich selbst Gott als Opfer darbringen soll; das Opfer bleibt dasselbe, während auch der Priester derselbe bleibt; das Opfer, das geschlachtet wird, bleibt am Leben, und der Priester stirbt nicht, da er ja dienen muss. [...] Sei also das Opfer und der Priester Gottes. Vernachlässige nicht die Gabe, die dir die göttliche Majestät verliehen hat. Zieh das Gewand der Heiligkeit an; schließe den Gürtel der Keuschheit um dich; Christus verhülle dein Haupt; das Kreuz auf deiner Stirn beschirme dich auf immer; lege das Geheimnis der göttlichen Wissenschaft auf dein Herz; verbrenne ohne Unterlass den Weihrauch deines Gebetes; ergreife das Schwert des Geistes; mach dein Herz zu einem Altar. Und so bringe deinen Leib Gott dar, bringe ihn furchtlos als Opfer dar.[5]

Wenn nun dies die Pflicht eines jeden Christen ist, um wieviel mehr die des Priesters: Er hat die Weihe empfangen, die ihm die Macht und den Auftrag gibt, *in persona Christi* zu handeln, anstelle von Jesus, in seiner Person, „ich" zu sagen, wenn er sagt: „Das ist mein Leib", oder: „Ich vergebe dir alle deine Sünden." Es ist ein Geheimnis der gegenseitigen Hingabe zwischen dem Priester und Jesus, ein

Geheimnis der Liebe zwischen ihnen. Jesus gibt sich selbst auf und lässt den Priester an seiner Stelle „ich“ sagen; und der Priester überlässt Jesus alles, was er ist, seine ganze Person, damit Jesus in ihm hier und jetzt sagen kann: „Das ist mein Leib“, „Ich vergebe dir alle deine Sünden“. Dieser Austausch von Liebe verlangt vom Priester eine große Heiligkeit.

Die Notwendigkeit der Heiligkeit des Priesters

Christus ist die Quelle aller Heiligkeit: Er ist der Unbefleckte, der seine Mutter unbefleckt macht, denn sie, die seit dem ersten Augenblick ihrer Empfängnis vor dem Makel der Erbsünde bewahrt blieb – sie blieb bewahrt, weil aus ihr der Sohn Gottes selbst geboren werden sollte: Sie bezieht ihre unbefleckte Reinheit aus der Reinheit ihres Sohnes, der unser Hoherpriester ist, „heilig, schuldlos, unbefleckt, gesondert von den Sündern, höher erhoben als die Himmel“ (Hebr 7,26).

Wir Priester wissen sehr wohl, dass wir nicht heilig, schuldlos, unbefleckt sind wie er, und doch sind wir von ihm eingesetzt, um ihn unter den Menschen zu repräsentieren. Wir sind uns unserer vielen Sünden und unserer Unwürdigkeit voll bewusst, aber unsere Berufung bleibt, was sie ist: in unserem Leben die unbefleckte Heiligkeit Christi zu vergegenwärtigen; zu leuchten, um noch einmal die Worte des heiligen Johannes Chrysostomus zu gebrauchen, vom reinen Licht der Sonne, das Christus ist. Dafür ist Maria unser Vorbild, sie, welche die Offenbarung als „die mit der Sonne bekleidete Frau“ (Offb 12,1) beschreibt. Maria ist nicht selbst die Sonne, sie ist von ihr umhüllt, empfängt ihr Licht und reflektiert es. Auch der Priester ist nicht selbst die Sonne, aber er ist dazu berufen, die Sonne der Gerechtigkeit, die Christus Jesus ist, sein Leben durchleuchten zu lassen. Der Pfarrer von Ars sagte zu seinem Bischof: „Wenn Sie Ihre Diözese bekehren wollen, dann müssen Sie aus all Ihren Pfarrern Heilige machen. So wie er von seiner Soutane umhüllt ist, so muss der Priester ständig vom Heiligen Geist umhüllt sein."[6] Heiligkeit soll wie der Mantel sein, in den der Priester sich einhüllt.

Die Identifikation mit Christus ist ein Geschenk, das dem Priester gemacht wird, aber sie ist auch eine Pflicht und eine Aufgabe, um mit Paulus sagen zu können: „Für mich ist Christus das Leben" (Phil 1,21); oder auch: „Ich lebe aber, doch nicht mehr ich, sondern Christus lebt in mir. Sofern ich aber jetzt im Fleisch lebe, lebe ich im Glauben an den Sohn Gottes, der mich geliebt und sich selbst für mich dahingegeben hat" (Gal 2,20). So wie Jesus für die Sünden der Menschen sühnt, so muss auch der Priester, indem er den beschwerlichen Weg der christlichen Askese geht, an seiner persönlichen Heiligung arbeiten, um wirksam an der Heiligung anderer arbeiten zu können.[7]

Der heilige Papst Johannes Paul II. sprach eindringlich von der Notwendigkeit der Umkehr und Heiligung, die allen Priestern auferlegt ist – eine tägliche Umkehr, die darin besteht, „zur eigentlichen Gnade unserer Berufung zurückzukehren", „Rechenschaft abzulegen über unseren Dienst, unseren Eifer, unsere Treue, [...] und auch über unsere Nachlässigkeiten und Sünden, unseren Kleinmut, unseren Mangel an Glauben und Hoffnung, unsere Art, nur auf menschliche Weise und nicht auf die Weise Gottes zu denken".[8] Zum Ende des Jubeljahres 2000 schrieb er erneut, diesmal an alle Getauften, also natürlich auch an die Priester, dass „es ein Widerspruch in sich wäre, sich mit einem mittelmäßigen Leben zufrieden zu geben, das im Zeichen einer minimalistischen Ethik und einer oberflächlichen Religiosität gelebt wird".[9] Der Priester kann sich auf dem langen Marsch der ganzen Kirche zur Heiligkeit nicht damit begnügen, hinterherzulaufen oder sich von der allgemeinen Bewegung tragen zu lassen. Es ist seine Aufgabe, diejenigen, für die er verantwortlich ist, mitzureißen und ihnen vorauszugehen. So lautete bereits die klare Lehre des Zweiten Vatikanischen Konzils:

> Die Priester sind Diener des Hauptes Christus zur vollkommenen Auferbauung seines ganzen Leibes, der Kirche, und Mitarbeiter des Bischofsstandes. Schon in der Taufweihe haben sie, wie alle Christen,

> Zeichen und Geschenk der so hohen gnadenhaften Berufung zur Vollkommenheit empfangen, nach der sie, bei aller menschlichen Schwäche, streben können und müssen, wie der Herr sagt: „Ihr aber sollt vollkommen sein, wie euer Vater im Himmel vollkommen ist" (Mt 5,48). Als Priester sind sie jedoch in besonderer Weise zum Streben nach dieser Vollkommenheit verpflichtet. Denn im Empfang des Weihesakramentes Gott auf neue Weise geweiht, sind sie lebendige Werkzeuge Christi des ewigen Priesters geworden, damit sie sein wunderbares Werk, das mit Kraft von oben die ganze menschliche Gesellschaft erneuert hat, durch die Zeiten fortzuführen vermögen. Jeder Priester vertritt also, seiner Weihestufe entsprechend, Christus. Darum erhält er auch die besondere Gnade, durch den Dienst an der ihm anvertrauten Gemeinde und am ganzen Volk Gottes besser der Vollkommenheit dessen nachzustreben, an dessen Stelle er steht, und für die Schwäche seiner menschlichen Natur Heilung in der Heiligkeit dessen zu finden, der für uns ein „heiliger, unschuldiger, unbefleckter, von den Sünden geschiedener" Hoherpriester (Hebr 7,26) geworden ist.[10]

Diese Berufung anzunehmen, bedeutet, sein ganzes Leben aufs Spiel zu setzen, denn der Herr gibt sich nicht mit Teilen zufrieden. Diejenigen, die weder kalt noch warm sind (Offb 3,15-16), speit er aus. Er will alles. Alles oder nichts! Auf die Berufung zum Priester zu antworten hat keinen Sinn, wenn es nicht den Willen beinhaltet, Gott alles zu geben, Christus in seinem Leben und in seinem Tod gleichförmig zu werden, heilig zu werden, wie er selbst heilig ist. Dieser Weg der persönlichen Bekehrung und Heiligung wird für den Priester ein täglicher und ständiger Kampf sein, der Weg seines ganzen Lebens, lang, anspruchsvoll – ein Kreuzweg. Denn das heilige Leben Christi zu teilen bedeutet, sein Kreuz zu teilen: „Ich bin mit Christus gekreuzigt. Ich lebe, aber nicht mehr ich lebe, sondern Christus lebt in mir" (Gal 2,19-20).

Heiligkeit und Priesterweihe

Im Anschluss an dieses Verständnis der priesterlichen Heiligkeit dachte Benedikt XVI. in seiner Predigt in der Chrisam-Messe am Gründonnerstag 2009 über den Aspekt der Selbsthingabe nach, den die Heiligkeit für die Priester mit sich bringt. Seine Meditation über die Überschneidung der Themen Heiligkeit und Weihe im Gebet Christi nach dem letzten Abendmahl („Für sie weihe ich mich selbst, damit auch sie in der Wahrheit geweiht werden" [Joh 17,19]) ist es wert, hier etwas ausführlicher zitiert zu werden:

> Um dies zu verstehen, müssen wir vor allem klären, was die Worte „heilig" und „heiligen/weihen" in der Bibel aussagen. „Heilig" – mit diesem Wort wird zunächst die Wesensart Gottes selbst umschrieben, seine ganz eigene, göttliche Weise des Seins, die nur ihm eigen ist. Er allein ist der wirklich und ursprünglich Heilige. [...] Alle andere Heiligkeit leitet sich von ihm ab, ist Teilhabe an seiner Seinsweise. Er ist das reine Licht, die Wahrheit und das Gute ohne Makel. Etwas oder jemanden heiligen beziehungsweise weihen bedeutet daher, die Sache oder die Person Gott zueignen, sie aus dem Bereich des Unsrigen herausnehmen und sie in seine Atmosphäre übertragen, so dass dieses nicht mehr zur Welt, zum Unsrigen gehört, sondern ganz Gottes ist. [...] Weggabe einer Person an Gott, die „Heiligung" einer Person ist im Alten Testament identisch mit Priesterweihe, und so wird zugleich definiert, worin Priestertum besteht: Übereignung aus der Welt heraus und Zueignung zu Gott. Damit werden nun die beiden Richtungen deutlich, die zum Geschehen der Heiligung/Weihe gehören. [...] Der Priester wird aus den weltlichen Zusammenhängen weggegeben an Gott, und gerade so muss er für die anderen, für alle von Gott her da sein. Wenn Jesus sagt: „Ich heilige mich", so macht er sich damit zum Priester und zugleich zum Opfer. Bultmann hat daher recht, wenn er das Wort „Ich heilige mich" übersetzt mit: „Ich opfere mich". Verstehen wir nun, was geschieht, wenn Jesus sagt: „Ich heilige mich für sie"? Dies ist der priesterliche Akt, in dem Jesus – der mit dem Sohn Gottes geeinte Mensch

> Jesus – sich für uns dem Vater übergibt. Es ist Ausdruck dafür, dass er zugleich Priester und Opfer ist. Ich heilige mich – ich opfere mich: Dieses abgründige Wort, das uns zutiefst in das Herz Jesu Christi hineinschauen lässt, sollten wir immer wieder bedenken. Darin liegt das ganze Geheimnis unserer Erlösung. Und darin liegt auch der Ursprung des Priestertums der Kirche – unseres Priestertums.

Von hier an stellt sich für jeden Priester die Frage nach seiner persönlichen Treue zu dieser Zugehörigkeit zum Herrn. In der Wahrheit geweiht zu sein bedeutet, in das Wort Gottes eingetaucht zu sein, wie Jesus sogleich erklärt: „Dein Wort ist Wahrheit“. Daher die von Benedikt XVI. vorgeschlagene Gewissenserforschung:

> Sind wir wirklich imprägniert, durchtränkt vom Wort Gottes? Ist es wirklich die Nahrung, von der wir leben, mehr als vom Brot und von den Dingen dieser Welt? Kennen wir es wirklich? Lieben wir es? Gehen wir innerlich damit um, so dass es wirklich unser Leben prägt, unser Denken formt? Oder formt sich unser Denken nicht doch immer wieder aus alledem, was man so sagt, was man so tut? Sind nicht doch oft genug die herrschenden Meinungen der Maßstab, an dem wir uns messen? Bleiben wir nicht doch in der Oberflächlichkeit all dessen verfangen, was sich dem Menschen von heute eben so aufdrängt? [...] Lernen wir von Christus die rechte Demut, die der Wahrheit unseres Seins entspricht, und jenen Gehorsam, der sich der Wahrheit, dem Willen Gottes beugt? „Heilige sie in der Wahrheit; dein Wort ist Wahrheit“: Dieses Wort der Einsetzung ins Priestertum leuchtet in unser Leben hinein und ruft uns dazu auf, immer neu Jünger dieser Wahrheit zu werden, die sich in Gottes Wort offenbart.

Und schließlich, weil Jesus das Wort ist, das Fleisch gewordene Wort Gottes, ist die Weihe durch das Eintauchen in das Wort Gottes dasselbe wie das Eingetauchtwerden in ihn und die Identifikation mit ihm:

> Hat nicht Christus von sich selbst gesagt: „Ich bin die Wahrheit" (vgl. Joh. 14,6)? [...] Heilige sie in der Wahrheit – das heißt dann zutiefst: Einige sie mit mir – Christus. Binde sie an mich. Ziehe sie hinein in mich. Und in der Tat: Es gibt letztlich nur einen Priester des Neuen Bundes, Jesus Christus selbst. Und das Priestertum der Jünger kann daher nur Teilhabe am Priestertum Jesu sein. Unser Priestersein ist daher nichts anderes als eine neue, radikale Weise der Einigung mit Christus. Seinsmäßig ist sie uns im Sakrament für immer geschenkt. Aber dieses neue Siegel auf unserem Sein kann uns zum Gericht werden, wenn nicht unser Leben in die Wahrheit des Sakraments hineinwächst. Das Weiheversprechen, das wir heute wiederholen, sagt dazu, dass unser Wille darauf gerichtet sein muss, ***Domino Iesu arctius coniungi et conformari, vobismetipsis abrenuntiantes*** [mit dem Herrn Jesus innig vereint und gleichförmig zu sein, indem ihr euch selbst verleugnet]. Das Einswerden mit Christus setzt Verzicht voraus. Es schließt ein, dass wir nicht unseren Weg und unseren Willen durchsetzen wollen. Nicht dies oder jenes werden möchten, sondern uns ihm überlassen, wo und wie er uns brauchen will.

Dieser Verzicht auf Selbstverwirklichung, auf persönliche Unabhängigkeit, verlangt uns zunächst viel ab, aber es ist ein Weg, der mit Freuden gepflastert ist:

> Inmitten von Verzichtsakten, die zunächst schmerzen mögen, erfahren wir die wachsende Freude der Freundschaft mit ihm, all die kleinen und manchmal auch großen Zeichen seiner Liebe, die er uns fortwährend schenkt. „Wer sein Leben verliert, der wird es finden!" (Mt 10,39).

Das Beispiel des Pfarrers von Ars

Die Heiligen hatten ein sehr lebendiges Bewusstsein dieser Identifikation mit Christus und dieser tiefen Einheit mit ihm; Benedikt XVI. hat auf eine für jeden Priester erhellende Weise uns alle leidenschaftlich zur Nachahmung des heiligen Pfarrers von Ars aufgerufen:

> In Jesus fallen Person und Sendung im Grunde zusammen: Sein gesamtes Heilshandeln war und ist Ausdruck seines „Sohn-Ich", das von Ewigkeit her vor dem Vater steht in einer Haltung liebevoller Unterwerfung unter dessen Willen. In bescheidener und doch wahrer Analogie muss auch der Priester diese Identifizierung anstreben. Natürlich geht es nicht darum zu vergessen, dass die substanzielle Wirksamkeit des Dienstes von der Heiligkeit des Priesters unabhängig bleibt; doch man darf auch die außerordentliche Fruchtbarkeit nicht außer Acht lassen, die aus dem Zusammentreffen der objektiven Heiligkeit des Dienstes und der subjektiven des Priesters hervorgeht. Der Pfarrer von Ars begann sofort mit dieser demütigen und geduldigen Arbeit, sein Leben als Priester mit der Heiligkeit des ihm anvertrauten Dienstes in Einklang zu bringen, und sagte, dass er sogar materiell in seiner Pfarrkirche „wohne". [...] Der heilige Pfarrer von Ars verstand auch im gesamten Gebiet seiner Pfarrei zu „wohnen". Er besuchte systematisch die Kranken und die Familien; er organisierte Volksmissionen und Patronatsfeste; er sammelte und verwaltete Geld für seine karitativen und missionarischen Werke [...] Er kümmerte sich um die Schulausbildung der Kinder.[11]

Der Pfarrer von Ars hatte sich in der Tat inmitten der Seinen zu Christus gemacht, zum Guten Hirten, der über seine Schafe wacht. Aufmerksam und väterlich betete er und brachte Opfer und Kasteiungen für das Heil der Sünder und für sein eigenes Heil dar. Er betrachtete das Gebets- und Bußleben nicht als „Privatsache" des Priesters, sondern als Voraussetzung für seine pastorale Wirksamkeit und Fruchtbarkeit, gerade weil der Priester nichts allein tun kann; in dem Maße seiner Vertrautheit mit Christus kann er alles, und zwar auf erstaunliche Weise, *cum Christo, et in Christo*. Jesus hatte es den Seinen am Abend der ersten Priesterweihe gesagt:

> Ich bin der Weinstock, ihr seid die Reben. Wer in mir bleibt, und ich in ihm, der bringt viele Frucht; denn ohne mich könnt ihr nichts tun. Wenn jemand nicht in mir bleibt, so wird er wie ein Rebzweig hinausgeworfen werden, und wird verdorren, man wird ihn auflesen und in das Feuer werfen, und er verbrennt. Wenn ihr in mir bleibt, und meine Worte in euch bleiben, so werdet ihr bitten, um was immer ihr wollt, und es wird euch gewährt werden (Joh 15,5-7).

In Christus zu bleiben bedeutete für den Pfarrer von Ars ganz entschieden, seine erlösenden Leiden zu teilen. Mit Christus und in enger Verbindung mit ihm bringt der Priester sich als Opfer dar, er betet und sühnt mit ihm. Dies war auch die Überzeugung des heiligen Josemaría Escrivá: „Die sichersten Mittel, um den Willen Jesu zu erfüllen, noch vor jeder Handlung und jeder persönlichen Anstrengung, sind: beten, beten, beten; sühnen, sühnen, sühnen."

Der priesterliche Zölibat

Die besondere Anforderung an die Intimität und persönliche Identifikation des Priesters mit Christus wirft ein direktes Licht auf die Frage des priesterlichen Zölibats. Der Priester wurde in Jesus Christus vor Grundlegung der Welt erwählt, um in seiner Gegenwart in der Liebe heilig und unbefleckt zu sein (vgl. Eph 1,4), um in der Person Christi das eucharistische Opfer darzubringen. Indem er das Opfer Christi darbringt, opfert er sich selbst zusammen mit ihm. Sein Herz und sein Leib gehören also ausschließlich Gott und Gott allein, so dass keine andere menschliche Bindung sie in Anspruch nehmen darf:

> Für die Priester der Kirche Jesu Christi war die Situation durch die regelmäßige oder in vielen Teilen tägliche Eucharistiefeier grundsätzlich verändert. Ihr ganzes Leben steht in der Berührung mit dem göttlichen Geheimnis und verlangt so eine Ausschließlichkeit für Gott, die eine

andere, das ganze Leben umgreifende Bindung wie die Ehe neben sich ausschließt. Aus der täglichen Eucharistiefeier und aus dem umfassenden Dienst für Gott, der darin mitgegeben ist, ergab sich die Unmöglichkeit einer ehelichen Bindung von selbst. Man könnte sagen, die funktionale Enthaltsamkeit war von selbst zu einer ontologischen geworden. Damit war von innen her ihre Begründung und Sinngebung verändert.[12]

Lassen Sie mich hier noch einmal, größtenteils mit den Worten des heiligen Papstes Johannes Paul II.,[13] die Frage des priesterlichen Zölibats vertiefen. Der Papst erinnerte daran, dass dieses Thema während des Zweiten Vatikanischen Konzils und anschließend in der Enzyklika *Sacerdotalis caelibatus* von Paul VI. ausführlich erörtert worden war; dann von der *Instruktion für die Vorbereitung auf den priesterlichen Zölibat*, die 1974 von der Kongregation für das katholische Bildungswesen veröffentlicht wurde; und man kann dieser Aufzählung die Apostolische Exhortation *Pastores dabo vobis* hinzufügen, die Johannes Paul II. im Jahr 1992 verfasste; schließlich das von Benedikt XVI. und mir herausgegebene Buch *Aus der Tiefe des Herzens*.

Die lateinische Kirche traf vor vielen Jahrhunderten die Entscheidung für den Zölibat der Priester; bis zum heutigen Tag war sie immer bereit, diese Entscheidung beizubehalten; und die Kirche wünscht, dieser Entscheidung auch in Zukunft treu zu bleiben. Johannes Paul II. wollte dies alles dokumentieren, ohne der Versuchung zu erliegen, den entscheidenden Wert des Evangeliums, der Tradition und des Lehramts der Kirche durch Kriterien zu ersetzen, die die Einwände gegen den priesterlichen Zölibat bestimmen und deren Relevanz und anthropologische Grundlage im Gegenteil kritisch zu überprüfen sind. Diese Einwände, die in der Zeit nach dem Konzil immer lauter wurden, haben sich danach deutlich abgeschwächt. Die Öffentlichkeit, die ihnen derzeit zuteil wird, ist vielleicht das deutlichste Zeichen für den Einflussverlust, den die Befürworter einer radikalen Infragestellung des Priesterzölibats verspüren: Es herrscht eine Stimmung des „Rette sich, wer kann“. Die Resonanz, die sie in einer stark säkularisierten Gesellschaft findet, ist nicht verwunderlich: Als Jesus den Jüngern seine Lehre über den Verzicht auf die Ehe im Hinblick auf das Himmelreich darlegte, fügte er die bedeutungsvollen Worte hinzu: „Wer es fassen kann, der fasse es!“ (Mt 19,12).

Die lateinische Kirche hält unter Berufung auf das Beispiel Christi, die Lehre der Apostel und ihre gesamte Tradition für alle, die das Sakrament der Weihe empfangen, an der Forderung fest, im Hinblick auf das Himmelreich auf die Ehe zu verzichten. Sie respektiert die unterschiedliche Praxis in anderen legitimen Traditionen innerhalb der Weltkirche, bewahrt aber mit eifersüchtiger Sorgfalt das ihr eigene Erbe, trotz aller Widersprüche, denen sie sich durch diese Treue ausgesetzt sieht; und trotz der Zeichen von Schwäche und Krisenstimmung, die einige Priester oder sogar Bischöfe zu verschiedenen Zeiten in dieser Hinsicht an den Tag gelegt haben. Wir sind uns zwar bewusst, dass wir diesen Schatz in tönernen Gefäßen tragen (vgl. 2 Kor 4,7), aber wir wissen auch sehr wohl, dass es ein Schatz ist.

Hier ist hinzuzufügen, dass das Leben im priesterlichen Zölibat bedeutet, dass der Priester sein Leben lang aktiv die Tugend der Keuschheit pflegt, die seinem Stand eigen ist. Es kann nämlich durchaus sein, dass auf das Staunen, das immer mit dem Geschenk des Priestertums einhergeht, Gefühle der Anpassung an die Mentalität der Welt folgen, die tendenziell den apostolischen Eifer, das Feuer unserer Liebe und unserer Hingabe an den Herrn und schließlich die priesterliche Identität schwächen, trüben und womöglich ganz auslöschen. Um sich dagegen zu wappnen, muss der Priester versuchen, dem gehorsamen, armen und keuschen Christus zu ähneln, der sein ganzes Leben zu einer reinen und Gott wohlgefälligen Opfergabe macht. Seine Keuschheit darf nicht auf die Einhaltung einer kirchlichen Vorschrift reduziert werden. Sie ist der Prüfstein und die Manifestation der Radikalität und Totalität, welche die Liebe in ihrer höchsten aufopferungsvollen Ausprägung fordert. Da der Priester sich bewusst ist, dass er in einer Zivilisation der Selbstüberforderung, der verkrampften Selbstdarstellung und der Erotik lebt, wird er sich im Gebet ständig auf Jesus stützen, den Fels in der Brandung seines Lebens. Er muss ständig wachsam sein, um Oberflächlichkeit, den Reiz des Scheins und den Geist der Welt zu vermeiden. Er muss die Schönheit der Liturgie pflegen, er muss ermöglichen, dass sie ihre ganze Sakralität und eminente Würde entfaltet, ohne sich einzumischen, um sich selbst in den Vordergrund zu stellen. Auf diese Weise wird ihn die Verehrung der ewigen Schönheit davor bewahren, sich in den Verlockungen der vergänglichen Schönheiten dieser Welt zu verlieren.

Wenn die lateinische Kirche, so Johannes Paul II. im weiteren Verlauf der Argumentation, das Geschenk des hierarchischen und ministeriellen Priestertums mit der Praxis des Zölibats im Hinblick auf das Himmelreich verbunden hat, dann geschah das nicht nur aus dem Grund, dass der Zölibat ein eschatologisches Zeichen ist: Er hat auch eine wichtige soziale Bedeutung im gegenwärtigen Leben, für den Dienst am Volk Gottes. Durch seinen Zölibat wird der Priester zum „Menschen für andere". Gewiss, das Leben des Mannes, der sich entscheidet, Ehemann und Vater zu werden, ist ebenfalls eine Existenz, die anderen geschenkt wird: seiner Frau und den Kindern, denen sie gemeinsam das Leben schenken dürfen. Aber das Geschenk, das der Priester mit seinem Leben macht, indem er auf diese den Eheleuten eigene Vaterschaft verzichtet, richtet sich an die universale Familie der Kinder Gottes, die der Gute Hirt seiner pastoralen Sorge anvertraut hat – als Kinder, die er unter Schmerzen zeugt (vgl. 1 Kor 4,15; Gal 4,19), und die erwarten, vom Priester Aufmerksamkeit, Fürsorge und Liebe zu erhalten. Um für diese Gabe verfügbar zu sein, muss das Herz des Priesters frei sein, und der Zölibat, auf den er sich einlässt, ist sowohl die Bedingung als auch das Zeichen dieser Freiheit für den Dienst. Johannes Paul II. schloss mit der Feststellung, dass das hierarchische und ministerielle Priestertum eng mit dem gemeinsamen Priestertum der Gläubigen verbunden ist.

Der Priester, ein Mann des Gebets

Wenn der Priester also frei sein soll, um sich ganz dem Dienst an der Herde zu widmen, dann darf dieser Dienst niemals von seiner Quelle abgeschnitten werden, die, wie wir oben in Erinnerung gerufen haben, die Liebe Christi ist. In dieser Hinsicht ist es in einer Welt der Hektik, des fieberhaften Aktivismus und der Ablehnung Gottes hilfreich, daran zu erinnern, dass der Priester vor allem dem Gebet geweiht ist – dass er Zeichen der Gegenwart Gottes ist. Ohne Unterlass soll er den Weihrauch seines Gebets verbrennen, soll Herz und Lippen rein halten, immer in einer Haltung des Lauschens und der Kontemplation vor dem Herrn stehen. Gerade wegen der außerordentlich schwierigen Aufgabe, die Bischöfe und Priester übernehmen, müssen sie ein intensives Gebetsleben führen und die Liturgie als Schule der Anbetung verstehen. Selbst wenn sie vom Dienst erschöpft und am Rand ihrer Kräfte sind, sollen sie nie aufhören zu beten und anzubeten. Es gibt auch eine Anbetung der Erschöpfung: wenn man sich zu nichts anderem mehr fähig fühlt, als sich auf den Boden zu werfen – und anzubeten.[14]

Während der Vorbereitungen des Zweiten Vatikanischen Konzils enthielt einer der Redaktionsvorschläge für das Dekret *Presbyterorum ordinis* die Feststellung, dass die Priester Tag und Nacht im Gebet verharren sollten, *die noctuque orantes*. Einige Konzilsväter sprachen sich jedoch gegen diese Formulierung aus, da sie angeblich ein Zeichen von Triumphalismus sei. Sie wurde daher mit der Begründung gestrichen, es sei unmöglich, Tag und Nacht zu beten.

Diese Anekdote ist sehr bezeichnend, wird das Beten bei Tag und Nacht in der Heiligen Schrift doch immer wieder erwähnt: „Glückselig der Mann, [...] der am Gesetz des Herrn seine Lust hat und sein Gesetz betrachtet Tag und Nacht“ (Ps 1,1-2); „Herr, Du Gott meines Heiles! am Tage rufe ich und nachts vor Dir“ (Ps 88,2); „Gut ist es, den Herrn zu preisen und Lob zu singen Deinem Namen, Du Höchster! Am frühen Morgen Deine Barmherzigkeit zu verkünden, und Deine Treue des Nachts“ (Ps 92,2-3); und sein Herz ermahnt den Psalmisten, in der Nacht im Gebet nicht nachzulassen (Ps 16,7). Im Lukasevangelium tritt die Gestalt der Prophetin Hanna auf, die „den Tempel nicht verließ und Gott Tag und Nacht mit Fasten und Gebet diente" (Lk 2,37); Jesus selbst betete Tag und Nacht („Es geschah aber in jenen Tagen, dass er hinausging auf den Berg, um zu beten; und er brachte die Nacht im Gebet mit Gott zu" [Lk 6,12]). Er fordert dazu auf, dasselbe zu tun, indem er mit folgenden Worten das Gleichnis von der aufdringlichen Witwe abschließt: „Gott aber sollte seinen Auserwählten, die Tag und Nacht zu ihm rufen, nicht Recht schaffen, und sollte dulden, dass sie unterdrückt werden?" (Lk 18,7). Paulus empfiehlt den Christen in Thessaloniki, unablässig zu beten (1 Thess 5,17), und er bezeugt, dass „wir Tag und Nacht eifrigst flehen, dass wir euer Angesicht sehen mögen und das, was eurem Glauben abgeht, vervollständigen dürfen" (1 Thess 3,10).

Es ist eine allgemeingültige Tatsache in der spirituellen Erfahrung der Kirche, dass zwischen Heiligkeit und Gebet eine notwendige Verbindung besteht. Der heilige Johannes Chrysostomus sagte, dass es „für alle offensichtlich ist, dass es einfach unmöglich ist, ohne die Hilfe des Gebetes tugendhaft zu leben".[15] Wir müssen zur Wahrheit dieser ursprünglichen Aussagen zurückfinden.

Ich weiß, dass die Erfahrung der während der COVID-19-Pandemie verhängten Quarantäne-Regelungen viele Priester und Ordensleute ihre Berufung zum Gebet und zur Fürbitte wiederentdecken ließ, und ich bitte den Herrn, dass dies von Dauer ist. Sicher ist das nur ein Teil dessen, was der Herr der Welt, seiner Kirche und seinen Priestern während dieser großen und schmerzhaften Prüfung für die ganze Welt sagen wollte. Die Krise gab uns die Möglichkeit, eine Zeitlang innezuhalten und unsere tatsächlichen Beziehungen zu Gott und zu unseren Nächsten in der Familie und in der Gesellschaft zu betrachten. Sie gab uns die Gelegenheit, zwischen dem, was in unserem Leben wesentlich ist, und dem, was es belastet, zu unterscheiden. Viele Priester, die die Eucharistie ohne anwesende Gläubige in einer intimen Begegnung mit Gott feierten, haben ihre Funktion als Vermittler zwischen Gott und den Menschen wiederentdeckt.

Da sie nicht mehr vor dem Volk zelebrieren mussten, lernten sie, ihren Blick wieder nach Osten zu richten, das heißt auf den Herrn, der kommen soll. Denn – so Origenes – „aus dem Osten kommt die Versöhnung. Von dort kommt der Mann, dessen Name Aufgang – Orient – ist, der zum Mittler zwischen Gott und den Menschen geworden ist. Daher seid ihr aufgefordert, immer nach Osten zu schauen, wo die Sonne der Gerechtigkeit für euch aufgeht, wo das Licht immer für euch aufleuchtet."[16] Wir müssen uns nach der Krise an all das erinnern, um nicht wieder in die Hektik und den Wirbel des Weltgeschehens zurückzufallen, in diese menschengemachten, geschwätzigen Liturgien, diese sterile Begegnung von Priestern und Gläubigen „auf Augenhöhe".

Der Priester ist dazu bestimmt, ständig vor Gott zu stehen, um ihn anzubeten, zu verherrlichen und ihm zu dienen. Mögen alle Priester von Neuem lernen, die Tage und Nächte im Gebet, in der Einsamkeit und im Schweigen zu verbringen, das für das Heil der Seelen aufgeopfert wird, und so ihre tiefe Identität wiederentdecken: Sie sind nicht in erster Linie Versammlungsleiter und Vorsteher von Gemeinschaften, sondern Männer Gottes, Männer des Gebets, Anbeter der göttlichen Majestät im Geist und in der Wahrheit; Kontemplative, die sich im Schweigen der Seele der Liebe Gottes hingeben.

Der heilige Johannes Paul II. fügte in seinem Brief an die Priester vom Gründonnerstag 1979 den zitierten Zeilen über den priesterlichen Zölibat diese Schlussfolgerung hinzu:

> Das Gebet hilft uns, immer wieder das Licht zu finden, das uns seit den Anfängen unserer priesterlichen Berufung geführt hat und uns ständig führt, auch wenn es sich zuweilen im Dunkel zu verlieren scheint. Das Gebet macht uns die ständige Bekehrung möglich; es hilft uns, immer auf Gott hin ausgerichtet zu bleiben, was ja unerlässlich ist, wenn wir andere zu ihm hinführen wollen. Das Gebet hilft uns zu glauben, zu hoffen und zu lieben, auch wenn uns unsere menschliche Schwäche im Wege steht.

Von den verschiedenen Arten, wie das Gebet das Leben des Priesters durchdringt, möchte ich kurz die Aufmerksamkeit auf das intime, persönliche Gebet lenken; die andere, öffentliche und gemeinschaftliche Form des Gebets, die Liturgie, wurde bereits im Zusammenhang mit der Eucharistie angesprochen.

In unserem Priester-Alltag müssen wir eifersüchtig an der Zeit des Gebetes festhalten. Ohne ein ausdauerndes und regelmäßiges Gebetsleben inmitten unserer tausend Beschäftigungen ist eine Identifikation mit Christus nicht möglich. Um ständig auf seinen Vater zu hören und in einer Haltung kindlicher Unterwerfung und völliger Übereinstimmung mit seinem Willen zu bleiben, ging Jesus oft an einen einsamen Ort, um zu beten, und verbrachte manchmal die ganze Nacht im Gebet. Sein nächtliches Gebet im Garten Gethsemane war kein einmaliges Ereignis: „Und er ging hinaus, und begab sich nach seiner Gewohnheit an den Ölberg“ (Lk 22,39).

Beten ist ein Akt des Glaubens und der Liebe. Inmitten dieser langen Unterredung mit Gott, diesem vertrauten, intimen Gespräch von Herz zu Herz, nimmt sich Gott die Zeit, seine Worte des Bundes geduldig und tief in uns einzugraben (Ex 34,28). Diese Momente der ausgedehnten Gegenwart vor Gott, die eigentlich den Rhythmus des Lebens des Priesters, seiner Tage und seines pastoralen Dienstes bestimmen sollten, werden der Haut seines Gesichts den Glanz der Herrlichkeit Gottes einprägen (Ex 34,29; Num 6,25), des Gottes, der „blendend heilig“ (Ps 96,9) ist. Es ist daher lebenswichtig und unerlässlich, dass wir damit beginnen, unser Gebetsleben ganz ernst zu nehmen. Es ist der Weg zur Heiligkeit und die Quelle missionarischer Energie.

Diese Zeit, die wir vor Gott verbringen, um uns von seiner Liebe durchdringen zu lassen und ihm unsere eigene Liebe zu schenken, ist häufig von der Kargheit der inneren Nacht, von Trockenheit und demütigenden Ablenkungen geprägt. Gott arbeitet während der Zeit des Betens an unserer Seele, und wir wissen nicht, was er tut; wir wissen nur, dass wir dort mit ihm in seiner heiligen Gegenwart verweilen. Das Ausharren im Gebet erfordert Mut, es bedeutet, jeden Tag sein Kreuz auf sich zu nehmen (Lk 9,23; 14,26-27), bereitwillig am Geheimnis der Erlösung teilzuhaben, das Leiden Christi im Todeskampf und die Dunkelheit seines Grabes zu teilen, in Erwartung der Auferstehung. Pius XII. sagte, der Priester solle danach streben, „das, was auf dem Altar geschieht, auf seine Seele anzuwenden. Wie nämlich Jesus sich selber auf dem Altar aufopfert, so muss auch sein Diener mit ihm sich aufopfern."[17]

Die ständige Fortbildung des Priesters

Der Priester soll sich ständig weiterbilden, um im Gebet, in der Stille der Anbetung und im Studium das Geheimnis seiner Berufung und Sendung zu vertiefen, um sich vom Geist formen, ausbilden zu lassen, bis Christus sich in ihm ausgebildet, geformt hat. Wenn man zum Priester geweiht wird, wird man es vollständig und für immer; aber die priesterliche Identität verwirklicht sich in uns schrittweise, von Tag zu Tag. Um sowohl sein liturgisches und persönliches Gebet als auch seine pastorale Tätigkeit zu nähren, hat der Priester die Pflicht, ständig an seiner Bildung weiterzuarbeiten, insbesondere in den Bereichen Spiritualität, Philosophie und Theologie, was der heilige Johannes Paul II. wie folgt zusammengefasst hat: „Wenn auch unsere pastorale Tätigkeit, die Verkündigung des Wortes und die Gesamtheit unseres priesterlichen Dienstes von der Lebendigkeit unseres eigenen inneren Lebens abhängen, so brauchen sie doch ebenso eine Stütze durch unser ständiges Weiterstudium."[18]

Im Gegensatz zu einer manchmal verbreiteten Vorstellung steht die Kontemplation Gottes im Gebet der demütigen, aber beharrlichen Arbeit der Erweiterung des Glaubenswissens nicht entgegen und befreit auch nicht von ihr. Das Studium der Theologie soll in der Tat mit großer Demut erfolgen, sozusagen mit knieendem Herzen und in Anbetung vor der Majestät und der absoluten Transzendenz Gottes, seine Hilfe erflehend, um die Erleuchtung des Heiligen Geistes zu empfangen. Der Biograph des heiligen Thomas von

Aquin, Guillaume de Tocco, stellte plastisch dar, was die tiefe Einheit des Lebens dieses großen Kirchenlehrers ausmachte: eine liebevolle und innige Beziehung zu Gott, die sich in einem leidenschaftlichen Streben ausdrückte, ihn mit dem Verstand zu erkennen und sich in einem intensiven Gebetsleben inständig mit ihm zu vereinen. Er berichtet: „Wann immer er eine Diskussion beginnen, lehren, schreiben oder diktieren wollte, zog er sich zuerst in die Verborgenheit des Gebetes zurück und betete unter Tränen um das Verständnis der göttlichen Geheimnisse."[19] Die Ordnung und das Gleichgewicht, die auf diese Weise in Gebet und Studium gewahrt wurden, ermöglichten es dem Heiligen, das Ideal des apostolischen Lebens in der Kirche zu formulieren: *contemplata aliis tradere*, das, was man selbst betrachtet hat, an andere weitergeben.[20] Der heilige Johannes, sowohl Apostel als auch ein großer Kontemplativer, hatte es auf seine Weise bereits gesagt:

> Was von Anfang war, was wir gehört, was wir mit unseren Augen gesehen, was wir geschaut und was unsere Hände betastet haben von dem Wort des Lebens – ja, das Leben hat sich offenbart, und wir haben gesehen und bezeugen und verkündigen euch das ewige Leben, welches bei dem Vater war und uns erschienen ist –, was wir gesehen und gehört haben, verkündigen wir euch, damit auch ihr Gemeinschaft mit uns habt und unsere Gemeinschaft eine Gemeinschaft sei mit dem Vater und mit seinem Sohn Jesus Christus (1 Joh 1,1-3).

Das Amt des Hirten

Der Priester ist nicht nur ein Mann des Gebets und der Suche nach Gott, sondern auch derjenige, der in seinem Namen gesandt ist. So wie Gott durch die Wolkensäule und das Zelt der Begegnung direkt in der Mitte seines Volkes anwesend war und den Israeliten Führer und Leiter gegeben hatte, so erweckt er in unserer Mitte diese „neuen Moses", die Bischöfe und Priester.

Wie Mose, aber im Namen Jesu Christi, haben der Bischof und der Priester die schwere Verantwortung, das christliche Volk aus dem Würgegriff seiner Sünde herauszuführen und es durch das Wasser des Roten Meeres, das heißt das Wasser der Taufe, in die Wüste zu führen, wo Gott uns mit dem brennenden Wunsch erwartet, seinen Bund mit uns zu erneuern. Wie Mose sind sich die Hirten der Kirche bewusst, dass sie einen Auftrag erhalten haben, den sie nur erfüllen können, wenn sie demütig vor dem brennenden Dornbusch der barmherzigen Liebe Gottes ihre Schuhe ausziehen und alle Sünde und innere Heftigkeit ablegen. Wie Mose müssen sie große Beter sein, die sich dem brennenden Dornbusch der göttlichen Barmherzigkeit nähern und sich von ihm entflammen lassen, geblendet vom unsichtbaren Antlitz Gottes; und auch Propheten, Gesandte Gottes. Johannes Paul II. stellte diese Gestalt den Bischöfen und Priestern mit allem Nachdruck vor Augen:

> Wie Mose, der nach dem Gespräch mit Gott auf dem heiligen Berg mit leuchtendem Gesicht in die Mitte seines Volkes zurückkehrte (vgl. Ex 34,29-30), so wird auch der Bischof die Zeichen dafür, dass er Vater, Bruder und Freund ist, nur dann unter seine Brüder tragen können, wenn er in die dichte und lichterfüllte Wolke des Geheimnisses des Vaters, des Sohnes und des Heiligen Geistes eingetreten ist. Vom Licht der Dreifaltigkeit erleuchtet, wird er Zeichen der barmherzigen Güte des Vaters, ein lebendiges Abbild der Liebe des Sohnes, ein offen erkennbarer Mann des Geistes sein, der geweiht und gesandt ist, das Volk Gottes auf seiner Pilgerschaft durch die Zeit hin zur Ewigkeit zu führen.[21]

Jeder pastorale Weg muss sich unter die Perspektive der Heiligkeit stellen. Der heilige Gregor von Nazianz sagte es mit aller Entschiedenheit: „Zuerst sich läutern und dann [andere] läutern; zuerst sich von der Weisheit belehren lassen und dann andere belehren; zuerst Licht werden und dann andere erleuchten; zuerst sich selbst Gott nähern und dann andere hinführen, zuerst sich selbst und dann andere heiligen."[22]

Auch für dieses Mühen um die Heiligkeit aller war Mose ein Beispiel. Er musste sich täglich mit dem Widerstand und den Revolten eines „halsstarrigen“ Volkes auseinandersetzen, aber er blieb der Hirte, der im Auftrag Gottes hütet, schützt, führt, leitet, sich kümmert und ernährt. Er steht zwischen Gott und dem Volk und setzt sich für die Menschen ein, so wie es der Rolle des Hirten entspricht, aber auch der Rolle aller Gläubigen, die auf ihre Weise Hirten ihrer Brüder und Schwestern sind. Wir alle sind wie Mose auf den Berg der Fürbitte gestellt, und während wir durch persönliche Prüfungen und tägliche Arbeit gehen, haben wir unser Herz und unsere Augen auf die Ebene gerichtet, wo die Menschen kämpfen (vgl. Ex 17,8-16).[23] Mose weiß, dass er von Gott auserwählt wurde, vor ihm zu stehen, zu bitten, anzubeten, Fürbitte zu leisten und seinen Zorn zu besänftigen. Manchmal berichtet er Gott von seiner Müdigkeit, seinem Überdruss, seiner Entmutigung – in einer erstaunlichen Vertrautheit, in der es manchmal Mose ist, der Gott an seine Zärtlichkeit, seine Barmherzigkeit und seine Verheißungen erinnert; und manchmal Gott, der Mose tröstet und ihn in seiner Mission stärkt.

Mose sorgt für den Lebensunterhalt des Volkes, plant die Etappen seines Marsches, richtet über seine Streitigkeiten und organisiert die Schlachten gegen den Feind. Vor allem aber führt er das Volk zum Herrn (denn das Gelobte Land ist Gott selbst), indem er versucht, das göttliche Gesetz, das er aus Gottes Hand erhalten hat, nach und nach in die Herzen des Volkes einzuprägen. Das Gesetz ist keine Last, sondern eine wertvolle Hilfe, die den Menschen auf seinem täglichen Weg erleuchtet und leitet, ihm Anhaltspunkte gibt und Grenzen aufzeigt. Ebenso haben Bischöfe und Priester die große Verantwortung, die Herde mit der gesunden katholischen Lehre zu versorgen, damit der Glaube für jeden Einzelnen zum Bezugspunkt für sein Denken, Handeln, Leben und Lieben wird. Die Menschen auf diese Weise zu Gott zu führen, das bleibt die oberste Priorität, so Benedikt XVI.:

> In unserer Zeit, in der der Glaube in weiten Teilen der Welt zu verlöschen droht wie eine Flamme, die keine Nahrung mehr findet, ist die allererste Priorität, Gott gegenwärtig zu machen in dieser Welt und den Menschen den Zugang zu Gott zu öffnen. Nicht zu irgendeinem Gott, sondern zu dem Gott, der am Sinai gesprochen hat; zu dem Gott, dessen Gesicht wir in der Liebe bis zum Ende (vgl. Joh 13,1) – im gekreuzigten und auferstandenen Jesus Christus erkennen. Das eigentliche Problem unserer historischen Stunde ist es, dass Gott aus dem Horizont der Menschen verschwindet und dass mit dem Erlöschen des von Gott kommenden Lichts Orientierungslosigkeit in die Menschheit hereinbricht, deren zerstörerische Wirkungen wir immer mehr zu sehen bekommen. Die Menschen zu Gott, dem in der Bibel sprechenden Gott zu führen, ist die oberste und grundlegende Priorität der Kirche und des Petrusnachfolgers in dieser Zeit.[24]

Schließlich erzieht Mose das Volk zum Gebet, zu dieser innigen Beziehung des Menschen zu Gott. Er lehrt sie zu verstehen, dass alles von Gott kommt und zu Gott zurückkehren muss, und dass das Gebet genau dieser Ort des Hingehens und des Zurückkehrens ist. Es ist auch der Ort eines Kampfes, eines Kampfes mit Gott, wie Paulus an die Römer schreibt: „Ich bitte euch, Brüder, bei unserm Herrn Jesus Christus und bei der Liebe des Heiligen Geistes, dass ihr durch Gebet für mich bei Gott mit mir ringen wollet“ (Röm 15,30). Das ist eine der Bedeutungen von Jakobs nächtlichem Kampf gegen Gott (Gen 32,25): Er ist ein Symbol für den geistlichen Kampf und für die Wirksamkeit eines inständigen Gebets.

Mögen Bischöfe, Priester und die Christgläubigen, die sich manchmal von den Schwierigkeiten und der Vielzahl ihrer Pflichten erdrückt fühlen, nach dem Vorbild des Mose die Zeiten des Gebets und der Begegnung mit Gott nie vernachlässigen! Mögen sie den Mut und die Entschlossenheit des Mose nachahmen. Weil Gott ihnen befiehlt, „vor dem Volk herzugehen“, und weil Er selbst sich vor sie stellt (Ex 17,5-6), müssen Bischöfe und Priester Vorbilder im Glauben sein, Männer mit einem intensiven Gebetsleben, demütige Verwalter der göttlichen Geheimnisse inmitten ihres Volkes, Zeugen der unendlichen Liebe und Barmherzigkeit Gottes. Sie müssen, mehr noch als alle Getauften, „das Salz der Erde und das Licht der Welt" sein (Mt 5,13-14), und der Wohlgeruch der Gnade Gottes.

Auch der heilige Augustinus trug eine schwere Last im Dienst des Gottesvolkes. Er musste die Verpflichtungen seines klösterlichen Lebensstils einhalten, sich Zeit nehmen, um die Heilige Schrift zu lesen, zu studieren und zu meditieren, die Predigt an Sonn- und Feiertagen halten, das Kirchengut verwalten, den Armen und Bedürftigen helfen, die kirchliche Disziplin der Kleriker, Mönche und Priester überwachen und die christlichen Gemeinden seiner Diözese besuchen, dort Heidentum und Ketzereien bekämpfen, und seine dogmatischen Werke verfassen. Aus diesem Grund bezeichnet er sein Amt und seine bischöfliche Mission mehrfach als *sarcina episcopalis*: *Sarcina* war ein Begriff aus der Militärsprache für das Marschgepäck des Soldaten. Für den Bischof von Hippo war dieses Gepäck besonders schwer und wurde mit nachlassender Gesundheit immer schwerer. Manchmal überkommen ihn Momente der Entmutigung und sogar der Depression, vor allem, wenn er feststellt, dass das, was er am einen Tag mühsam aufgebaut hat, am nächsten Tag wieder neu aufgebaut werden muss. Aber er nimmt die Arbeit immer wieder auf:

> Predigen, zurechtweisen, tadeln, erbauen, sich für jeden ins Zeug legen – das ist eine schwere Last, ein harter Zwang und eine große Anstrengung. Wer würde nicht vor einer solchen Arbeit fliehen? Aber das Evangelium verfolgt mich.[25]

Und an anderer Stelle schreibt er:

> Eure Werke sollen bald dies, bald jenes sein, je nach Zeit, Stunde und Tag. Kann man immer reden? Kann man immer schweigen? Immer seine Kräfte erneuern? Immer fasten? Immer dem Bedürftigen Brot geben? Immer den Nackten kleiden? Immer die Kranken besuchen? Immer Streitigkeiten schlichten? Immer die Toten beerdigen? Mal dies,

> mal jenes. [...] Aber das Prinzip, das diese Handlungen steuert, beginnt nicht und soll auch nicht enden.[26]

Auch der heilige Paulus wusste um die Gefahren, die auf die Hirten, diese der Welt geschenkten Männer Gottes, lauern, und er forderte Timotheus auf, die innere Flamme zu nähren: „Deshalb erinnere ich dich, dass du die Gnadengabe Gottes wieder erweckest, welche in dir ist durch die Auflegung meiner Hände" (2 Tim 1,6). Ein Übermaß an Arbeit und apostolischen Verpflichtungen kann dazu führen, dass wir die Bedeutung der Kontemplation, des Gebets und der konkreten Hingabe unseres Lebens an Gott aus den Augen verlieren. Die Gründe für das priesterliche Dasein werden vernebelt: Die Dimension des Dienens – sie ist durch die Schürze symbolisiert, mit der Jesus beim letzten Abendmahl seine Lenden umgürtet – verschwindet. Das Gebet hingegen hilft uns, die evangelische Dimension zu bewahren, die das Leben des Priesters zu einem priesterlichen Leben macht, das ganz und gar „als lebendige, heilige, Gott wohlgefällige Hostie" (Röm 12,1) dargebracht wird, ganz dahingegeben für die Auferbauung des christlichen Volkes.

Johannes Paul II. lehrt, dass Bischöfe und Priester nur dann in der Lage sein werden, diese übermenschliche Aufgabe des Hirtenamtes würdig zu erfüllen, wenn sie den Lebensstil des dienenden, armen und demütigen Christus annehmen, der allen Menschen, vom Größten bis zum Kleinsten, nahe ist:

> Wenn sich das Bischofsamt nicht auf das Zeugnis der Heiligkeit stützt, die in der pastoralen Liebe, in der Demut und in der Einfachheit des Lebens zum Ausdruck kommt, wird es schließlich zu einer fast ausschließlichen Funktionsrolle verkürzt und verliert unvermeidlich an Glaubwürdigkeit beim Klerus und bei den Gläubigen.[27]

Der Priester inmitten der Welt

Der Priester ist dazu berufen, die Brücke zwischen Gott und den Menschen zu schlagen. Er ist der Weg, auf dem das Göttliche und das Heilige den Menschen erreichen können, auf dem der Mensch Zugang zum Göttlichen erhält und geweiht wird. Er ist die Gegenwart und das Sakrament Christi. Er muss die Epiphanie der Größe und Heiligkeit Gottes sein und gleichzeitig das Aroma seiner Gnade und Zärtlichkeit. Der Priester ist die Stimme, die das Evangelium verkündet, und zugleich die Stimme, die verstummt, wenn er mit der Jungfrau Maria am Fuß des Kreuzes wacht.

Der Priester wird die Welt immer in Erstaunen versetzen, so wie Jesus seine Zeitgenossen durch die Präsenz des „vollkommen Göttlichen" und des „vollkommen Menschlichen" in ihm in Erstaunen versetzte. Der Priester muss alle menschlichen Tugenden besitzen: Aufrichtigkeit, Loyalität, Freundlichkeit, Wohlwollen, Großzügigkeit, absolute Selbstbeherrschung, Eifer im Handeln, unerschütterliche Ruhe angesichts von Rückschlägen, unbeirrbares Vertrauen, Beständigkeit in Entschlüssen, Willenskraft, einen Willen, der mit Klarheit und unbeugsamer Ruhe weiß, was er will, Mut und die Kraft des Glaubens angesichts von Prüfungen und Verfolgungen. „Was immer wahr ist, was ehrbar, was gerecht, was rein, was liebenswürdig, was rühmlich, wenn etwas eine Tugend, wenn etwas eine löbliche Zucht ist – darauf, Brüder, seid bedacht" (Phil 4,8). Der Priester muss wie der heilige Paulus sagen können: „Was ihr gelernt, empfangen, von mir gehört und an mir gesehen habt, das tut" (Phil 4,9). Der Priester muss also zu den göttlichen Höhen und zu den Tiefen des menschlichen Herzens hinführen, zu den Extremen und nicht zur Mittelmäßigkeit. Er hat eine einzigartige, grandiose Mission. Der Pfarrer von Ars sagte:

> Der Priester ist ein Mensch, der den Platz Gottes einnimmt, ein Mensch, der mit allen Kräften Gottes ausgestattet ist [...]. Wenn man Glauben hätte, würde man Gott im Priester verborgen sehen, wie ein Licht hinter einem Glas, wie Wein, mit Wasser vermischt. Oh, der Priester ist etwas

Großes! Wenn er sich selbst verstehen würde, würde er sterben [...]. Gott gehorcht ihm: Er sagt zwei Worte, und unser Herr steigt auf seine Stimme hin vom Himmel herab und schließt sich in einer kleinen Hostie ein. [...] Was uns Priester daran hindert, heilig zu sein, ist der Mangel an Reflexion. Man kehrt nicht bei sich selbst ein; man weiß nicht, was man tut. Es ist die Reflexion, das Beten, die Vereinigung mit Gott, die wir brauchen.[28]

Das Zeichen des Jona: Die Erfahrung des Kreuzes und der Dienst der Barmherzigkeit

Der Priester ist also unter die Menschen gesandt, um ihnen die Liebe Gottes zu offenbaren, so wie es die Propheten für das auserwählte Volk taten, und diese Mission war weder eine Beförderung noch ein Triumphzug. Die Figur des Jona steht unter allen Propheten symbolisch für die Angst, die den Gesandten beim Gedanken an die Schwierigkeiten und das Leid ergreifen kann, zu denen ihn seine Mission führen wird.

„Und es erging das Wort des Herrn an Jona, den Sohn Amathis, also lautend: Mache dich auf und gehe nach Ninive, der großen Stadt, und predige daselbst, denn ihre Bosheit ist vor mich gekommen" (Jona 1,1-2); „Mache dich auf und begib dich nach Ninive, der großen Stadt, und verkünde daselbst die Botschaft, welche ich dir mitteile" (Jona 3,2).

Ich zittere mit allen Priestern vor dem Privileg und der Gnade des Priestertums. Wie Jona könnten wir in Versuchung geraten, „weit vom Herrn weg" zu fliehen, indem wir die dem „großen Ninive" entgegengesetzte Richtung einschlagen. Doch trotz unserer Unwürdigkeit macht uns die göttliche Gnade zu ihren Werkzeugen, damit „alle Menschen gerettet werden und zur Erkenntnis der Wahrheit gelangen" (1 Tim 2,4). Deshalb müssen wir kühn „in die Stadt gehen", das heißt in das innere Leben, den inneren Garten des Herzens anderer, um ihnen von Gott zu erzählen, sie einzuladen, sich ihm zuzuwenden und ein dem Evangelium entsprechendes Leben zu führen.[29] Christus ist in unser

Leben eingedrungen, ohne uns um Erlaubnis zu fragen, so wie er es mit den ersten Jüngern getan hatte: „Als er aber am See von Galiläa entlangging, sah er Simon und Andreas, dessen Bruder, welche eben ihre Netze ins Meer auswarfen; denn sie waren Fischer. Da sprach Jesus zu ihnen: Folget mir nach, und ich werde euch zu Menschenfischern machen" (Mk 1,16-17). Uns hat der Herr befohlen: „Geht hinaus in die ganze Welt und verkündet die frohe Botschaft" (Mk 16,15).

Vor dieser Aufgabe darf man keine Angst haben. Manchmal zögert der Mensch zu glauben, dass seine Sünden vergeben werden können, weil sie so enorm sind. Dann lässt er sich von Entmutigung, Verzweiflung, Mittelmäßigkeit und Nachlässigkeit überwältigen und watet im moralischen Relativismus oder begeht Selbstmord wie Judas. Dabei wartet Gott doch nur auf ein demütiges Bekenntnis unserer Schuld und den konkreten Ausdruck unserer Reue, um uns seine Vergebung zu gewähren.

Jede sakramentale Handlung ist ein spürbarer Kontakt mit dem glorreichen Christus, der auch heute noch lehrt, heilt, nährt und vergibt. Der Priester leiht ihm seine Stimme, seine Hände, seine Augen und sein Herz, seine ganze Person. Es ist seine Aufgabe, ein intensives sakramentales Leben unter den Gläubigen zu fördern, ihr Wissen darüber zu vertiefen und ihnen den Zugang dazu zu erleichtern. Jedes Sakrament ist in der Tat ein Zeichen, ein „Zeichen des Jona" (Mt 16,4) – kein magischer Ritus, sondern die Begegnung mit Gott, wenn die Initiative seiner Liebe eine Antwort von Seiten des Menschen erhält. Es ist die Aufgabe des Priesters, dem Menschen zu helfen, diese Antwort zu geben, indem er sich selbst für Gott und die Menschen transparent macht, so dass beide sich in Wahrheit und auf intime und persönliche Weise begegnen. Der Priester muss daher ein Freund Gottes und ein Heiliger sein. Der Spender des Sakraments kann die Menschen so für Gott einnehmen, dass sie sich ihm öffnen; wenn er jedoch selbst weder kalt noch warm ist, ohne Enthusiasmus, ohne apostolischen Eifer, kann er sie auch in ihrer Gottesferne, ihrer Revolte, ihrer Ablehnung Gottes, ihrem Unverständnis, ihrer Gleichgültigkeit oder ihrer Lauheit belassen.

Der Priester soll sich also wie Jona in Ninive darum bemühen, in die Tiefen dieser großen inneren Stadt des menschlichen Herzens einzudringen und sie mit Feingefühl, Demut, Respekt und äußerster väterlicher Geduld zu durchqueren. Damit ihm dies gelingt, muss er vorab bereit sein, in die Tiefen seines eigenen Herzens hinabzusteigen, „da er ja selbst auch mit Schwachheit umgeben ist" (vgl. Hebr 5,2), um freudig zu erfahren, was es bedeutet, dass ihm vergeben und er wieder in die barmherzige Zärtlichkeit des Vaters eingeführt wird. An diesem inneren Ort wird er dazu befähigt, andere zu führen. Das Herz ist die Mitte des Menschen, der Ort aller wichtigen Entscheidungen, die Quelle seiner gesamten menschlichen und geistlichen Vitalität und ein Ort des geistigen Kampfes. Der Abstieg dorthin ist ein österlicher Weg, auf dem sich das Gewissen von den Götzen befreit, sich seiner Selbstsucht, seines Stolzes, seiner Selbstgefälligkeit und seiner Illusionen entledigt, in einem langen inneren Ringen, einem „Leib an Leib" mit Gott (Gen 32,23-32). Dort gewährt Gott seinen Kämpfern für die Mühen des Kampfes eine unerwartete Belohnung: eine Wunde, die die Hüfte lähmt und bewirkt, dass der Mensch sich von nun an nur noch aufrechthalten kann, indem er sich an Gott klammert. Der Mensch lässt Gott nicht mehr los und erhält tieferes Wissen, einen neuen Namen, einen Frieden, den die Welt nicht kennt, und die Freude des Heiligen Geistes.[30]

Die notwendige Voraussetzung für den Abstieg des Priesters in das menschliche Herz ist also die Erfahrung, „bis zum Morgengrauen mit Gott gerungen" zu haben und drei Tage und drei Nächte in den Eingeweiden des Seeungeheuers gewesen zu sein. Dieser schreckliche Kampf zwischen Gott und Jona wird durch den großen Sturm auf dem Meer symbolisiert. Nur so versteht Jona die Unentgeltlichkeit der Liebe und Vergebung Gottes, der „ein barmherziger und gnädiger Gott" ist, „langmütig und reich an Erbarmen und wahrhaftig" (Ps 86,15). So wie viele seiner Zeitgenossen hätte Jona sich gewünscht, dass Gott sich rächt und die Sünder in Ninive ausrottet. Aber die Rache, die Gott ankündigt, ist nicht die, die wir uns ausgemalt haben: „Sagt den Kleinmütigen: Seid getrost und fürchtet euch nicht; seht, euer Gott selber wird kommen und euch erretten" (Jes 35,4). Jesus kommt, um sich selbst zu opfern, um uns alle zu retten, um nicht unser Blut, sondern stattdessen Sein Blut zu vergießen. Angesichts der Liebe und Barmherzigkeit Gottes gegenüber seinem Geschöpf ist Jona sprachlos, voller Staunen und Dankbarkeit. Nun kann er in die große heidnische Stadt, das Herz des Menschen, „hineingehen", um es zur Reue und Umkehr zu führen – sofern er denselben Weg der echten Umkehr, des Sich-Selbst-Sterbens, gegangen ist: den Weg der radikalen Neuausrichtung seines Lebens in völliger Selbsthingabe an den Herrn.

Als Priester oder als Laienchristen haben wir manchmal Angst davor, dem Blick Gottes zu begegnen, weil dieser Blick uns auf uns selbst zurückwirft und uns zwingt, uns selbst in der Wahrheit zu prüfen. Die Wahrheit macht uns zwar frei, aber sie macht uns auch Angst. Und wenn die Angst überwiegt, wird unser priesterlicher Dienst oder unser christliches Apostolat zu bloßer Betriebsamkeit, zu einer Flucht nach vorn in hektischen Aktivismus oder sterilen Funktionalismus. Wir scheuen davor zurück, innezuhalten und still zu werden, aus Angst, Gott könnte uns zwingen, mit Ihm bis zu den untersten Wurzeln unseres Wesens hinabzusteigen; wir werden unruhig und rennen – so wie Jona – in alle möglichen Richtungen, um den Anforderungen des Willens Gottes zu entgehen. Der Priester, der mit seiner Armut und seinen Grenzen konfrontiert wird, kann durchaus mit Thomas Merton sagen:

> Mich hat oft der unüberwindliche Wunsch gepackt, in die entgegengesetzte Richtung zu gehen, obwohl Gott mich beauftragt hatte, das Gewissen der Sünder zu wecken und sie zur Umkehr und zur Rückkehr zu Gott aufzufordern. Gott wies mir einen Weg, doch mein eigenes „Ideal", meine persönlichen Ambitionen, meine persönlichen Hemmungen und Ängste wiesen mir einen anderen Weg. Als Jona sich so schnell wie möglich von Ninive wegbewegte und das Schiff nach Tharsis nahm, wurde er über Bord geworfen und von einem Wal verschluckt, der ihn dorthin brachte, wo Gott ihn haben wollte.[31]

Der Bischof und der Priester sind die Erben der Propheten, von Gott persönlich dazu berufen, ein lebendiges Zeugnis seiner Gegenwart und seines Vorsehungshandelns in der Welt zu sein, so wie Jeremias es formulierte: „Du, Herr, hast mich verführt, und ich habe mich verführen lassen. Du hast mich überwältigt, du warst der Stärkere. [...] Ich sagte zu mir: Ich will seiner nicht mehr gedenken noch ferner in seinem Namen reden. Doch dann ward es in meinem Herzen wie ein verzehrendes Feuer, eingeschlossen in meine Gebeine. Ich ward kraftlos und unfähig, es zu ertragen" (Jer 20, 7.9). Der Priester ist „Symbol Christi" (Johannes Chrysostomus), *Christus hodie* – „Christus heute" (Don Giuseppe Quadrio), eine lebendige Epiphanie Christi. Aber um das zu werden, muss der Priester sein Priestertum als ein Mysterium des Kreuzes und des Blutes verstehen und leben. Unsere Fehler sind beredt – sie lassen uns manchmal wie Jona aussehen. Sie werfen uns in den mütterlichen und unendlich barmherzigen Schoß Gottes. Und wir gehen ganz und gar gereinigt, erneuert und verklärt, „christifiziert" daraus hervor, als „Zeichen des Jona" und als Zeichen des Menschensohns in der Herrlichkeit seiner Auferstehung: „Denn gleichwie Jona drei Tage und drei Nächte im Bauch des Fisches war, so wird auch der Menschensohn im Herzen der Erde sein, drei Tage und drei Nächte lang" (Mt 12,40; Mk 8,11-12; Lk 11,29-32).

Auf diesem äußerst anspruchsvollen Weg sind wir nicht allein. Jesus gab seinem geliebten Jünger Johannes seine Mutter, damit alle Priester der Welt verstehen, dass der Ort Marias der Ort an der Seite eines jeden Priesters ist, besonders wenn sie am Altar stehen, um dem Vater das heilige Messopfer darzubringen und in seinem Namen zu sprechen und zu wirken. Maria ist voller mütterlicher Fürsorge für alle Priester. Sie möchte sie in Demut, Reinheit und Herzensunschuld zum Altar schreiten sehen, erstaunt über das unergründliche Geheimnis der Liebe Gottes, versunken in tiefer Anbetung. Sie begleitet jeden Priester bei den heiligen Handlungen seines Amtes.[32]

Besonders bei jeder Eucharistiefeier ist Maria anwesend, unsichtbar, still und zurückhaltend, aber in konkreter, wirkmächtiger Präsenz. Das Geheimnis ihrer Schmerzen auf Golgotha ist untrennbar mit dem Opfer Christi verbunden, das erneut gegenwärtig wird, wie die Kirche es immer gelehrt hat und wie es die heilige Liturgie bezeugt, die im Herzen dieses heiligen Opfers „vor allem das Andenken der glorreichen, allzeit reinen Jungfrau Maria, der Mutter Jesu Christi, unsres Herrn und Gottes" ehrt. Maria hat an der Erlösung mitgewirkt, woran das Zweite Vatikanische Konzil erinnert hat,[33] im Gefolge einer langen Tradition bei den Vätern des Ostens und des Westens und im Lehramt der Päpste.[34] Der heilige Johannes Paul II. hat es in seiner Enzyklika *Redemptoris Mater* und in den darauffolgenden Katechesen (1987-1988) unternommen, praktisch alle Materialien für eine Definition des Dogmas der universalen Gnadenvermittlung Marias zusammenzutragen,[35] eine Definition, die er sicher selbst gerne formuliert hätte; man darf zuversichtlich annehmen, dass sie ausgeführt wird, wenn Gott den Zeitpunkt für gekommen hält.

Aufgrund ihrer Rolle als Mutter und Vermittlerin aller Gnaden ist Maria wahrhaftig die neue Eva, Prototyp der Menschheit, die in Christus, ihrem Sohn, erneuert wurde. Sie wurde von Gott bevorzugt und geehrt, von den Aposteln und der Kirche mit großer Verehrung und kindlichem Respekt betrachtet, als das leuchtende Vorbild jeder Frau und als die fürsorgliche und liebende Mutter aller Priester, in denen sie ihren Sohn inmitten der Menschen für das Heil allen Fleisches am Werk sieht. Ich wünsche mir, dass alle Priester, aber auch alle gläubigen Christen eine intensive und tägliche kindliche Hingabe an die Mittlerin Maria pflegen. Wie könnte der Priester ohne diese affektive und tägliche kindliche Bindung an Maria, die Mutter des Priestertums, dem armen, keuschen und gehorsamen Christus gleichförmig werden und sich mit ihm identifizieren? Mögen wir wie der heilige Johannes die Jungfrau Maria zu uns nehmen, damit sie bei uns wohnt, uns zu Reinheit, Demut und Gehorsam gegenüber dem Willen Gottes erzieht und täglich leise zu uns sagt: „Was Er euch sagt, das tut" (Joh 2,5).

VIII
Das Geheimnis des Kreuzes

Das Werk der Erlösung

„Für uns und um unseres Heiles willen", so bekennen wir im Glaubensbekenntnis, „hat Gott Fleisch angenommen." Als der Sohn Gottes in diese Welt kam, beanspruchte er nicht die Ehre und den Ruhm, die ihm rechtmäßig zustanden; und er wählte nicht nur ein demütiges und verborgenes Dasein, sondern auch die äußerste Erniedrigung der Passion, die ihn zur äußersten Erhöhung in die Herrlichkeit zur Rechten des Vaters führen sollte. Einzig diese äußerste Erniedrigung dünkte ihn würdig und recht, seine Liebe für den Vater auszudrücken, und die Liebe, die der Vater und der Sohn für alle Menschen haben. Die Erniedrigung, die *kenosis* Christi, ist nicht nur ein Verhalten des Gehorsams und der Demut, sondern ein Akt des Selbstverlustes, in dem der Sohn die frohe Freiheit der vollkommenen Hingabe an den Vater für die gesamte Menschheit erfährt, auf dass den Menschen offenbar werden kann, wie sehr sie geliebt werden, denn „eine größere Liebe hat niemand als diese, dass er sein Leben für seine Freunde hingibt" (Joh 15,13). Das Kreuz ist die Kraft Gottes und die Weisheit Gottes (vgl. 1 Kor 1,24): Es offenbart die Kraft der Liebe in ihrer äußersten Schwäche. Und auf diesen Akt der Liebe des Sohnes, der ganz in den Tod hingegeben wird, antwortet der Akt der überreichen Verherrlichung Christi durch den Vater: „Darum hat ihn auch Gott hoch erhoben, und ihm einen Namen gegeben, der über alle Namen ist, auf dass in dem Namen Jesu sich jedes Knie beuge aller Wesen im Himmel, auf Erden und unter der Erde, und jede Zunge bekenne, dass Jesus Christus der Herr zur Ehre Gottes, des Vaters ist" (Pil 2,9-11).[1] Die Jungfrau Maria selbst begreift die ganze Tragweite ihrer mütterlichen Mission erst am Fuße des Kreuzes: „Da nun Jesus seine Mutter, und den Jünger, den er lieb hatte, stehen sah, sprach er zu seiner Mutter: Weib, siehe da, dein Sohn! Hierauf sprach er zu dem Jünger: Siehe da, deine Mutter! Und von jener Stunde an nahm sie der Jünger zu sich" (Joh 19,26-27).

Durch seinen Tod geht Jesus, der Hohepriester der kommenden Güter und des Neuen Bundes, mit seinem eigenen Blut in das himmlische Heiligtum ein und erlangt so für uns die endgültige Befreiung (vgl. Hebr 9,11-12). Es gibt kein Heil außer in ihm (vgl. Apg 4,10-12): Diese Überzeugung der ersten christlichen Generationen wurzelt in der Entdeckung, dass in Jesus alle Verheißungen Gottes erfüllt sind; oder, wie Paulus es so wunderschön sagt, sie haben alle in ihm ihr „Ja" (2 Kor 1,20).

Jesus gibt also sein göttliches Leben den Menschen, indem er es in der dunklen Stunde des Kreuzes in voller Freiheit überantwortet – als Opferlamm, dem die Kehle durchgeschnitten wurde, das aber verherrlicht lebt und das Volk Gottes in den letzten Kampf führt; als Herr der Geschichte und Lehrer der gesamten Menschheit (vgl. Offb 5,6). Er hat uns bis zum Äußersten geliebt und sich für uns hingegeben, indem er sich selbst Gott als Opfer zum köstlichen Wohlgeruch dargebracht hat (vgl. Eph 5,2). Durch sein kostbares Blut hat Christus uns erlöst, gereinigt und von der Sklaverei und dem törichten Verhalten, das wir von unseren Vätern geerbt haben, befreit (vgl. Kol 1,20; 1 Petr 1,19).

Der heilige Augustinus kommentiert die Antwort der Menge an Pilatus, der sich am Blut Jesu für unschuldig erklärte: „Sein Blut komme über uns und unsere Kinder!" (Mt 27,25). Dieser Wunsch war in der jüdischen Kultur eine Fluchformel (vgl. 2 Sam 1,16). Augustinus versteht sie im Blick auf das, was am Pfingsttag geschah: „Ja, das Blut Jesu ist über sie und ihre Kinder herabgekommen, als im Namen Jesu fünftausend von ihnen getauft wurden. Es war das Blut Jesu, das auf sie herabkam, um sie zu reinigen."

Das ist die erschütternde Antwort des Gottes der Liebe und Zärtlichkeit auf die Grausamkeit und Perversion der Menschen. Wie in einem Echo auf den heiligen Augustinus schreibt Benedikt XVI. als Kommentar zu derselben Matthäusstelle:

> Wenn nach Matthäus das „ganze Volk" gesagt hat: „Sein Blut komme über uns und unsere Kinder" (27,25), dann wird der Christ sich daran erinnern, dass Jesu Blut eine andere Sprache spricht als das Blut Abels (vgl. Hebr 12,24): Es ruft nicht nach Rache und nach Strafe, sondern es ist Versöhnung. Es wird nicht *gegen* jemanden vergossen, sondern es ist Blut, vergossen *für* viele, für alle. „Alle haben gesündigt und die Herrlichkeit Gottes verloren ... Sie sind gerechtfertigt durch die Gunst seiner Gnade aufgrund der Erlösung, die in Christus Jesus vollbracht wurde. Ihn (Jesus) hat Gott dazu bestimmt, Sühne zu leisten mit seinem Blut", sagt Paulus (Röm 3,23-25). Wie man den Spruch des Kajaphas über den notwendigen Tod Jesu vom Glauben her ganz neu lesen muss, so auch das Matthäus-Wort vom Blut: Vom Glauben her gelesen heißt es, dass wir alle die reinigende Kraft der Liebe brauchen, die sein Blut ist. Es ist nicht Fluch, sondern Erlösung, Heil. Nur von der Abendmahls- und Kreuzestheologie des ganzen Neuen Testaments her erhält das matthäische Blutwort seinen richtigen Sinn.[2]

Vor dieser gewaltigen Offenbarung der Liebe Gottes zu uns kann die gesamte Schöpfung nicht anders, als vor Staunen und Verwunderung auf die Knie zu fallen und anzubeten. Alle menschliche Selbstzufriedenheit wird vernichtet. Die Menschheit gestern, heute und morgen war, ist und wird nur in dieser Haltung der Kontemplation, der Anbetung, der Verherrlichung und des Dankes wirklich das sein, was sie sein soll.

Warum dieses entsetzliche Leiden?

Gott, der durch unsere Sünden beleidigt ist, liefert seinen Sohn einem schmerzhaften, gewalttätigen und schändlichen Tod aus, um unsere Schuld ihm gegenüber zu tilgen. Wie kann man verstehen, dass er durch so viel Leid gehen wollte, um seine Vergebung zu gewähren? Jesus selbst hat diese Frage mit den Emmausjüngern erörtert. Die beiden Männer kehren müden Schrittes Jerusalem den Rücken und gehen in ihr Heimatdorf zurück. Auf der Straße gesellt sich ein Unbekannter zu ihnen, der sich ihnen zugesellt und sie anspricht:

> „Was sind das für Reden, die ihr miteinander auf dem Weg führt?" Und sie hielten an, mit trauriger Miene. Und einer mit Namen Kleophas antwortete und sprach zu ihm: Bist du der einzige Fremdling in Jerusalem, der nicht erfahren hat, was hier in diesen Tagen geschehen ist? Er sprach zu ihnen: Was denn? Sie sprachen: Die Begebenheiten mit Jesus von Nazareth, der ein Prophet war, mächtig in Tat und Wort angesichts Gottes und allen Volkes, und wie ihn die Hohenpriester und unsere Vorsteher der Verurteilung zum Tode überliefert und ihn gekreuzigt haben. Wir aber hofften, dass er es sei, der Israel erlösen werde. Und nun ist heute nach diesem allem der dritte Tag, dass dieses geschehen ist!" (Lk 24,17-22).

Die Antwort des Unbekannten ist faktisch ein äußerst scharf formulierter Vorwurf, was in unseren Übersetzungen allzu oft abgemildert wird. Er bezeichnet die beiden Jünger als *anoetoi*, „vernunftlos"; *bradeis tè kardia*", mit „trägen" oder „engen" Herzen. Sie haben kein Herz (im biblischen Sinne als dem Zentrum der Person, ihrer Entscheidungen und Gefühle), das dem Geschehen gewachsen wäre. Christus – denn er ist es, der sich ihnen angeschlossen hat – ist immer sehr streng gegenüber denjenigen, denen es an Hoffnung und Glauben mangelt oder die das Leiden aus der Sendung des Messias ausschließen wollen. So hören die Apostel im Boot, die von stürmischem Seegang geschüttelt und gequält wurden und sich in echter Gefahr befanden, von ihrem Meister den Vorwurf: „Warum fürchtet ihr euch, ihr Kleingläubigen?" Der Mangel an Glauben und Hoffnung ist gleichbedeutend damit, dass man Gott misstraut, dass man an seiner Gegenwart und seiner Fähigkeit zweifelt, uns zu retten. Petrus, der nach der ersten Leidensankündigung zu ihm sagte: „Das sei ferne von dir, Herr! Nein! Das wird dir nicht widerfahren!", erhält die schroffe Antwort: „Weiche zurück hinter mich, Satan! Du bist mir zum Ägernis; denn deine Gedanken sind nicht die Gedanken Gottes, sondern die der Menschen" (Mt 16,22-23).

Der Unbekannte auf dem Weg nach Emmaus weiß, dass der Stolperstein, der die Jünger zum Straucheln bringt, das Drama des Kreuzes ist. Deshalb nimmt er sich die Zeit, ihnen mit der nötigen Klarheit vor Augen zu führen, dass das Gesetz und die Propheten hier übereinstimmen. Der Weg zum Leben mit Gott und der Dienst am Reich Gottes werden immer durch Leiden und Erniedrigung erschlossen. Er wird ihnen von Abel erzählt haben, von den bündnistreuen Gerechten und Propheten, die der Verfolgung ausgesetzt waren; von Jeremia, dessen Schicksal sein eigenes Elend an der Schwelle zur Passion vorwegnahm; und von Jesajas großen Prophezeiungen über den leidenden Gottesknecht.

Die Strenge Jesu geht also mit einer sehr großen Barmherzigkeit einher: Durch eine geduldige Katechese führt er die Jünger in das Geheimnis des Kreuzes ein und zeigt ihnen, dass es die Erfüllung alles dessen war, was die Schrift angekündigt hatte. Diese Lehre ist auch für uns nicht überflüssig, für diejenigen, die sich auch heute noch die große Frage stellen: Warum hat sich Jesus dafür entschieden, uns durch ein so grausames Leiden und einen so grausamen Tod zu retten? Auf diese Frage kann man eine Antwort in zwei Teilen geben.

Zunächst einmal ist Gott gerecht und barmherzig zugleich. Gerecht, das heißt: Er belohnt die Guten und bestraft die Bösen. Diese Aussage soll richtig verstanden werden: Wie Jesus sagt, lässt Gott seine Sonne über Gerechten und Sündern scheinen (Mt 5,45), er will allen sein Leben geben, das ewiges Leben ist. Er entfernt sich von niemandem; wir sind es, die, wenn wir uns von der Liebe und dem

Licht entfernen, uns selbst verurteilen und bestrafen, indem wir uns für die Dunkelheit und den Tod entscheiden. Wenn man sagt, dass Gott die Bösen bestraft, so bedeutet das, dass er sie, nachdem er ihnen vergeblich den Weg zu ihrem wahren Glück gezeigt hat, die negativen Folgen ihrer freien Entscheidungen tragen lässt. Aber damit nicht genug. Gott ist zugleich barmherzig: Er sieht, dass alle Menschen Sünder sind, aus eigener Kraft außerstande, ihm gerecht zu werden, und daher gibt er ihnen in seinem einzigen Sohn einen Erlöser, damit dieser durch seine Menschwerdung, sein Leiden und seinen Tod an ihrer Stelle und in ihrem Namen ihre vielen Sünden sühnen kann (vgl. Joh 3,14-17) – an ihrer Stelle, in einer vollkommen freien und unverdienten Hingabe; in ihrem Namen, auf dass es wirklich die sündige Menschheit ist, die auf geheimnisvolle Weise in seinem Opfer versammelt, dargestellt und eingeschlossen ist, die in ihm ihre Schuld wiedergutmacht, wie der heilige Cyprian von Karthago im Zusammenhang mit der Eucharistie sagt:

> Da Christus uns alle trug, da er unsere Sünden trug, sehen wir, dass das Wasser das Volk darstellt, der Wein das Blut Christi. [...] Christus, der das Brot des Himmels ist, hat nur einen einzigen Leib, mit dem unsere Vielzahl vereinigt ist.[3]

So können sich im Kreuzesopfer sowohl die Gerechtigkeit als auch die Barmherzigkeit Gottes ohne gegenseitige Beeinträchtigung entfalten. Aber dieses Geheimnis der barmherzigen Gerechtigkeit verweist uns auf das Geheimnis der Liebe Gottes als seiner Wurzel: Dies ist der zweite Teil unserer Antwort.

„Gott ist die Liebe" (1 Joh 4,8): Das wissen wir, aber nehmen wir diese Aussage auch tatsächlich ernst? Nur die Liebe kann erklären, dass Gott, der nichts außer sich selbst braucht, die Welt erschafft, Wesen nach seinem Bild und Gleichnis in sie hineinsetzt und sich zu ihnen gesellt, um sie zu einem hohen Preis von ihrem verdienten ewigen Tod zu erlösen. Der erhabenste Ausdruck der Liebe ist das Leiden. Liebe ist Selbsthingabe, und Selbsthingabe ist Selbstverleugnung, freiwilliges Opfer für den Geliebten. Gott wurde Mensch, um uns dieses Geheimnis zu offenbaren und uns auf seine Kosten, um den Preis des Blutes seines Sohnes, konkret, sichtbar zu lieben. Das Geheimnis des Kreuzes Christi bleibt ein Rätsel, wenn wir unsere spontan sich einstellende Vorstellung von der Macht Gottes nicht radikal umwandeln. Die Macht, mit der er uns überwältigen will, ist nicht die Macht, die er hätte zeigen können, indem er die Berge vor sich wie Staub hinwegfegt und uns mit seinem Licht vollständig überwältigt; die Macht, die er uns zeigen will, ist die Macht der Liebe, die in der Lage ist, alles zu erlangen in der Vernichtung seiner selbst.

Die „All-Ohnmacht" auf Golgotha zeigt die wahre Natur der Allmacht Gottes, des ewigen und unendlichen Wesens. Die absolute Ohnmacht des ans Kreuz genagelten Gottmenschen offenbart in Fülle, wie der heilige Johannes mehrmals sagt, die Herrlichkeit Gottes. Gott ist Liebe. Und das entstellte, blutige, mit Speichel, Schweiß und Blut bedeckte Gesicht dessen, den Jesaja mit dem stummen Lamm vergleicht, das zur Schlachtbank geführt wird – dieses Gesicht ist das menschliche Antlitz dieser Liebe. Daher kann die menschliche Existenz nur als Antwort auf eine solche Liebe Sinn haben, und man versteht die Tränen des heiligen Paulus über all jene Menschen, die sich wie Feinde des Kreuzes Christi verhalten: „Ihr Ende wird das Verderben sein; ihr Gott ist der Bauch, und ihr Ruhm besteht in ihrer Schande; sie trachten nur nach dem Irdischen" (vgl. Phil 3,19).

Gott ist in seiner Liebe immer treu, und er geht bis zum Äußersten, denn „es gibt keine größere Liebe, als wenn einer sein Leben hingibt für seine Feinde" (Joh 15,13). Er steht immer zu seinem Wort und bricht seinen Bund mit uns nicht, egal, wie hoch der Preis ist:

> Wenn seine Söhne mein Gesetz verlassen und nicht nach meinen Rechten wandeln, wenn sie meine Satzungen entheiligen und meine Gebote nicht halten, so werde ich mit der Rute ihre Vergehungen bestrafen und mit Schlägen ihre Sünden. Doch meine Liebe will ich ihm nicht entziehen noch es fehlen lassen an meiner Treue; noch will ich meinen Bund entweihen noch zunichte machen, was über meine Lippen gegangen

ist. Einmal habe ich bei meiner Heiligkeit geschworen, ich werde David nicht belügen! (Ps 88,31-36)

Mögen wir als Antwort auf diese unerhörte Liebe unsere Glaubenszustimmung geben, indem auch wir voll und ganz in das Geheimnis des Kreuzes eintreten. Der Herr Jesus breitet seine Arme aus und lässt sich kreuzigen, damit wir nicht darunter leiden müssen, ewig von ihm getrennt zu sein. Die Liebe überwindet unsere Gleichgültigkeit und unsere Auflehnung durch das Kreuz. Paul Evdokimov hat betont, dass Gottes Allmacht nicht darin besteht, das Böse und den Tod einfach zu vernichten, sondern darin, sie zu besiegen, indem er sie auf sich nimmt, indem er sich gleichsam von ihnen durchdringen lässt. Gott ist so sehr Liebe, dass er in Jesus ein leidensfähiges und todgeweihtes Fleisch annehmen und sich darin verwunden lassen will, als wolle er sagen, dass seine Liebe größer und stärker ist als alle Speerspitzen, alle Wunden und alle Kreuzigungen, die wir ihm zufügen können.[4]

Wir alle sind vor Gott nur ganz erbärmlich klein. Wenn wir ihn sehen wollen, dann müssen wir wie Zachäus auf einen Baum steigen: den Baum des Kreuzes. Ohne das Kreuz tastet sich der Mensch blind durch die Nacht seiner Unwissenheit und seiner Herzenshärte. Durch das Kreuz öffnet sein Herz sich weit, um den unerschöpflichen Strom der Liebe, der Vergebung, der Versöhnung und des Friedens, der aus dem geöffneten Herzen Jesu strömt, aufzunehmen und den Heiligen Geist zu empfangen.

Das Kreuz ist der Mittelpunkt der Geschichte

Das Kreuz ist das Herz des christlichen Mysteriums: Es ist ein vom Leiden entstellter Mensch, der das Gesicht des unsichtbaren Gottes offenbart. Wie ich in *Gott oder Nichts* geschrieben habe, ist das Kreuz der Mittelpunkt der Welt, das Herz der Menschheit und der Ankerpunkt unserer Standfestigkeit. Alles andere wandelt sich ständig, ändert sich, ist vergänglich und ungewiss, was ja auch das schöne Motto der Kartäuser zum Ausdruck bringt: *„Stat Crux, dum volvitur Orbis"*, „Das Kreuz steht fest, während die Welt sich dreht". Der Kalvarienberg ist der höchste Punkt der Erde, von dem aus wir alles mit neuen Augen sehen können: mit den Augen des Glaubens und der Liebe, mit den Augen eines Kindes, mit den Augen Gottes.[5]

Die zentrale Bedeutung des Mysteriums des Kreuzes muss mit Nachdruck in Erinnerung gerufen werden, vor allem in dem weitgehend muslimischen, für die Kirche in Afrika spezifischen Kontext, der mittlerweile aber auch immer mehr zum Kontext Europas selbst wird, das durch die zunehmende Vorherrschaft des Islam bedroht ist. Für den Koran ist Jesus nicht wirklich gestorben; es gab lediglich eine Vorspiegelung eines Todes oder einer Kreuzigung. Um diese Behauptung zu stützen, um also zu zeigen, dass das Kreuz unseres Herrn Jesus Christus keinerlei Heilswirkung hat, hat der Islam, der darauf abzielt, den charakteristischen harten Kern des Christentums zu vernichten, eine Beweisführung auf der Grundlage einiger Korantexte erstellt (vgl. die Suren 4,156 und 2,149). Die Beweislage für die Wahrheit des Kreuzes ist jedoch massiv und historisch unanfechtbar.

Das Kreuz ist der Mittelpunkt aller Dinge und der einzige Weg des Menschen zum dreimal heiligen Gott, der eine so große Liebe gezeigt hat. Der Glaube an dieses Geheimnis trennt uns radikal von den anderen Weltreligionen, vor allem vom Islam. In einer Zeit, in der ein gewisser religiöser Relativismus und eine allzu menschliche Sorge um das „Zusammenleben" um jeden Preis dazu führen, dass die Unterschiede verschleiert werden, ist mit Pater Michel Hayek daran zu erinnern, dass „zwischen Kirche und Moschee nicht nur Gemeinsamkeiten bestehen"; im Gegenteil, dass „die Kluft sogar immens ist":

> Es handelt sich nicht um denselben Glauben. Der Glaube ist in der Kirche die Verlängerung, die dem menschlichen Geist unentgeltlich, aus Gnade – gratis gewährt wird, um seine Bemühungen im Schoß der Unendlichkeit zu krönen. Und diese Bemühungen bestehen darin, den Versuch des Zachäus zu erneuern, der, um Christus zu begegnen, seine

angeborene Größe überwinden, über sie hinaussteigen muss, indem er eine Sykomore, einen Baum – den Baum des Kreuzes erklimmt.
[...] Trotz der Gemeinsamkeiten der beiden Religionen – Schöpfung sowie ewige Berufung des Menschen zur Glückseligkeit – liegt der Schwerpunkt jeweils auf ganz anderen Begriffen. Denn wo das Christentum die Liebe zum Nächsten und zu Gott als Ausgangspunkt und Endziel setzt, diskreditiert der Islam das Konzept der schöpferischen Liebe und noch mehr das Konzept der Liebesgemeinschaft oder des unmittelbaren göttlichen Verströmens.
Diese doppelte Vorstellung von Gott, wie er in sich selbst und im Bezug zu den Menschen ist, die von der Kirche und dem Islam ganz unterschiedlich gesehen wird, stellt das Missverständnis *sub specie aeternitatis*, unter dem Blickwinkel der Ewigkeit, dar. Gott, dreimal er selbst, weil er Gemeinschaft in der ewigen Liebe ist; und ganz er selbst im Menschen, weil er in die Zeit ausströmende Liebe ist: Das ist die Grundlage eines jeden Dogmas in der Kirche und eines jeden authentischen christlichen Lebens. Der Islam akzeptiert das nicht, er bleibt dort stehen, wo Mohammed ihn bei seiner nächtlichen Himmelfahrt (Miradsch) zurückließ, und er scheut davor zurück, sich in das göttliche Feuer zu wagen.[6]

Das Kreuz ist das Fanal der Liebe Gottes, alles andere als ein Makel auf der Krone seiner Ehre und Herrlichkeit, sondern vielmehr das prächtigste Juwel. Die Väter hatten das richtig verstanden, und Theodoros Studites feiert das Kreuz in diesen Sätzen:

Welch unendlich kostbares Geschenk ist das Kreuz! Ja, wie schön ist doch sein Anblick! Die Schönheit, die es uns zeigt, ist nicht gemischt aus Bösem und Gutem wie einst der Baum im Garten Eden. Sie ist ganz und gar bewundernswert und schön zu sehen und zu teilen. Denn hier ist ein Baum, der Leben gibt und nicht den Tod; Licht und nicht Blindheit. [...]
Nachdem wir durch das Holz getötet worden waren, fanden wir durch das Holz das Leben; nachdem wir durch das Holz betrogen worden

waren, wehrten wir durch das Holz die trügerische Schlange ab. Was für ein erstaunlicher Tausch! Das Leben anstelle des Todes; Unsterblichkeit anstelle der Verwesung; Ruhm anstelle der Schmach! Ganz treffend rief der Apostel aus: „Ich will meine Herrlichkeit nur im Kreuz unseres Herrn Jesus Christus finden, durch den die Welt für mich gekreuzigt wurde und ich für die Welt!" Denn diese Weisheit über aller Weisheit, die am Kreuz erblühte, hat die Anmaßungen der Weisheit der Welt zuschanden gemacht.

[...] Durch das Kreuz wurde der Tod getötet, wurde Abraham dem Leben zurückgegeben. Durch das Kreuz wurden alle Apostel verherrlicht, alle Märtyrer gekrönt, alle Heiligen geheiligt. Durch das Kreuz haben wir Christus angezogen und den alten Menschen abgelegt. Durch das Kreuz wurden wir als die Schafe Christi zurückgebracht und in den Schafstall in der Höhe versammelt.[7]

Das Kreuz ist Gipfelpunkt und Inbegriff des Menschseins

Der Weg, den Gott mit jedem Menschen hier auf Erden gemeinsam gehen will, ist eine innere Pilgerreise, die uns zum Fuß des erlösenden Kreuzes führt, um dort in der Freiheit der Kinder Gottes zu einem neuen Leben geboren zu werden: „Denn wir sind mit ihm durch die Taufe auf den Tod mitbegraben, damit, wie Christus von den Toten durch die Herrlichkeit des Vaters auferstanden ist, so auch wir in einem neuen Leben wandeln" (Röm 6,4).

Das Kreuz ist für die Menschen lebensnotwendig. Um unsere Welt zu verändern, um das Herz des Menschen mit Liebe zu füllen, braucht es das Kreuz. Aus diesem Grund hat Papst Johannes Paul II. gleich zu Beginn seines Pontifikats das Kreuz den Jugendlichen auf der ganzen Welt anvertraut, damit sie es überall aufstellen und so dazu beitragen, die Welt zu verändern und die menschlichen Beziehungen friedvoller zu gestalten. Die Vergebung, die Versöhnung und das Kreuz sind in der Welt die Manifestation Gottes und seiner Liebe. Das Kreuz enthüllt den unerhörten Wunsch Gottes, sein Leben vollständig mit dem Menschen zu teilen, ihn mit Heiligkeit zu bekleiden und ihn mit seiner Liebe, Vergebung und väterlichen Zärtlichkeit zu beschenken.

So wie die Israeliten, die von den Schlangen gebissen wurden, die als Strafe für das Murren des Volkes geschickt worden waren – so wie sie ihr Leben retten konnten, indem sie auf die eherne Schlange blickten, die Mose auf Gottes Geheiß hin im Lager errichtet hatte, so müssen auch wir, um nach dem schlimmen Biss der Sünde am Leben zu bleiben, umkehren und vor dem Gekreuzigten, der am Holz des Kreuzes hängt, demütig auf die Knie gehen (vgl. Joh 3,14-15), in dem festen Glauben, dass Gott „einen zerbrochenen Geist, ein zerbrochenes und zerschlagenes Herz, nicht verachtet" (vgl. Ps 51,19).

Das Kreuz ist das Erkennungszeichen des Christen, ein Aufruf, die anderen anzuschauen, sie zu lieben und ihnen zu vergeben, so wie Gott selbst sie anschaut, sie liebt und ihnen vergibt. Man kennt Gott nur dann wirklich, wenn man auf das Kreuz schaut. Der heidnische Zenturio, der Jesus am Kreuz sterben sah, erkannte im Leiden des Gekreuzigten das Angesicht Gottes und rief aus: „Wahrlich, dieser war Gottes Sohn" (Mk 15,39). Es ist dasselbe göttliche Antlitz, das Jesus offenbarte, als er sich niederkniete, um die Füße derer zu waschen, die ihn später verlassen würden. Er vollzog diese erschütternde Geste und sagte dann: „Wer mich gesehen hat, hat den Vater gesehen" (Joh 14,9), und „Ich und der Vater sind Eins" (Joh 10,30).

Das Kreuz ist die Offenbarung der Liebe

Als Mitte der gesamten Menschheitsgeschichte ist das Kreuz also ein glorreiches Kreuz, doch es ist auch der Ort der Erniedrigung Christi, seiner völligen Selbstvernichtung aus Liebe zu unserer Menschheit, denn die Liebe ist demütig, sie trachtet nach dem Opfer und der Selbstauslöschung. Dieser Tod Jesu am Kreuz offenbart in seiner Fülle sowohl die Herrlichkeit als auch die Liebe Gottes.

Seine Selbstverleugnung beginnt für Jesus bereits im jungfräulichen Schoß seiner Mutter und vollendet sich am Holz des Kreuzes. Wenn wir mit Maria, der schmerzensreichen Jungfrau, die voll und ganz an der erniedrigenden Selbsthingabe ihres Sohnes beteiligt ist, am Fuße des Kreuzes stehen, dann können wir ein wenig in das Geheimnis unserer eigenen schmerzensreichen Erlösung eindringen. Maria ist mit ihm gekreuzigt, und während ihr Sohn sich selbst aufopfert, opfert gleichzeitig sie ihn dem ewigen Vater auf.

Das Kreuz ist beredter als alle Abhandlungen, so der heilige Pfarrer von Ars:

> Das Kreuz ist das gelehrteste Buch überhaupt. Diejenigen, die dieses Buch nicht kennen, sind unwissend, selbst wenn sie alle anderen Bücher kennen würden. Es gibt keine wahren Gelehrten außer denen, die das Kreuz lieben, es betrachten und sich darein vertiefen. Wie bitter dieses Buch auch sein mag, man ist nie froher, als wenn man in seinen Bitternissen ertrinkt. Je länger man in seiner Schule ist, desto sehnlicher wünscht man, darin zu bleiben. Die Zeit vergeht dort ohne Langeweile. Man erfährt alles, was man wissen will, und man wird nie satt von dem, was man genießt.[8]

Auch wenn uns diese Sprache vielleicht befremdet, sollen wir sie lernen: Es ist die Sprache Gottes. Denn das Kreuz ist die Offenbarung der Liebe, das Zeichen und das Instrument des Sieges der Liebe und damit der Herrlichkeit Christi.

Der heilige Petrus Chrysologus ruft uns dazu auf, uns Jesus zu nähern, ohne Angst und Scham, mit aufrichtiger Reue über unsere Sünden und in einer inneren Sammlung, die das Bewusstsein unserer Gotteskindschaft und unsere christliche Reife zum Ausdruck bringt.

> Aber vielleicht beschämt euch die Ungeheuerlichkeit meiner Passion, deren Urheber ihr seid? Fürchtet euch nicht! Dieses Kreuz war tödlich, aber nicht für mich, sondern für den Tod. Diese Nägel durchdringen mich nicht schmerzhaft, sondern mit einer noch tieferen Liebe zu

euch. Diese Wunden rufen nicht mein Seufzen hervor, sondern sie lassen euch noch tiefer in mein Herz eintreten. Das Ausstrecken meines Leibes öffnet euch meine Arme, es vergrößert nicht meine Qual. Mein Blut ist für mich nicht verloren, wird es doch als Lösegeld für euch vergossen. Kommt also, kehrt um zu mir und erkennt euren Vater daran, dass er euch Böses mit Gutem vergilt, Schmähungen mit Liebe und so große Wunden mit einer so großen Barmherzigkeit.[9]

Das Kreuz offenbart die „Torheit“ seiner Liebe zu uns, diese Torheit, die für uns „Kraft Gottes und Weisheit Gottes“ ist (vgl. 1 Kor 1,24). Hätte er Legionen von Engeln gerufen, um ihn den Händen der Soldaten zu entreißen (vgl. Mt 26,52-55), dann hätte er nicht das wahre Gesicht seines Vaters enthüllt, der für die, die er liebt, sogar in den Tod geht. Er hätte nicht enthüllt, was die Allmacht Gottes ist: nicht eine Allmacht der Überwältigung, der tyrannischen Herrschaft, sondern die Allmacht einer Liebe, die bis zum Äußersten geht und sich von keiner Zurückweisung, von keiner Schuld besiegen lässt.[10]

Am Kreuz offenbart Jesus ganz konkret die Zärtlichkeit des Vaters und das Antlitz Gottes. So versteht Benedikt XVI. diese Aussage Jesu „Ich bin“, die im vierten Evangelium immer wieder nachdrücklich wiederholt wird:

> Nach der Frage der Juden – auch unserer Frage – „Wer bist du?“ verweist Jesus zunächst auf den, der ihn gesandt hat und von dem her er in die Welt hineinspricht. Er wiederholt noch einmal die Offenbarungsformel, das „Ich bin es“, das er aber nun in die künftige Geschichte hinein ausweitet. „Wenn ihr den Menschensohn erhöht haben werdet, dann werdet ihr erkennen, dass Ich es bin“ (Joh 8,28).
> Am Kreuz wird seine Sohnschaft, sein Einssein mit dem Vater erkennbar. Das Kreuz ist die wahre „Höhe“. Es ist die Höhe der Liebe „bis ans Ende“ (Joh 13,1); am Kreuz ist Jesus auf der „Höhe“ Gottes, der die Liebe ist. Dort kann man ihn „erkennen“, kann das „Ich bin es“ erkennen. Der brennende Dornbusch ist das Kreuz. Der höchste Offenbarungs-

anspruch, das „Ich bin es", und das Kreuz Jesu sind untrennbar. Hier finden wir nicht metaphysische Spekulation, sondern hier zeigt sich Gottes Realität, mitten in der Geschichte, für uns.[11]

Das Kreuz: Ort der Vergebung und der Versöhnung

Weil das Kreuz der Ort der endgültigen Offenbarung der Liebe Gottes ist, ist es auch der Ort der Vergebung und der Versöhnung. Wir leben in einer Welt, die immer gewalttätiger, barbarischer und intoleranter wird, in einer Welt voller Greueltaten. Völker und Individuen, Ethnien und politische oder religiöse Gruppierungen, Wirtschafts- und Finanzmächte bekämpfen sich erbittert und mitleidlos und versuchen, sich gegenseitig auszulöschen. Der Mensch kann zur Vergebung und Versöhnung mit seinen Brüdern nur dann gelangen, wenn er lernt, auf den Gekreuzigten zu schauen, der uns mit Gott versöhnt hat. Am Kreuz begründet Gott den Neuen Bund durch das Blut seines Sohnes, der es auf sich nimmt, die Sünden der Menschen zu büßen, der ihnen Vergebung gewährt und ihnen wieder die Arme des Vaters öffnet. Für den Christen stellt das Kreuz Christi die Schwelle zur ultimativen Umwandlung dar, den Beginn einer neuen Welt.

Der gekreuzigte Jesus brachte „mit lauten Schreien und Tränen Gebet und Flehen" (Hebr 5,7) vor den Herrn, er rief mit lauter Stimme und voll zärtlichen Mitleids: „Vater, vergib ihnen, denn sie wissen nicht, was sie tun" (Lk 23,34). Damit hinterlässt er uns ein Beispiel, auf dass wir in seine Fußspuren treten (vgl. 1 Petr 2,21). Indem wir das Kreuz betrachten und uns dieses Gebet zu eigen machen, werden Dialog und Versöhnung möglich.

Die Vergebung von Verfehlungen wird durch die Geschichte einer einfachen Frau namens Sutura illustriert, die in der Tradition der muslimischen Mystiker erwähnt wird: Sie neigte zu heftigen Zornausbrüchen und suchte aus diesem Grund den Weisen Tierno auf.

Während sie mit ihm sprach, schlug ihr dreijähriger Sohn, der mit einem Brettchen spielte, ihr damit zwischen die Schultern.

> Sie schaute den kleinen Jungen an, lächelte, zog ihn an sich und sagte, während sie ihn liebevoll tätschelte: „Oh, der böse Junge, der seine Mutter so schlecht behandelt!" – „Warum bist du nicht wütend auf deinen Sohn, wo du doch angeblich so schnell zornig wirst?" „Aber Tierno", antwortete sie, „mein Sohn ist doch noch ein Kind; er weiß nicht, was er tut; auf ein Kind in diesem Alter wird man doch nicht wütend." Tierno sagte zu ihr: „Meine gute Sutura, geh, geh nach Hause. Und wenn dich jemand ärgert, denke an dieses Brettchen und sage dir: ‚Trotz seines Alters verhält sich diese Person wie ein dreijähriges Kind.' [...] Geh, und so wirst du nie wieder zornig sein."

Und der Weise fügte hinzu:

> Wer eine Beleidigung erträgt und vergibt, gleicht einem großen Kapok-Baum, den die Geier beschmutzen, wenn sie sich auf seinen Ästen ausruhen. Das abstoßende Aussehen des Baumes hält jedoch nur einen Teil des Jahres an. In jedem Winter schickt Gott mehrere Regenschauer, die den Baum von der Spitze bis zur Wurzel reinigen und ihn mit neuen Blättern bekleiden. Die Liebe, die du für dein Kind empfindest – versuche, sie auf die Geschöpfe Gottes zu verteilen. Denn Gott sieht seine Geschöpfe so wie ein Vater seine Kinder sieht. Dann wirst du auf die höchste Stufe der Leiter gesetzt, wo die Seele aus Liebe und Barmherzigkeit die Beleidigung nur sieht und bewertet, um desto besser vergeben zu können.[12]

Das Kreuz ist wie ein Berg, den es zu besteigen gilt, von dem aus wir die Menschen und die Welt mit den Augen Gottes selbst betrachten können: mit Liebe, Zärtlichkeit, Barmherzigkeit und Mitgefühl. Vergeben bedeutet, wie der Vater zu handeln, der seine Sonne über Bösen und Guten aufgehen und Regen über Gerechte und Gottlose fallen lässt (vgl. Mt 5,45). Diese Übereinstimmung mit dem Handeln des Vaters macht uns zu seinen Kindern, zu Söhnen im Sohn. Wird der Mensch mit schweren und manchmal immer wieder sich wiederholenden Kränkungen, die unverzeihlich erscheinen, konfrontiert, dann muss er sich dem Kreuz zuwenden, von dem er um den Preis des Blutes die Vergebung noch schlimmerer Kränkungen empfangen hat, um von Christus zu lernen, wie man betet und vergibt. In der Passion Jesu kann er sowohl die schwerste Sünde als auch den Ort der umfassendsten Vergebung betrachten. Aus dieser Quelle aller Vergebung, dieser Quelle der Gemeinschaft und des Friedens, muss man täglich im Gebet die kleinen täglichen Vergebungen schöpfen.[13] Das Gebet ist in der Tat der Ort der Begegnung zwischen dem Vater und dem verlorenen Sohn, der ich bin: die barmherzige Umarmung des Elenden. Das eigene Elend einbringen, damit die Barmherzigkeit Gottes es überfluten und verschlingen kann: Das ist die Bewegung des Gebetes, das ist das wahre Gebet. Nur vor dem gekreuzigten und geopferten Leib Jesu, vor seiner realen Gegenwart im Tabernakel und vor seinem glorreichen Kreuz lernt man wirklich, in das Geheimnis des Gebets einzutreten.

Der Schlüssel zu einem Schatz ist zwar nicht der Schatz selbst. Jemandem diesen Schlüssel zu übergeben bedeutet jedoch, ihm den Schatz zu geben. Das Kreuz ist der kostbarste Schlüssel, der den Schatz des Friedens öffnet, auch wenn es unserer hedonistischen Denkweise und unserer Suche nach einfachen Lösungen zuwiderläuft (vgl. 1 Kor 1,18-25). Wir möchten gern glücklich sein und in einer Welt des Friedens leben, ohne den Preis dafür zahlen zu müssen. Diesen Preis hat Gott für uns bezahlt, aber er will es nicht ohne uns tun: Er ruft uns auf, in dieses Geheimnis einzutreten, das der Präsenz des Leidens in unserem menschlichen Leben einen Sinn verleiht. In das Geheimnis des Kreuzes einzutreten, das bedeutet: Wie ein Kind, das seinem Vater vertraut, alle Prüfungen, die Gott zulässt, bereitwillig anzunehmen; es bedeutet auch, bereitwillig den Verzicht auf gute und legitime Dinge auf sich zu nehmen, um so unser Herz zu reinigen und konkret zu zeigen, dass wir allein für Gott leben wollen. Der Pfarrer von Ars sagte: „Die Kreuze sind die Straße zum Himmel, wie eine schöne Steinbrücke über einen Fluss, den es zu überqueren gilt ... Die Christen, die nicht leiden, überqueren diesen Fluss auf einer fragilen Brücke, einer Brücke aus dünnem Draht, bei der immer die Gefahr besteht, dass sie unter ihren Füßen nachgibt."[14]

Mit Christus leiden: Krankheit als Prüfung

Mit Christus leiden und sterben, um mit ihm aufzuerstehen, das bedeutet eigentlich, ein einziges Leben mit ihm zu leben. Allzu oft fürchten wir das Kreuz, dabei ist es doch „Macht Gottes und Weisheit Gottes" (vgl. 1 Kor 1,17-26). Hören wir, was Johannes vom Kreuz dazu sagt:

> O wenn man doch endlich begreifen würde, dass es unmöglich ist, die Tiefe der Weisheit und des Reichtums Gottes zu erreichen, ohne auf tausendfache Weise in die Tiefe des Leidens einzudringen, wobei die Seele ihre Freude und ihr Verlangen einbringt (um mit allen Heiligen zu verstehen die Breite und die Länge, die Höhe und die Tiefe). Die Seele, die sich wirklich nach Weisheit sehnt, sehnt sich auch wirklich danach, weiter in die Tiefen des Kreuzes einzudringen, das der Weg des Lebens ist; aber nur wenige treten hier ein.[15]

Mit Christus zu leiden, in das Mysterium des Kreuzes einzutreten, ist auf viele Arten möglich, aber es bedeutet für uns alle, früher oder später die Krankheit und den Verfall unseres sterblichen Körpers zu akzeptieren. Deshalb möchte ich hier ein paar Worte über die Bedeutung von Krankheit und die Perspektive auf die letzten Dinge sagen.

Die Taufe lässt uns der Sünde sterben und aus dem Leben von Christus selbst leben. Aber auch wenn die Sünde in uns ausgelöscht wird, sind nicht alle Wunden, die sie unserer menschlichen Natur zugefügt hat, geheilt: Sie sind uns, wie das Konzil von Trient sagt, überlassen *ad agonem*, das heißt „für den Kampf",[16] durch den wir an unserer eigenen Erlösung und der Errettung der gesamten Menschheit teilhaben.

Dieser christliche Blick auf die Gebrochenheiten des Lebens bedeutet nicht, dass man auf alle Bemühungen, sie zu heilen, verzichten sollte; ganz im Gegenteil, die Sorge um die Kranken wurde vom Evangelium gepriesen: „Ich war krank, und ihr habt mich besucht" (Mt 25,36). Es war ein großer Verlust für die moderne Menschheit, als der Säkularismus die Kirche aus dem öffentlichen Gesundheitswesen verdrängte. Eine betreuende Nonne bringt dem Kranken mehr als nur wertvolle berufliche Kompetenz: Hinzu kommen ihre tröstenden Worte, ihr übernatürliches Feingefühl und das Beispiel ihrer Nächstenliebe, die im Kranken Christus selbst sieht. „Was ihr für einen meiner geringsten Brüder getan habt, das habt ihr mir getan" (Mt 25,40).

Die Gesundheit ist zwar als ein hervorragendes Gut anzustreben, eines der wichtigsten Güter in der natürlichen Ordnung, da sie zum großen Teil alle anderen Güter bedingt und die normale Entwicklung des familiären, kulturellen, wissenschaftlichen und politischen Lebens ermöglicht. Aber das leibliche Leben bleibt auf das Leben des Geistes hingeordnet, das ein höheres Gut ist als alle materiellen Güter, was viele antike Zivilisationen dadurch zum Ausdruck brachten, dass sie den Weisen und den Priester über den Politiker und den Arzt stellten. Es sagt viel über unsere Gesellschaft aus, dass sich die Werte des Geistes den Imperativen der Technik und der Wirtschaft beugen müssen. Wenn eine neue Krankheit die universelle Beherrschung des Universums, die der moderne Mensch anstrebt, zu gefährden scheint, bricht sofort Panik aus, und man schließt Kirchen, lässt alte Menschen in der Isolation zurück, verzichtet auf das gesellschaftliche Leben und nimmt den Kindern die Schule weg – in der Hoffnung, um jeden Preis ein individuelles Leben zu bewahren, das weitgehend inhaltsleer geworden ist.

Aus der Perspektive der übernatürlichen Berufung des Menschen haben die Güter dieses Lebens nur insofern einen Wert, als sie dazu beitragen, uns auf das ewige Leben vorzubereiten. Sie sind nicht als etwas Absolutes anzustreben, sondern in Abhängigkeit vom Himmelreich (vgl. Mt 6,33); deshalb lässt uns das Vaterunser um ein tägliches Brot bitten, das nicht auf die materielle Subsistenz reduziert ist, sondern die Gnade einschließt, jenes „überwesentliche" Brot, von dem der griechische Text des Herrengebetes spricht (Mt 6,11), und dessen vollkommene Verwirklichung die Eucharistie ist.

Die Bitte um die Gesundheit des Leibes

Zu den Gütern dieses Lebens, die man sich zu Recht wünscht, gehört die Gesundheit des Leibes, die in vielen liturgischen Gebeten gemeinsam mit der Gesundheit der Seele erbeten wird. So die Oration der Messe der Heiligen Jungfrau *Salve Sancta Parens*: „Wir bitten Dich, Herr, unser Gott: Gib, dass wir, Deine Diener, uns ständiger Gesundheit des Leibes und der Seele erfreuen ..."; oder diese Anrufung aus der Göttlichen Liturgie des Heiligen Johannes Chrysostomus vor der Wandlung: „Lasst uns den Herrn um einen Engel des Friedens bitten, einen treuen Führer, einen Wächter unserer Seelen und unserer Leiber." Bei den Syrern betet der Zelebrant am Ende der Epiklese, in der der Heilige Geist auf den Leib und das Blut unseres Herrn herabgerufen wird, „dass sie die Seelen und Leiber derer heiligen, die daran teilnehmen". Und in der Litanei des Katholikons fügt der Diakon, nachdem er darum gebetet hat, „dass diese heiligen Geheimnisse uns das Viaticum des Heils seien", hinzu: „Gib, Herr, den Kranken vollständige Heilung."

Diese Bitten haben vor dem Hintergrund der jüngsten Pandemie eine neue Bedeutung erhalten. Erstaunlicherweise hat man jedoch nur selten gesehen, dass Männer der Kirche Gott um das Ende dieser Seuche bitten und darum bitten lassen; in den Kirchen selbst hingegen wurde stattdessen das Weihwasser durch Desinfektionsspray ersetzt, von dem man offenbar glaubt, dass es uns besser schützen kann. Wo ist unser Glaube geblieben? Pater Serge-Thomas Bonino wies auf die Paradoxie dieser Haltung hin:

Der Gegenstand des Bittgebets offenbart die Vorstellung, die man sich von der Vorsehung, ihren Wirkungsweisen und von der Ausdehnung ihres Wirkungsbereichs macht. Denn man bittet Gott nur um das, von dem man glaubt, dass es ihm möglich ist, es zu geben. [...] Es scheint mir übrigens einer der hervorstechendsten Aspekte der Krise, die wir durchleben, zu sein, dass wir versuchen, Gott so weit wie möglich aus der Pandemie als solcher herauszuhalten, also aus der Pandemie als einem biophysikalischen Phänomen. Fast als hätten wir Angst, unseren Gott zu infizieren – natürlich nicht mit dem Coronavirus, sehr wohl jedoch mit einem bestimmten traditionellen Gottesbild, das unseren zeitgenössischen Empfindlichkeiten Unbehagen bereitet. Gewiss, wir haben zu Gott gebetet – und das zu Recht –, dass er uns helfen möge, der Pandemie zu begegnen, indem wir die richtigen moralischen und spirituellen Haltungen der Solidarität, der Verantwortung, des Mitgefühls, der Nächstenliebe ... einnehmen. Aber das geschieht alles, als ob Gott und die Pandemie als solche, als biophysikalisches Phänomen, überhaupt keine Beziehung zueinander hätten. Gott, so wird uns gesagt, ist nicht der Urheber der Pandemie. Wenn man damit sagen will, dass Gott das mikroskopisch kleine Infektionspartikel, das Virus, nicht *ex nihilo* erschaffen hat, um die Menschheit zu vernichten, kann man dem zustimmen. Wenn man jedoch sagen will, dass das fragliche Phänomen völlig außerhalb der Kontrolle der Vorsehung liegt, dass es von Gott weder geplant noch gewollt oder zugelassen wurde, dann bleibt neben den verschiedenen metaphysischen und theologischen Aporien, die sich daraus ergeben, noch zu erklären, wie Gott dem ein Ende setzen könnte. Tatsächlich ist doch die Erlösung, die wir von Gott erwarten und um die wir zu ihm beten, streng proportional zu der Herrschaftsgewalt, die wir ihm zugestehen. Wenn biophysikalische Phänomene absolut *nicht* von Gott abhängen, dann gibt es auf dieser Ebene auch *keine Rettung* von Gott zu erwarten. Dennoch – *lex orandi, lex credendi* – ist es das Ende der Epidemie, um das die betende Kirche Gott bittet ...[17]

Viele Priester und gläubige Laien scheinen den Glauben an den ersten Artikel des Glaubensbekenntnisses, der den Vater als „allmächtig“ bekennt, verloren zu haben, vielleicht unter dem Einfluss der zeitgenössischen Theologien von der Schöpfung als einem Rückzug Gottes – eine prinzipielle Abkehr von der Universalität der Vorsehung und der göttlichen Lenkung, die doch in der Offenbarung bezeugt ist und der das liturgische Gebet ganz unzweideutig huldigt: „O Gott, dessen Vorsehung sich in ihren Anordnungen nicht täuscht, wir flehen in Demut zu dir: Du mögest alles Schädliche von uns entfernen und alles Heilsame uns gewähren.“[18]

Gott, die erste Ursache, ist die Quelle von allem, was ist und in der Schöpfung wirkt, ohne die Ursache des Bösen zu sein, das einem Mangel an Sein entspricht. Wenn das Böse geschieht, einschließlich Krankheit und Naturkatastrophen, verursacht Gott es nicht, sondern lässt es im Hinblick auf ein höheres Gut zu, dessen klare Erkenntnis uns selten sogleich gegeben wird. Das Spiel der zweiten Ursachen mit ihrer je eigenen Beschaffenheit (notwendig oder kontingent, natürlich oder frei) entgeht ihm in keiner Weise, denn diese Ursachen brauchen die erste Ursache, um zu existieren:

> Eine Zweitursache bleibt immer und überall eine Zweitursache, das heißt, eine Ursache, die auf ihrer Ebene durchaus wirkt, die aber ohne den akuten Einfluss der Erstursache nichts ausrichten kann. Es soll also niemand sagen, dass Gott, wenn eine Pandemie ausbricht, nichts dafür kann und nur seine beiden Augen hat, um mit uns zu weinen. Das ist metaphysisch absurd und im höchsten Maße unbiblisch.[19]

Ein solches Verständnis der Beziehung zwischen Gott und der Schöpfung würde den traditionellen Einsatz des herausragend wichtigen Mittels des öffentlichen Gebets gegen Seuchen tatsächlich überflüssig machen. Wenn Gott aber wirklich Gott ist, dann entgeht ihm nichts vom Zusammenspiel der Ursachen, die er existieren lässt; und die Offenbarung, mit der Tradition der Kirche in ihrer Nachfolge, lädt uns ein, auf dem Weg des Bittgebets frei in die

Zweitursachen einzutreten, die Gott zur Erfüllung seines Willens mitwirken sehen will.

Die Kirche hat daher zu Recht immer um die Abwendung natürlicher Übel gebetet und tut dies auch öffentlich, wenn es sich um öffentliche Übel handelt. In der lateinischen Liturgie flehen wir in der Allerheiligenlitanei: „Von Pest, Hunger und Krieg befreie uns, o Herr"; und in der byzantinischen Tradition enthält das große Eukologium eine „Fürbitte in Zeiten von Seuchen", bei der die Bitten um körperliche Heilung auf ein geistliches Ziel hingeordnet werden, wie in diesem Theotokion (Gebet zur Mutter Gottes): „Du, die du den mitleidigen Lehrer, den Schöpfer und Herrn geboren hast: Zeige mir deine gewohnte Barmherzigkeit, Jungfrau, Mutter Gottes. Erlöse mich von dem schrecklichen Übel, das meine Seele erschöpft; gewähre mir Gesundheit, damit ich ihn unablässig verherrliche."

Gott um die Befreiung von körperlichen Beschwerden zu bitten, das führt in der christlichen Tradition nicht zu einer Verachtung oder Ablehnung der Medizin oder einer vernünftigen Gesundheitspolitik, da die Aktivität des Menschen zu jenen Zweitursachen gehört, die Gott bei der Lenkung der Welt benutzen will. Der Glaube macht im Gegenteil diese Aktivitäten wahrer und menschlicher, indem er ihnen den ihnen gemäßen Platz zuweist, nämlich als Mittel, die in geordneter Weise und ohne übermäßige Angst eingesetzt werden müssen, weil das natürliche Leben nicht das einzige und vor allem nicht das höchste Gut des Menschen ist. Der Glaube erinnert auch daran, dass der Mensch nicht nur von Brot und Medikamenten lebt; dass er die Pflicht hat, den Leidenden so zu helfen, wie er auch selbst betreut werden möchte; und dass man den Kranken niemals die Hilfe der Glaubenswahrheiten und der Sakramente Christi vorenthalten darf, besonders am Ende des Lebens. Und letztlich fordert der Glaube dazu auf, die Prüfung einer Krankheit in der Hingabe an den Willen Gottes zu leben, denn „selbst intensivste Gebete erlangen nicht die Heilung aller Krankheiten".[20] Denn indem der Mensch gemäß der Neigung seiner Natur Gesundheit begehrt, begehrt er ein wahres Gut; da dieses Gut aber seinerseits auf ein höheres Gut (das seiner ewigen Seligkeit) hingeordnet ist, muss er diese Bitte äußern, indem er sie der souveränen göttlichen Weisheit übergibt, die besser weiß als wir, was für uns von Nutzen ist.

Christus als Arzt des Leibes in der Eucharistie

Das Geschenk der Gnade Christi zerstört oder ersetzt die menschliche Natur nicht, sondern heilt und stärkt sie, damit der Mensch sich in den natürlichen, vorgegebenen Sphären seiner Abhängigkeit entfalten kann: in der Familie, in seinem Umfeld als Bürger, in der Welt. Das christliche Leben ist keine Flucht vor der Realität, kein gnostisch geprägter Ausstieg aus der Welt, sondern die Heiligung der Welt. Und die Erfüllung dieser Heiligung ist die Überwindung des Sichtbaren und Vergänglichen in Richtung des ewigen Lebens, das die Vereinigung des Menschen mit Gott im Geheimnis Christi ist; eine Vereinigung, die hier auf Erden durch das Mittel der Sakramente beginnt.

Wenn wir krank sind, ist das Sakrament der leiblichen Gegenwart des Herrn ein erstes Mittel, durch das wir gestärkt werden:

> [Die Kirche] glaubt an die belebende Gegenwart Christi, des Arztes der Seele und des Leibes. Diese wirkt vor allem durch die Sakramente und ganz besonders durch die Eucharistie, das Brot, welches das ewige Leben gibt. Der heilige Paulus deutet an, dass die Eucharistie auch mit der leiblichen Gesundheit in Beziehung steht (vgl. 1 Kor 11,30).[21]

Diese Verbindung zwischen der Eucharistie und der leiblichen Gesundheit, die der Katechismus hier zum Ausdruck bringt, ist in der Liturgie universell bezeugt. Im traditionellen römischen Ritus lautet eines der Gebete des Priesters vor der Kommunion: „Herr Jesus Christus, der Empfang deines Leibes, den ich Unwürdiger zu empfangen wage, gereiche mir nicht zum Gericht und zur Verdammung, sondern er sei mir aufgrund deiner Güte ein Schutz für die Seele und den Leib und ein Heilmittel für meine Schwächen." Eine ganz ähnliche Formulierung findet sich im byzantinischen Ritus: „Die Kommunion deines Leibes und deines Blutes, die ich Unwürdiger zu empfangen wage, Herr Jesus Christus, bringe mir weder Urteil noch Verdammnis ein; sondern durch deine Güte diene sie meinem Geist und meinem Leib als Stütze und Heilmittel." Im armenischen Ritus bittet die Kirche die Heilige Dreifaltigkeit in der Einladung zur Kommunion bei Messen für Verstorbene, „den Kranken Heilung und den Verstorbenen das Paradies" zu schenken. Im dominikanischen Ritus erfolgt die Bitte um das „Heil von Geist und Leib" im Augenblick der Kommixtion, die nach den alten Liturgikern die Auferstehung Christi markiert, was uns zum tieferen Grund für die Verbindung zwischen der Eucharistie und der leiblichen Gesundheit führt: Der Leib ist dazu berufen, eines Tages in Herrlichkeit aufzuerstehen, und in der Eucharistie, die der heilige Ignatius von Antiochien als „Heilmittel der Unsterblichkeit" bezeichnet, empfangen wir Christus, den Anfang unserer Auferstehung. Daher wird die Eucharistie den Sterbenden als Wegzehrung gereicht, als „Same des ewigen Lebens und Kraft zur Auferstehung, denn der Herr sagt: ‚Wer mein Fleisch isst und mein Blut trinkt, hat das ewige Leben, und ich werde ihn auferwecken am Jüngsten Tag (Joh 6,54)'."[22]

Das Sakrament der Krankensalbung

Am deutlichsten wird die Beziehung zwischen der sakramentalen Gnade und der leiblichen Gesundheit jedoch im Sakrament der Krankensalbung. Sie wird im Neuen Testament angesprochen:

> Ist jemand unter euch krank, so rufe er die Priester der Kirche, und sie sollen über ihn beten, indem sie ihn mit Öl salben im Namen des Herrn; so wird das Gebet des Glaubens dem Kranken zum Heile sein, und der Herr wird ihn aufrichten, und wenn er in Sünden ist, werden sie ihm nachgelassen werden (Jk 5,14-15).

Die Bezeichnung „Letzte Ölung", die lange Zeit üblich war, bedeutete nicht, dass sie als letztes Mittel gereicht werden sollte, sondern dass „von allen heiligen Salbungen, die unser Herr Jesus Christus seiner Kirche vorschreibt, sie diejenige ist, die als letzte verabreicht wird". Der Katechismus des Konzils von Trient warnte die Priester:

> Es ist ein sehr großer Fehler, dem Kranken die Letzte Ölung erst dann zu geben, wenn alle Hoffnung auf Heilung verloren ist und das Leben ihn mit dem Gebrauch der Vernunft und seiner Sinne bereits zu verlassen scheint. Denn es ist gewiss, dass die durch dieses Sakrament vermittelte Gnade viel reicher ist, wenn der Kranke beim Empfang des Sakraments noch seine volle und uneingeschränkte Vernunft besitzt und in sich noch einen lebendigen Glauben und eine aufrichtige Frömmigkeit erwecken kann.[23]

Es kann und soll also jeder Getaufte, der das Alter der Vernunft erreicht hat und „gefährlich erkrankt" ist oder „aufgrund von Krankheit oder Altersschwäche in Gefahr gerät", dieses Sakrament empfangen.[24] Die Erwähnung der Todesgefahr erinnert uns daran, dass jede Krankheit ein sehr konkretes Symptom für die Fragilität unseres leiblichen Zustands und für den Tod ist, dem wir nicht entgehen können. Sie fordert uns auf, wieder ein gewisses Ausmaß an Realismus in die Mitte unseres Lebens einzubringen, und ermahnt uns, schon heute so zu leben, wie wir wünschen gelebt zu haben, wenn wir im Begriff sind, vor Gott zu treten. Das Bestreben einiger Theologen, dieses Sakrament ohne jeglichen Bezug zum Tod spenden zu lassen, spiegelt den Einfluss der modernen materialistischen Gesellschaft wider, die von den letzten Dingen nichts mehr wissen will. Es ist bekannt, wie sehr besonders während der jüngsten Pandemie in bestimmten Kreisen und öffentlichen Einrichtungen (Krankenhäusern, Altenheimen ...) versucht wurde, jede konkrete Konfrontation mit dem Tod zu unterdrücken und das katholische Apostolat für die Sterbenden zu verhindern.

Das heilige Öl, das zur Spendung dieses Sakraments verwendet wird, muss – abgesehen von Notfällen, in denen der Priester dies selbst tun kann (can. 999) – vom Ortsbischof gesegnet werden (can. 847 § 2), um die „kirchliche Gnade“ dieses Sakraments konkret zum Ausdruck zu bringen.[25] Das Öl drückt aufgrund seiner Eigenschaften und seiner üblichen Verwendungsweisen den sanften, durchdringenden und ausstrahlenden Charakter der verliehenen Gnade aus und ist ein gutes Symbol für die vollkommene geistige Heilung: Linderung der Traurigkeit und der Schmerzen der Seele, Nahrung für ihr inneres Licht, Erneuerung der Kräfte des Leibes, Stärkung der Hoffnung, wie sie für die letzte Stunde angemessen ist.

Im heutigen (1972 promulgierten) lateinischen Ritus spricht der Priester während der Salbung von Stirn und Händen folgende Worte: „Durch diese heilige Salbung helfe dir der Herr in seinem reichen Erbarmen, er stehe dir bei mit der Kraft des Heiligen Geistes: Der Herr, der dich von Sünden befreit, rette dich, in seiner Gnade richte er dich auf.“[26] Im früheren römischen Rituale wurde die Formel für jeden Körperteil (Augen, Nase, Mund, Schultern, Füße) gesprochen, die vom Priester gesalbt wurden: „Durch diese heilige Salbung und seine mildreichste Erbarmung verzeihe dir der Herr, was immer du durch den Gesichtssinn [den Gehörsinn, den Geruchssinn, den Geschmackssinn, und durch Reden, durch den Tastsinn, und mit den Füßen] gesündigt hast. Amen.“ Die im byzantinischen Ritus gebräuchliche Formel ist ein an Gott gerichtetes Gebet:

> Heiliger Vater, Arzt der Seelen und des Leibes, der Du Deinen eingeborenen Sohn, unseren Herrn Jesus Christus, gesandt hast, zu heilen alle Gebrechen und zu erlösen vom Tod, heile Deinen Diener von der Krankheit, an der er leidet, und mache ihn lebendig durch die Gnade Deines Sohnes.

Das eigentliche Ziel der Krankensalbung ist es, den Menschen auf seinen unmittelbar bevorstehenden Eintritt in die Herrlichkeit vorzubereiten; sie ist daher, wie das Konzil von Trient formulierte, die

„Vollendung nicht nur des Bußsakraments, sondern des gesamten christlichen Lebens“. Aber was sie unmittelbar anstrebt, ist die vollkommene Gesundheit der Seele, die grundsätzlich durch die Wirkung des Sakraments selbst (*ex opere operato*) bewirkt wird, vorausgesetzt, dass das betreffende Individuum dem keine Hindernisse in den Weg stellt. In manchen Fällen wird dieses Ziel durch körperliche Heilung erreicht, in anderen Fällen durch das Ertragen der gegenwärtigen Leiden bis zum Tod, um sie für das ewige Leben fruchtbar zu machen. Die Krankensalbung hat zwar mit dem Tod zu tun, darf aber nicht nur als Sakrament für Sterbende angesehen werden, die in die letzte Phase ihres Lebens eingetreten sind. Der angemessene Zweck der Krankensalbung ist die vollkommene Gesundheit der Seele beim unmittelbaren Eintritt in die Herrlichkeit, es sei denn, die Rückkehr zur körperlichen Gesundheit ist für das Seelenheil des Empfängers zweckmäßiger.

Die Hauptwirkung ist die geistliche Erleichterung und der Trost für die Seele des Kranken, der mit einer schweren Krankheit zu kämpfen hat, wie es der Text aus dem Jakobusbrief ausdrückt und wie es der *Katechismus der Katholischen Kirche* entfaltet, wenn er von einer „besonderen Gabe des Heiligen Geistes“ spricht:

> Die erste Gnade des Sakramentes ist eine Stärkung, Beruhigung und Ermutigung, um die mit einer schweren Krankheit oder mit Altersschwäche gegebenen Schwierigkeiten zu überwinden. Diese Gnade ist eine Gabe des Heiligen Geistes, der das Vertrauen auf Gott und den Glauben an ihn erneuert und gegen die Versuchungen des bösen Feindes stärkt, gegen die Versuchung von Entmutigung und Todesangst (vgl. Hebr 2,15).[27]

Der bewusst erfahrene geistliche Trost setzt voraus, dass der Kranke noch bei vollem Bewusstsein ist. Daher sollte dieses Sakrament nach Möglichkeit so frühzeitig gespendet werden, dass der Gläubige es noch uneingeschränkt wahrnehmen kann.

Abgesehen von der körperlichen Heilung – sofern sie dem Heil zuträglich ist – sind die positiven Begleiterscheinungen der Krankensalbung die Vergebung der lässlichen Sünden und sogar die Vergebung schwerer Sünden, wenn der Kranke nicht in der Lage ist, das Bußsakrament zu empfangen.

Das Konzil von Trient sagt weiter, dass die Krankensalbung „die Reste der Sünde nachlässt", also die Schuld, die mit den konkreten Folgen der durch unsere Sünden verursachten Unordnung verbunden ist: die Neigung zum Bösen; die Mühe, das Gute zu tun; geistliche Trägheit und Angst.

Die Frage nach den letzten Dingen und dem Jenseits

Verblendet vom Materialismus, aufgezehrt vom Streben nach Wohlstand und eingelullt von seinen großen Hoffnungen in die Technik blickt der Mensch von heute dem Tod nicht gern ins Auge, und er will sich über das Jenseits keine Gedanken machen. Bereits 1971 äußerte sich Paul VI. besorgt darüber, dass „selten und wenig über die letzten Dinge gesprochen wird".[28] Auch Kardinal Ratzinger stellte im Jahr 1989 fest: „Der Glaube an das ewige Leben spielt heute in der Glaubenslehre kaum noch eine Rolle."[29] Und im Jahr 2018 lautet die Feststellung aus der Feder eines französischen Bischofs: „Das Thema der letzten Dinge [...] wurde in der Katechese lang an den Rand gedrängt, und nur wenige Predigten befassen sich ausdrücklich mit dem Geheimnis des Todes, dem Partikulargericht, dem Fegfeuer, der Auferstehung der Toten, dem Endgericht, der Hölle, dem Himmel und dem ewigen Leben."[30]

Das Zweite Vatikanische Konzil ist dieser Frage durchaus nicht ausgewichen, sondern hat vielmehr auf ihre zentrale Bedeutung hingewiesen:

> Angesichts des Todes wird das Rätsel des menschlichen Daseins am größten. Der Mensch erfährt nicht nur den Schmerz und den fortschreitenden Abbau des Leibes, sondern auch, ja noch mehr die Furcht vor immerwährendem Verlöschen. Er urteilt aber im Instinkt seines Herzens richtig, wenn er die völlige Zerstörung und den endgültigen Untergang seiner Person mit Entsetzen ablehnt. Der Keim der Ewigkeit im Menschen lässt sich nicht auf die bloße Materie zurückführen und wehrt sich gegen den Tod. [...] Die Kirche, belehrt von der Offenbarung Gottes, bekennt, dass der Mensch von Gott zu einem seligen Ziel jenseits des irdischen Elends geschaffen ist. Außerdem lehrt der christliche Glaube, dass der leibliche Tod, dem der Mensch, hätte er nicht gesündigt, entzogen gewesen wäre, besiegt wird, wenn dem Menschen sein Heil, das durch seine Schuld verlorenging, vom allmächtigen und barmherzigen Erlöser wiedergeschenkt wird. Gott rief und ruft nämlich den Menschen, dass er ihm in der ewigen Gemeinschaft unzerstörbaren göttlichen Lebens mit seinem ganzen Wesen anhange.[31]

Der *Katechismus der Katholischen Kirche* (§ 1020-1060) und das dazugehörige *Kompendium* (§ 207-216) belegen, wie wichtig „die feierlichen eschatologischen Wahrheiten, die uns betreffen", für uns nach wie vor sind, „einschließlich der schrecklichen Wahrheit einer möglichen ewigen Strafe, die wir Hölle nennen und von der Christus ganz unzweideutig spricht".[32] Denn, um es mit den Worten des Konzils zu sagen: „Durch Christus und in Christus wird das Rätsel von Schmerz und Tod hell, das außerhalb seines Evangeliums uns überwältigt."[33]

Pater Louis-Marie de Blignières[34] bemerkte, dass der Diskurs über die letzten Dinge sowohl der *Eschatologie* (also der Wissenschaft von dem, „was zuletzt geschieht"), der *Anthropologie* (der Wissenschaft davon, was der Mensch ist: Hat er eine unsterbliche Seele, und was geschieht mit ihm nach dem Tod?) als auch der *Christologie* (der Wissenschaft vom Mysterium Christi, das die Antwort Gottes auf die unausweichliche Frage nach dem Sinn der menschlichen Existenz ist) zuzuordnen ist. Pater Louis-Marie fügt hinzu, dass diese Frage aufgrund ihrer unmittelbaren Auswirkungen auf das moralische Leben alles andere als eine rein abstrakte Spekulation ist. Man handelt auf je andere Weise, wenn man glaubt, dass mit diesem vergänglichen Leben alles zu Ende ist; oder wenn man sich vorstellt, das ewige Heil stelle sich automatisch und universell ein; oder wenn man weiß, dass Gott uns richten und jedem nach seinen Werken vergelten wird. „Es ist vor allem die Voraussetzung des ewigen Lebens, die der moralischen Verpflichtung dieses Lebens ihre absolute Dringlichkeit verleiht."[35] Immerhin werden wir selbst durch die Betrachtung der letzten Dinge unmittelbar in Frage gestellt: Von meinem Handeln in der Zeit, von meiner Beziehung zum Geheimnis Christi hängt mein ewiges Schicksal ab und das Schicksal derer, die ich zu Christus geführt habe, oder bei denen ich es versäumt habe. Wenn ein Priester einfach und mutig über die letzten Dinge predigt, dann merkt er sofort, wie groß das Interesse an diesem Thema ist. Die Leere, die in diesem Punkt vom modernen Denken und leider auch von einer lückenhaften und verstümmelten christlichen Verkündigung geschaffen wurde, kann dazu beitragen, die Anziehungskraft zu erklären, die der Islam auf viele unserer Zeitgenossen ausübt, wo die Vorstellungen von Gericht, ewiger Belohnung und Strafe allgegenwärtig sind.

Das ewige Leben

Die christliche Sicht der Existenz stützt sich auf eine Wahrheit, die der natürlichen Vernunft zugänglich ist: die Wahrheit von der Unsterblichkeit der Seele, eine Schlussfolgerung, zu der die Philosophen der Antike (Platon, Xenophon, Aristoteles ...) durch vernünftiges Denken gelangt waren. Die antike Weisheit kam jedoch zu keinem Ergebnis, wie das Leben der Seele nach dem Tod beschaffen sein würde. Erst mit der Offenbarung durch Christus wird das Geheimnis enthüllt: Das Leben nach dem Tod ist ein ewiges Leben, das in der Anschauung Gottes von Angesicht zu Angesicht besteht. Diese Offenbarung rückt die Verantwortung des Menschen ins Zentrum: Das Leben im Jenseits wird nicht einfach neben das Leben im Diesseits gestellt, sondern ist gleichsam dessen ewige Bestätigung, je nachdem, ob die Gnade Christi im Diesseits angenommen oder abgelehnt wurde.

Am Anfang all dessen steht Gottes erstaunliches Verlangen, die Geschöpfe glücklich zu machen, die er nach seinem Bild geschaffen hat: intelligent und frei: ein Verlangen, das ungeschuldet aus der Liebe entsteht, wie der heilige Thomas von Aquin richtig erkannt hat: „Es ist der Schlüssel der Liebe, der die Hand Gottes geöffnet hat, um die Geschöpfe hervorzubringen."[36] Und der Weg, den Gott den Menschen vorzeichnet, um zu ihm zu gelangen, ist Christus: „Christus-Gott", sagte der heilige Augustinus, „ist die Heimat, in die wir gehen; Christus-Mensch ist der Weg, auf dem wir gehen."[37]

In Christus sterben

Die Krankensalbung, so der *Katechismus*, verbindet den Christen innig mit dem Sieg Christi über den Tod und mit seiner Auferstehung.

> Die Krankensalbung macht uns endgültig dem Tod und der Auferstehung Christi gleichförmig, was die Taufe schon begonnen hatte. Sie vollendet die heiligen Salbungen, die das ganze christliche Leben prägen: Die Salbung der Taufe hat uns das neue Leben eingegossen; die der Firmung hat uns zum Kampf dieses Lebens gestärkt. Diese letzte Salbung versieht das Ende unseres irdischen Lebens gleichsam mit einem festen Wall im Blick auf die letzten Kämpfe vor dem Eintritt in das Haus des Vaters.[38]

Jesus, der Mensch gewordene Gott, dessen Taten einen unendlichen Wert haben und dessen menschliche Natur unschuldig ist, schuldet dem Tod nichts. Er kann daher die Menschheit vor dem Tod retten (vgl. Joh 8,52), und durch die Taufe, die Krankensalbung und die

Eucharistie als Wegzehrung wird der Christ persönlich dem erlösenden Tod Christi gleichgestaltet. Während seines ganzen Lebens gibt sich der überzeugte Christ aktiv dem Werk der Vereinigung mit dem Leiden und der Auferstehung Christi hin, wo das Licht der Gnade den dunklen Teil seiner selbst aufnimmt und vernichtet. Dieses Werk wird durch die Krankensalbung vollendet, die unsere Krankheit an die Passion Christi angleicht und ihr so einen neuen Sinn verleiht: „Indem er unsere Leiden auf sich nimmt", schreibt Pater Revel, „gibt Christus sie uns verklärt zurück."[39]

Der Kranke, insbesondere wenn sein Tod und sein Erscheinen vor Gott unmittelbar bevorsteht, gelangt zu seinem letztgültigen Geheimnis, er wird zu dem, was Gott immer wollte, dass er es sei, er erhält seinen Ewigkeitsnamen. Seine Leiden, vereint mit den Leiden Jesu, strahlen in den mystischen Leib aus und tragen, wie es die Väter des Zweiten Vatikanischen Konzils formuliert haben, „so zum Wohle des Gottesvolkes bei".[40] Durch die Feier dieses Sakraments tritt die Kirche in der Gemeinschaft der Heiligen für das Wohl des Kranken ein. Und der Kranke wiederum trägt durch die Gnade dieses Sakraments zur Heiligung der Kirche und zum Wohl aller Menschen bei, für die die Kirche leidet und sich durch Christus Gott, dem Vater, hingibt.

Die Gnade des Krankensakraments kann also die Sehnsucht wecken – nicht die Sehnsucht nach dem Tod als solchem, der an sich ein Übel bleibt, sondern nach jener hellen Bresche, die der „Tod in Christus" in die schwarze Wand des Absurden geschlagen hat. Paulus beschwört das herauf: „Ich habe das Verlangen, losgelöst zu werden und mit Christus zu sein, denn dies ist um vieles besser" (Phil 1,23). Der heilige Ignatius von Antiochien, der wegen seines Glaubens zu qualvollem Sterben nach Rom gebracht wurde, entwickelte dieses Gefühl mit unvergleichlichen Worten:

> Lasst mich zur Speise der Tiere werden: Sie werden mir helfen, zu Gott zu gelangen. Ich bin ihr Weizen: Zermahlen von den Zähnen der Tiere, werde ich zum reinen Brot Christi. […] Wenn die Welt keine Spur

> mehr von meinem Fleisch sieht, werde ich ein wahrer Jünger Jesu sein. Fleht Christus an, dass diese Tiere mich zu einem Opfer machen, das Gott dargebracht wird. [...] Es ist schöner, für Christus Jesus zu sterben, als bis an die Enden des Universums zu herrschen. [...] Ihn suche ich, der für uns gestorben ist; nach ihm sehne ich mich, der für uns auferstanden ist (§ 6). [...]. Liefert denjenigen, der zu Gott gehören will, nicht der Welt aus, noch den Verführungen der Erde. Lasst mich das reine Licht umarmen; wenn ich dort angekommen bin, werde ich ein Mensch sein. Erlaubt mir, die Passion meines Gottes nachzuahmen. [...]. Meine Liebe wurde gekreuzigt, und in mir ist kein Feuer mehr, um die Materie zu lieben, sondern in mir fließt ein lebendiges Wasser, das murmelt und in meinem Inneren spricht: „Komm zum Vater." Ich habe kein Gefallen mehr an vergänglichen Speisen, noch an den Freuden dieses Lebens; ich will das Brot Gottes, das ist das Fleisch Jesu Christi aus dem Stamme Davids; und zum Trank will ich sein Blut, das ist die unvergängliche Liebe.[41]

Und die heilige Elisabeth von der Dreifaltigkeit spricht beim Verlassen dieser Welt die wunderbaren Worte: „Ich gehe zum Licht, zur Liebe, zum Leben."

Das Kreuz führt uns in das Herz der Dreifaltigkeit, in das Herz der Liebe, und wahre Liebe fordert, dass man für den, den man liebt, sogar in den Tod geht, wie Jesus am Kreuz. Am Ostermorgen aber brachen Leben und Licht aus dem Grab hervor. Von nun an muss der Tod uns also keine Angst mehr machen, sondern wir erwarten ihn fest im Glauben und in der Hoffnung. Für uns Christen ist der Tod das Tor, hinter dem wir endlich dem begegnen können, den wir Tag und Nacht suchen.

IX
Kirche und Mission

Die Ablehnung Gottes in unserer Gegenwart

Auf allen Kontinenten und zu allen Zeiten ist der Mensch fast ausschließlich auf den Besitz und die Nutzung materieller Güter ausgerichtet. Der Fortschritt in Wissenschaft und Technik hat die Konsumgesellschaft hervorgebracht, in der materielle Güter nicht mehr nur im Dienst der kreativen und nützlichen Tätigkeiten des Menschen stehen, sondern auch und immer mehr das Mittel sind, um seine Sinne zu befriedigen und ihn dazu zu verführen, sich allen möglichen Vergnügungen und Freuden hinzugeben.

Die vorherrschenden Sorgen unserer Zeitgenossen sind vor allem auf das Haben ausgerichtet, selten auf das Sein: Auf die Anhäufung von Sachen, Wissen und Macht um den Preis des kollektiven Vergessens Gottes, der völligen Ausblendung des Armen, der nichts hat; auf die Vergöttlichung des Geldes, der Wissenschaft und der Technologie. Das ist es, was Europa heute durch seine wirtschaftliche, technologische, mediale, politische, militärische und kulturelle Macht in der ganzen Welt verbreitet: ein materialistisches und säkularisierendes Heidentum, das gekennzeichnet ist durch „religiöse Gleichgültigkeit und das völlige Fehlen der Bedeutung, die Gott angesichts der schweren Probleme des Lebens beigemessen wird“,[1] was letztlich viel besorgniserregender ist als das traditionelle Heidentum vieler Völker in Afrika, Asien, Ozeanien oder Lateinamerika, das nach wie vor von der Suche nach Transzendenz geprägt ist und sich von spirituellen Werten nährt. Diese religiöse Sterilisierung der westlichen

Kultur hat für den Menschen dramatische Folgen, da sie die großen Fragen des menschlichen Lebens unbeantwortet lässt, „und der moderne Mensch sieht sich vor trostlose Enttäuschungen gestellt oder in die Versuchung geführt, das menschliche Leben selbst, das solche Probleme aufwirft, zu zerstören".[2]

Auch auf intellektueller Ebene, so Johannes Paul II., bringt eine solche Anthropologie ohne Gott nur giftige Früchte hervor:

> Man vergisst dabei, dass nicht der Mensch Gott erschafft, sondern Gott den Menschen erschafft. Das Vergessen Gottes hat zum Niedergang des Menschen geführt. [...] Es wundert daher nicht, dass in diesem Kontext ein großer Freiraum für die Entwicklung des Nihilismus im philosophischen Bereich, des Relativismus im erkenntnistheoretischen und moralischen Bereich, des Pragmatismus und sogar des zynischen Hedonismus in der Gestaltung des Alltagslebens entstanden ist. Die europäische Kultur erweckt den Eindruck einer „schweigenden Apostasie" seitens des satten Menschen, der lebt, als ob es Gott nicht gäbe.[3]

Gott wird aus dem öffentlichen Bewusstsein ausgeschlossen, da seine Existenz als nicht beweisbar – und daher als unsicher gilt; die Existenz Gottes gehört zum Bereich der subjektiven Entscheidungen und ist für das öffentliche Leben bedeutungslos.[4] Diese Ausschließung Gottes bringt die Ablehnung jeglicher Autorität mit sich, die Rebellion gegen jeden Zwang, gegen jeden universellen moralischen Wert und gegen die Grundlage solcher Werte selbst, nämlich die Idee der menschlichen Natur; und sie führt zu den mittlerweile allgemein bekannten Extremen: zu der Forderung, sein Geschlecht zu wählen oder seinen Körper zu verändern, um ein „verbesserter Mensch" zu werden; zum Traum von der totalen Kontrolle über das Leben bis hin zur Produktion eines unsterblichen Menschen, eines Ding-Menschen, der abwechselnd Konsument und Produzent ist und ein perfektes, gehorsames und stilles Rädchen in einer gigantischen Wirtschaftsmaschine abgibt. Ein solcher Maschinenmensch ist eine Perspektive, die noch entfremdender ist als jede Sklaverei, die uns die Geschichte als trauriges Schauspiel vor Augen geführt hat.

Denn die biomedizinischen Errungenschaften, zu denen sich der Mensch befähigt fühlt – oder zu denen fähig zu sein er sich einbildet –, vermitteln ihm die Illusion, auf die metaphysische Frage nach dem Sein und damit auch auf die Frage nach Gott verzichten zu können. Wenn Metaphysik und Theologie erst verworfen sind, dann ist der Boden bereitet für die Dekonstruktion des Menschen, wie ihn diese Disziplinen der Metaphysik und der Theologie vormals offenbart hatten, und für das Aufkommen der allmächtigen Technik. Es ist dann die Aufgabe des Menschen, sich selbst und die Welt neu aufzubauen, indem er jeden Bezug zu einer Transzendenz, die über ihn hinausreicht, und alles, was an Gottes Einfluss auf sein Werk erinnern könnte, ausradiert – insbesondere das Modell Familie, das zu sehr auf Gottes Vaterschaft über die Welt, ja sogar auf das Geheimnis der Dreifaltigkeit verweist. Daher die lautstarke Werbung für die vielen „Familienmodelle" und die Bereitschaft, Verbindungen, die von der Kirche abgelehnt werden, einen rechtlichen Status zu verleihen, um sie auf eine Stufe mit der Ehe zwischen Mann und Frau zu stellen.[5] Die Gender-Theorie, die jegliche objektive Komplementarität zwischen Mann und Frau, die in ihrer leiblichen Natur verankert ist, leugnet, ist eines der Instrumente dieser Zerstörung.

All dies resultiert aus der Ablehnung Gottes: „Das Geschöpf ohne seinen Schöpfer sinkt ins Nichts [...] Überdies wird durch das Vergessen Gottes das Geschöpf selbst unverständlich", schrieb der heilige Johannes Paul II.[6] Er erklärt, der Mensch könne sich selbst nicht mehr als „in geheimnisvoller Weise anders" als die anderen irdischen Geschöpfe begreifen, sondern er sieht sich als einen Organismus unter anderen an, der lediglich eine sehr hohe Vollkommenheitsstufe erreicht hat. Eingeschlossen in den engen Horizont seiner physischen Realität begreift er den transzendenten Charakter seiner Existenz nicht mehr und den Glanz des großartigen Geschenks seines Lebens, einer heiligen Realität, die seiner Verantwortung und damit seinem liebevollen Schutz anvertraut ist; er betrachtet sein Leben vielmehr als etwas, das nur ihm allein gehört und mit dem er machen kann, was er will.

Die Freiheit, die als das Recht und die Möglichkeit des Einzelnen verstanden wird, alles zu tun, was ihm beliebt, wird als Absolutum angestrebt, was zur Ablehnung jeder Form von Abhängigkeit von Gott führt, während der Begriff der Wahrheit paradoxerweise in den Bereich der Relativität und Subjektivität abgedrängt wird. Diese Scheidung zwischen Wahrheit und Freiheit beraubt letztere ihres Inhalts und hinterlässt nur mehr einen trügerischen, zerbrechlichen Anschein ihrer selbst. Wir haben Gott den Rücken gekehrt und ihm das materielle Wohlergehen – „Brot und Spiele" – vorgezogen.

Die Verlockung des Götzendienstes

Hat der moderne Mensch auf diese Weise das Zeitalter der Religion überwunden und eine geläuterte und höhere Rationalität erreicht? Das ist nicht der Fall. Wie das Volk Israel, das sich einen Gott zurechtmachte, der seiner Größe entsprach, „ein Kalb aus geschmolzenem Metall", und sich erbärmlich in Götzendienst und Ausschweifung vergnügte, während Mose mit Gott auf dem Berg war, so ist auch der moderne Mensch nicht frei von der Versuchung, sich einen Gott zu machen, um die Gottheit zu besitzen, sie sich anzueignen, sie zu manipulieren und für seine habgierigen und egoistischen Interessen zu mobilisieren. Gott hatte sein Volk befreit, es geführt und über es gewacht; Israel aber versuchte, den Spieß umzudrehen, indem es sich einen Gott schuf, den es mit sich herumtragen, manipulieren und seinem Willen unterwerfen konnte. Dasselbe tun wir auch heute noch, indem wir uns Götter vorstellen, die unserer Größe entsprechen, damit sie unsere Launen ausführen und uns in unseren Verirrungen, unserem neuen Weltethos und unseren Ambitionen, zum erweiterten Menschen, zum Übermenschen zu werden, bestätigen und gutheißen. Sie nehmen die Form von Ideologien an, die plötzlich von internationalen Instanzen auf allen Kontinenten verbreitet werden, als handele es sich um gemeinsame Wahrheiten, die die Menschheit angeblich schon immer besaß; die Form von Netzwerken virtueller Beziehungen, die den Einzelnen gefangen halten und ihn den ganzen Tag lang manipulieren; die Form von Sport, Show und endloser Unterhaltung. Und schließlich die materiellere Form: Das goldene Kalb ist oft der Computer und vor allem das Handy, ein Abgott im Taschenformat, der alles, jegliches Tun des Menschen inspiriert, kontrolliert und beurteilt, der ihn begleitet und unermüdlich um seine Aufmerksamkeit buhlt, wo immer er sich befindet und was immer er unternimmt.

Der Skandal der in sich widersprüchlichen Christen

So also sieht die Welt aus, in der das Boot der Kirche sich bewegt. Die Kirche erscheint dort teils als ein großes, friedliches, sicheres und mächtiges Schiff; teils aber auch als ein schwaches, vom Sturm geschütteltes und bedrohtes Ruderbootchen. Denn auch die Kirche selbst bleibt von den Zerrüttungen des Jahrhunderts nicht unberührt. Sie ist rein und unbefleckt, aber die Menschen, aus denen sie besteht, sind schwach und sündig.

Der schmerzliche Anblick unserer Spaltungen, unserer Abneigungen, ja sogar unseres gegenseitigen Hasses; die Verleumdungen und groben Beschimpfungen derer, die sich Christen nennen; der Skandal eines alles andere als vorbildlichen Lebenswandels bei christlichen Laien, Mitgliedern des Klerus und sogar Prälaten, sowie das offensichtliche Scheitern oder die Verirrung einiger apostolischer Einrichtungen stellen im Gegenteil einen Skandal für unseren Glauben dar, der in uns die Frage aufkommen lässt, wo denn die Kraft und die Macht Gottes, die Auswirkungen der Auferstehung Christi in unserem Alltag überhaupt vorkommen. Warum schweigt Gott angesichts der weltweit sich ereignenden Katastrophen? Die Christen selbst tragen zum Scheitern des Christentums bei: durch ihre Lauheit, ihren

Kleinmut, ihre faulen Kompromisse und durch den Skandal ihrer Sünden und ihres wenig vorbildlichen Lebenswandels.

Erlauben Sie mir, eine Episode wiederzugeben, die mir vor einigen Jahren zugetragen wurde. Ein guter, wenn auch nicht gläubiger Mann sagte eines Tages zu einem seiner tiefgläubigen Freunde: „Schau dir diese Weltkarte an." „Worauf soll ich achten?" antwortete der Freund. Und der andere sagte: „Schau von Norden nach Süden, von Osten nach Westen. Sieh dir das totale Versagen Christi an. So viele Jahrhunderte zugebracht mit dem Versuch, seine Lehre in das Leben der Menschen einzufügen, und schau dir das Ergebnis an! Alle, auch die Christen, gieren nach Macht, Geld und weltlichen Vergnügungen. Überall Spaltungen, Hass, sogar unter denen, die sich zum christlichen Glauben bekennen; überall Krieg, barbarische Massaker an Unschuldigen, Abtreibung, Scheidung, Vernichtung des Lebens und der Familie und so weiter." Seinen Freund erfüllte angesichts dieser leider sehr wirklichkeitsnahen Feststellung tiefe Traurigkeit.

Die von ihren Feinden angegriffene Kirche

Der Krieg, der in den Gesellschaften des Westens gegen die Religion geführt wird, ist zwar einerseits das Werk philosophischer Strömungen, die einen aggressiven Atheismus befördern. Es gibt einen teuflischen Versuch, die Kirche zu zerschlagen und alle Ausdrucksformen ihrer göttlichen Schönheit zu beseitigen, indem Glaube, Moral, Disziplin und Gottesdienst direkt angegriffen werden. Man versucht, die grundlegenden Überzeugungen und die sichtbare Struktur der Kirche zu untergraben.

Neben diesen direkten Angriffen gibt es aber auch heimtückische Manöver, die insbesondere darauf zielen, die Kirche in die große globalistische Bewegung einzubeziehen, welche die Auslöschung aller Unterschiede propagiert. Hinter den Vereinten Nationen verbergen sich Seilschaften von mächtigen Lobbyisten, die die Botschaft verbreiten, dass die Menschenrechte über sämtlichen Bräuchen, Traditionen, kulturellen Werten und religiösen Überzeugungen – also über Gott stehen. Man träumt den Traum, eine Weltreligion ohne Gott, Dogma oder Moral zu schaffen, eine neue Religion Cäsars, die es auf politischer Ebene ermöglicht, sämtliche Völker, Nationen und Kulturen zu einer einzigen Masse zu verschmelzen, die einer globalen Führung unterworfen werden kann, welche der nationalen Souveränität ein Ende setzt – so wie der Kommunismus dem Privateigentum ein Ende setzen wollte und den Menschen seiner persönlichen Würde beraubte, um ihn zu einem anonymen Rädchen in einer monströsen politischen Maschine zu machen. Die aktuelle Entwicklung der Europäischen Union, in der die Werte – sie stammen immerhin aus Jahrhunderten des Christentums und haben den Ländern, aus denen die Union besteht, ihre Form gegeben – mit einem ideologischen Hobel abgeschliffen werden sollen, ist leider ein trauriges Beispiel für diese weltweite Bewegung hin zu einem globalen Egalitarismus, der das kulturelle und geistige Erbe der Nationen ignoriert. In vielerlei Hinsicht weist der internationale Umgang mit der COVID 19-Pandemie beunruhigende Züge der Herrschaft auf, die eine kleine Zahl von Menschen über das Leben von Völkern und Individuen ausüben kann, um es schrittweise zu verändern.

Die aus ihrem Inneren heraus entstellte Kirche

Eine ehrliche Prüfung muss uns jedoch zu der Erkenntnis gelangen lassen, dass unsere Religion an ihrer Abwertung teilweise selbst schuld ist. Sie wurde stellenweise langweilig, geistlos und lau, ohne Überzeugung und Klarheit in ihrer Sprache, die stattdessen verwirrend und mehrdeutig geworden ist. Wenn die Kirche außerdem all ihre Energien in weltliche Fragen investiert, für die sie keine Kompetenz hat; wenn sich unter den Christen jeder seine eigene Lehre und sein eigenes Lehrämtchen zurechtlegt; und wenn die Christen daher unweigerlich aneinander geraten müssen, einander hassen und grob beleidigen und ein öffentliches Schauspiel des Hasses, der Missgunst, der Lüge, der Ablehnung, der Verachtung und der gegenseitigen Erniedrigung aufführen – wie könnte die Kirche unter diesen Bedingungen die Welt zu Gott führen und das Evangelium als den Weg des Lebens und der Freiheit vorstellen, sodass das Wort Gottes ein Damm sein kann: „die Zuflucht des Menschen vor dem Anwachsen des Bösen, das in der Welt wächst", wie Papst Franziskus es formulierte?

Leider ist die Kirche in den Fragen, die das Herz ihrer Mission ausmachen, nahezu unhörbar geworden: in der Verkündigung der frohen Botschaft, in der Unterweisung in Glaubens- und Moralfragen, in der Verteidigung der Würde jeder menschlichen Person von der Empfängnis bis zum natürlichen Tod, in der Spendung der Geheimnisse, welche die Seele für das ewige Leben nähren und den Sinn für Geistigkeit und Transzendenz aufwecken. Die Glaubwürdigkeit ihrer Lehre und ihre moralische Autorität wurden durch eine Gruppe von Priestern, die sie durch ihre abscheuliche Praxis der Pädophilie beschmutzt und entehrt haben, dramatisch geschwächt. Während der Corona-Pandemie blieb der Großteil des Klerus, obwohl viele Priester den Kranken mutig beistanden, in sich verschlossen und beschränkte sich darauf, die Gläubigen durch die neuen Kommunikationstechnologien zu unterstützen. Häufig erweckt die Kirche den Eindruck, dass sie dem globalistischen Gutmenschentum hinterherhinkt, sie erscheint als eine von vielen philanthropischen Organisationen, die sich für die Armen, für sozialpolitische Themen, die Umwelt, Einwanderung und so weiter engagieren; sie tritt nicht mehr als Hüterin der Worte dessen auf, der gesagt hat: „Ich bin der Weg, die Wahrheit und das Leben" (Joh 14,6). Ihr Gesicht verschwindet hinter der öden Fassade einer erdrückenden Bürokratie mit ihren Versammlungen, in denen sogar über Lehrfragen abgestimmt wird; mit ihren unzähligen Komitees und Kommissionen, ihren Beamten, die bezahlt werden müssen, ihren administrativen und finanziellen Schwierigkeiten, in deren Mitte sie offenbar den Sinn für ihre Mission verloren hat. Wo ist ihr brennender Wunsch geblieben, die

Verkündigung des Evangeliums, den Namen Jesu Christi in die ganze Welt zu tragen – den „einzigen Namen, der den Menschen gegeben wurde, durch den wir gerettet werden sollten“ (vgl. Apg 4,12)?

Die katholische Kirche hat etwas gewählt, was man uns als den Weg der Demut andrehen möchte: Traumatisiert von der Angst vor Triumphalismus beansprucht sie keine Besonderheit unter den Weltreligionen mehr, sie akzeptiert de facto, schlicht als eine der drei „Buchreligionen“ angesehen zu werden, und sie hat nicht mehr die Kühnheit, den vorherrschenden religiösen Relativismus und Indifferentismus durch den Anspruch auf den Besitz der vollen Wahrheit über Gott und den Menschen herauszufordern und in die Schranken zu weisen. Konsequenterweise werden innerhalb der Kirche die Unterscheidungen und die Hierarchie, die von Christus und den Aposteln festgelegt wurden, verwischt: Priester kleiden sich wie Gläubige, während die Laien, allen voran die Frauen, das Heiligtum erobern und die Ämter des Altars für sich beanspruchen.

Ionesco hatte mit einer gewissen Bitterkeit formuliert:

> Die Kirche will ihre Kunden nicht verlieren, sie will vielmehr neue Kunden gewinnen. Es gibt eine Art Säkularisierung, die einfach nur bedauerlich ist. Die Welt geht verloren – und die Kirche löst sich in die Welt hinein auf. Die Pfarrer sind dumm und mittelmäßig, ja sie sind froh, dass sie nur Menschen wie alle mittelmäßigen Menschen sind, kleinbürgerliche Linke. In einer Kirche hörte ich den Priester sagen: „Lasst uns fröhlich sein, wir wollen uns die Hände schütteln ... Jesus wünscht euch einen fröhlichen Guten Morgen!“ Bald wird man für die Kommunion, für Brot und Wein, eine Bar einrichten; es werden belegte Brote und Beaujolais gereicht. Mir kommt das außerordentlich dumm vor, vollkommen geistfeindlich. Brüderlichkeit ist nicht Mittelmäßigkeit oder Kumpanei. Wir brauchen doch das Überzeitliche. Was ist Religion ohne das Heilige? Wir haben nichts mehr, nichts Festes mehr. Alles bewegt sich, alles fließt, während wir doch einen Felsen brauchen.[7]

Dieses unkenntlich gemachte Gesicht der Kirche – unkenntlich gemacht im Dienste von Pazifismus, Ökologie und religiösem Egalitarismus, die von internationalen Instanzen gefördert werden – wurde bereits vor über einem Jahrhundert von Wladimir Solowjow in den *Drei Gesprächen* und der *Kurzen Erzählung über den Antichrist* vorhergesagt. Er kündigte an, dass Tage bevorstünden, in denen das Christentum dazu neigen würde, die Heilstatsache – die nur in einem schwierigen und mutigen Akt des Glaubens angenommen werden kann – auf eine Reihe von „Werten" herunterzubrechen, die sich auf den Märkten der Welt gut verkaufen ließen. Ein Christentum, das nur von weithin geteilten „Werten" spricht, würde sicherlich in den Salons der Machteliten, bei gesellschaftlichen und politischen Zusammenkünften oder in Fernsehsendungen akzeptabler werden, aber kann die Kirche denn auf das Christentum Jesu Christi verzichten, das aus dem Skandal des Kreuzes und der erschütternden Realität der Auferstehung des Herrn hervorgeht? Es gibt absolute Werte; die Philosophen bezeichnen sie als Transzendentalien: das Eine, das Wahre, das Gute, das Schöne. Wer sie wahrnimmt, ehrt und liebt, der nimmt Jesus Christus wahr, ehrt und liebt ihn, auch wenn er sich dessen nicht bewusst ist, auch wenn er sich für einen Atheisten hält, denn Christus selbst ist die eigentliche Wahrheit, die eigentliche Gerechtigkeit und die eigentliche Schönheit. Aber es gibt auch relative Werte wie Solidarität, Frieden, Respekt vor der Natur und Dialog, die eine Unterscheidung erfordern, um Fallen und Zweideutigkeiten zu vermeiden – es gibt auch schlechte Solidarität, trügerischen Frieden, selbstzerstörerischen Naturkult und unfruchtbare Dialoge.

Diese Gefahr eines weltlichen Konsenses bezüglich gemeinsamer „Werte" ist nicht hypothetisch. Divo Barsotti sprach mit erschütternden Worten über jene Vorschläge, Initiativen und Reden der christlichen Gemeinschaft, in denen Jesus Christus nur als Vorwand genommen wird, um über etwas anderes zu sprechen. Aber der gekreuzigte und auferstandene Sohn Gottes, der einzige Erlöser des Menschen, lässt sich nicht in eine Reihe guter Projekte und Inspirationen „übersetzen", die mit der vorherrschenden weltlichen Mentalität vereinbar sind. Er hat sich nicht in konsensfähigen und entgegenkommenden Begriffen definiert, sondern vielmehr als der Eckstein, der Stein, an dem man zerschellen wird, wenn man ihn nicht als Fundament des Gebäudes einsetzen will: „Ein jeder, der auf diesen Stein fällt, wird zerschmettert werden; und auf wen er fällt, den wird er zermalmen" (Lk 20,18).

In einer Sendung des deutschen Rundfunks im Jahr 1969 skizzierte Joseph Ratzinger, wie die Zukunft der Kirche in unseren Gesellschaften aussehen könnte. Zwar beanspruchte er keineswegs, die Zukunft mit Sicherheit vorherzusagen, denn die Kirche existiert als Schnittpunkt zweier undurchdringlicher Geheimnisse, nämlich des Geheimnisses Gottes und des nach seinem Bild geschaffenen Menschen; doch die Perspektiven, die er damals skizzierte, werden durch das, was wir als gegenwärtigen Zustand der Kirche sehen, auf frappierende Weise bestätigt. Wie Solowjow sah er die Säkularisierung der christlichen Botschaft voraus: „Bald werden wir Priester als Sozialarbeiter haben, und die Botschaft des Glaubens wird auf eine politische Vision reduziert werden." Doch auf diese Perspektive folgt eine Botschaft der Hoffnung:

> Alles wird scheinbar verloren sein, aber im richtigen Moment, gerade in der dramatischsten Phase der Krise, wird die Kirche wiedergeboren werden. Sie wird kleiner, ärmer, fast eine katakombenähnliche Kirche sein, aber auch heiliger. Denn sie wird nicht mehr die Kirche derer sein, die versuchen, der Welt zu gefallen, sondern die Kirche derer, die Gott und seinem ewigen Gesetz treu sind. Die Wiedergeburt wird das Werk eines kleinen, scheinbar unbedeutenden, aber unbezwingbaren Rests sein, der einen Reinigungsprozess durchlaufen hat. Denn so handelt Gott. Gegen das Böse leistet eine kleine Herde Widerstand.
> Formulieren wir dies noch in einer positiveren Weise: Die Zukunft der Kirche wird wie immer von den Heiligen neu gestaltet werden, das heißt von Menschen, deren Geist über die modischen Slogans hinausreicht, und die aufgrund ihres Lebens, das eine breitere Realität umfasst,

eine weitere Sicht haben als andere. Für mich steht fest, dass die Kirche vor sehr schwierigen Zeiten steht. Die eigentliche Krise hat gerade erst begonnen. Wir müssen mit großen Umwälzungen rechnen. Aber ich bin mir ebenso sicher im Hinblick auf das, was am Ende übrig bleiben wird: eine Kirche nicht des politischen Kults, denn diese ist bereits tot, sondern eine Kirche des Glaubens. Es ist gut möglich, dass sie nicht mehr die dominierende Macht hat, die sie bisher hatte, aber sie wird eine Erneuerung erleben und wieder zum Haus der Menschen werden, in dem sie Leben und Hoffnung auf das ewige Leben finden werden.[8]

Zeugen des Lichts inmitten der Finsternis

Das ist also die Aufgabe der Kirche. In Jesus hat Gott seine gesamte väterliche Liebe zu den Menschen offenbart, er hat uns sein Antlitz enthüllt, „das Geheimnis, welches von Ewigkeit und alters her verborgen war, jetzt aber seinen Heiligen offenbart worden ist, denen Gott kundtun wollte, welches der Reichtum der Herrlichkeit dieses Geheimnisses unter den Heiden sei, das ist Christus, der in euch die Hoffnung der Herrlichkeit ist!" (vgl. Kol 1,26-27). Mit dem Anbruch der Zeit der Kirche wird die Offenbarung der Liebe Gottes in der ganzen Welt, auf allen Breitengraden und in allen Kulturen verbreitet, denn der göttliche Heilsplan schließt niemanden aus, sondern öffnet das Herz jedes Menschen für die Hoffnung auf Herrlichkeit.

Diese Mission der Kirche hat immer echten und demütigen Mut erfordert, und sie erfordert ihn heute mehr denn je. Die souveräne Freiheit, die der Glaube an Jesus verleiht, hat die ersten Christen dazu befähigt, eine Welt umzugestalten, die dieser neuen Religion feindlich gesinnt war; sie muss uns auch heute noch dazu bringen, den neuen Götzen der modernen Welt siegreich zu widerstehen. „Fürchtet euch nicht!", wiederholt Jesus im Evangelium immer wieder. „Fürchtet euch nicht vor denen, die den Leib töten, aber die Seele nicht töten können. Fürchtet vielmehr den, der Leib und Seele in der Hölle verderben kann“ (Mt 10,28 ; Lk 12,7 ; Mk 6,50 ; Joh 6,20 ; 12,15). Diese Aufforderung wurde von den Päpsten unserer Zeit mehrfach aufgegriffen. Die Menschen von heute haben das Recht, von Christen Mut, Klarheit, Entschlossenheit und Hartnäckigkeit beim Ablegen des Zeugnisses zu erwarten, das sie zu geben berufen sind, insbesondere für das entstehende, fragile oder behinderte, und für das zu Ende gehende Leben. Denn so wie das Gelobte Land ein Land war, in dem Völker mit religiösen Bräuchen lebten, die denen Israels entgegengesetzt waren – Menschenopfer, Tempelprostitution und andere abscheuliche Riten –, so sind wir Christen in eine Welt kultureller, sexueller, feministischer und ethischer Revolutionen eingetaucht, die jeder Philosophie des Seins, jeder objektiven Anthropologie feindlich gegenüberstehen und die Komplementarität der Geschlechter, ja sogar deren Unterschied, die Ehe, die Familie und die Fortpflanzung ablehnen. Inmitten dieser Welt müssen wir als Menschen leben, denen all diese Verkehrtheiten fremd sind, als Zeugen für den wahren Sinn des Lebens, als Arbeiter für das Reich Gottes, das in der Stille wächst. Wir dürfen keine zweideutige oder missverständliche Sprache gebrauchen, sondern sollen stattdessen stets bereit sein, Verfolgung zu erleiden; wir sollen in einer Transparenz und Klarheit, die des Evangeliums würdig ist, Zeugnis ablegen. Hoffentlich verdienen wir nicht diesen Vorwurf:

> Es ist bequem, sich selbst vorzumachen, man sei für die Leidenden, die Suchenden, die Irrenden und für die da, die sich die Welt so zurechtmachen, wie es ihnen gefällt. Aber nehmen diese Menschen diese angebliche Präsenz überhaupt wahr? Man bezeichnet sich selbst als das Licht der Welt und das Salz der Erde, aber fühlt sich die Welt durch uns wirklich erhellt und gereinigt? [...] Die Grundsätze unseres christlichen Glaubens sind mit sämtlichen Irrungen und Wirrungen des Jahrhunderts untergraben worden; oder diejenigen, die sich auf sie berufen, haben sie bis zu einem Punkt verkümmern lassen, an dem die Wahrheit sich vom Leben abgelöst zu haben scheint.[9]

Deshalb dürfen sich Christen nicht von lebens-, ehe- und familienfeindlichen Ideologien täuschen und einwickeln lassen, indem sie einer falsch verstandenen Toleranz oder einem falschen Mitgefühl das Wort reden, die sie in anthropologischen Agnostizismus, Relativismus, Skeptizismus, wohlfeilen Atheismus und moralischen Subjektivismus abgleiten lassen, bis sie schließlich jene Grenzen erreichen, die man nicht überschreiten kann, ohne sich aus der Gemeinschaft mit Christus auszuschließen.[10] Wenn unser Herz rein und wirklich auf Gott ausgerichtet ist, wenn unsere Liebe wahrhaftig und unser Glaube echt ist, dann wird unser Verhalten alles Götzendienerische verbannen. Die Taufe hat uns auf einen Weg der ständigen Erneuerung verpflichtet, auf dass wir bis ins Innerste unserer Seele vergöttlicht werden (vgl. 2 Kor 4,16). Christus anziehen: Das ist kein rein äußerlicher Akt, als würde man ein Kleidungsstück anziehen, sondern vielmehr ein innerer Akt, der die Tiefen unseres Seins erneuert, da wir in Christus eingetaucht werden, so dass nicht mehr wir leben, sondern Er in uns lebt (vgl. Gal 2, 18-20; Phlm 1,21).

Die kompromisslose Verkündigung des Evangeliums

Die moderne Welt, die durch den von ihr geförderten Relativismus die Begriffe Wahrheit, Gut und Böse völlig verloren hat, nimmt die Züge einer riesigen Verschwörung an, die uns zu geistigen Selbsttäuschungen verleiten will. Unsere Zeit braucht das Evangelium als einen Kompass, um nicht vom Weg abzukommen; als den unveränderlichen Polarstern am Firmament, der die Richtung zu jenem gelobten Land angibt, das alle Menschen suchen. Damit dieser Stern leuchtet, braucht die Welt in allen Epochen Männer und Frauen, die sich kompromisslos für Gott entschieden haben und mutig mit gutem Beispiel vorangehen. Der Herr kommt denen zu Hilfe, die ihre Grenzen und Schwächen erkennen (vgl. Mt 12,12-13 ; Lk 15,7), aber nur unter der Bedingung, dass wir nicht versuchen, die Lehre Christi und seiner Kirche zu verwässern oder abzuschwächen, um sie an eine dekadente Gesellschaft anzupassen; und dass wir Christus nicht als Helfer beanspruchen für unsere persönlichen Ideen oder unsere politischen und ideologischen Stellungnahmen und dafür das Evangelium als Zitat-Sammelsurium zur Untermauerung unserer Lieblingsthesen benutzen. Die Bibel soll vielmehr Quelle und Ursprung unserer Gedanken und Lebenseinstellungen sein, und im Gebet lernen wir, dem Wort Gottes diesen Platz einzuräumen.

Gott möchte sein Volk zu den Wiesen mit frischem Gras führen, auf dass es dort ausruhen und sich von der gesunden Lehre ernähren kann (vgl. Ps 23,2-3). Deshalb ist es die Pflicht der Bischöfe und Priester, den Menschen Zugang zum Wort Gottes zu verschaffen, das im Alten und Neuen Testament geoffenbart wurde, und es im Licht der Tradition und des kirchlichen Lehramts zu verstehen, ohne Zweideutigkeiten oder Verwirrungen, so wie Christus selbst es gelehrt hat. Jesus ließ keinen Zweifel an der Radikalität seiner Botschaft und seiner Forderungen. Er konnte auch eine Welt nicht in Ruhe lassen, die sich in Herzenshärte und Gleichgültigkeit gegenüber den göttlichen Realitäten verstrickt. Jesus kam, um „Feuer auf die Erde zu werfen“, und er hatte den großen Wunsch, dass es schon brenne (vgl. Lk 12,49). Und er sagte auch: „Glaubt nicht, dass ich gekommen bin, um Frieden auf die Erde zu bringen; ich bin nicht gekommen, um Frieden zu bringen, sondern das Schwert“ (Mt 10,34). Er ist gekommen, um die Menschen bis in ihre intimsten Beziehungen hinein zu entzweien: „Die Tochter mit ihrer Mutter, den Vater mit seinem Sohn, und den Sohn mit seinem Vater“ (vgl. Lk 12,53). Und er gibt noch radikalere Anweisungen: „Wenn dein rechtes Auge dich ärgert, so reiß es aus, und wirf es von dir [...]; und wenn deine rechte Hand dich ärgert, so hau sie ab, und wirf sie von dir“ (Mt 5,29-30).

Diese Radikalität der Botschaft des Evangeliums hat praktische Konsequenzen. So sind beispielsweise die Anerkennung und der rechtliche Schutz gleichgeschlechtlicher Partnerschaften ein beredter und dramatischer Ausdruck des moralischen Verfalls unserer Gesellschaften. Am bedauerlichsten und schlimmsten ist jedoch die Zustimmung oder Aufgeschlossenheit, die gewisse Personen, die in der Kirche hohe Ämter bekleiden, diesen Entwicklungen entgegenzubringen scheinen. Praktizierte Homosexualität gilt plötzlich nicht mehr als Sünde, sondern als eine menschliche Realität, die mit pastoraler Zärtlichkeit und viel Verständnis begleitet werden soll, wo doch, unter Achtung der Personen und ihrer Freiheit, ein klares und festes Wort über den Plan Gottes mit dem Menschen gesprochen werden sollte.

Dasselbe gilt für die Achtung vor dem ungeborenen Leben. Sämtliche Päpste haben sich unmissverständlich und energisch gegen Abtreibung ausgesprochen, und Papst Franziskus hat sich nicht weniger deutlich geäußert:

> Ich kann nicht schweigen über die 30 bis 40 Millionen ungeborener Leben, die nach Angaben der WHO Jahr für Jahr ausgelöscht werden. Es schmerzt mich zu sehen, dass in vielen sogenannten entwickelten Regionen diese schreckliche und kriminelle Praxis gefördert wird, weil die ungeborenen Kinder behindert oder ungeplant sind. Aber das menschliche Leben ist keine Last! Es muss einen Platz bekommen, nicht eliminiert werden. Abtreibung ist ein schweres Unrecht und ein abscheuliches Verbrechen. Ein solcher Akt kann niemals legitimer Ausdruck von Autonomie oder eines Rechts sein, über den eigenen Körper nach eigenem Gutdünken zu verfügen. Wenn unsere Autonomie den Tod von jemandem erfordert, dann ist diese Autonomie nichts weiter als ein eiserner Käfig. Ich stelle mir häufig zwei Fragen: „Ist es richtig, ein menschliches Leben zu beseitigen, um ein Problem zu lösen? Ist es richtig, einen Auftragsmörder anzuheuern, um ein Problem zu lösen?" Alle, die Abtreibung fördern und legalisieren, stellen sich offen gegen die Lehre Christi und gegen das Gesetz Gottes: „Du sollst nicht töten." Und dieses Gesetz ist absolut. Sie haben sich selbst vom katholischen Glauben ausgeschlossen.[11]

Die Welt braucht nicht Zustimmung, sondern Verwandlung: Die Welt braucht die Radikalität des Evangeliums. Sie braucht dringend

Jesus Christus, den einzigen Erlöser der Welt. Es spielt keine Rolle, ob ihr die strenge Reinheit des Evangeliums missfällt. Wir wollen unermüdlich und demütig das Evangelium von Jesus Christus verkünden. Jesus, und nur er, ist „der Weg, die Wahrheit und das Leben“ (Joh 14,6), und „den Menschen ist kein anderer Name unter dem Himmel gegeben, durch den wir selig werden sollten“ (Apg 4,12).

Sauerteig sein: die Suche nach Heiligkeit inmitten der Welt

Wie soll dieses Apostolat der Wahrheit über das Glück des Menschen konkret umgesetzt werden? Ich möchte hier auf die herausragende Rolle der gläubigen Laien hinweisen, die in der Welt wie Sauerteig wirken sollen. Bereits der *Brief an Diognet* aus dem 2. Jahrhundert beschreibt diese Aufgabe der Christen:

> Was im Leib die Seele ist, das sind in der Welt die Christen. Wie die Seele über alle Glieder des Leibes, so sind die Christen über die Städte der Welt verbreitet. Die Seele wohnt zwar im Leibe, stammt aber nicht aus dem Leibe. Unsichtbar ist die Seele, die in einem sichtbaren Körper eingeschlossen ist: So weiß man zwar von den Christen, dass sie in der Welt sind, aber ihre Religion bleibt unsichtbar. Das Fleisch hasst und bekämpft die Seele, obwohl sie ihm kein Leid antut, weil es von ihr gehindert wird, seinen Lüsten zu frönen; ebenso hasst die Welt die Christen, die ihr nichts zuleide tun, nur weil sie sich ihren Lüsten widersetzen. Die Seele liebt das ihr feindselige Fleisch und die Glieder; so lieben auch die Christen jene, die sie hassen.

So ist das Reich Gottes bereits in dieser Welt gegenwärtig, unbemerkt und unsichtbar, aber es wächst weiter und verändert die Welt radikal. Der Glaube gibt uns die Gewissheit dieses unauffälligen, unsichtbaren, aber wirksamen Waltens der Gnade, während der äußere Anschein vermuten lässt, dass unsere Welt ihrem Untergang entgegengeht.

Leider sind jedoch zu viele Christen, die von der Wissenschaft, der Technologie und materiellen Dingen verführt werden, nicht bereit, Gott über ihre beruflichen, politischen oder wirtschaftlichen Sorgen zu stellen. Wir leben ein wenig wie das Volk der Juden inmitten von Kanaanitern, Hethitern, Amoritern, Perizitern, Hiwitern und Jebusitern mit ihren Götzenbildern aus Gold, Silber und Stein. Und inmitten dieser Welt müssen wir dem Evangelium treu bleiben, dem neuen und ewigen Bund, der mit dem Blut Jesu besiegelt wurde:

> So groß ist die Aufgabe, so schwierig ist sie, und sie ist so lebenswichtig, dass sich niemand durch eine vorsichtige Flucht in edle intellektuelle Abstraktionen, Lyrik, hochwissenschaftliche theologische Studien und Veröffentlichungen oder gar philanthropische Großzügigkeit retten kann, sondern nur durch einen eifrigen und heroischen Drang nach Vollkommenheit. „Eifrig“ und „heroisch“ – erwägen wir diese beiden Wörter gründlich! Klarheit, Weitblick und Engagement dürfen nicht hinter der Heiligkeit zurückbleiben.[12]

Das Zweite Vatikanische Konzil lehrt uns, dass Gott an uns alle den universellen Ruf zur Heiligkeit richtet: „Alle Christgläubigen jeglichen Standes oder Ranges sind zur Fülle des christlichen Lebens und zur Vollkommenheit der Liebe berufen.“[13]

Das Streben nach Heiligkeit muss unser ganzes Leben bestimmen. Heiligkeit ist wie ein Feuer, das unser Wesen in Brand setzt und alles Brennbare, das in seine Nähe kommt, verbrennt (vgl. Lk 12,49 ; Koh 30,16), wie ein Sauerteig, der den ganzen Teig durchsäuert (Mt 13,32). Sie ist die Aufforderung zu grenzenloser Überwindung, da die Vollkommenheit für den Christen derjenigen des himmlischen Vaters entsprechen soll (vgl. Mt 5,48).[14] Sie soll unser ganzes Dasein und alle unsere Tätigkeiten durchdringen, auf dass wir in unserer Arbeit die Ehre Gottes und den Dienst an allen Menschen suchen. So wird sich jedes Mal, wenn wir uns an die Arbeit machen, das Werk unseres Verstandes und unserer Hände spontan mit dem stillen Gebet unseres Herzens, dem Herzen eines Gotteskindes, verbinden.

Heute will der Herr ebenso wie zu Beginn der Kirche, unabhängig von unseren Lebensumständen, unserem Alter, unseren Kräften oder unserer sozialen Stellung, dass wir heilig sind, wie es der heilige Paulus allen Gläubigen immer wieder sagte: „Das ist der Wille Gottes: eure Heiligung" (1 Thess 4,3).

Das Ziel des christlichen Lebens ist – auch wenn wir Menschen bleiben – unsere Vergöttlichung. Wir werden vergöttlicht, wenn der Vater, der im Sohn lebt, uns seine Herrlichkeit schenkt. Aber wir können nicht auf diese Vergöttlichung hoffen, wenn wir nicht bereit sind, am Kreuz teilzunehmen. Es ist also durchaus nicht unangemessen oder übertrieben, darauf zu bestehen, dass der Christ (und in noch höherem Ausmaß der Priester) auf den Ruf Gottes antworten muss: „Ihr sollt heilig sein: denn ich bin heilig, der Herr, euer Gott" (Lv 19,2). Es gibt keinen anderen Weg, wenn wir mit dem göttlichen Leben, das Gott in unserer Seele durch die Taufe zur Welt gebracht hat, übereinstimmen wollen. Auf diesem Weg darf man nicht aufhören, sich vorwärts zu bewegen; andernfalls weicht man zurück oder kommt vom Weg ab. Erinnern wir uns an die Worte des heiligen Augustinus: „Wenn du sagst: Es ist genug, dann bist du verloren. Strebe immer nach mehr, höre nicht auf, weiterzugehen, mach stetige Fortschritte. Bleib nicht am selben Ort, geh nicht zurück, weiche nicht ab."[15] Wenn wir Glieder Christi sind, dann müssen wir wirklich das Leben des Hauptes teilen, ohne zu versuchen, unsererseits ein kärgliches Leben nach unseren eigenen Vorstellungen zu führen:

> Wir wollen uns daher beglückwünschen und dafür Dank sagen, dass wir nicht nur Christen, sondern Christus selbst geworden sind. Brüder: Begreift ihr die Gnade, die Gott uns erwiesen hat, indem er uns Christus zum Haupt gab? Staunt, und freut euch, wir sind Christus geworden. Denn da er das Haupt ist und wir die Glieder sind, ist der ganze Mensch Er und wir [...]. Die Fülle Christi ist also das Haupt und die

Glieder. Was heißt: das Haupt und die Glieder? Christus und die Kirche.[16]

Und dieses Leben Christi, des Hauptes, ist das Leben des Vaters selbst, so Isaak von Stella:

> Die gläubigen und spirituellen Glieder Christi können in voller Wahrheit sagen, dass sie das sind, was er selbst ist, nämlich Sohn Gottes und Gott. Was er aber von Natur aus ist, das sind sie als beigefügte Glieder; was er in Fülle ist, das sind sie durch Teilhabe; kurz, wenn er dem Ursprung nach Sohn Gottes ist, so sind es seine Glieder durch Adoption, gemäß dem Apostelwort: Ihr habt den Geist der Kindschaft empfangen, in welchem wir rufen: Abba, Vater (Röm 8,15).[17]

Die Quelle jeglichen Apostolats

Die Neuevangelisation braucht also Heilige, und zwar Heilige, die beten. Jedem Menschen „die Hoffnung, die nicht zuschanden macht" anzubieten (Röm 5,5), das ist nicht in erster Linie eine Sache der Kommunikationsstrategie. Um diesen Auftrag zu erfüllen, muss die Kirche zunehmend betend und missionarisch werden, sie soll sich auf das liturgische Leben und das „Herz an Herz" mit Gott in der stillen und staunenden Betrachtung seiner unerschöpflichen Liebe konzentrieren, einer Liebe, die für den Menschen brennt, ohne je zu verbrennen. Um mit Mose die Erfahrung des Umwegs zum brennenden Dornbusch zu machen (vgl. Ex 3,3), sollen wir nicht zögern, „unsere Schuhe von den Füßen zu ziehen" (Ex 3,5), also den Teil unseres Selbst zu reinigen, der noch mit Staub, Schlamm und Sünden bedeckt ist, um auf diesem heiligen Boden zu stehen, wo die brennende Gegenwart Gottes wohnt. Dann können wir unser Apostolat in Angriff nehmen – selbst um den Preis großer Prüfungen.

Der Christ muss mit Sachverstand und Großherzigkeit im Dienste der Menschen seiner Zeit arbeiten, indem er sich gemäß dem Geist Christi entschlossen den Umständen der heutigen Welt stellt, um das Werk Gottes in ihnen fortzusetzen. Sein Handeln muss jedoch in seinem geistlichen Leben verwurzelt sein, es muss gewissermaßen das Überströmen seiner inneren Fülle sein.

Eine Evangelisation „des Inneren"

Ein Jünger Christi kann in der Tat nur dann zu Sauerteig – zu einem Ferment des Friedens und der Versöhnung werden, wenn Christus ihm alles geworden ist, denn nur dann wird er nicht mehr nach Personen unterscheiden und wirft einen neuen Blick auf die Gesellschaft, auf die Menschen, auf die Kulturen und Zivilisationen. In Jesus tritt er in die „Zivilisation der Liebe" ein. Jeder Christ hat ohne Vermittler und ohne Bedingungen Zugang zu Christus, egal welchem Volk oder welcher Kultur er angehört, unabhängig von seinem sozialen Hintergrund und seinem menschlichen Erbe. Er soll seinerseits ein anderer Christus werden, durchdrungen von Christi Barmherzigkeit, von seiner Güte, seiner Demut, seiner Sanftmut und seiner Geduld. Er wird nicht aufgefordert, sich diese oder jene Tugend anzueignen, sondern er soll *alter Christus*, ein anderer Christus, *ipse Christus*, Christus selbst werden, um Liebe, Barmherzigkeit, Vergebung und Versöhnung in den Mittelpunkt der menschlichen Beziehungen zu stellen: Denn es ist Christus, der die Herzen verwandelt und sie zu einem einzigen Leib zusammenfügt.[18] Dann kann er wirklich zum Salz der Erde und zum Licht der Welt werden (vgl. Mt 5,13-16), „ein auserwähltes Geschlecht, ein königliches Priestertum, ein heiliges Volk, ein Volk, erworben, das Lob dessen zu verkünden, der euch aus der Finsternis in sein wunderbares Licht berufen hat" (1 Petr 2,9), das die Gegenwart und das Wirken Christi in der Welt fortsetzt.

Denn es ist wirklich letztlich die Aufgabe der gläubigen Laien, alle menschlichen Wirklichkeiten von innen her mit dem „Wohlgeruch Christi“ zu durchdringen (vgl. 2 Kor 2,15). Der heilige Johannes Paul II. hat diese Tatsache besonders hervorgehoben:

> [Den christgläubigen Laien] kommt es in besonderer Weise zu, Zeugnis zu geben vom christlichen Glauben als einziger und wahrer Antwort [...] auf die Probleme und Hoffnungen, die das Leben heute für jeden Menschen und für jede Gesellschaft einschließt. Dieses Zeugnis wird möglich, wenn es den Laien gelingt, den Gegensatz zwischen dem Evangelium und dem eigenen Leben zu überwinden und in ihrem täglichen Tun, in Familie, Arbeit und Gesellschaft eine Lebenseinheit zu erreichen, die im Evangelium ihre Inspiration und die Kraft zur vollen Verwirklichung findet. Ich möchte heute erneut den leidenschaftlichen Anruf, mit dem ich mein Hirtenamt begonnen habe, allen modernen Menschen entgegenrufen: „Habt keine Angst! Öffnet, ja öffnet Christus weit die Türen! Öffnet die Grenzen der Staaten, die Wirtschaftssysteme und die politischen Systeme, die Bereiche der Kultur, der Zivilisation, der Entwicklung seiner heilbringenden Macht. Habt keine Angst. Christus weiß, „was im Menschen ist“. Er allein weiß es. [...] Lasst darum Christus – ich bitte und flehe euch demütig und vertrauensvoll an –, lasst ihn zu den Menschen sprechen. Er allein hat Worte des Lebens, ja, des ewigen Lebens.“
> Christus weit die Türen zu öffnen, ihn im Raum der eigenen Menschlichkeit aufzunehmen, ist für den Menschen keine Bedrohung, sondern der einzige Weg, der zur Erkenntnis des Menschen in seiner ganzen Wahrheit und zur Anerkennung seiner Werte führt.[19]

Unser Herr Jesus kommt nicht, um die Freiheit des Menschen zu zerstören oder seine wissenschaftliche oder technologische Forschung aufzuhalten. Er kommt, um ihnen Sinn zu geben; er kommt, um uns frei zu machen. Er will keine erzwungene Antwort, keine mechanische, oberflächliche Zustimmung, sondern eine freie und bewusste Entscheidung, die aus tiefstem Herzen kommt und deren

Freude um uns herum ausstrahlt. Der Christ ist das Salz der Erde und das Licht der Welt nicht aus dem Grund, dass er über andere triumphiert oder sich ihnen aufdrängt, sondern weil er die Liebe Gottes bezeugt und unserer Gesellschaft die Freude an Gott, selbst durch Prüfungen hindurch, wieder zurückgibt.

Die Übersetzung des Evangeliums in konkrete Nächstenliebe

Die persönliche Bekehrung, die sich im Laufe eines Lebens im Verborgenen des Herzens abspielt, äußert sich konkret in dem Willen, sein Leben zu ändern, die Unordnung des eigenen Tuns, des eigenen Verhaltens und der eigenen Instinkte zu beseitigen und auch dazu beizutragen, die Unordnung unserer korrupten, verlogenen, unterdrückerischen Welt, die die Schwächsten ausbeutet, zu beheben. Zur persönlichen Umkehr muss die Veränderung dessen gehören, was in den gesellschaftlichen Strukturen dem Evangelium, der Liebe und der Wahrheit feindlich gegenübersteht. Denn derselbe Herr, der wegen unserer Sünden am Kreuz gelitten hat, leidet auch heute noch in den Geringsten der Seinen Hunger und Durst, Krankheit, Fremdsein, Gefangenschaft und Nacktheit (Mt 25,31-46).

Schon das Zweite Vatikanische Konzil befasste sich mit dem Skandal, dass viele Menschen in Armut leben, während in einigen Ländern mit althergebrachter christlicher Tradition der Reichtum floriert:

> Zum Aufbau einer internationalen Ordnung, in der die rechtmäßigen Freiheiten aller wirklich geachtet werden und wahre Brüderlichkeit bei allen herrscht, sollen die Christen gern und von Herzen mitarbeiten, und das um so mehr, als der größere Teil der Welt noch unter solcher Not leidet, dass Christus selbst in den Armen mit lauter Stimme seine Jünger zur Liebe aufruft. Das Ärgernis soll vermieden werden, dass einige Nationen, deren Bürger in überwältigender Mehrheit den Ehrennamen „Christen" tragen, Güter in Fülle besitzen, während andere nicht

genug zum Leben haben und von Hunger, Krankheit und Elend aller Art gepeinigt werden. Denn der Geist der Armut und Liebe ist Ruhm und Zeugnis der Kirche Christi.
Lob und Unterstützung verdienen jene Christen, vor allem jene jungen Menschen, die freiwillig anderen Menschen und Völkern ihre persönliche Hilfe zur Verfügung stellen. Es ist jedoch Sache des ganzen Volkes Gottes – wobei die Bischöfe mit Wort und Beispiel vorangehen müssen –, die Nöte unserer Zeit nach Kräften zu lindern, und zwar nach alter Tradition der Kirche nicht nur aus dem Überfluss, sondern auch von der Substanz.[20]

Das Konzil stellte sich damit in eine Tradition, die Johannes Chrysostomus zu seiner Zeit im Zusammenhang mit der Eucharistie eindrucksvoll illustriert hatte:

Willst du den Leib Christi ehren? Dann übersieh nicht, dass dieser Leib nackt ist. Ehre den Herrn nicht hier im Haus der Kirche mit seidenen Gewändern, während du ihn draußen ignorierst, wo er unter Kälte und Blöße leidet. Derjenige nämlich, der gesagt hat: Das ist mein Leib, hat auch gesagt und mit diesem Wort eine Wirklichkeit festgestellt: Ihr habt gesehen, dass ich hungrig war, und ihr habt mir nichts zu essen gegeben; und weiter: Was ihr diesen Kleinen nicht getan habt, das habt ihr mir nicht getan. Hier braucht der Leib Christi keine Gewänder, sondern reine Seelen; dort braucht er viel Fürsorge. [...] Gott braucht nicht goldene Gerätschaften, sondern goldene Herzen. Ich sage das nicht, um euch daran zu hindern, solche Weihegaben zu stiften. Aber ich verlange, dass ihr zugleich mit ihnen und noch vor ihnen Almosen gebt; denn Gott nimmt das eine zwar an, viel lieber aber das andere. Denn bei Spenden ist der Gebende der einzige Nutznießer; bei Almosen aber ist der Nutznießer auch der Empfangende. Eine Spende kann Anlass zu Eitelkeit sein, aber ein Almosen ist nichts anderes als ein Akt der Güte. Was nützt es, wenn der Tisch Christi mit goldenen Kelchen überladen ist, Christus selbst aber vor Hunger zugrunde geht? Sättige zuerst ihn,

> der hungert, dann erst schmücke seinen Tisch von dem, was du noch übrig hast.[21]

Der heilige Johannes Chrysostomus hat sich vehement gegen den Luxus der Großen ausgesprochen, der ein Skandal ist für das Elend der Armen. Seine scharfen Worte sind wie geschaffen dafür, unser schlafendes Gewissen zu erschüttern: „Maultiere schleppen Reichtümer herum, und vor deiner Tür verhungert Christus?“ Er zeigt immer wieder, dass Christus in den Armen gegenwärtig ist und sich mit ihnen in einer Weise identifiziert, dass er zu uns sagt: „Ich könnte mich selbst ernähren, aber ich ziehe es vor, als Bettler umherzuziehen und vor deiner Tür die Hand auszustrecken, um von dir ernährt zu werden. Aus Liebe zu dir handle ich so.“

In seinem leidenschaftlichen, kompromisslosen, schonungslos realistischen Stil predigte Johannes Chrysostomus nichts anderes als das Evangelium – immer bemüht, zu belehren, zu ermahnen, zu reformieren, heidnische Sitten zu bekämpfen und vor allem den schändlichen Makel der Sklaverei endgültig zu beseitigen: „Was ich euch sagen werde, wird euch erschrecken, aber ich muss es euch sagen. Stellt Gott auf die gleiche Stufe wie eure Sklaven! Befreit Christus vom Hunger, von der Not, von Gefängnissen, von Nacktheit. Ah! Es schaudert euch!“[22]

Durch die sanfte Gewalt seiner Worte hindurch handelt der heilige Johannes Chrysostomus mit dem Herzen eines wirklich liebenden Vaters, und im Namen Jesu Christi, des Hirten und Hüters unserer Seelen (vgl. 1 Petr 2,25).

Die Nächstenliebe, die wir den Armen erweisen, beschränkt sich nicht darauf, sie nur mit materiellen Gütern zu versorgen. Diese Unterstützung ist zwar notwendig und dringend, sie reicht jedoch nicht aus. Auch und vor allem muss ihnen Gott gegeben werden. Darauf weist Papst Franziskus mit Nachdruck hin:

> Die schlimmste Diskriminierung, unter der die Armen leiden, ist der Mangel an geistlicher Zuwendung. Die riesige Mehrheit der Armen

> ist besonders offen für den Glauben; sie brauchen Gott, und wir dürfen es nicht unterlassen, ihnen seine Freundschaft, seinen Segen, sein Wort, die Feier der Sakramente anzubieten und ihnen einen Weg des Wachstums und der Reifung im Glauben aufzuzeigen. Die bevorzugte Option für die Armen muss sich hauptsächlich in einer außerordentlichen und vorrangigen religiösen Zuwendung zeigen.[23]

Mit der Umkehrung dieser Prioritätenordnung in dem Anspruch, durch unsere politischen und finanziellen Initiativen „die Armut auszurotten", würde man sich selbst an Gottes Stelle setzen. Und in der Tat ist nicht nur das zwanghafte Streben nach Geld und Macht Ausdruck eines verborgenen Wunsches, Gott zu verdrängen und zu beseitigen, sondern auch jeder Anspruch, Freiheit, Gerechtigkeit und Frieden selbst, aus eigener Kraft zu erringen. Dieser Versuch ist zum Scheitern verurteilt, wie Benedikt XVI. feststellte:

> Wo Gott als sekundäre Größe angesehen wird, die man zeitweise oder überhaupt wichtigerer Dinge wegen beiseitelassen kann, da scheitern gerade diese vermeintlich wichtigeren Dinge. Nicht nur der negative Ausgang des marxistischen Experiments beweist das. Die auf rein technisch-materiellen Prinzipien aufgebaute Entwicklungshilfe des Westens, die Gott nicht nur ausgelassen, sondern die Menschen von Gott mit dem Stolz ihrer Besserwisserei abgedrängt hat, hat erst die Dritte Welt zur Dritten Welt im heutigen Sinn gemacht. Sie hat die gewachsenen religiösen, sittlichen und sozialen Strukturen beiseitegeschoben und ihre technizistische Mentalität ins Leere hineingestellt. Sie glaubte, Steine in Brot verwandeln zu können, aber statt Brot hat sie Steine gegeben. Es geht um den Primat Gottes. Es geht darum, ihn als Wirklichkeit anzuerkennen, als Wirklichkeit, ohne die nichts anderes gut sein kann. Die Geschichte kann nicht abseits von Gott durch bloß materielle Strukturen geregelt werden. Wenn das Herz des Menschen nicht gut ist, dann kann nichts anderes gut werden. Und die Güte des Herzens kann letztlich nur von dem kommen, der die Güte – das Gute – selbst ist.[24]

Die wahre Nächstenliebe ist also letztlich eine Manifestation unseres Glaubens an Jesus Christus; der Glaube nämlich, so sagt es uns der heilige Paulus, wirkt durch die Liebe: *„Fides quae per caritatem operatur“* (Gal 5,6). Andererseits darf die Nächstenliebe niemals zu einem Mittel werden, mit dem der Proselytismus seine Ziele erreicht. Das hat Benedikt XVI. klar und deutlich formuliert:

> Die Liebe ist umsonst; sie wird nicht getan, um damit andere Ziele zu erreichen. Das bedeutet aber nicht, dass das karitative Wirken sozusagen Gott und Christus beiseite lassen müsste. Es ist ja immer der ganze Mensch im Spiel. Oft ist gerade die Abwesenheit Gottes der tiefste Grund des Leidens. Wer im Namen der Kirche karitativ wirkt, wird niemals dem anderen den Glauben der Kirche aufzudrängen versuchen. Er weiß, dass die Liebe in ihrer Reinheit und Absichtslosigkeit das beste Zeugnis für den Gott ist, dem wir glauben und der uns zur Liebe treibt. Der Christ weiß, wann es Zeit ist, von Gott zu reden, und wann es recht ist, von ihm zu schweigen und nur einfach die Liebe reden zu lassen. Er weiß, dass Gott Liebe ist (vgl. 1 Joh 4,8).[25]

Sämtliche Sklaverei abschaffen und alle Jochs zerbrechen: So verstand der Prophet Jesaja die wahre Bekehrung des Menschen zu Gott, darin sah er die Voraussetzung dafür, dass seine Buße den Herrn erreicht.

> Ist dies ein Fasten, wie ich es erwählt habe, wenn der Mensch sich zeitweise kasteit, etwa dass er wie Schilf sein Haupt beugt und sich in Sack und Asche hinstreckt? Wirst du das etwa Fasten nennen und einen dem Herrn wohlgefälligen Tag? Ist nicht vielmehr dies das Fasten, das ich erwählt habe: Löse die Knäuel der Bosheit auf, löse die Fesseln der Bedrückung, gib die Unterdrückten frei, brich jedes Joch!
> Dann wird gleich dem Morgen dein Licht hervorbrechen und dein Genesen eilends aufblühen, deine Gerechtigkeit wird vor dir hergehen und die Herrlichkeit des Herrn wird dir folgen. Dann wirst du rufen, und der Herr wird antworten, du wirst flehen, er wird sagen: „Siehe, hier

bin ich!" Wenn du aus deiner Mitte die Fesseln entfernst, die drohende Geste und die schlechte Rede, wenn du Mitleid mit dem Hungernden hast und die Seele des Bekümmerten sättigst, dann wird in der Finsternis dein Licht erglänzen und dein Dunkel zum hellen Mittag werden. Und der Herr wird dir Ruhe geben immerdar, er wird dich an dürren Orten sättigen, er wird deine Gebeine kräftigen, und du wirst sein wie ein bewässerter Garten, wie eine Wasserquelle, deren Wasser nicht versiegt. (Jes 58,5-6.8-11)

SCHLUSSWORT

Erwecke in mir neu die Freude, gerettet zu sein

Wir sind nun am Ende unseres Weges angelangt. Heißt das, wir müssen jetzt die Wüste, in der wir Christus begegnet sind, verlassen und in die Welt und ihre Hektik zurückkehren? Müssen wir – wenn wir dieses Buch zuklappen, nachdem wir die letzte Seite gelesen haben – eine Klammer der Stille und Innerlichkeit schließen, müssen wir wieder in den Lärm und die Oberflächlichkeit eintauchen und aufhören, Christus zu folgen? Nein! Der Weg, den wir begonnen haben, ist nicht beendet. Er führt uns bis zum Himmel, bis zur ewigen Glückseligkeit, bis zu Gott selbst.

Auf diesem Weg durch die Wüste haben wir erfahren, dass Gott uns nicht allein lässt. Er kommt zu uns, er formt seine Kirche, er nährt unsere Seele. Die Sakramente sind die Mittel, die Gott gewählt hat, um uns mit seiner Gnade zu berühren. Wie der Blinde am Weg rufen wir: „Herr, mach, dass ich sehe!" (vgl. Mk 10,51). Dann kommt Christus, von Mitleid bewegt, und berührt unsere Augen mit seinen Händen. Durch äußere und körperliche Zeichen verwirklicht er in unserer Seele das göttliche Werk der Gnade. Er schenkt sich uns und wird unser Leben. Er ruft uns auf, ihm zu folgen. Zu jedem von uns sagt er: „Folge mir nach!" (Mt 9,9).

Jesus nachfolgen, das bedeutet ganz konkret und radikal, ihm alles zu geben. Es bedeutet, auf den außergewöhnlichsten Ruf zu antworten, der an den Menschen je ergangen ist; in ein wunderbares Abenteuer einzutreten, in dem unser Leben vom Leben Gottes genährt wird, das allen Menschen in den Sakramenten angeboten wird.

Jesus nachfolgen, das bedeutet, den Blick ständig auf ihn zu richten, um ihn anzuschauen, anzubeten und das Beispiel seines intensiven Gebetslebens nachzuahmen. Jesus lebte ja wirklich ganz konkret und gewohnheitsmäßig in der Gegenwart von Gott, dem Vater. Wie er müssen auch wir Zeit für das Gebet aufwenden, eine Zeit, in der wir nichts anderes tun, als zu versuchen, uns in ihn zu versenken. Um sich diesem Gebet treu zu widmen, muss man effektiv bereit sein, die Welt und ihre Aktivitäten wirklich hinter sich zu lassen und in Gott einzutreten, bevor man in die Welt zurückkehrt, um Jesus Christus zu verkünden.[1] Von den vielen Dingen, die in der Kirche mit Großzügigkeit betrieben werden, ist nur eines notwendig (vgl. Lk 10,42): die Verkündigung des Evangeliums, nicht durch große Reden, sondern durch die Kraft der realen Gegenwart Christi in unserem Inneren; ohne Angst oder Zweifel inmitten von Gefahren, Spott und Verfolgung; ohne persönliche Meinungen einzubringen, sondern mit der einzigen Gewissheit, dass Jesus Christus auferstanden ist, dass er in unserer Mitte lebt, und dass seine Gegenwart eine unerschöpfliche Quelle der Liebe, der Wahrheit, der Barmherzigkeit und des Friedens ist.

Nur die persönliche, intime Erfahrung der Begegnung mit der Liebe Gottes kann uns diese Überzeugungskraft verleihen. Ein Apophthegma der Wüstenväter erzählt von der Antwort, die ein Ältester auf die Frage gab, warum nicht alle im monastischen Leben ausharren: Es verhalte sich, so sagte er sinngemäß, mit der Suche nach Gott im Gebet wie mit einem Hund, der bellend einen Hasen verfolgt. Von seinem Gebell angelockt schließen sich ihm andere Hunde auf dieser Spur an, sie rennen und bellen mit ihm, obwohl sie das Wild weder gesehen noch gewittert haben. Doch als der Lauf immer länger wird, werden sie müde und geben einer nach dem anderen auf. Nur derjenige, der den Hasen gesehen hat, wird bis zum Ende laufen, bis er ihn ergriffen hat. Der Mönch schloss, dass nur diejenigen, die einmal wirklich Christus am Kreuz betrachtet und diese überwältigende Liebe persönlich erfahren haben, bis zum Ende ausharren werden.

Unser Umfeld, Menschen, die wir bewundern, konkrete Umstände in unserem Leben können uns dazu veranlassen, die Taufe zu empfangen und unserer Berufung zur Ehe, zum Priestertum oder zum Ordensleben zu folgen. All dies hatte sicherlich für eine gewisse Zeit eine positive Bedeutung. Aber früher oder später kommt der Moment der Mündigkeit, wenn man seine Treue nur noch durch die persönliche Erfahrung der Freundschaft mit Christus aufrechterhalten kann. Wie bei Jesus und seinen Aposteln gibt es auch in unserem Leben einen Zeitpunkt, da wir in die Gegend von Cäsarea Philippi kommen. Dann stellt uns Jesus selbst die entscheidende Frage: „Aber für euch – für dich – wer bin ich für dich?“ (vgl. Mt 16,13-20). Und wir müssen unsererseits eine klare und persönliche Antwort des Glaubens geben. Oder wir werden womöglich wie der heilige Paulus eines Tages von einem Licht aus dem Himmel geblendet, aus der Bahn, zu Boden geworfen, und wir können nur noch zitternd fragen: „Wer bist du, Herr? Was muss ich tun, um wirklich Christ zu sein und deinem heiligen Willen zu entsprechen?“ (vgl. Apg 9,1-18). Ja, wir müssen Jesus begegnet sein, wir müssen ihn einmal von Angesicht zu Angesicht gesehen haben, in einem überwältigenden Moment, der für den Rest unseres Lebens bestimmend bleiben wird.

So erging es auch Paulus, der dann später schreiben konnte: „Wer wird uns scheiden von der Liebe Christi? Trübsal? oder Bedrängnis? oder Hunger? oder Blöße? oder Gefahr? oder Verfolgung? oder Schwert? Wie geschrieben steht: Um deinetwillen werden wir getötet den ganzen Tag [...]. Ich bin gewiss, dass weder Tod noch Leben, weder Engel noch Herrschaften noch Gewalten, weder Gegenwärtiges noch Zukünftiges, noch Macht, weder Höhe noch Tiefe, noch irgendein anderes Geschöpf im Stande sein wird, uns von der Liebe Gottes zu trennen, die da in Christus Jesus, unserem Herrn, ist“ (Röm 8,35-39).

Unsere christliche Berufung besteht darin, in jedem Augenblick vollkommen mit Christus vereint zu sein, um den Menschen die Liebe Gottes zu offenbaren und sie zu derselben überwältigenden Begegnung zu führen. Wir sind gesandt, um zu sagen: „Ihr Völker alle, öffnet eure Tore für Christus! Sein Evangelium tut der Freiheit des Menschen, der anderen Kulturen gebührenden Achtung, allem Positiven in jeder Religion keinen Abbruch. Wenn ihr Christus aufnehmt, öffnet ihr euch dem endgültigen Wort Gottes, jenem gegenüber, in dem Gott sich restlos zu erkennen gab und uns den Weg zu ihm gewiesen hat."[2]

Möge die Reise in die innere Wüste, die wir auf diesen Seiten erfahren haben, ein Bezugspunkt für unser tägliches Leben bleiben. In der Wüste haben wir verstanden, dass wir unser Inneres nicht selbst in den Griff bekommen sollen. Wir sollen vielmehr loslassen – Ihn handeln lassen. Wir müssen uns von Gott führen und belehren lassen. Selbstverständlich sind wir nicht rein passiv. Wir haben unseren Anteil an der Arbeit. Aber unsere Arbeit besteht in erster Linie darin, dass wir uns in Gottes Händen zu fügsamem Ton machen, der nach seinem barmherzigen Plan geformt werden kann.

In der Wüste haben wir gelernt, zu lieben, in allem von ihm abhängig zu sein. Wir haben gelernt, darauf zu warten, dass er unseren Durst löschte, dass er uns zu essen gab. Wir kämpften damit, uns nicht zu sehr verunsichern zu lassen. Wir haben gegen die Versuchung gekämpft, unser inneres Leben auf unsere eigenen Pläne, unseren eigenen menschlichen, allzu menschlichen Entwurf zu reduzieren. Wir haben darum gekämpft, die Freude zu verspüren, von Gott gerettet zu sein, und in einer Haltung der Sammlung und schweigenden Anbetung vor ihm zu stehen.

Wie groß ist doch die Freude jedes Mal, wenn er durch ein Sakrament seine Gegenwart und sein Leben in uns erneuert! Welche Freude, wenn wir mit dem heiligen Paulus ausrufen können: „Ich bin von Christus Jesus ergriffen worden" (vgl. Phil 3,12). Bei jedem Sakrament, das wir empfangen, nimmt er uns in seine Arme, um uns an sein von Liebe brennendes Herz zu legen.

Auf byzantinischen Fresken ist häufig zu sehen, wie der auferstandene Christus die Tore der Unterwelt aufsprengt und Adam und Eva, unsere ersten Eltern, bei der Hand nimmt, um sie in den Schoß der Dreifaltigkeit zu tragen. Das entspricht genau dem, was wir in der Wüste erfahren haben. Durch seine Sakramente hat Christus uns an der Hand gepackt und in den Himmel gebracht. Das ist der

Quell unserer Freude! „Du hast deine Hand auf mich gelegt", sagt der Psalmist (139,5).

Und jetzt geht es uns ein wenig so wie Petrus, Jakobus und Johannes nach der Verklärung. Wir sind geblendet, weil wir bereits einen Blick auf die göttliche Herrlichkeit, die Freude des Himmels erhascht haben. Wie Petrus möchten wir sagen: „Es ist gut, dass wir hier sind. Wir wollen drei Zelte aufstellen" (vgl. Mt 17,4). Auch wir möchten sagen: Lasst uns diese Wüste nicht mehr verlassen, in der wir Christus Jesus begegnet sind, in der er uns den Liebesplan offenbart hat, den sein Vater für uns hegt. Jesus hingegen sagt zu uns wie zu den Aposteln: Fürchtet euch nicht, in die Welt zurückzukehren. Fürchtet euch nicht, zur heidnischen Welt zurückzukehren, um ihr die Frohe Botschaft zu verkünden. Ihr wisst jetzt, dass ihr nicht allein seid, sondern dass ihr Mose, Elija, die Propheten, die Apostel, die Kirchenväter und die ganze Gemeinschaft der Heiligen bei euch habt. Ihr wisst nun, was die Quelle der wahren Freude ist. Auf euren Straßen des Exils werden die Sakramente wie sprudelnde Quellen sein. Nehmt in euren Herzen den Geist des Schweigens und der Sammlung mit, den ihr in der Wüste gelernt habt. Fürchtet euch nicht mehr. Ihr seid nicht von der Welt. Ihr seid mit dem Siegel der Taufe gezeichnet, ihr seid meine Kinder, die ich mit meinem Blut erkauft habe.

Dann werden wir friedlich, glücklich und zuversichtlich der ganzen Welt die Freude des Heils bringen. Wir werden allen Völkern den Glauben und die Sakramente des Glaubens verkünden. Wir werden uns nicht in langen Reden und eitlen Gedankengebäuden verzetteln. Wir werden die empfangene göttliche Gegenwart ausstrahlen, wir werden das Heil bezeugen, das uns geschenkt wurde. Wir werden den Jüngern Christi helfen, den unerhörten Reichtum der Sakramente des Neuen Bundes wieder zu entdecken, und sie mit Glauben, Ernsthaftigkeit, Sinn für das Heilige und Staunen über diese unerhörten Geschenke Gottes zu feiern.

Nun sind wir von einer neuen Kraft erfüllt. Sie hat ihren Ursprung in der Begegnung mit Gott in der Wüste. Wir haben tatsächlich keine Angst mehr. Wie Mose nach seiner Begegnung mit dem Herrn tragen wir den Glanz der Herrlichkeit und Heiligkeit Gottes im Gesicht. Nicht der Wunsch nach menschlicher Verherrlichung treibt uns an. Wir sind durch die Hand Gottes versöhnt, durch seine Sakramente gestärkt. Wir gehen also ohne Furcht, bereit, Zeugnis abzulegen, wenn nötig bis zum Martyrium. Wir folgen dem Guten Hirten, der uns führt. Wie auf den Mosaiken in den Absiden der antiken Basiliken Roms die Schafe friedlich dem göttlichen Hirten folgen, Christus, dem König des Universums, so folgen wir ihm in Frieden und Freude. Hier sind wir stark durch seine friedliche Kraft. Wir schöpfen unsere Sanftmut aus der Barmherzigkeit seines verwundeten Herzens, aus dem Ströme der Liebe, des Lichts, der Freude und der Weisheit fließen, um die ganze Menschheit zu überfluten und zu erneuern.

Wir sind froh über sein göttliches Glück. Er hat uns die Freude zurückgegeben, die Freude, gerettet zu sein (Ps 51,14). Ein christliches Herz ist immer ein frohes Herz. Ich sage nicht, dass ein Christ sich in ständiger Fröhlichkeit sonnt. Ich weiß, wie sehr uns Leiden, Erschöpfung und Verfolgung manchmal plagen können, ebenso wie der Anblick von so viel Verachtung, Lästerungen und Sakrilegien, so viel Achtlosigkeit vor dem heiligen Sakrament. Aber unsere tiefe, übernatürliche Freude kann uns niemand rauben. Denn sie kommt weder von uns noch von unserem Erfolg in der Welt. Unsere Freude kommt von Jesus, dem Fleisch gewordenen Wort, dem Erlöser. Unser Glaube gibt uns die Gewissheit, dass wir in jedem Fall gerettet werden können, solange wir keine Hindernisse in den Weg legen. Wenn auch Müdigkeit manchmal das Lächeln auf unseren Lippen zum Verschwinden bringen kann, so kann doch nichts die Freude unserer Seele auslöschen. Wir sind, wie Paulus sagt, fröhlich in und durch die Hoffnung auf das Heil – *spe gaudentes* (Röm 12,12)! Wenn wir zu Christus aufschauen, wird unser Herz hell. Die christlichen Künstler haben das verstanden. Sie wagten es, die Heiligen und Engel im Himmel abzubilden, die vor Freude und Glück strahlten. Ich denke an das bekannte Lächeln des Engels, das ein mittelalterlicher Bildhauer auf der Fassade der Kathedrale von Reims verewigt hat. Ich denke an die strahlenden Gesichter, die der selige Fra Angelico in seinem Reigen der Engel und Heiligen gemalt hat. Auch wir können, während wir uns noch in der Wüste befinden, während der geistige Kampf für uns noch nicht abgeschlossen ist, unsere Augen zum sanften Antlitz Christi erheben. In jedem Moment lächelt er uns zu und ermutigt uns. Er sagt zu uns: „Geh! Fürchte dich nicht, ich bin bei dir. Es fehlt dir an nichts. Ich habe dir sogar meine Mutter gegeben, auf dass sie auch deine Mutter werde."

Wir wissen ja, wie einsam wir uns ohne die beruhigende Gegenwart einer Mutter fühlen. Ich erinnere mich noch gut an den Tag, an dem ich die Nachricht vom Tod meiner eigenen Mutter erhielt. Ich war in Rom, sie war in Afrika. Plötzlich empfand ich das Gewicht der Einsamkeit, das auf diesem Wort lastet: Waise! Egal in welchem Alter man seine Mutter verliert – ab diesem Zeitpunkt empfindet man sich als Kind, das in einer fremden Welt verloren ist. Gott hat nicht gewollt, dass wir uns in unserem geistlichen Leben als Waisen fühlen. Er ist unser Vater, und er wollte uns die sanfte und beruhigende Gegenwart einer Mutter schenken, seiner Mutter, der Jungfrau Maria.

Die Rolle Marias in unserem Leben hat ganz und gar nichts Nebensächliches. Es handelt sich nicht um eine zusätzliche Andacht, die nur für simple oder sentimentale Seelen gedacht ist. Niemand ist Christ, der nicht Maria als Mutter hat. Sie übt diese Mutterschaft ganz unaufdringlich aus, indem sie uns zum Kreuz und zur Auferstehung hinführt.

Auf dem Weg nach Golgotha war die Mutter Jesu anwesend. Sie versuchte nicht, ihren göttlichen Sohn festzuhalten. Sie versuchte nicht, ihn zu vereinnahmen, ihn für sich allein zu besitzen. Im Gegenteil, sie sagte zu ihm: „Geh, steig hinauf zum Kreuz, um alle Menschen zu retten! Bring dein Opfer dar, um dem Vater die Ehre zu geben und die Seelen zu erlösen." Sie vereinigte sich mit diesem Opfer. Sie lebte es in ihrem unbefleckten Herzen. Dann hörte sie, von einem Schwert des Schmerzes durchbohrt, wie ihr gekreuzigter Sohn zu ihr sagte: „Frau, siehe, dein Sohn", indem er auf den Apostel Johannes wies. Und indem sie den heiligen Johannes als ihren Sohn empfing, empfing und adoptierte sie jeden einzelnen von uns.

Maria führt also ihre Rolle als Mutter heute bei uns fort. Wie zu ihrem Sohn, so sagt sie auch zu uns: „Geh, steig zum Kreuz hinauf; du musst Christus folgen, wohin er auch geht." Sie ermutigt und beruhigt uns. Das ist die Rolle einer Mutter und wird es immer bleiben.

Als ich mein Heimatland verlassen musste, um nach Rom zu gehen, wagte ich es nicht, meine Mutter selbst zu benachrichtigen. Ich hatte Angst, dass ich ihr zu viel Kummer bereiten würde. Ich bat zwei befreundete Personen, dies zu tun. Die Reaktion meiner Mutter war ganz typisch für eine Mutter und hat mich zutiefst getröstet und beruhigt. „Ich danke Gott", sagte sie, „der mir dieses einzige Kind geschenkt hat und es heute von mir wegholt, damit es ihm dient. Ich danke dem Papst. Es gibt so viele Bischöfe auf der Welt, und er hat meinen einzigen Sohn ausgewählt, um der Kirche zu dienen." Ihre einzige Sorge war: „Wird mein Sohn in der Lage sein, diese Arbeit zu tun, die die Kirche von ihm verlangt?"

Sie hat dann bis zu ihrem Tod regelmäßig in Rom angerufen, um ihrem Bischofs-Sohn zu raten, dem Heiligen Vater treu und großherzig zu dienen. Wenn eine irdische Mutter so über ihrem Sohn wacht, wie viel mehr wird dann unsere himmlische Mutter über uns wachen, uns beraten und uns ermutigen! Unser gesamtes christliches Leben soll sich in diesem marianischen Klima entfalten, das zugleich sanft und anspruchsvoll ist. Das ist vielleicht das tiefste Geheimnis unseres Friedens und unserer Freude. Wir gehen den Weg mit unserer Mutter Maria: wie Kinder, die wissen, dass sie sich nicht verirren können. Man verirrt sich nicht, wenn man die Hand der Mutter hält. Sie öffnet uns den Weg, sie führt uns in die himmlische Stadt, wo Gott alles in allem sein wird – für alle Ewigkeit.

VERWEISE

Einführung

1 Vgl. Léon-Arthur Elchinger, *Je plaide pour l'homme*, Paris, Fayard, 1976, S. 138.

2 Marie Eugène de l'Enfant-Jésus (Maria-Eugen Grialou), *Ich will Gott schauen*, aus dem Frz. von Afra Hildebrandt, Paulusverlag Freiburg/CH, 1993, S. 481.

3 Augustinus, *Sermo*, 169,15 (PL 38, 926).

4 Johannes vom Kreuz, *Geistlicher Gesang*, Strophe 11.

5 Römisches Missale, Präfation der Verstorbenen I.

6 Vgl. *In Sinu Jesu. Wenn das Herz zum Herzen spricht. Tagebuch eines Priesters im Gebet,* von einem Benediktinermönch, Aachen, Patrimonium-Verlag, 2019, S. 238.

7 Veröffentlicht im Jahr 2011 in den éditions Mediaspaul, Kinshasa.

8 Josemaría Escrivá, *Quand le Christ passe*, Paris, Le Laurier, 1989, S. 153.

I

1 Origenes, *Homélie sur Josué,* in *Liturgie des heures*, Bd. 3, Paris, Cerf-Desclée de Brouwer-Mame, 1980, S. 149-150.

2 Zitiert im *Katechismus der Katholischen Kirche*, § 1225, Ambrosius, sacr. 2, 6.

3 Origenes, *Homélie sur Josué,* in *Liturgie des heures*, Bd. 3, Paris, Cerf-Desclée de Brouwer-Mame, 1980, S. 149-150.

4 *Catéchèse de Jérusalem aux nouveaux baptisés*, in *Liturgie des heures*, Bd. 2, Paris, Cerf-Desclée de Brouwer-Mame, 1980, S. 453-454.

5 Benedikt XVI., *Lectio divina* für den Klerus von Rom, 11. Juni 2012.

6 Vgl. Thomas von Aquin, *Summa contra Gentiles*, Buch IV, Kap. 54, § 2.

7 Hlg. Josémaria Escrivá de Balaguer, *Quand le Christ passe*, a.a.O., S. 185.

8 Benedikt XVI., Ansprache bei der Generalaudienz am 30. November 2011.

9 Chantal Reynier, Michel Trimaille, *Les Épîtres de saint Paul*, Bd. 3, Paris, Bayard/ Centurion, 1997, S. 96-97.

10 Augustinus, *Bekenntnisse*, Buch VII, Kap. 10.

11 Vgl. Benedikt XVI., *Predigt zum Fest der Taufe des Herrn*, 8. Januar 2006.

12 Leo der Große, *Homélie pour le Carême*, 6, 1-2, in *Liturgie des heures,* Bd. 2, *a.a.O.*, S. 31-32.

13 Josemaría Escrivá de Balaguer, *Quand le Christ passe, a.a.O.*, Kap. 8, Punkt 78.

14 Vgl. Codex des Kanonischen Rechts, can. 867, § 1: „Die Eltern sind verpflichtet, dafür zu sorgen, dass ihre Kinder innerhalb der ersten Wochen getauft werden; möglichst bald nach der Geburt, ja sogar schon vorher, haben sie sich an den Pfarrer zu wenden, um für ihr Kind das Sakrament zu erbitten, und um entsprechend darauf vorbereitet zu werden."

II

1 Hans Urs von Balthasar, *L'Esprit de vérité*, in *La Théologie*, Bd. 3, Brüssel, Culture et Vérité, 1996, S. 101.

2 *Katechismus der Katholischen Kirche*, § 1303.

3 Victor Dillard, *Au Dieu inconnu*, Paris, Beauchesne, 1938.

4 Bernard Sesboüé, *Croire : Invitation à la foi catholique pour les femmes et les hommes du* xxie *siècle*, Paris, Droguet et Ardant, 1999, S. 398-399.

5 Irenäus, *Contre les hérésies*, Bd. 3, 24, 1.

6 Vgl. Bernard Sesboüé, *Croire…, a.a.O.*, S. 393.

7 Zweites Vatikanisches Konzil, *Lumen gentium*, § 10.

8 Leicht abgewandeltes Gebet aus *In Sinu Jesu, Wenn das Herz zum Herzen spricht, Aufzeichnungen eines Priesters im Gebet, a. a. O.,* S. 33.

III

1 Hilarius von Poitiers, *Traité sur la Trinité*, in *Liturgie des heures*, Bd. 2, Paris, *op. cit.*, S. 601-602.

2 Vgl. *Katechismus der Katholischen Kirche*, § 1413.

[3] Thomas von Aquin, *Summa Theologica*, IIIa q. 75 a. 1 (vgl. *Katechismus der Katholischen Kirche*, § 1381).

[4] François Varillon, *Joie de croire, joie de vivre*, Paris, Le Centurion, 1981, S. 280.

[5] Fauste de Riez, *Sermon pour l'Épiphanie* (ve siècle), in *Liturgie des heures*, Bd. 1, Paris, Cerf-Desclée de Brouwer-Mame, 1980, S. 401-403.

[6] Vgl. Charles Journet, *Le Mystère de l'Eucharistie*, Paris, Téqui, 2018, S. 69.

[7] Clemens von Rom, *Brief an die Korinther*, 13,1.

[8] Vgl. *Acta SS. Saturnini, Dativi, et aliorum plurimorum Martyrum in Africa*, 7, 9 und 10 ; PL 8, 707; 709-710.

[9] Vgl. Joseph Ratzinger, *Der Geist der Liturgie*, S.13.

[10] Zweites Vatikanisches Konzil, *Sacrosanctum concilium*, § 106.

[11] Ignatius von Antiochien, *Brief an die Epheser*.

[12] Bernard Nodet, *Jean-Marie Vianney, curé d'Ars, sa pensée, son cœur*, Paris, éditions du Cerf, 2006, S. 108.

[13] Augustinus, *Kommentar zum Johannes-Evangelium,* 26.16.

[14] *Ebd.*, 26, 5.

[15] *Ebd.*, 26, 11.

[16] *Ebd.*, 26, 1.

[17] *Ebd.*, 26, 14.

[18] Jacques Bénigne Bossuet, *Méditations sur l'Évangile*, in *Œuvres complètes*, Bd. 4, Besançon/Paris, Outhenin-Chalandre, 1840, S. 326.

[19] *Katechismus der Katholischen Kirche*, § 598.

[20] Vgl. François Varillon, *Joie de croire, joie de vivre*, *a.a.O.*, S. 75.

[21] Vgl. Josemaría Escrivá de Balaguer, *Quand le Christ passe*, *a.a.O.*, S. 274-275.

[22] Johannes Paul II, *Ecclesia de eucharistia*, § 25.

[23] *In Sinu Jesu. Wenn das Herz zum Herzen spricht. Aufzeichnungen eines Priesters im Gebet, a.a.O.,* S. 282-284.

[24] Johannes Paul II, *Ecclesia de eucharistia*, § 59-61.

[25] Joseph Ratzinger, *Der Geist der Liturgie*, *a.a.O.*, S. 143.

[26] Benedikt XVI., Predigt zur Mette am 24. Dezember 2008.

[27] Vgl. Hlg. Josemaría Escrivá de Balaguer, *Quand le Christ passe*, *a.a.O.*, S. 181.

[28] Vgl. Pie Raymond Régamey, *Portrait spirituel du chrétien*, Paris, éditions du Cerf, 1963, S. 247-249.

[29] Pie Raymond Régamey, *Portraits ..., a.a.O.*, S. 245-246.

[30] *Katechismus der Katholischen Kirche*, § 1367.

[31] Johannes Paul II., *Ecclesia de eucharistia*, § 10.

[32] Johannes Paul II., *ebd.*, § 48-49.

[33] Leo der Große, *Homélie sur la Passion* (Predigt über die Passion), in *Liturgie des heures*, Bd. 2, *a.a.O.*, S. 505.

[34] Zweites Vatikanisches Konzil, *Dei Verbum,* § 21; vgl. auch *Presbyterorum ordinis,* § 18; und *Perfectae caritatis,* § 6 ; *Ad gentes,* § 6.

[35] Vgl. Alois Grillmeier, *La Sainte Écriture dans la vie de l'Église, dans la Révélation divine*, „Unam Sanctam, 70", S. 438-445.

[36] Origenes, *Homélie sur l'Exode*, c. 13,3, „Sources chrétiennes" 16, S. 363.

[37] Caesarius von Arles, *Sermo* 78,2 (*Corpus Christianorum Series Latina*, 1, 103, S. 323-324).

[38] *Eucharisticum mysterium,* Documentation catholique, Bd. 64, Nr. 1099, 1967.

[39] Lucien Deiss, *Vivre la Parole en communauté*, Desclées de Brouwer, Paris, 1974, S. 302.

[40] Rupert von Deutz, zitiert von Henri de Lubac, *Typologie, Allegorie, Geistiger Sinn,* übers. und eingel. von Rudolf Voderholzer, Einsiedeln, Freiburg, Johannes-Verlag, 1999, S. 123.

[41] Benedikt XVI., Nachsynodales Apostolisches Schreiben *Verbum Domini*, 2010, § 52.

[42] Benedikt XVI., *Deus Caritas est*, § 12.

[43] Patrick Hala, *La Spiritualité de l'Avent à travers les Collectes*, éditions de Solesmes, 2004, S. 7-8.

[44] Gregor der Große, *Homilie*, 25.

IV

[1] Vgl. *Le Discernement des esprits*, von einem Kartäuser, Paris, Presses de la Renaissance, 2003, S. 35-36.

[2] Joseph Ratzinger, *Le Ressuscité*, Paris, Desclée De Brouwer, 1986, S. 10.

[3] Hlg. Ambrosius, *Commentaire de l'Évangile de saint Luc*, 2, 26.

4 Augustinus, *Brief an Proba*, 130, 8,15.17-9, 18; vgl. *Liturgie des heures*, Bd. 4, Paris, Cerf-Desclée de Brouwer-Mame, 1980, S. 200.

5 *Dei Verbum*, § 21; vgl. *Sacrosanctum concilium*, § 24, 35, 51.

6 Zitiert von Henri de Lubac, *Typologie, Allegorie, Geistiger Sinn, a.a.O.*, S. 82.

7 Zweites Vatikanisches Konzil, *Dei Verbum*, § 11.

8 *Ebd.*, § 16.

9 Henri de Lubac, *Typologie, Allegorie, Geistiger Sinn, a.a.O.*, S. 120-122.

10 Augustinus, *De musica*, I, 6c, 17, n. 39, und Origenes, *Homilie 9,4 In Num*, zitiert von Henri de Lubac, *Typologie, Allegorie, Geistiger Sinn, a.a.O.*, S. 126.

11 Bonaventura, *Breviloquium. Prologue*, Paris, Éditions franciscaines, 1966, S. 95.

12 Benedikt XVI., *Deus Caritas est*, § 1.

13 Brief vom 14. Februar 1974, zitiert von Pilar Urbano, *Josémaria, le saint de l'ordinaire, un homme vaillant en quête de Dieu*, Paris, Le Laurier, 2016, S. 209.

14 Hlg. Johannes Paul II., *Novo Millennio Ineunte*, 6. Januar 2001, § 39.

15 Gregor der Große, *Moralia in Job*, 2,1,1 („Sources chrétiennes" 32 bis, S. 252).

16 Gregor der Große, *Brief* 5, 46, zitiert von Claude Dagens, *Saint Grégoire le Grand*, Paris, Études augustiniennes, 1977, S. 59.

17 Vgl. Henri Caffarel, *Présence à Dieu. Cent Lettres sur la Prière*, Saint-Maur, Parole et Silence, 2000, S. 159-161.

18 Vgl. Robert Sarah, *Les Devoirs des autorités de l'Église et la vie chrétienne*, Kinshasa, Paulines, 2002, S. 89-90.

19 Johannes vom Kreuz, *Œuvres complètes*, Cerf, 1990, Le Cantique Spirituel B, str. 29, 3.

20 Benedikt XVI., Katechese vom 30. November 2011.

21 Benedikt XVI., ebd.

22 Ambrosius, *Commentaire sur le Psaume 118*, vgl. Rouet de Journel, *Textes ascétiques des Pères*, Nr. 468.

23 Claude Dagens, *Saint Grégoire le Grand, a.a.O.*, S. 166-169.

24 Augustinus, *Lettre à Proba sur la prière*.

25 Augustinus, *Bekenntnisse*, X, 27.38. Eingeleitet, übersetzt und erläutert von Joseph Bernhart, Kösel-Verlag, München, S. 547 f.

V

1 Zweites Vatikanisches Konzil, *Dei Verbum*, § 2.

2 Fulton J. Sheen, *La Vie surnaturelle*, Paris, Le Laurier, 2008, S. 37.

3 Predigt aus dem 2. Jahrhundert, zitiert in der *Liturgie des heures*, Bd. 4, *a.a.O.*, S. 286-287.

4 Zweites Vatikanisches Konzil, *Lumen gentium*, § 8.

5 Benedikt XVI., Generalaudienz am Mittwoch, 17. Februar 2010.

6 Leo der Große, *Predigt 21 über die Geburt Christi*, § 3.

7 Augustinus, *Sermo* 233 für die Osterwoche.

8 Vgl. Jean-Marie Gueullette, *Vivre avec le Christ. Regards chrétiens sur l'existence humaine*, Paris, éditions du Cerf, 1994, S. 115.

9 Isaac de l'Étoile, *Sermon,* in *Liturgie des heures*. Bd. 4, *a.a.O.*, S. 52-53.

10 Benedikt XVI., Ansprache vor Vertretern aus der Welt der Kultur im Collège des Bernardins, 12. September 2008.

11 Johannes Paul II., *Reconciliatio et Pænitentia*, 2. Dezember 1984.

12 Johannes Paul II., *ebd.*, § 18.

13 Vgl. Groupe de La Bussière, *Pratiques de la Confession. Des Pères du désert à Vatican II. Quinze études d'histoire*, Paris, éditions du Cerf, 1983, S. 260-269.

14 Vgl. Bernard Rey, *Pastorale et Célébrations de la Réconciliation*, Paris, éditions du Cerf, 1999, S. 52-53.

15 Augustinus, *Sermo* 329, 1.

16 Fernando Ocáriz, *Lettre aux fidèles de la Prélature*, 19. März 1967, Nr. 93.

17 Franziskus, *Fratelli Tutti*, 3. Oktober 2020.

18 Fernando Ocáriz, *Lettre aux fidèles de la Prélature*, 28. Oktober.

19 *Katechismus der Katholischen Kirche*, § 1457.

20 *Katechismus der Katholischen Kirche*, § 1458.

21 Charles Péguy, *Note conjointe*, Paris, Gallimard, 1935, S. 96.

22 Charles Péguy, *Note conjointe*, Paris, Gallimard, 1935, S. 96.

23 Georges Bernanos, *Tagebuch eines Landpfarrers,* übers. v. J. Hegner, Johannes Verlag 2007, S. 229-231, 237-240.

24 Zweites Vatikanisches Konzil, *Gaudium et spes*, § 17.

25 Katechismus der Katholischen Kirche, § 1733.

26 *Katechismus der Katholischen Kirche*, § 1996 und 1999.

27 Marie Eugène de l'Enfant-Jésus, *La Joie de la miséricorde*, Bruyères-le-Châtel, Nouvelle Cité, 2008, S. 76-79.

28 Benedikt XVI., *Botschaft für die Fastenzeit 2007*, 21. November 2006.

29 *Brief des heiligen Clemens I. aus Rom an die Korinther.*

VI

1 Vgl. Marguerite A. Peeters, *Le Gender : une norme politique et culturelle mondiale*, Dialogue Dynamics ASBL, 2012, S. 18-19.

2 Vgl. Thibaud Collin, *Le mariage chrétien a-t-il encore un avenir ? Pour en finir avec les malentendus*, Paris/Perpignan, Artège, 2018, 4. Auflage.

3 Zweites Vatikanisches Konzil, *Gaudium et spes*, § 48.

4 *Brief an Diognet*, deutsche Übersetzung in der Bibliothek der Kirchenväter.

5 Codex Iuris Canonici, Can. 1055, § 1.

6 Johannes Chrysostomus, *Hom. in Eph.* 20,8; zitiert im *Katechismus der Katholischen Kirche*, § 2365.

7 Léon-Arthur Elchinger, *Je plaide pour l'homme*, *a.a.O.*, S. 193-196.

8 François Varillon, *Joie de croire, joie de vivre*, *a.a.O.*, S. 142.

9 John Ps. Meier, *Un certain Juif, Jésus. Les données de l'histoire*, Bd. IV, „La loi et l'Amour", Cerf, 2000, S. 95.

10 Aline Lizotte, Leitartikel für das Bulletin der *Association pour la Formation chrétienne de la Personne*, Oktober 2014.

11 Vinzenz von Lérins, *Commonitorium*, Kap. 23.

12 Charles Journet, *Le Mariage indissoluble*, Saint-Maurice, Éditions Saint-Augustin, 1968.

13 Angelo Scola, *Ho scomesso sulla libertà*, Mailand, Solferino, 2018, S. 155-157.

14 Benedikt XVI., *Sacramentum caritatis*, § 29.

15 Vgl. Charles Journet, *Le Mariage indissoluble*, *a.a.O.*, S. 23-24.

16 Zweites Vatikanisches Konzil, *Gaudium et spes*, 48,4.

17 Paul VI., Predigt vom 5. Januar 1964.

VII

1 Gregor der Große, *Homélie*, in *Liturgie des heures*, Bd. 2, *a.a.O.*, S. 581.

2 Johannes Chrysostomus, *Sur le sacerdoce*, II, 1, 47, «Sources chrétiennes» 272, Paris, éditions du Cerf, 1980, S. 105.

3 Benedikt XVI., Robert Sarah, *Aus der Tiefe des Herzens*, Kißlegg, fe-Medienverlag, S. 37.

4 Johannes Chrysostomus, *Sur le sacerdoce*, VI, 2, 9, *a.a.O.*, S. 307.

5 Petrus Chrysologus, *Homélie sur le sacerdoce spirituel*, in *Liturgie des heures*, Bd. 2, *a.a.O.*, S. 595-596.

6 Bernard Nodet, *Jean-Marie Vianney, curé d'Ars, sa pensée, son cœur, a.a.O.*, S. 102.

7 Vgl. Pius XII., Apostolisches Mahnwort *Menti Nostrae*, 23. September 1950.

8 Johannes Paul II., *Brief an die Priester vom Gründonnerstag 1979.*

9 Johannes Paul II., *Novo Millennio Ineunte*, 6. Januar 2001, § 30 und 31.

10 Zweites Vatikanisches Konzil, *Presbyterorum ordinis*, § 12.

11 Benedikt XVI., *Schreiben zum Beginn des Priesterjahres anlässlich des 150. Jahrestages des* Dies Natalis *des heiligen Pfarrers von Ars*, 19. Juni 2009.

12 Benedikt XVI., Robert Sarah, *Aus der Tiefe des Herzens*, a.a.O., S. 40.

13 Johannes Paul II., *Brief an die Priester vom Gründonnerstag 1979.*

14 Vgl. Mgr. Hugh Gilbert, *Conférences monastiques sur l'Année liturgique*, éditions de Solesmes, 2020, S. 72.

15 Johannes Chrysostomus, *De praecatione*, 1.

16 Origenes, *Homélie sur Le Lévitique*, in *Liturgie des heures*, Bd. 2, *a.a.O.*, S. 217.

17 Pius XII., Apostolisches Mahnwort *Menti Nostrae*, 23. September 1950.

18 Johannes Paul II., *Brief an die Priester zum Gründonnerstag des Jahres 1979.*

19 Guillaume de Tocco, *Histoire de saint Thomas d'Aquin*, (ins Frz.) übersetzt und herausgegeben von Claire Le Brun-Gouanvic, «Sagesses chrétiennes», Paris, éditions du Cerf, 2005.

20 Thomas von Aquin, *Summa Theologiae*, IIaIIae, q. 188, a. 6.

21 Johannes Paul II., *Pastores gregis*, 2003, § 12.

22 Gregor von Nazianz, *Oratio* II, § 71 (PG Bd. 35, Sp. 479), zitiert in *Pastores gregis* § 12.

23 Vgl. Bernard Poupard, *Prends et lis. Les Pères de l'Ancien Testament, Jésus et nous. Libres lectures des Écritures, Cahiers de Clerlande* Nr. 9, Ottignies, 2001, S. 86-87.

24 Benedikt XVI., Brief an die Bischöfe der katholischen Kirche in Sachen Aufhebung der Exkommunikation der vier von Erzbischof Lefebvre geweihten Bischöfe, 10. März 2009.

25 Augustinus, *Sermo* 339, 4.

26 Vgl. Catherine Salles, *Saint Augustin, un destin africain*, Paris, Desclée de Brouwer, 2009, S. 270-272.

27 Johannes Paul II., *Pastores gregis*, § 11.

28 Zitiert von Bernard Nodet, *Jean-Marie Vianney, a.a.O.*, S. 99-102.

29 Vgl. Josemaría Escrivá de Balaguer, *Quand le Christ passe, a.a.O.*, S. 316-317.

30 Vgl. *Le Discernement des esprits, a.a.O.*, S. 38-39.

31 Vgl. Thomas Merton, *Le Signe de Jonas*, Paris, Albin Michel, 1955, S. 19.

32 Vgl. *In Sinu Jesu, Wenn das Herz zum Herzen spricht, Aufzeichnungen eines Priesters im Gebet, a.a.O.,* S. 88-89.

33 Zweites Vatikanisches Konzil, *Lumen gentium*, § 56, 58, 61.

34 Leo XIII. (*Supremi Apostolatus* et *Adjutricem populi*), Pius X. (*Ad diem illum*), Benedikt XV. (*Inter Sodalicia*), Pius XII. (*Ad Coeli Reginam*) und Paul VI. (*Glaubensbekenntnis* vom 30. Juni 1968).

35 Vgl. Jean-Miguel Garrigues, *Marie dans le mystère du Christ et de l'Église,* «Présentations des catéchèses mariales de Jean-Paul II», Saint-Maur, Parole et Silence, 1998.

VIII

1 Vgl. Chantal Reynier, Michel Trimaille, *Les Épîtres de saint Paul*, Bd. 3, *a.a.O.*, S. 92-94.

2 Joseph Ratzinger, *Jesus von Nazareth. Vom Einzug in Jerusalem bis zur Auferstehung*, Freiburg, Herder, 2011, S. 211.

3 Cyprian, *Brief 63*,13.

4 Vgl. Paul Evdokimov, *L'Amour fou de Dieu*, Paris, Seuil, 1975, S. 35.

5 Vgl. Robert Kardinal Sarah, *Gott oder Nichts*, aus dem Frz. von K. Krips-Schmidt und C. Reimüller, Kißlegg, fe-medienverlags GmbH, S. 36.

6 Michel Hayek, *Le Christ de l'islam*, Paris, Seuil, 1959, S. 24-26.

7 Theodoros Studites, *Homilie zur Kreuzverehrung,* Kap. II, in *Liturgie des heures*, Bd. 2, *a.a.O.*, S. 517-518.

8 Bernard Nodet, *Jean-Marie Vianney, a.a.O.*, S. 179.

9 Petrus Chrysologus, *Homélie sur le sacrifice spirituel*, in *Liturgie des heures*, Bd. 2, *a.a.O.*, S. 595.

10 Vgl. François Varillon, *Joie de croire, joie de vivre, a.a.O.*, S. 25-27.

11 Joseph Ratzinger, *Jesus von Nazareth. Von der Taufe im Jordan bis zur Verklärung*, Freiburg, Herder, 2007, S. 401.

12 Amadou Hampaté Bâ, *Vie et Enseignement de Tierno Bokar*, Paris, Seuil, 1980, S. 46-47.

13 Vgl. Jean Laffitte und Livio Melina, *Amour conjugal et vocation à la sainteté*, Paray-le-Monial, Éditions de l'Emmanuel, 2001, S. 170-178.

14 Bernard Nodet, *Jean-Marie Vianney, a.a.O.*, S. 180.

15 Johannes vom Kreuz, *Le Cantique spirituel* A 16, 35.

16 Konzil von Trient, Sitzung V, *Decretum de peccato originali.*

17 Serge-Thomas Bonino, „Coronavirus et théologies de la Providence", in *Nova et Vetera*, Nr. 96, Januar-März 2021.

18 Oration des 7. Sonntags nach Pfingsten im Römischen Messbuch von 1962.

19 Albert-Marie Crignon, „Le gouvernement divin et les rétributions temporelles", *Sedes Sapientiæ*, Nr. 153, September 2020.

20 *Katechismus der Katholischen Kirche*, § 1508.

21 *Katechismus der Katholischen Kirche*, § 1509.

22 *Katechismus der Katholischen Kirche*, § 1524.

23 *Catéchisme romain*, Itinéraires, 1969, S. 297-298.

24 Die Bezeichnungen stammen aus dem Codex Iuris Canonici, can. 998 und 1004 § 1.

25 *Katechismus der Katholischen Kirche*, § 1522.

26 *Katechismus der Katholischen Kirche* § 1513.

27 *Katechismus der Katholischen Kirche*, § 1520.

28 Paul VI., Audienz am 3. September 1971.

29 Joseph Ratzinger, „Les difficultés en matière de foi dans l'Europe d'aujourd'hui", Konferenz in Laxenburg (Österreich), 2. Mai 1989, zitiert von Louis-Marie de Blignières, *La Mort et l'au-delà*, DMM, 2018.

30 Roland Minnerath, Vorwort zu *La Mort et l'au-delà, a.a.O.*

31 Zweites Vatikanisches Konzil, *Gaudium et spes*, § 18.

32 Paul VI., Audienz vom 3. September 1971.

33 Zweites Vatikanisches Konzil, *Gaudium et spes*, § 22.

34 Louis-Marie de Blignières, *La Mort et l'au-delà, a.a.O.*

35 Joseph Ratzinger, „Les difficultés en matière de foi dans l'Europe d'aujourd'hui", a.a.O.

36 Thomas von Aquin, *Kommentar zum 2. Buch der Sentenzen*, Prolog.

37 Augustinus, *Die Gottesstadt*, Kap. 9, § 15.

38 *Katechismus der Katholischen Kirche*, § 1523.

39 Jean-Philippe Revel, *Traité des sacrements, VI. L'onction des malades. Rédemption de la chair par la chair*, Paris, éditions du Cerf, 2009, S. 185.

40 Zweites Vatikanisches Konzil, *Lumen gentium*, § 11.

41 Ignatius von Antiochien, *Brief an die Römer*, 6, 1-7, 2.

IX

1 Johannes Paul II., *Christifideles laici*, 1988, § 34.

2 *Ebd.*

3 Johannes Paul II., *Ecclesia in Europa*, 2003, § 9. Ende FN 4

4 Vgl. Joseph Ratzinger, *L'Europe de Benoît dans la crise des cultures*, Rom, Cantagalli, 2005, S. 36.

5 Vgl. Michel Schooyans, *Le Prix humain de la mondialisation*, Paris, Éditions de l'Homme nouveau, 2015, S. 29-31.

6 Johannes Paul II., *Evangelium vitae*, § 22.

7 Eugène Ionesco, *Antidotes*, Paris, Gallimard, 1983, S. 82.

8 Vollständiger Text in Joseph Ratzinger, *Foi et Avenir*, Tours, Mame, 1971.

9 Vgl. Pie Raymond Régamey, *Portrait spirituel du chrétien, a.a.O.*, S. 448.

10 Vgl. Michel Schooyans, *Le Prix humain de la mondialisation, a.a.O.*, S. 143-144.

11 Franziskus, *Un temps pour changer*, Paris, Flammarion, 2020.

12 Vgl. Pie Raymond Régamey, *a.a.O.*, S. 449.

13 Zweites Vatikanisches Konzil, *Lumen Gentium,* § 40.

14 Vgl. Pie Raymond Régamey, *a.a.O.*, S. 500.

15 Augustinus, *Sermo* 169,15 (PL 38,926).

16 Augustinus, *Sur l'Évangile selon saint Jean*, 21, 8.

17 Isaak von Stella, *Predigt zu Himmelfahrt.*

18 Vgl. Chantal Reynier, Michel Trimaille, *Les Épîtres de saint Paul*, *a.a.O.*, S. 162-164.

19 Johannes Paul II., *Christifideles laici*, § 34.

20 Zweites Vatikanisches Konzil, *Gaudium et spes*, § 88.

21 Johannes Chrysostomus, *Sermon sur l'Évangile de Matthieu*, in *Liturgie des heures*, Bd. 3, *a.a.O.*, S. 471-472.

22 Die wichtigsten Texte zur sozialen Frage liegen ins Französische übersetzt vor in: *Riches et pauvres dans l'Église ancienne*, „Ictus", Nr. 6, Paris, 1962, S. 171-215.

23 Franziskus, *Evangelii gaudium*, § 200.

24 Benedikt XVI., *Jesus von Nazareth*, Band 1, Freiburg im Breisgau, Verlag Herder, 2007, S. 62.

25 Benedikt XVI., *Deus Caritas est*, § 31.

Schlusswort

1 Vgl. François Rétoré, *Je vous appelle mes amis*. Éditions du Carmel, Parole et Silence 1999, S. 141-142.

2 Johannes Paul II., Enzyklika *Redemptoris Missio*, § 3.